（晉）范甯 注 （唐）楊士勛 疏

宋本春秋穀梁傳注疏

第三册

國家圖書館出版社

第三册目録

監本春秋穀梁註疏成公卷第十四 起九年盡十八年

范甯集解　楊士勛疏

九年春王正月杞伯來逆叔姬之喪以歸傳曰夫無逆出妻之喪而爲之也疏傳傳曰至爲之也釋曰公羊以爲魯脅杞使逆其喪左氏以爲魯人請之故杞伯來逆此傳不說歸之所由要叔姬免杞七出之愆反歸父母之國恩以絕矣杞伯今復逆出妻之喪而違禮傷教言其不合爲而爲之是以書而譏之以見非傳曰夫無逆出妻之喪爲之言其不合爲而爲之也徐邈云爲猶葬也言夫無逆出妻之喪而葬理亦通矣但范不訓爲爲葬也○公會晉侯齊侯宋公衛侯鄭伯曹伯莒子杞伯同盟于蒲蒲衛地公至自會○二月伯姬歸于宋逆者非卿故不書○夏季孫行父如宋致女致勑戒之言於女疏

傳夏季至致女　釋曰公羊以春秋未有言致女者此其言致女向賢伯姬也左氏無說盡以使卿則書餘不書者或不致或不使卿也此傳云詳其事賢伯姬也則與公羊意同耳徐邈云宋公不親迎故伯姬未順爲夫婦故父母使卿致伯姬使成夫婦之禮以其責小禮違大節故傳曰不與內稱謂不稱夫人而稱女案傳稱賢伯姬而徐云責伯姬是背傳而解之故范以爲謂致勑戒之言於女也

致者不致者也婦人在家制於父既嫁制於夫如宋致女是以我盡之也剌已嫁而猶以父制盡之不正故不與內稱也內稱謂稱使內稱尺證反○

疏注內稱謂稱使釋曰案經內大夫出國例言如不言使此季孫行父如宋即是內稱而云不與者凡內卿出外直言如其者即是使又即是內稱今行父稱君之命以在家之道制出嫁之女雖言如以爲內稱言致女是見其不與也僖三年公子友如齊莅盟彼亦言如又云莅盟者若直言如則嫌是單聘故更須言盟也莅盟既更須言盟也莅明則致女亦須言之云不與內稱者莅盟是禮致女非禮故不合言也若然傳曰逆者微故致女詳其事賢伯姬也據傳文似致

女得正而云不正故不與内稱者禮諸侯親逆則不須致女今以宋逆者微故致女是傳解其致女之意也云不正故不與内稱也其以在家之道制出嫁之女也此傳之意因解宋公不親逆并見致女之不正又云賢伯姬者以上下文詳書云賢伯姬則此云致女亦兼賢伯姬也○若其不爲賢伯姬則致女雖正亦不書也

逆者微故致女詳其事賢伯姬也○晉人來媵媵淺事也不志此其志何也以伯姬之不得其所故盡其事也○秋七月丙子齊侯無野卒○晉人執鄭伯○晉欒書帥師伐鄭不言戰以鄭伯也欒書以鄭伯伐鄭君臣無戰道爲尊者諱恥心不使臣敵君王師敗責于貿戎是也○爲尊于僞反下及此傳注同爲賢者諱過爲齊桓諱滅項是也○滅項乎講反爲親者諱疾雍曰欒書以鄭伯伐鄭不言戰是也鄭兄弟之國故謂之親君臣交兵病莫大焉故爲之諱疾爲親者諱疾

釋曰春秋諱有四事一曰爲尊者諱恥二曰爲魯諱敗三曰爲賢者諱過四曰爲同姓諱疾此不言魯者因親者諱疾則文亦包魯可知故不言也聖人有作親疏一也今乃以同姓爲別者春秋之意因親疏故仲尼書經内外有別既内外別則親疏等畢見矣

○冬十有一月葬齊頃公○頃音傾

○楚公子嬰齊帥師伐莒庚申莒潰其日莒雖夷狄猶中國也莒雖有夷狄之行猶是中國○潰戶内反行下孟反

大夫潰莒而之楚是以知其上爲事也臣以叛君爲事明君臣無道

疏大夫至事也

釋曰范別例云凡潰者有四發傳有三僖四年蔡潰傳曰潰之爲言上下不相得也此莒潰傳曰大夫潰莒而之楚二者雖同是不相得與君臣不和自潰散小異故亦發傳昭二十九年鄆潰彼鄆是邑與國殊故重發傳一解鄆不伐而自潰與常例異故重發之文年沈潰不發者從例可知也

惡入之故謹而日之也潰例月甚之故日○惡烏路反

疏注潰例至故日

釋曰傳上云猶中國也故日下文言惡之故謹而日之也若

使莒非中國雖惡不得日也以潰例月爲惡故日是以亦譏
而日之況知例月者僖四年春王正月公會齊侯云云侵蔡
蔡潰文三年春王正月叔孫得臣會晉人云云伐沈沈潰
是例月今此莒帥衆民叛君從楚故變文書日以見惡○
楚人入鄆（疏）楚人入鄆　釋曰魯雖有鄆此鄆非魯
也盖從左氏爲莒邑大都以名通故不
繫莒或以爲昭元年取鄆范云云魯邑
此不繫莒則魯邑可知理亦通也○秦人白狄伐晉
○鄭人圍許○城中城　城中城者非外民也譏
公
不務德政恃城以自
固不德能備其以民（疏）城中至民也　釋曰莊二十九年
冬城諸及防傳曰可城也今云非
外民也者凡城之志皆譏就譏之中閒隙之月少耳故云可
城乃非全善之文此亦冬城嫌同而無譏故發傳明之舊解
以爲有難而脩城則不譏之若文十二年季孫行父城諸及
鄆是也此涉左氏之說案穀梁傳凡城之志皆譏安得有備
難之事若備難無譏則經本不應書之經既書之明譏例同
或以爲城諸及防是十一月故傳發可城之文今此城是十
二月故發外民之傳雖同是
譏事有優劣故發傳以異之

十年春衞侯之弟黑背帥師侵鄭（疏）衞侯至侵鄭

釋曰泓答薄氏駁云諸侯之尊弟兄不得以屬通有賢行則書弟今黑背書弟者明亦有賢行故也陳侯之弟黃衞侯之弟專秦伯之弟鍼傳無賢行所以皆云弟者隱七年齊侯使其弟年來聘傳曰其弟云者以其來接於我舉其貴者也是接我者例稱弟襄二十年陳侯之弟光出奔楚昭元年秦伯之弟鍼出奔晉傳皆曰親而奔之惡也襄二十七年衞侯之弟專出奔晉傳云其曰弟何也專有是信者三者無罪故稱弟以惡惡兄襄三十年天王殺其弟佞夫傳曰甚之也稱弟以惡王也昭八年陳侯之弟招殺陳世子偃師傳曰其弟云者親之也親而殺之惡也是惡而稱弟也宣十七年公弟叔肸卒傳曰其曰公弟叔肸賢之也莊三十二年公子牙卒無賢行而不稱弟明稱弟皆賢也自然黃專之非直罪兄以兼有賢行叔肸以賢稱弟傳有賢行明文則黑背稱弟自然亦有賢行故范准例言之稱弟之例有四意齊侯之弟年來聘鄭伯使其弟禦來盟爲接我稱弟衞侯之弟專爲罪兄稱弟陳侯之弟招惡之稱弟叔肸及衞侯之弟黑背爲賢稱弟是有四也○夏四月五卜郊不從乃不郊夏四月不時

也郊時極於三月五卜強也乃者亡乎人之辭也○強其丈反疏亡乎人之辭也釋曰重發傳者嫌五卜與四卜異故也○五月公會晉侯齊侯宋公衛侯曹伯伐鄭○齊人來媵媵伯姬也異姓來媵非禮疏注媵伯姬至非禮釋曰何休以爲異姓亦得媵故鄭箴膏肓難之云天子云備百姓博異氣諸侯直云備酒漿何得有異姓在其中是亦以異姓不合媵也此媵不發傳者上詳其事見同姓之得禮異姓非禮可知故省文○丙午晉侯獳卒○獳乃侯反疏晉侯獳卒釋曰何休云不書葬爲殺大夫趙同等范雖不解或當魯不會也○秋七月公如晉○冬十月

十有一年春王三月公至自晉○晉侯使郤犨來聘己丑及郤犨盟○郤犨尺由反公羊作郤州疏己丑及郤犨盟釋曰書日者公親在又非前定之盟故也又不云公者取舉國與之也○夏季孫行父如

晉○秋叔孫僑如如齊○冬十月

十有二年春周公出奔晉周有入無出鄭嗣曰王者無外故無出也宗廟宮室有定所或即位失其常處反常書入內宗廟也昭二十六年天王入于成周是○處昌慮反其曰出上下一見之也鄭嗣曰上謂僖二十四年天王出居于鄭下謂今周公出奔上下皆一見之○見賢徧反言其上下之道無以存也上雖失之下孰敢有之今上下皆失之矣上雖有不君之失臣下莫敢效不臣之過今復云周公之出則上下皆有失矣君不而不君臣而不臣是無以存于世言周之所以衰○復云扶又反

疏周有至失之矣釋曰有入無出注意直據天子今不云[illegible]而云周者以經雖無王臣入文至於王臣出亦是譏限故云[illegible]周以揔之范以王者出入之文俱有故注直言王以當之[illegible]僖二十四年傳云雖失天下莫敢有也謂王雖出鄭不敢有之以為國也此云上雖失之下孰敢有之謂上雖有不君之失臣下誰敢效為之觀經立說故二處不同也今上下皆

成十一年十二年

失之矣謂王既書出居于鄭今復云周公出奔晉是上下皆
有天也公羊以爲書出者周公自其私土謂國也左氏以爲
書出者已復之周公 ○夏公會晉侯衛侯于瑣澤
自出並與穀梁異也
瑣澤某地 ○ ○秋晉人敗狄于交剛 交剛某地 中國與
瑣素果反
夷狄不言戰皆曰敗之 不使夷狄敵中國 夷狄不日 疏
夷狄不日 釋曰不於箕役發傳 ○冬十月
者以再敗狄師甚之故發於此
十有三年春晉侯使郤錡來乞師 ○錡魚綺反 乞
重辭也古之人重師故以乞言之也 疏 乞師乞重
辭也 釋曰重發傳者公子遂內之始此外之初故發之也
古之人重師故以乞言之也者古人以師之爲重故以重辭
言之古者舊以爲穀梁子後代人遠者舉當時 ○三月公
之事亦以古言之徐邈以爲引古以刺今耳
如京師公如京師不月月非如也 時實會晉伐秦過京師也

公行出竟有危則月朝聘京師理無危懼故不月○過京師音戈下同竟音境朝聘直遥反下皆同非如而
曰如不叛京師也因其過朝故正其文若使本自往疏公如至師也釋曰
僖二十八年五月癸丑公會晉侯云云盟于踐土陳侯如會公朝於王所彼日月並書公朝于王所雖文承五月癸丑之
下彼之日月自爲盟不爲朝也壬申公朝于王所書日此意取日不繫月猶諸侯不宗於天王朝會無危則例時今公以
伐秦過京師非真朝故書月以見意○夏五月公自京師遂會晉侯
宋公衛侯鄭伯曹伯邾人滕人伐秦言受命
不敢叛周也使若既朝王而王命己使伐秦叛周謂專征伐疏言受至周也釋曰公子遂
如京師遂如晉傳云不叛天子此文重發傳者嫌君臣異例也○曹伯廬卒于師○廬力吳
反又力魚反傳曰閔之也公大夫在師曰師在會曰
會疏曰閔至曰會釋曰諸侯或從會或從伐皆閔其在外而死故云卒于師于會也卒于師則此曹伯

盧襄十八年曹伯負芻是也卒于會者則定四年杞伯成卒于會是也僖四年許男新臣亦卒於師不言於師者彼以內桓師雖卒於外以若在國然故不書于師然則大夫之卒例所不書而與公同例云在師曰師在會曰會者舊解以為春秋緣大夫之心則知書君之卒於師則言師於會則言會非謂外人大夫書卒于師若然傳當云大夫也公不得云大夫曰經無其事傳因類發例者其數不少即日食云外壤饑云鍾康之等是也彼經無其事傳得因類引之此雖无經何以為不得又會大夫單伯之徒小書會諸侯若使卒於師因當書之但無卒于師卒于會者耳故知公大夫、師曰師謂公及大夫二者皆然也徐邈之注亦以為公及、所會諸侯在師言師在會言會明為舊解非也○秋七月

公至自伐秦○冬葬曹宣公葬時正也(疏)葬時正也　釋曰嫌卒于師失正葬故重發之葬正則是無危不日卒者蓋非嫡子為君故也又僖四年注云新臣卒于楚故不日耳則此不日者或當為卒于秦故也若然襄二十六年壬午許男甯卒于楚注云許男卒于楚則在外已顯矣日卒明其正二注不同者以無正文二理俱通故為兩解或亦新臣非嫡子不須兩解理足可通耳

十有四年春王正月莒子朱卒徐邈曰傳稱莒雖夷狄猶中國也言莒本中國末世衰弱遂行夷禮葬皆稱謚而莒君無謚謚以公配而吳楚稱王所以終春秋亦不得書葬疏莒子朱卒　釋曰莒子朱者莒渠丘公今不書葬者莒行夷禮則是失德又葬須稱謚莒夷無謚故不書葬也不日卒者何休云入春秋以來至此始書卒故略之不日或當既行夷禮不得同中國故不日或當非正卒無文可明之○夏衛孫林父自晉歸于衛○秋叔孫僑如如齊逆女泰曰親迎例時大夫逆皆謹月以譏之下云九月僑如以夫人婦姜氏至自齊一事不二譏故此可以不月也宣元年公子遂如齊逆女亦以時逆而月致義與此同○親迎魚敬反傳同本或作逆疏注宣元至此同　釋曰案宣元年春王正月公即位云公子遂如齊逆女彼文承正月之下即與此別而云同者彼雖文承正月之下正月自爲即位發文非是爲遂逆女若逆女既蒙上月則下夫人至不須云月案此比例知彼亦當時也○鄭公子喜帥師伐許○九月僑如以夫人婦姜氏

至自齊大夫不以夫人以夫人非正也刺不
親迎也僑如之摯由上致之也○刺不七賜反摯苦結反【疏】大夫至之也　釋曰公子翬如齊逆女傳曰不言翬之來何
見于公也然則夫人見於君宜言以夫人至而曰非正者逆
女親者也使大夫非正也非正而以夫人至故刺之彼以先
接於公故無至文此使大夫有譏則翬之被素居然顯矣不
發於宣公逆女於此發之者宣公以喪娶故略夫人而不氏
一事不二譏故省其文成公非喪娶而不親迎嫌其無罪故
傳明之莊公親逆傳亦譏之者以娶讎人之女而事宗廟
故也由上致之者宣元年注云上謂宣公則謂成公也
冬十月庚寅衞侯臧卒○臧子郎反○秦伯卒【疏】秦伯卒　釋曰曲本
或作氏[illegible]是秦桓公也
十有五年春王二月葬衞定公○三月乙巳
仲嬰齊卒此公孫也其曰仲何也[illegible]
子據嬰齊[illegible]

子由父疏之也雍曰父有弒君之罪故不得言公子不言公子則子不得稱公孫是以踈之罪由父故（疏）子由父踈之也釋曰宣十八年公孫歸父如晉歸父亦襄仲之子何以不踈者卒則身之終今舉晉之卒當繼於父父既被踈故子亦當略歸父則奉命出使使盡之故且名氏以恩録也歸父還不氏者以明由之也羊以爲仲嬰齊何以不稱公孫以歸父既是兄公孫嬰齊爲歸父後爲人後者則爲之子故不稱公孫與穀梁異○

癸丑公會晉侯衛侯鄭伯曹伯宋世子成齊國佐邾人同盟于戚晉侯執曹伯歸于京師

以晉侯而斥執曹伯惡晉侯也僖二十八年晉人執衛侯歸之于京師此伯討之文也今以侯執伯明執之不以其罪。惡晉烏路反（疏）斥執曹伯釋曰重發若此執歸于京師嫌晉之無罪故明之。注僖二十至其罪釋曰衛侯有罪故稱人言執又歸之京師令天子決之是伯討之文也又且此傳云以晉侯而斥執曹伯惡晉侯也稱人[illegible]以明稱人以執是伯討也若然注定元年晉人執宋仲幾傳曰此大夫其曰人何也微之也何爲微之不正其執人於尊者之所也不與大夫之得伯討也彼又稱人非伯討者彼仲幾雖則以命當歸於王之有司今晉大夫執人於尊者之側故地于京師以見尊稱人以見彼是不與大夫之伯討也伯討宜施諸侯大夫則不得也左氏以爲曹伯殺大子而自立公羊之意曹伯篡喜時據二傳之文則是有罪范云不以其罪者范以曹伯言執云惡晉侯曹伯之入云歸爲善據此文言之明執之不以其罪不得以公羊左氏爲難

不言之急辭也斷在晉侯也明晉之私○斷在丁亂反○公至自會○

夏六月宋公固卒○楚子伐鄭○秋八月庚辰葬宋共公月卒日葬非葬者也宋共公正立卒世書日葬無甚危則當錄日今反常違例故知不葬者也然則共公之不宜書葬昏亂故○共音恭

疏宋共至故釋曰葬書時正也注不以時決而以月決之者以葬書時最爲丁書月有故書日危不得葬今共公月猶不得明不葬可知故不以時決之然共公失德所以不全去葬文者爲伯姬書葬故不得不存共公之葬但書日以表失德且不全去葬文

嫌是會之不會無以明其失德也

此其言葬何也以其葬共姬不可不葬共公也葬共姬則其不可不葬共公何也夫人之義不踰君也爲賢者崇也

賢崇伯姬故書

共公葬○爲于僞反

○宋華元出奔晉宋華元自晉歸于宋○宋殺其大夫山

疏　宋殺其大夫　釋曰左氏以爲背其族何休注公羊以爲譖華元殺之故例宗無氏不知所從

○宋魚石出奔楚○冬十有一月叔孫僑如會晉士燮齊高無咎宋華元衛孫林父鄭公子鰌邾人會吳于鍾離會又會外之也

再書會殊外夷狄○無咎其九反鰌音秋

疏　會又會外之也　釋曰重發傳者嫌殊夷中國之辭鍾離既內外之稱故兩發之

○許遷于葉遷者猶得其國家以

成十五年

徃者也其地許復見也○葉始涉反復扶又反見也賢徧反

十有六年春王正月雨木氷穀梁傳曰雨木氷者木介甲冑兵之象○雨如字或于付反非也介音界冑直又反疏雨木氷　釋曰劉向云氷者陰之盛木者少陽卿大夫之象此是人將有害則陰氣脅木木先寒得雨而氷也是時叔孫橋如出奔公子偃誅死一曰時晉執季孫行父執公此執辱之異也徐邈云五行以木爲介介甲也木者少陽之精幼君大臣之象氷者兵之象氷脅木君臣將見執之異根枝折者象禍害速至也或曰木氷此木介介者甲也兵之象也是歲有鄢陵之戰楚子傷目而敗注云兵之象則或說是也雨而木氷也雨著木成氷○著直略反志異也傳曰根枝折○

夏四月辛未滕子卒疏滕子卒　釋曰左氏滕文公○鄭公孫喜帥師侵宋○六月丙寅朔日有食之○晉侯使欒黶來乞師將與鄭楚戰○黶於斬反○甲午晦晉侯

成十六年

及楚子鄭伯戰于鄢陵鄢陵鄭地○鄢音偃又於建反楚子鄭師敗績日事遇晦曰晦四體偏斷曰敗此其敗則目也此言敗者目傷故疏日事遇晦曰晦　釋曰僖十五年巳卯晦震夷伯之廟傳曰晦冥也則晦非常文而云遇晦者舊解以爲僖十五年傳曰晦冥也者謂月光盡而夜闇不謂非晦日也今以爲震夷伯之廟云晦者如公羊書日爲冥自餘稱晦者是月盡日也既云日事遇晦何以日食不書晦者日食既言日雖不書晦可以知省文也必知不如公羊以盡爲晦冥者上六月丙寅朔日有食之此甲午是二十九日晦以日月相當知非晝日爲冥也○敗則目也　釋曰手足偏斷尚謂之敗目在首重於手足故亦爲敗也傳譏在諸侯也楚不言師君重於師也○楚殺其大夫公子側○秋公會晉侯齊侯衛侯宋華元邾人于沙隨沙隨宋地不見公不見公者可以見公也可以見公而不

見公譏在諸侯也公至自會（疏）不見公者釋曰是晉侯之意諸侯既無解釋之者即是同不與公相見故以諸侯總之○公會尹子晉侯齊國佐邾人伐鄭尹子王卿士子爵○曹伯歸自京師不言所歸歸之善者也出入不名以爲不失其國也歸爲善謂直言歸而不言其國即曹伯歸自京師不言于曹是自某歸次之若蔡季自陳歸于蔡衛侯鄭自楚復歸于衛（疏）出入不名釋曰凡諸侯有罪失國出書名者即昭二十三年北燕伯款出奔齊是也入書名即僖二十八年衛侯鄭曹伯襄是也今曹伯被執以其無罪故出入不名見其不失國也傳詳發于此者以歸文與常例異故分別之○九月晉人執季孫行父舍之于苕丘行父嘗執政卿其身執則危及國故謹而月之錄所憂也苕丘晉地○苕音條（疏）汪行父至晉地釋曰昭十三年八月甲戌同盟于平丘公不與盟晉人執季孫意如以歸二十三年春正月叔孫婼如

晉癸丑叔鞅卒晉人執我行人叔孫婼彼二文皆承月下即蒙上月文何爲此注獨爲謹而月之者意如之執文承八月之下彼月自爲盟而發不爲執意如也婼之執雖文承正月之下彼月自爲叔鞅而言亦不是爲婼而發故襄十八年晉人執衛行人石買莊十七年齊人執鄭詹皆不月也此九月之下更無他事指言晉人執季孫故知爲危謹而月之也一解行父書月以見危則意如及婼亦是危也

執者不舍 據昭二十三年晉人執我行人叔孫婼不言舍○孫婼丑略反

而舍公所也 今言舍者以公在苕丘故也公在苕丘而言舍者明不得致也若既不致復不言舍則無以見其舍○復扶又反下同以見賢徧反下見公同

執者致 據昭二十四年婼至自晉

而不致公在也 在在苕丘也見舍于苕丘還國則與公俱不得致者重在公

何其執而辭也 問何故書執季孫行父而言舍之復不致之辭邪

猶存公也 時行父雖爲晉所執猶欲存公之所在故不致行父又言舍之皆所以見公在苕丘

存意公亦存也 問存舍之不致之意便可知公所在乎

公存也 但存此二事即知公在苕丘

【疏】執者至存也

成十五年

釋曰經稱執季孫行父舍之苕丘故傳稱執者不舍是據叔孫婼而發問也而舍公所也者謂言所舍故也公所者即苕丘是也執致者謂昭二十四年婼至自晉是也而不致公在也者謂今季孫歸而不書至者公在故也以其與公同歸重在公故不致也何其執而辭也謂問經意何其書執不以致爲辭也猶存公也謂爲晉所執心欲存公所在故不致行父又言舍之也存意公亦存焉謂又問經意直存舍之不致之意則便可知公所在乎公存也者荅上問意但存此二事即知公在也公存者謂在苕丘也舊解注言二事舍是一事也於苕丘是二事今以爲乘上注意則二事者謂舍於苕丘及不致爲二事○

冬十月乙亥叔孫僑如出奔齊

徐邈曰案襄二十三年臧孫紇出奔齊傳曰其曰正臧紇之出也禮大夫去君埽其宗廟不絕其祀身雖出奔而君遇之不失正故詳而巳之明有恩義也○紇根發反

疏 注徐邈至義也　釋曰僑如爲君遇之不失所書曰臧紇則正其有罪而書曰二者不同范引之者欲明二者不異臧孫云正其有罪亦兼爲君遇之不失所書曰僑如言君有恩而書曰亦兼正其罪可知是互以相包故引之○

十有二月乙丑季孫行父及晉

郤犫盟于扈。○公至自會。無二事會則致會伐則致伐上無會事當言至自伐鄭而言至自會甯所未詳鄭君曰伐而致會於伐事不成○乙酉，刺公子偃。大夫曰卒，正也。先刺後名，殺無罪也。僖二十八年公子買戍衛不卒戍刺之是有罪者以先列其罪○刺七則反傳同爾雅云殺也戍式喻反【疏】刺公子偃 釋曰徐邈云偃為僑如所謂故云無罪左氏云為姜氏所立二者未知孰是

十有七年，春，衛北宮括帥師侵鄭。○夏，公會尹子、單子、晉侯、齊侯、宋公、衛侯、曹伯、邾人伐鄭。○單子音善　六月，乙酉，同盟于柯陵。柯陵鄭地○柯音歌　柯陵之盟，謀復伐鄭也。○復扶又反　○秋，公至自會。不曰至自伐鄭也，公不周乎伐鄭也。周信也公逼諸侯為此盟

爾意不欲更伐鄭何以知公之不周乎伐鄭以其以會致也何以知其盟復伐鄭也以其後會之人盡盟者也後會謂冬公會單子等是不周乎伐鄭則何爲日也據無伐鄭意而強盟盟不由忠不當日也○而強其丈反言公之不背柯陵之盟也舍己從人遂伐鄭

疏不日至盟也○釋曰定四年諸侯侵楚盟于皐鼬言公至自會者經之常也今傳起違例之問者定四年楚弱而爲諸侯所侵侵訖而盟故以盟爲大事故云至自會鄭自柯陵戰後不助中國二年之間三度興兵以伐爲重盟爲輕故決其不以伐鄭致僖四年傳云大伐楚也不以會致而以伐致是其事也案後會齊侯不出而云後會之人盡盟者也以今時身在後遣大夫從帥故亦得云後會之人盡盟

○齊高無咎出奔莒○九月辛丑用郊夏之始可以承春以秋之末承春之始蓋不可矣郊春事也僖三十一

年夏四月四上郊不從傳曰四月不時今言可者方明秋末之不可故以是爲猶可也九月用郊用者不宜用也宮室不設不可以祭衣服不脩不可以祭車馬器械不備不可以祭有司一人不備其不可以祭祭者薦其時也薦其敬也薦其美也非享味也疏宮室至味也○釋曰論用郊而陳宮室者禮有五經莫重於祭祭之盛者莫大於郊傳意欲見嚴父然後至其大家國備然後然享故具說宮室祭服車馬官司之等明神非從享味而已何得九州始用郊乎例發云宮室謂郊之齋宮衣服車馬亦謂郊之所用言一事闕則不可祭何得九月用郊理不通也○晉侯使荀罃來乞師將伐鄭○荀罃烏耕反疏管侯至乞師○釋曰范別例云乞師例有二三者不釋從例可知也乞例六者乞師五乞盟一并之爲六乞師五者公子遂晉郤錡欒黶荀罃士魴是也乞盟一者鄭伯是也○冬公會單子晉

侯宋公衛侯曹伯齊人邾人伐鄭言公不背柯陵之盟也十有一月公至自伐鄭○壬申公孫嬰齊卒于貍蜃貍蜃魯地也○貍蜃上力之反下時軫反十一月無壬申壬申乃十月也致公而後録臣子之義也嬰齊實以十月壬申日卒而公以十一月還先致公而後録其卒故壬申在十一月下也嬰齊從公伐鄭致公然後伐鄭之事畢須公事畢然後書臣卒先君後臣之義也其地未踰竟也○竟音境

疏致公至竟也○釋曰公羊之意以爲臣待君命然後卒大夫此云致公而後録其卒是與公羊異杜預解左氏以爲日誤又與二傳不同也○十有二月丁巳朔日有食之○邾子貜且卒○貜俱縛反且子餘反

疏邾子貜且卒○釋曰世本邾定公也○晉殺其大夫郤錡郤犨郤至自禍於是起矣厲公

見殺之禍○殺之如字又音試○楚人滅舒庸

十有八年春王正月晉殺其大夫胥童○庚申晉弑其君州蒲稱國以弑其君君惡甚矣

（疏）君惡甚矣○釋曰於此發傳者以州蒲二年之間殺四大夫故於此發惡例也○齊殺其大夫國佐○公如晉○夏楚子鄭伯伐宋○宋魚石復入于彭城彭城宋邑魚石十五年奔楚經稱復入者明前奔時入彭城以叛也今楚取彭城以封魚石故言復入

（疏）注彭城至復入○釋曰晉欒盈亦書復入者以欒盈先入由沃後復入晉故亦云復入也後入曲沃不云復入者兵敗奔曲沃即既前文已云復入于晉故直云入曲沃舊解以爲初入國都後入曲沃言復入若然何不云復入曲沃而云復入于晉○公至自晉○晉侯使士匄來聘○匄本又作山音蓋○秋杞伯來朝○朝直遙反下同○八月

成十八年

鄫子來朝。○築鹿囿築墻爲鹿地之苑○囿音又（疏）築鹿囿○釋曰范知非爲鹿築囿而以鹿爲地名者案郎囿既是地名則此鹿亦當是地名徐邈何休皆云地名天子囿方十里伯方七里子男方五里言魯先有囿今復築之故書以示譏則郎及蛇泉亦是譏也案毛詩傳云囿者天子百里諸侯三十里與徐何二說別者詩傳蓋據孟子称文王囿七十里寡人三十里故約之爲天子諸侯三十里耳未審徐何二家據何爲說也

築不志此其志何也山林藪澤之利所以與民共也虞之非正也○藪素口反○己丑公薨于路寢路寢正也男子不純婦人之手以齊終也○齊如字又側皆反○冬楚人鄭人侵宋○晉侯使士魴來乞師○魴音房○十有二月仲孫蔑會晉侯宋公衛侯鄶子齊崔杼同盟于虛朾虛朾其地○杼直呂反虛丘魚反朾丑丁

反〔疏〕同盟于扈朾○釋曰此扈朾之盟不日者何休云公薨喪盟略之故不日也○丁未

葬我君成公

監本附音春秋穀梁註疏成公卷第十四

監本附音春秋穀梁註疏卷第十五 起元年。終十五年

范甯集解　楊士勛疏

襄公（疏）魯世家襄公名午成公之子定姒所生周簡王十四年即位謚法因事有功曰襄

元年春王正月公即位繼正即位正也（疏）繼正即位正也。釋曰襄是定姒之子嫌非正胡重明之。仲孫蔑會晉欒黶宋華元衛甯殖曹人莒人邾人滕人薛人圍宋彭城繫彭城於宋者不與魚石正也魚石得罪於宋成十五年奔楚十八年復入于彭城然則彭城已屬魚石今猶繫宋者崇君抑叛臣也。復扶又反（疏）繫彭至正也。釋曰哀三年齊衛圍戚傳曰不繫戚於衛者子不有父也魚石人臣而取君之邑邑以繫國爲正故言繫彭城於宋不與魚石正也若不繫宋則似與之爲父子君意異繫不有殊公羊傳曰曷爲繫之於宋不與諸侯專封也方氏云今楚取彭城以

封魚石是魚石爲楚所封則三傳不異其說彭城繫宋則異也何者公羊意彭城繫宋不與楚封此傳意彭城繫宋不與魚石是其異也左氏以爲不成叛人又云謂之宋志是又與二傳意不同也○夏晉韓厥帥師伐鄭○仲孫蔑會齊崔杼曹人邾人杞人次于鄫鄫鄭地鄫或爲合○鄫似陵反○秋楚公子壬夫帥師侵宋○壬而林反九月辛酉天王崩○邾子來朝○朝直遙反疏邾子來朝○釋曰世本及左傳邾宣公也○冬衛侯使公孫剽來聘○剽匹妙反○晉侯使荀罃來聘冬者十月初也王崩赴未至皆未聞喪故各得行朝聘之禮疏注冬者至之禮○釋曰周禮諸侯之邦交歲相問殷相聘世相朝又在傳云凡諸侯即位小國朝之大國聘焉此年公新即位故各行朝聘禮也知王崩赴未至者禮諸侯爲天子斬衰若其聞喪豈天子以九月崩當月即邾子來朝冬初即晉衛來聘魯是有禮之國得受之明知赴未至故各得行朝聘之禮也猶如襄二十

九年吳子餘祭五月所弑赴未至魯故季札以六月致魯仍行聘事亦此類也若然經書九月天王崩者赴雖在十月之未告以九月崩耳知王崩諸侯不得行朝聘之禮者魯子問云諸侯相見揖讓入門不得終禮廢者幾孔子曰六天子崩大廟火日食后夫人之喪雨霑服容則廢是天子崩不得行朝聘也

二年春王正月葬簡王○鄭師伐宋○夏五月庚寅夫人姜氏薨○六月庚辰鄭伯睔卒○睔古困反○晉師宋師衛甯殖侵鄭其曰衛甯殖如是而稱于前事也初衛侯速卒鄭人侵之故牽甯殖之報以明称其前事不書晉宋之將以慢其伐人之喪○称于尺證反（疏）称于前事○釋曰依例將尊師少称將將卑師衆称師傳知称于前而書名者三人同有伐喪之罪或名或師明知称師者罪重称名者罪輕又成二年鄭人侵衛之喪令甯殖獨称名氏故知称其前事也○秋七月仲孫蔑會晉荀罃宋華元衛

孫林父曹人邾人于戚○己丑葬我小君齊姜齊謚○齊姜如字齊謚也一音側皆反後齊歸同疏注齊謚○釋曰葬舉謚又謚法執心克壯曰齊故知是謚○叔孫豹如宋○冬仲孫蔑會晉荀罃齊崔杼宋華元衛孫林父曹人邾人滕人薛人小邾人于戚遂城虎牢若言中國焉内鄭也虎牢鄭邑鄭服罪内之故爲之城不繫虎牢於鄭者如中國之邑也僖二年城楚丘傳曰楚丘者何衛邑國日城此邑也其日城何封衛也然則非魯邑皆不言城中國猶國中也○爲于僞反疏若言至鄭也○釋曰此言若中國焉若非是對戎狄而生名言中國猶國中也今經不繫虎牢於鄭者如國中之邑也所以如國中之邑者鄭服罪故内之也所以鄭服不繫虎牢者春秋之例外邑皆不言城今虎牢若繫鄭則不得書之故不繫之鄭比内邑也公羊以爲虎牢不繫鄭者爲中國諱伐喪說左氏者以爲虎牢已屬晉故不繫鄭並與穀梁異楚殺其大

夫公子申
三年春楚公子嬰齊帥師伐吴。公如晉。
夏四月壬戌公及晉侯盟于長樗晉侯出其國都與公盟于外地。樗丑居反（疏）注晉侯至外地。釋曰范知出國都與公盟者上言如晉下言公至自晉不言長樗故知之也公至自晉。六月公會單子晉侯宋公衛侯
鄭伯莒子邾子齊世子光己未同盟于雞澤雞澤地也同者有同也同外楚也陳侯使袁僑如會
如會外乎會也外乎會者明本非會内也諸侯已會乃至耳（疏）外乎會也釋曰莊十四年單伯會伐宋傳云會事之成也僖二十八年陳侯如會傳曰外乎會也是二文互以相通也會伐宋伐事已成單伯乃至則踐土亦會事已成陳侯乃至也陳侯言外乎會明伐宋時亦外乎會也三處後傳者單伯内大夫陳侯是諸侯袁

僑爲君所使嫌有異故重發之於會受命也戊寅叔孫豹及諸侯之大夫及陳袁僑盟及以及與之也諸侯在會而大夫又盟是大夫執國之權亢君之禮陳君不會袁僑受使來盟袁僑之盟得其義也通言叔孫豹及諸侯之大夫則無以表袁僑之得禮故再言及明獨與袁僑不與諸侯之大夫○受使所吏反諸侯以爲可與則與之不可與則釋之諸侯盟又大夫相與私盟是大夫張也故雞澤之會諸侯始失正矣大夫執國權曰袁僑異之也釋不但揔言及諸侯之大夫而復別言袁僑者是異袁僑之得禮○復扶又反

疏及以至之也○釋曰傳解經所以再言及者以及與之也謂與袁僑故言及以殊之公羊以爲重言及者爲其與袁僑盟也其意言諸侯大夫所以爲盟者爲與袁僑盟也與穀梁傳異也禮君不敵臣陳遣大夫赴會諸侯大夫與之爲盟則是貴賤之宜而云大夫強者陳侯遠慕中國使大夫詣會受盟諸侯雖

則盟罷當須更與結好又尊卑不敵者謂獨會公侯今既與
諸侯衆在何以得稱不敵陳侯不在故與袁僑得盟諸侯大
夫君在私盟故謂之彊也案十六年大夫不臣也則不繫諸
侯此云諸侯之大夫而謂之彊者此雖對君私盟慢君之意
緩至十六年積習已久不臣之情極故不繫諸侯此亦
應爲君之命而謂之私者對君盟非臣事故謂之私○秋
公至自晉○冬晉荀罃帥師伐許
四年春王三月己酉陳侯午卒○夏叔孫豹
如晉○秋七月戊子夫人姒氏薨成公夫人　公母也姒杞姓○
杞音（疏）夫人姒氏薨○釋曰公羊以爲弋氏何休云莒女起此與左氏並爲姒氏范及杜預皆云杞女是與公
羊異也傳妾子爲君其母不得称夫人今薨葬備文者君與夫人禮成之臣民不可以妾禮遇之故亦得称夫人今仍非
禮也○葬陳成公○八月辛亥葬我小君定姒定謚
○冬公如晉○陳人圍頓

五年春公至自晉。夏鄭伯使公子發來聘。叔孫豹繒世子巫如晉外不言如而言如爲我事往也外相如不書爲魯事往故同於內。○巫亡符反爲于僞反（疏）叔孫豹繒世子巫如晉者○釋曰公羊以繒世子巫是繒之前夫人莒女所生其巫之母即是魯襄公同母姊妹繒更娶後夫人於莒而無子有女還于莒爲夫人生公子但繒子愛後之夫人故立其外孫莒之公子故叔孫豹與世子巫如晉訟之此傳直云爲我事往也不知更爲何事故徐邈注此取左氏爲説云爲我事往者爲請繒子於晉以助己出賦也今范云外相如不書爲魯事往故同於內也下文滅繒此傳亦同公羊取外孫爲嗣則此之如晉同公羊理亦無損但巫縱與魯同是莒之外孫傳不得云爲我事往也況又上四年范注云姒氏襄公母杞姓也則襄公母非莒女也若同左氏則於傳文爲順未審范意如何或當范雖從公羊外孫爲嗣此明如晉非爲外孫○仲孫蔑衛孫林父會吳于善稻善稻吳地○善稻吳謂之伊左作吳謂善伊謂稻緩號從中國名從主人夷狄所號地形及物類當從中國言之以教殊俗故不言伊緩而言善稻人名當從其本俗言疏號從中國○釋曰重發此文者邾之與宋俱是中國嫌此魯衛會吳善稻善稻吳地嫌從夷號故重發之大原晉地接狄之竟名曰大鹵恐從狄名故更發其例蚡泉魯地莒從夷俗但狄人謂蚡泉爲失胎莒不得與眞夷狄同故亦須發例也名從主人者越爲於越左氏云壽夢之鼎是也○秋大雩○楚殺其大夫公子壬夫○公會晉侯宋公陳侯衛侯鄭伯曹伯莒子邾子滕子薛伯齊世子光吳人繒人于戚繒以外甥爲子曾夷狄之不若故序吳下所以不復殊外吳者以其數會中国故○鄫夷才登反又如字不復扶又反數會音朔疏注數會中国故○釋曰繒夷狄之不若自當序吳下繒在吳下即得殊吳所以云數會中國者若繒夷狄不若吳不數會中国縱使抑繒不可稱人進班也今以其數行進之故序云會進之故序繒于下以表夷狄之不若○進吳於上以顯其數會中國也公至自

會○冬戍陳内辭也不言諸侯是魯戍之疏內辭也○釋曰此戍陳公羊以爲諸侯雖至不可得而序故獨言我也杜預以爲戚會受晉命戍陳諸侯各自遣戍不復告魯故不書也觀范注似魯獨自戍之案檢上下則於理不得何者定五年歸粟于蔡傳云專辭也彼專辭即與此內辭不異彼傳歸粟更云諸侯歸之則此戍陳亦是諸侯同戍襄三十年澶淵救災具列諸国故定五年歸粟不復歷序諸侯則此亦以救陳之文具列諸侯故於戍之文獨言魯戍也彼傳云義迩也不足具列則此亦以其事可知故經文不序范云魯者解經之獨立文也○楚公子貞帥師伐陳○公會晉侯宋公衛侯鄭伯曹伯莒子邾子滕子薛伯齊世子光救陳十有二月公至自救陳善救陳也楚人伐陳公能救中國而攘夷狄故善之善之謂以救陳致疏善救陳也○釋曰於公之至下言之者春秋主善以內故書公至下重發○辛未季孫行父卒

六年春王三月壬午杞伯姑容卒○夏宋華弱來奔○秋葬杞桓公○滕子來朝○朝直遥反○莒人滅繒莒是繒甥立以爲後非其族類神不歆其祀故言滅○莒人滅繒似陵反立其甥爲後異姓故言滅也非滅也非以兵滅中國日卑國月夷狄時繒中國也而時非滅也家有既亡國有既滅滅猶亡亡猶滅家立異姓爲後則亡國立異姓爲嗣則滅既盡也滅而不自知由別之而不別也繒不達滅亡之義故国滅而不知○別彼列反莒人滅繒非滅也非立異姓以莅祭祀滅亡之道也○莅音利又音類

（疏）中國至道也○釋曰重發傳者非兵滅故重明之由別之不別也言繒所以滅者立嗣須分別同姓而繒不別也舊解云別猶識也言繒君唯識知國須立後不能分別異姓之不得齊侯滅萊左氏以爲齊遷萊子於郳故不書出奔

公羊以爲萊子出奔不知死也死不書夆滅爲重此無傳未知所從○冬〻叔孫豹如邾○季孫宿如晉宿行父子○十有二月齊侯滅萊

七年春郯子來朝郯音談朝直遥反下同○夏四月三卜郊不從乃免牲夏四月不時也三卜禮也乃者亡乎人之辭也(疏)三卜至辭也○釋曰三卜是禮而書之者爲三卜不從及四月不時故也乃者亡乎人之辭也復發傳者嫌三卜礼不當甾責無人也○小邾子來朝(疏)小邾子來朝○釋曰左傳小邾穆公也○城費○費音秘○秋季孫宿如衛○八月螽○冬〻十月衛侯使孫林父來聘壬戌及孫林父盟○楚公子貞帥師圍陳○十有二月公會晉侯宋公陳侯衛侯曹伯莒子

鄬子于鄬鄬鄭也○鄬本又作隔于詭反鄭伯髡原如會○髡苦門反本又作郡或作顒顒音於倫反左氏作髡頑未見諸侯丙戌卒于操操鄭地○操七報反未見諸侯其曰如會何也致其志也禮諸侯不生名此其生名何也卒之名也卒之名則何爲加之如會之上見以如會卒也其見以如會卒何也鄭伯將會中國其臣欲從楚不勝其臣弑而死其不言弑何也不使夷狄之民加乎中國之君也邵曰以其臣欲從楚故謂夷狄之民不欲使夷狄之臣得弑中国之君故去弑而言卒使若正卒然○見以賢徧反去起呂反其地於外也其日未踰竟也日卒時葬正也未踰竟音境【疏】日卒至止也○釋曰

葬在八年比處發之者以鄭伯被弑而同正卒既同正卒宜云正葬故連言也重發正卒之傳者今被弑而同正卒嫌與佗例異故明之也

陳侯逃歸以其去諸侯故逃之也鄭伯欲從中國而罹其凶禍諸侯莫有討心於是懼而去之背華即夷故書逃以抑之○背音佩

八年春王正月公如晉疏正月公如晉○釋曰傳例往月危往也今書正月者以鄭伯歸晉受禍陳侯畏楚逃歸明晉之不足可恃而公往朝危之道故書月也○夏葬鄭僖公○鄭人侵蔡獲蔡公子濕獲者不與之辭侵者所以服不義無相獲之道○公子湿本又作隰又音爕二十年同左氏作爕人微者也浸淺事也而獲公子公子病矣疏公子病矣○釋曰公羊以爲侵而言獲者適得其意謂值其無備故獲得之此云公子病矣謂侵是淺事所以得公子者由公子病弱矣徐邈云公子病不任爲將帥故獲之○季孫宿會晉侯鄭伯齊人宋人衛人邾人于

邢丘邢丘地○邢音刑見魯之失正也公在而大夫會也○見賢遍反疏見魯之失正也○釋曰以公在晉未及告公大夫爲會故云失正也○公至自晉○莒人伐我東鄙○秋九月大雩○冬楚公子貞帥師伐鄭○晉侯使士匄來聘

九年春宋災外災不志此其志何也故宋也故猶先也孔子之先宋人疏宋災○釋曰公羊以爲大者曰災何休云大者謂正寢社稷宗廟朝廷也小者非宗廟社稷也又曰內何以不言火甚之也者何休云春秋以內爲天下法故雖小有火如大災又云外災不書此何書爲王者之後記災也此傳直云故宋也徐邈云春秋王魯以周公爲王後以宋爲故也是亦以爲王者之後記災也今范獨云孔子之先宋人故記其災以黜周王魯乃是公羊之說今徐乃取以解穀梁故范不從之○夏季孫宿如晉○五月辛酉夫人姜氏薨成公母○秋八月

癸未葬我小君穆姜○冬公會晉侯宋公衛侯曹伯莒子邾子滕子薛伯小邾子齊世子光伐鄭十有二月己亥同盟于戲戲鄭地○于戲許宜反不異言鄭善得鄭也不致恥不能據鄭也戲盟還而楚伐鄭故恥不能終有鄭

疏不異至鄭也○釋曰舊解以伐鄭之文在上即同盟于戲明鄭在可知故不異言也善得鄭也言鄭服心同盟故以爲善既善得鄭則是無恥所以不致者恥不能據鄭也謂既盟之後楚即伐鄭恥不能終據之故不致也又一解不異言鄭謂會伐無鄭伯之文今不序是不異言也所以不異言者善得鄭也嘉其服心受盟比之舊同好然故不異言也既善得鄭又以爲恥者當時鄭雖受盟楚即伐鄭諸侯不能終據鄭故以爲耻也

○楚子伐鄭

十年春公會晉侯宋公衛侯曹伯莒子邾子

滕子薛伯杞伯小邾子齊世子光會吳于柤柤楚地○于柤莊加反會又會外之也五年會于戚不殊會今殊會吳者復夷狄故○復夷扶又反下不復皆同疏會又會外之也○釋曰重發傳者五年戚會不殊吳今殊之故復發傳○注復夷狄故○釋曰舊解戚之會抑繒進吳故不得殊會今宜當復夷狄故會以外之或以爲戚會以吳行進故不殊之今在後更爲夷狄之行故外之○夏五月甲午遂滅傳陽○傳陽左氏作偪陽遂直遂也其曰遂何不以中國從夷狄也言時實吳會諸侯滅傳陽恥以中国之君從夷狄之主故加甲午使若改日諸侯自滅傳陽畢國月此日盖爲遂耳○爲于僞反疏遂直遂也○釋曰傳言遂直遂也者是繼事之辭不須云○日今加甲午始云遂滅與凡遂異故傳言之○注此日盖爲遂耳○釋曰傳陽畢國例當書月此經言日故范云盖爲遂耳爲遂者欲見不使中國之君從夷狄之主也公至自會會夷狄不致惡事不致夷狄不致恥與同惡事不致恥有惡

此其致何也會吳會夷狄也滅傳陽惡事也據不應致存中國也以中國之君從夷狄之主而滅人之邑也此即夷狄尓是無中国也故加甲午使若改日諸侯自滅傳陽尓不以諸侯從夷狄也滅中國雖惡事自諸侯之一青爾從夷狄而滅人則中國不復存矣○眚所景反【疏】夷狄至國也○釋曰僖二十六年公至自伐齊傳曰惡事不致此其致之何也危之也彼亦是以蠻夷伐中國傳惣釋之今分别兩言之者當以直會夷狄直爲惡事二者俱不致會夷狄不致者成二年蜀之盟是也惡事不致者桓二年稷之會是也今公從夷狄爲相之會又滅傳陽二事皆惡故傳兩舉之彼公以楚師伐齊唯是一事故惣釋耳傳於此見存中國之文者雞澤之會諸侯失政從此之後日益陵遲又會夷狄之人以滅中国惡事之甚故書公至以存之僖二十六年傳云危之此云存之者彼向來陵遲故直云危之公此時微弱之甚故云存中国也○注而滅人之邑○釋曰此謂國邑也故上注云畀国月公羊左氏亦以爲國也中國有善事則并焉若中国有善事則不復言會諸侯改日遂滅傳陽如僖四年諸侯侵蔡蔡潰遂伐楚是并焉○則并必性反又如字無善事則異之存

之也諸侯會吳于柤甲午遂滅傳陽是則若會與遂異人汲鄭伯汲猶引也鄭伯髡原爲臣所弒而不書弒此引而致於善事○汲音急逃歸陳侯鄭之會陳侯不會以其爲楚故言逃歸○爲于僞反致柤之會存中國也○楚子貞鄭公孫輒帥師伐宋○晉師伐秦○秋莒人伐我東鄙○公會晉侯宋公衛侯曹伯莒子邾子齊世子光滕子薛伯杞伯小邾子伐鄭齊世子光字滕薛之上蓋驕蹇○蹇紀輦反○冬盜殺鄭公子斐公子發公孫輒稱盜以殺大夫弗以上下道惡上也兩下相殺不志乎春秋惡鄭伯不能脩政刑致盜殺大夫也以上下道當言鄭人殺其大夫○斐芳尾反左氏作騑惡路反【疏】稱盜至上也釋曰哀四年傳云微殺大夫謂之盜而曰上下道者以微殺大夫即是兩下相殺兩下相殺不志乎春秋比惡鄭伯不能脩政刑以致

盜殺大夫則哀十三年盜殺陳夏區夫昭二十年盜殺衛侯之兄輒亦是惡其君以致盜也兩下相殺既不入于例故云不以上下道其以上下道者當云鄭人殺其大夫也然文六年狐射姑殺陽處父經改兩下相殺之文晉殺其大夫陽處父是謂君国殺之之辭也則上下之道亦稱国而獨决其不稱人者稱国以殺大夫有二例以二例不定故不得專爲上下道稱人殺是誅有罪之文有罪無二例故得决之於此發例者盜殺大夫初起於此故也

○戍鄭虎牢不稱其人則魯戍也猶戍陳

其曰鄭虎牢决鄭乎虎牢也二年鄭去楚而從中国故城虎牢不言鄭使與中国無異自尔已來數反覆無從善之意故繫之於鄭决絶而棄外○數所角反覆芳服反

疏 注二年至棄外○釋曰注言此者解其决鄭之意九年鄭與諸侯同盟其年楚子伐鄭鄭從楚此年又與楚公子貞伐宋是其數反覆也今諸侯則戍鄭當見其無從善之心故不得內之以盟當决絶之若不决絶之當如上二年直云城虎牢不繫之鄭也

○楚公子貞帥師救鄭○公至自伐鄭

襄十四年

十有一年春王正月作三軍作爲也古者天
子六師諸侯一軍作三軍非正也周礼司馬法曰萬有二千
五百人爲軍王六軍大國三軍次國二軍小国一軍其將皆命卿二千五百人爲師然則此言天子六師凡萬有五千人
大國三軍則三萬七千五百人諸侯制踰天子非義也云諸侯一軍又非制也昭五年經曰舍中軍傳曰貴復正也然
則魯有二軍今云作三軍增置中軍尒魯爲次国於此爲明○將子匠反舍中音捨䟽注魯爲次國釋曰魯本周
公之後地方七百里而云次國者據春秋時言之也○夏四月四卜郊不從乃
不郊夏四月不時也四卜非禮也䟽四卜非礼也○釋曰
上三卜爲礼而非時此卜違礼而礼亦非時故重發傳不言免牲者不行免牲之礼故但言不郊耳○鄭公
孫舍之帥師侵宋○公會晉侯宋公衛侯曹
伯齊世子光莒子邾子滕子薛伯杞伯小邾

子伐鄭○秋七月己未同盟于京城北盟謀更共伐鄭京城北鄭地○京城左氏京作亳公至自伐鄭不以後致盟後復伐鄭也傳例曰已伐而盟復伐者則以伐致盟不復伐者則以會致此言不以後致謂會在伐後○復扶又反疏不以至鄭也○釋曰成十七年夏公會尹子云云伐鄭乙酉同盟于柯陵與此正同彼云公至自會此云公至自伐鄭致文不同者案彼伐鄭同盟於柯陵爲公不同于伐鄭以會事爲大故以會致此時鄭從楚楚彊諸侯畏之故以伐爲大事又盟後重更伐鄭故以伐致也○注傳例至伐後○釋曰下十九年傳文○楚子鄭伯伐宋○公會晉侯宋公衛侯曹伯齊世子光莒子邾子滕子薛伯杞伯小邾子伐鄭會于蕭魚蕭魚鄭地公至自會伐而後會不以伐鄭致得鄭伯之辭也鄭與會而服中國喜之故以會致○鄭與音豫疏伐而至辭也○釋曰

僖四年傳云二事偶則以後事致此云公至自會正是其當而云不以伐鄭致者以鄭從楚伐之尤難故當以伐爲大事但以喜鄭與會○故以會致之

楚人執鄭行人良宵行人者挈國之辭也行人是傳國之辭命者○傳直專反

疏挈國之辭也○釋曰舊解挈猶傳也行人傳國使會命故云挈國之辭也或以挈爲舉謂傳舉國命之辭理亦通耳但與注乖行人之文有六傳之所以發者三也昭公八年楚人執陳行人干徵師傳曰稱人以執大夫執有罪也稱行人怨接於上也襄十有八年晉執衞行人石買傳曰稱行人怨接於上也此云楚人執鄭行人良宵傳曰挈國之辭也徵師云稱人執有罪則此挈國之辭而被因執亦是有罪也石買云稱行人怨接於上則良宵亦然也是其文互相通也傳舉三者則定六年晉人執宋行人樂祁犂七年齊人執衞行人北宮 時二十三年晉人執我行人叔孫婼亦然也是稱人以執有罪石買稱行人怨接於上明君之與臣兩舉失之也執大夫稱人又有二義莊十七年齊人執鄭詹傳曰人者衆辭也以人執與之辭也僖四年齊人執陳袁濤塗傳曰齊人者齊侯也不正其踰國而執也桓十一年宋人執鄭祭仲傳曰宋人者宋公也其曰人何也貶之也是有二

也案經例執大夫皆稱人而執未有稱公侯者而云貶宋公齊侯何也斯有旨矣然執大夫得其罪例當稱人經因事以明義若被執若有罪則稱人以見罪若執人者有罪亦稱人以見惡齊侯爲蹦國而執宋公命人遂君故貶之也稱人以明不正也縱使例執得其罪未有稱公侯之文其齊宋二君亦當貶從稱人之限故經雖同常文傳則分而别之所謂善惡不嫌同辭不可以一槩求之矣祭仲不稱行人舊解私罪不稱行人或當非行人故也○冬秦人伐晉

十有二年春王三月莒人伐我東鄙圍邰盖攻守之害深故以危録其月○邰本又作台他來反又音臺伐國不言圍邑擧重也伐國重圍邑輕擧重可以包輕取邑不書圍安足書也不足書而今書盖爲下事起○爲于僞反（疏）注盖爲下事起○釋曰范知之者以伐國不言圍邑言圍邑有所見明此爲下事耳○季孫宿帥師救邰遂入鄆鄆莒邑○鄆音運遂繼事也受

命而救郚不受命而入鄆惡季孫宿也○惡烏路反

○夏晉侯使士魴來聘○秋九月吳子乘卒

○冬楚公子貞帥師侵宋○公如晉

十有三年春公至自晉○夏取邿○邿音詩【疏】夏取邿

釋曰公羊以邿爲邾婁之邑此傳雖无說蓋從左氏爲国也○秋九月庚辰楚子

審卒共王○共音恭○冬城防

十有四年春王正月季孫宿叔老會晉士匄

齊人宋人衞人鄭公孫蠆曹人莒人邾人滕

人薛人杞人小邾人會吳于向向鄭地○蠆音丑邁反向舒亮反

【疏】正月至于向　釋曰何休云月者刺諸侯委任大夫三年之後君若贅旒然故月之范雖不注或以二卿遂會

蠻夷危之故月從何説埤亦通耳○二月乙未朔日有食之○夏四月叔孫豹會晉荀偃齊人宋人衞北宫括鄭公孫蠆曹人莒人邾人滕人薛人杞人小邾人伐秦○己未衞侯出奔齊諸侯出奔例月衎結怨于民自棄於位君弑而歸與知逆謀故出入皆日以著其惡○與音豫

疏 注諸侯至其惡 釋曰桓十五年五月鄭伯突出奔蔡十六年十有一月衞侯朔出奔齊又十一年鄭忽出奔衞亦文承九月之下是例月也若然昭三年冬北燕伯款出奔齊二十一年冬蔡侯東出奔楚而書時者彼蔡侯東時爲公如晉不當月故時也其北燕伯時自爲大雨雹故亦略其月文或當時明月同唯書日有異也然此書日以著衞侯之惡則昭二十五年九月乙亥公孫于齊亦是明公之惡也或可詳內不可以外例准之然衞侯朔出奔齊傳曰朔之名惡也天子召而不往彼亦惡而書名則北燕伯蔡侯之徒亦是書名以見惡也今衞侯以惡甚而書日所以不名者鄭忽出奔衞傳曰其名失国也衞侯雖則惡甚以其不失国故不名以見得

国入書名以明惡也曹伯負芻無罪故出入不名則衛侯鄭入書名者亦惡可知也然衛侯朔亦得国而出書名者以天子絕之故也則蔡侯東北燕伯款亦爲失国而名也鄭忽桓十五年稱世子忽復歸于鄭亦是得国而書名者以其微弱罪賤之故傳曰其名失国以後雖入国不能自安故亦與失国同也又忽是世子與君少異故彼注云其名謂去世子而但稱忽是也公孫于齊不名者爲内諱也一解以衛侯不名者出奔書曰以見罪惡甚故不復名也理亦通耳○莒人侵我東鄙○秋楚公子貞帥師伐吳○冬季孫宿會晉士匄宋華閱衛孫林父鄭公孫蠆莒人邾人于戚○閱音悅

十有五年春宋公使向戌來聘○向舒亮反戌音恤○二月己亥及向戌盟于劉○劉夏逆王后于齊劉采地夏名書名則非卿也天子無外所命則成故不言逆女○劉夏户雅反注同【疏】劉夏至于齊釋曰公羊以劉

夏爲天子下大夫今范云非卿則亦以爲下大夫也此時王者案世本本紀當須王也過我故志之也○過音戈○夏齊侯伐我北鄙圍成公救成至遇至遇而齊師已退也遇魯地○季孫宿叔孫豹帥師城成郛郛郭○郛音孚○秋八月丁巳日有食之○邾人伐我南鄙○冬十有一月癸亥晉侯周卒

監本附音春秋穀梁註疏襄公卷十五

書名	春秋穀梁注疏（第肆　冊）共肆　冊
刊寫時代	宋刊本
裝式	線裝
卷數	卷拾陸之貳拾
葉數	捌拾葉　內有補鈔陸葉
行格	半葉拾行行拾柒字小字雙行行貳拾叁字
高廣	高陸寸廣捌寸貳分
邊口	左右雙線黑口第二魚尾下標谷疏或標穀疏第二魚尾下標數葉
印章	首尾有本館印
其他標識及狀況	耳簽題某若干年
覆查加注	

檢查者　吳德亮
覆查者

中華民國十三年三月二十八日

監本附音春秋穀梁註疏襄公卷十六（起十六年盡三十一年）

范甯集解　楊士勛疏

十有六年春王正月葬晉悼公○三月公會晉侯宋公衛侯鄭伯曹伯莒子邾子薛伯杞伯小邾子于溴梁（溴梁地○溴古闃反）戊寅大夫盟溴梁之會諸侯失正矣諸侯會而曰大夫盟正在大夫也諸侯在而不曰諸侯之大夫大夫不臣也晉人執莒子邾子以歸（疏　晉人至以歸　釋曰諸侯不得私相治執之以歸非禮明矣）○齊侯伐我北鄙○夏公至自會○五月甲子地震○叔老會鄭伯晉荀偃衛

甯殖宋人伐許○秋齊侯伐我北鄙圍成○大雩○冬叔孫豹如晉

十有七年春王二月庚午邾子瞯卒○瞯音閑左氏作牼○宋人伐陳○夏衛石買帥師伐曹○秋齊侯伐我北鄙圍桃齊高厚帥師伐我北鄙圍防○九月大雩疏九月大雩　釋曰前年大雩不月此月者僖十一年傳曰雩月正也是九月八月雩得正也故月前年雩不正時也○宋華臣出奔陳○冬邾人伐我南鄙

十有八年春白狄來不言朝不能行朝禮○朝直遥反○夏晉人執衛行人石買稱行人怨接於上也怨其君而執其使称

行人明使人爾罪在上也○其使所吏反下同疏注然其君至在上也釋曰称人以執是執有罪范云明使人者謂称行人者明罪在君上故云明使人非謂称行人以罪晉也重發傳者楚是夷狄嫌晉之主盟當異故重明之○

秋齊侯伐我北鄙○冬十月公會晉侯宋公衛侯鄭伯曹伯莒子邾子滕子薛伯杞伯小邾子同圍齊非圍而曰圍據實伐齊有大焉亦有病焉齊若無罪諸侯豈得同病之乎非大而足同焉齊非大國諸侯豈足同共圍之與○同與音餘諸侯同罪之也亦病矣諸侯同罪大国是不量力必爲大国所讎則亦病矣疏非圍至病矣釋曰知非圍者以十九年經云至自伐齊不以圍致故也傳言非圍而曰圍者解經不以實言之意齊有大焉亦有病焉謂經称同圍之意齊雖有事大国焉亦有罪惡焉病猶罪惡也謂數伐魯以數伐魯又後国大故称同圍之耳非大而足同與覆上齊有大焉諸侯同罪之意也謂齊若非大国何須諸侯同罪之也亦

病矣謂齊是大国諸侯共同罪之必爲大国所讎是取禍之道故云亦罪惡矣言諸侯與齊同有罪惡也○曹伯負芻卒于師閔之也（疏）閔之也釋曰僖四年許男新臣卒彼内桓師故不地知言卒于師者皆閔之也○楚公子午帥師伐鄭

十有九年春王正月諸侯盟于祝柯前年同圍齊之諸侯也祝柯齊地○祝柯古何反注同晉人執邾子公至自伐齊春秋之義已伐而盟復伐者則以伐致京城北之類是○復扶又反下及注皆同盟不復伐者則以會致會于蕭魚之類是祝柯之盟盟復伐齊與怪不以會致○與音餘曰非也不復伐齊然則何爲以伐致也曰與人同事或執其君或取其地同與邾圍齊而晉執其君魯取其地此與盟後復伐无異（疏）或執至其地釋曰據此傳文事實在邾

不關于齊而以伐齊致者以明實伐齊盟後又或執其君或取其地與盟後復伐無異故託事以見意罪晉執君惡曾取
地若其實不伐齊亦不得以伐致也○取邾田自漷水以漷水爲界○漷水火虢反又音郭
水名軋辭也軋委曲隨漷水言取邾田之多○軋於八反疏軋辭也 釋曰公羊以爲漷水移入
邾界曾隨而有之今云軋辭者軋謂委曲經言自漷水者委曲之辭也一解軋辭者軋謂委曲言取邾田委曲隨漷水爲
界之辭言其多也其不日惡盟也○惡烏路反疏其不日惡盟也釋曰謂執君取
地○季孫宿如晉○葬曹成公○夏衛孫林父
帥師伐齊○秋七月辛卯齊侯環卒○晉士匄
帥師侵齊至穀聞齊侯卒乃還還者事未畢
之辭也疏還者至辭也 釋曰重發傳者嫌内外異也何休廢疾難此云君子不求備於一人
士匄不伐喪純善矣何以復責其專大功也鄭玄釋之曰士匄不伐喪則善矣然于善則稱君禮仍未備故言乃還不

言乃復作未畢之辭還者致辭復者反命如鄭之言亦是譏士匄不復命也然如鄭意以乃還爲惡乃復爲善則公子遂至黄乃復又爲惡之者彼以遂違君命而反故加畢事之文欲見臣不專公命與此意少異此既善不伐喪復爲事畢之辭則是純善士匄故以未畢之辭言之

受命而誅生死無所加其怒不伐喪善之也善之則何爲未畢也君不尸小事臣不專大名善則稱君過則稱己則民作讓矣士匄外專君命故非之也然則爲士匄者宜奈何宜墠帷而歸命乎介除地爲墠於墠張帷反命于介介歸告君君命乃還不敢專也○墠音善介音界副使也○八月丙辰仲孫蔑卒○齊殺其大夫高厚○鄭殺其大夫公子嘉○冬葬齊靈公○城西郭○叔孫豹會晉士匄于柯

柯地○城武城

二十年春王正月辛亥仲孫速會莒人盟于向向莒邑○向舒亮反○夏六月庚申公會晉侯齊侯宋公衛侯鄭伯曹伯莒子邾子滕子薛伯杞伯小邾子盟于澶淵澶淵衛地○澶市然反○秋公至自會○仲孫速帥師伐邾○蔡殺其大夫公子濕蔡公子履出奔楚○陳侯之弟光出奔楚諸侯之尊弟兄不得以屬通其弟云者親之也親而奔之惡也顯書弟明其親也親而奔逐之所以惡陳侯○弟光左氏作黄惡音烏路反

疏注所以惡陳侯　釋曰知非惡光者以傳例歸爲善自其歸次之以二十三年云光自楚歸于陳又且專之稱

弟罪衛侯則光稱弟罪陳侯也故鄭釋廢疾亦云惡陳侯也○叔老如齊○冬十

月丙辰朔日有食之○季孫宿如宋

二十有一年春王正月公如晉○邾庶其以

漆閭丘來奔以者不以者也凱曰人臣無專祿以邑叛之道○漆音七

閭力居反疏以者不以者也　釋曰重發傳者此非用兵之以故昭五年莒牟夷以牟婁及防茲來奔傳曰以防茲以大及小也是小大不敵故當言及今不言及爲小大敵故也來奔者不言出舉

其接我者也漆閭丘不言及小大敵也○夏

公至自晉○秋晉欒盈出奔楚○九月庚戌

朔日有食之○冬十月庚辰朔日有食之疏

日有食之　釋曰此年與二十四年皆頻月日食據今歷有無頻食之理但古或有之故漢書高祖本紀亦有頻食○

曹伯來朝。朝直遥反 ○公會晉侯齊侯宋公衛侯鄭伯曹伯莒子邾子于商任。商任某地 ○任音壬 ○庚子孔子生。【疏】庚子孔子生 釋曰仲尼以此年生故傳因而錄之史記世家云襄公二十二年生者馬遷之言與穀梁不同者非一故與此傳異年可

二十有二年春王正月公至自會。【疏】公至自會 釋曰此與二十一年公如晉皆月者依傳例月者有危傳不記危之事未可知也何休云善公能事大國棄卑下遠隨會公至不月則何說非 ○夏四月。○秋七月辛酉叔老卒。○冬公會晉侯齊侯宋公衛侯鄭伯曹伯莒子邾子滕子薛伯杞伯小邾子于沙隨。○公至自會。楚殺其大夫公子追舒。

二十有三年春王二月癸酉朔日有食之。○三月己巳杞伯匄卒。○匄古害反○夏邾畀我來奔○畀必二反○葬杞孝公。○陳殺其大夫慶虎及慶寅。稱國以殺，罪累上也。及慶寅，慶寅累也。陳侯之弟光自楚歸于陳。光及稱弟言歸無罪明矣○晉欒盈復入于晉，入于曲沃。曲沃晉地○復扶又反○秋齊侯伐衛，遂伐晉。○八月叔孫豹帥師救晉次于雍渝。雍渝晉地○雍於用反又如字渝羊朱反言救後次，非救也。惡其不遂君命而專止次故先通君命而後言以尊君抑臣之義鄭嗣曰次止也凡先書救而後言次皆非救也僖元年齊師宋師曹師次于聶北救邢此師本欲止聶以為之援爾隨其本意而書故先言次而後言救豹本受君命救晉中道不能故先言

救下後言次若鄭伯未見諸侯丙戌卒于如會致其本意○惡其其烏路反下傳惡之同聶北不輒反中道丁仲反又如字

疏「言救至救也」**釋曰後言次為非救則以僖元年先言次即是救後傳亦云非救者其實言次則但是非救但傳各隨其本意而釋之鄭嗣言之詳矣**○己卯仲孫速卒○冬十月乙亥臧孫紇出奔邾其日正臧孫紇之出也**正其有罪**蘧伯玉曰不以道事其君者其出乎**必不見容○蘧其居**反○晉人殺欒盈惡之弗有也**不言殺其大夫是不有之以為大夫**○齊侯襲莒**輕行掩其不備曰襲○輕遣政反又如字**

二十有四年春叔孫豹如晉○仲孫羯帥師侵齊○夏楚子伐吳○秋七月甲子朔日有食之既○齊崔杼帥師伐莒○大水○八月

癸巳朔日有食之。○公會晉侯宋公衛侯鄭伯曹伯莒子邾子滕子薛伯杞伯小邾子于夷儀。○冬楚子蔡侯陳侯許男伐鄭。○公至自會。○陳鍼宜咎出奔楚。○鍼其廉反 咎其九反 ○叔孫豹如京師。○大饑。五穀不升為大饑 升成也 一穀不升謂之嗛 嗛不足貌 嗛去簟反 二穀不升謂之饑 三穀不升謂之饉 ○饉音近 四穀不升謂之康 康虛 五穀不升謂之大侵 侵傷 (疏) 一穀至大侵　釋曰：二穀不升謂之饑，今經云大饑，故傳云五穀不升也。謂之嗛、謂之康，嗛是不足之貌，康是虛荒之名。五穀不升謂之大侵，又謂之大饑者，以經云大饑，是傳文順經言之。經所云大饑者，謂五穀不熟也。其實大侵者，大饑之異名，通而言之，正是一物也。傳欲分析五種之名，故異其言之耳。

襄二十四年

徐邈云有死者曰大饑無死者曰大饑何休云有死曰大饑無死曰饑也以意言之與穀梁異也 大侵之

禮君食不兼味臺榭不塗 塗墍飾○榭音謝墍户烏路反又烏洛反 弛

侯廷道不除 弛廢也侯射侯也廢侯不燕射廷內道路不脩除○弛式氏反廷道徒佞反朝廷之道也一音庭 疏 注弛廢至燕射 釋曰凡大射爲祭擇士賓射則擬賓而射燕則因歡燕而爲射既國大饑君不宜燕樂故注舉燕射言之其實尚不祭鬼神亦不應有大射賓射之禮故傳以弛侯惣之或以爲燕射一侯禮最省故舉之以明餘者亦不爲之耳理亦通之 百官布而不制 官職脩列不可闕廢不更有造作

鬼神禱而不祀 周書曰大荒有禱無祀 疏 注周書至無祀 釋曰周書者先儒以爲仲尼刪尚書之餘今據其書與尚書不類未知是與非也 此大侵之禮也

二十有五年春齊崔杼帥師伐我北鄙○夏

五月乙亥齊崔杼弑其君光莊公失言淫于

崔氏放言將淫崔氏爲此見弑也邵曰淫過也言莊公言語失漏有過於崔子而崔子弑之故傳載其致弑之由以明崔杼之罪甚○爲此于僞反下爲其同疏注放言至罪甚○釋曰失言謂放言謂放言語將淫崔氏邵解云謂言語失漏有過於崔氏范兩載之者貴異說耳注又二云傳載其致弑之由者正謂此傳不更據別文也○公
會晉侯宋公衛侯鄭伯曹伯莒子邾子滕
子薛伯杞伯小邾子于夷儀○六月壬子鄭
公孫舍之帥師入陳○秋八月己巳諸侯同
于重丘會夷儀之諸侯也重丘齊地○重直龍反公至自會○衛侯入
于夷儀夷儀本邢地衛滅邢而爲衛地○楚屈建帥師滅舒鳩屈居勿反
○冬鄭公孫夏帥師伐陳○夏戶雅反○十有二
月吳子謁伐楚門于巢卒以伐楚之事門于

巢卒也所以攻巢之門者爲其伐楚之事故也然則伐楚經巢○子謁左氏作遏于巢者外乎楚也若但言伐楚卒而不言于巢者則卒在楚也言于巢則不在楚門于巢乃伐楚也先攻巢然後楚乃可得伐疏注先攻巢　釋曰舊解巢楚竟上之小國有表裏之援故注攻之然後楚可得伐以爲楚邑非也徐邈亦云巢偃姓之國是也諸侯不生名取卒之名加之伐楚之上者見以伐楚卒也其見以伐楚卒何也緣伐楚惡事無緣致本意○見賢徧反疏諸侯不生名　釋曰重發傳者與生國生名異故也古者大國過小邑小邑必飾城而請罪禮也飾城者脩守備請罪問所以爲闕致師之意○守備手又反或如字吳子謁伐楚至巢入其門門人射吳子有矢創反舍而卒古者雖有文事必有武備非巢之不飾城而

請罪非吴子之自輕也非責○射食亦反創初良反

二十有六年春王二月辛卯衛甯喜弑其君剽此不正其日何也殖也立之喜也君之正也父立以爲君則子宜君之以明正也○君剽匹妙反疏此不正其日何釋曰知剽不正者以元年衛公孫見經故也○衛孫林父入于戚以叛○甲午衛侯衎復歸于衛日歸見知弑也書喜弑君衎可言歸衎實與弑故録日以見之書日所以知其與弑者言辛卯弑君甲午便歸是待弑而入故得速也○衎苦旦反一本作衎見知賢徧反實與音豫下同疏日歸至弑也釋曰衎既與弑不言入以惡之者傳例歸爲善復歸則居其兩端故傳復者復中國歸者歸其所今喜既弑君衎可言歸但以與弑故從平文○一云復歸書名因以見惡耳不言入以明歸罪于甯喜也

夏晉侯使荀吴來聘○公會晉人鄭良霄宋

人曹人于澶淵○秋宋公殺其世子痤○痤在禾反○晉人執衛甯喜○八月壬午許男甯卒于楚宣九年九月辛酉晉侯黑臀卒于扈傳曰其日未踰竟也此乃在楚何以日邪隱三年八月庚辰宋公和卒傳曰日卒正也許男卒于楚則在外已顯日卒明其正○竟音境

疏 注宣九至其正 釋曰案薄氏駮云此自發例於大國不明於小國其小國或詳或畧許男書日以正也范荅云春秋稱世子國有非正周之襄王晉之恭子曹伯射姑亦是其例纓且之卒謂于日食之下何以知其不日然則范之此荅據何文得知又周之襄王與恭子何以爲别又薄氏之駮不問射姑而范荅採意大過者案左氏襄王是惠后之子明襄王是嫡也故文八年書八月戊申天王崩恭世子是獻公烝父妾而生僖五年被殺不日故知雖世子仍非嫡也傳氏之意見射姑稱世子而卒不稱日故駮云發例于大國小國自從詳略故范以射姑非正荅之據陳侯款僖七年寧毋之會亦言世子至僖二十八年書卒之上亦不日明稱世子亦有非正也捷菑既貶則纓且是正故知纓且之卒蒙上日食之文可知襄王正恭子不正而亦引以爲例者欲明襄

王正而稱世子申生不正亦稱世子據此言之明有不正而稱世子者○冬楚子蔡侯陳侯伐鄭○葬許靈公

二十有七年春齊侯使慶封來聘○夏叔孫豹會晉趙武楚屈建蔡公孫歸生衛石惡陳孔奐鄭良霄許人曹人于宋奐呼亂反○衛殺其大夫甯喜稱國以殺罪累上也甯喜弒君其以累上之辭言之何也嘗爲大夫與之涉公事矣鄭嗣曰昔獻入以喜有弒君之罪而殺之則不宜既入以爲大夫而得殺之明以他故○復音扶又反

（疏）涉公事矣 釋曰舊解國家之事危若涉海以水行爲踰也徐邈云涉猶歷也傳織約邯鄲應信云約若著屨舄之頭即周禮約繶及純是也

甯喜由君弒君而不以弒君之

襄二十七年

罪。罪之者，惡獻公也。獻公即衎也。鄭嗣曰：書甯喜弑其君，則喜之罪不嫌不明。今若不言喜之無罪而死，則獻公之惡不彰。○惡獻，烏路反。

○衛侯之弟專出奔晉。○專，左氏作鱄。

專，喜之徒也。專之爲喜之徒何也？已雖急納其兄，與人之臣謀弑其君，是亦弑君者也。專其曰弟何也？據稱弟則無罪。○已音紀。專有是信者，言君本使專與喜爲約，納君許以寵賂，今反殺之。獻公使專失信，故稱弟，見獻公之惡也。○見，賢偏反。君賂不入乎喜而殺喜，是君不直乎喜也，故出奔晉，織約邯鄲，終身不言衛。恥失信。○約，其俱反。邯音寒，鄲音丹。專之去，合乎春秋。何休曰：甯喜本弑君之家，獻公過而殺之，小負也。專以君之小負自絶，非大義也，何以合乎春秋？鄭君釋之曰：甯喜雖弑君之家，本專與約納獻公爾。公由喜得入，已與喜以君臣從事矣。春秋撥亂，重盟約。今獻公背之而殺忠于已者是獻公惡而難親也獻公既惡而難親專又與喜爲黨懼禍將及君子見幾而作不俟終日微子去紂孔子以爲上仁專之去衛其心若此合于春秋不亦直乎○與約如字又於妙反下同爲約于僞反本或作盟約背之音佩○秋七月辛巳豹及諸侯之大夫盟于宋溴梁之會諸侯在而不曰諸侯之大夫大夫不臣也晉趙武恥之豹云者恭也不舉姓氏諸侯不在而曰諸侯之大夫大夫臣也其臣恭也晉趙武爲之會也

疏　晉趙至會也　釋曰豹云能恭獨言趙武恥之者趙武恥溴梁之會大夫不臣故合師諸侯大夫爲恭故歸功趙武也傳言豹云者據前稱氏後直名也

○冬十有二月乙亥朔日有食之

二十有八年春無冰○夏衛石惡出奔晉○

邾子來朝○朝直遥反○秋八月大雩○仲孫羯如晉○冬齊慶封來奔○十有一月公如楚（疏）公如楚　釋曰書月者何休云危公朝夷狄案下二十九年公至自楚傳云喜之也則何說是耳○十有二月甲寅天王崩靈王○乙未楚子昭卒

二十有九年春王正月公在楚閔公也閔公爲楚所制故存錄○夏五月公至自楚喜之也凱曰遠之蠻国喜得全歸致君者殆其往殆危而喜其反此致君之意義也（疏）致君至義也　釋曰於此發之者以公遠之荊蠻故傳特發之明中国亦同也○庚午衞侯衎卒○閽弑吴子餘祭閽門者也寺人也不稱名姓閽不得齊於人不稱其君閽不得君

其君也禮君不使無恥不近刑人無恥不知臧否○閽音昏守門人也祭側界反寺人本又作侍人不近附近之近下同否音鄙又方九反不狎敵不邇怨賤人非所貴也貴人非所刑也刑人非所近也舉至賤而加之吳子吳子近刑人也閽弒吳子餘祭仇之也怨仇餘祭故弒之○狎戶甲反怨於願反又於元反仇音求

（疏）閽門至之也　釋曰稟二儀之氣須五常之性備然後爲人閽者虧刑絕嗣無陰陽之會故不復齊於人以主門晨昏開閉謂之閽以是奄豎之屬故又謂之寺人也不狎敵不邇怨者言爲人君之道外不得狎敵內不得近怨何者吳遏以狎敵蒙禍餘祭以近怨害身故不可狎敵近怨也賤人非所貴謂卑賤之人無高德者不可卒貴貴人非所刑謂刑不上大夫故不可刑之刑非所近也謂刑罪之人不可信近之今吳子以奄人爲閽是近之也舉至賤而加之吳子近刑人也謂經書閽弒吳子餘祭者譏其近刑人也○注怨仇餘祭○仲祭　釋曰国君不仇匹夫犯罪則誅之故知是閽怨也

孫羯會晉荀盈齊高止宋華定衛世叔儀鄭公孫段曹人莒人邾人滕人薛人小邾人城杞古者天子封諸侯其地足以容其民其民足以滿城以自守也杞危而不能自守故諸侯之大夫相帥以城之此變之正也諸侯微弱政由大夫大夫能同恤災危故曰變之正【疏】變之正釋曰諸侯恤災救危是正今大夫爲之故云變之正也○晉侯使士鞅來聘○杞子來盟杞復稱子蓋時王所黜○復扶又反○吳子使札來聘杜預曰吳子餘祭既遣札聘上国而後死札以六月到魯未聞喪也不称公子其礼未同於上国○札側八反吳其稱子何也善使延陵季子故進之也身賢賢也使賢亦賢也延陵季子

之賢尊君也以季札之賢吳子得進称子是尊君也其名成尊於上
也春秋賢者不名而札名者許夷狄不一而足唯成吳之尊称直称吳則不得有大夫○尊称尺證反疏
成尊於上也釋曰謂進吳称子上謂君上也○秋九月葬衞獻公○齊高
止出奔北燕其曰北燕從史文也南燕姞姓在鄭衞之間北
燕姬姓在晉之北史曰北燕據時然故不改也傳所言解時但有言燕者○北燕音烟国名姞其乙反又其吉反疏
從史文也釋曰傳言從史文者以時有直言燕者故仲尼從史文也○冬仲孫羯如晉
三十年春王正月楚子使薳罷來聘聘例時此聘月之何
也泰曰栢二年宋督殺其君與夷傳曰書王以正與夷之卒然則善有所明皆須王以正之書王必上繫于春下統于月
此書王以治蔡般弑父之罪亦非以録薳罷之聘薳罷于委反下音皮與夷如字又音餘宋殤公名○夏四
月蔡世子般弑其君固其不日子奪父政是

謂夷之比之夷狄故不日也丁未楚世子商臣殺其父傳曰日髡之卒所以謹商臣之弒也楚公子比弒其君傳曰不日比不弒般弒不日而曰夷之何也徐乾曰凡中国君正卒皆書日以録之夷狄君卒皆不日以略之所以別中国與夷狄夷狄弒君而日者閔其爲惡之甚謹而録之中国君卒例日不以弒與夷弒也至于卒而不日者乃所以略之與夷狄同例○子般音班本髡苦班髡苦門反以別彼列反

【疏】注比之至同例 釋曰何休廢疾云蔡世子班弒其君固不日謂之夷楚世子商臣弒其君何以反書日邪鄭玄釋之曰商臣殺父日之嫌夷狄無礼罪輕也今蔡中国而又弒父故不日之若夷狄不足責然公羊有若不疾乃疾之推以況此則無怪然此注之意與鄭君釋廢疾大盲同也但解商臣之弒書日少異耳何者鄭云嫌夷狄無礼罪輕故曰徐乾云閔其爲惡之甚故日是少異也昭十九年夏五月戊辰許世子止弒其君罪傳云日弒正卒也與此異者彼以實不弒君而書日故與此異也

○五月甲午宋災伯姬卒取卒之日加之災上者見以災卒也其見以災卒奈何伯姬之舍失火左

右曰夫人少辟火乎伯姬曰婦人之義傅母不在宵不下堂宵夜○見以賢徧反辟音避下同左右又曰夫人少辟火乎伯姬曰婦人之義保母不在宵不下堂遂逮乎火而死婦人以貞爲行者也伯姬之婦道盡矣詳其事賢伯姬也○逮音代又大計反行下孟反疏取卒至姬也　釋曰然災例時今伯姬之卒故進日在上以明災死也伯姬之婦道盡矣爲共公卒雖日以姬能守災在之貞謂之婦道盡矣○天王殺其弟佞夫傳曰諸侯目不首惡況於天子乎君無忍親之義天子諸侯所親者唯長子母弟耳天王殺其弟佞夫甚之也○長丁丈反疏況於天子乎　釋曰嫌天子之殺弟異於諸侯故以輕況重李

重以明輕見輕重之道並見矣○王子瑕奔晉不言出周無外○秋七月叔弓如宋葬共姬共姬從夫之謚○共音恭外夫人不書葬此其言葬何也吾女也卒災故隱而葬之也疏外夫至葬之也　釋曰外夫人卒亦不書而云不書葬者傳云外夫人不葬者謂魯女嫁於諸侯者唯當書卒不合稱葬非謂不是魯女也○鄭良霄出奔許自許入于鄭鄭人殺良霄不言大夫惡之也○惡烏路反疏不言至之也　釋曰襄二十二年晉人殺欒盈傳曰惡之弗有也彼云不有則此亦然也重發傳者嫌與復入異故也○冬十月葬蔡景公不日卒而月葬不葬者也卒而葬之不忍使父失民於子也鄭嗣曰夫葬者臣子之事也景公無子不可謂無民無民則景公有失於民有民則罪歸於子若不書葬則嫌亦失民故曰不忍使父失民於子疏不日

至子也　釋曰成十五年秋八月庚辰葬宋共公傳曰月卒日葬者也此云不日卒而月葬不葬者也重發傳而文又異者傳例諸侯日卒時葬正也明違此即非正故兩文以明之又鄰一弑一卒經文有日月之殊故重發傳而文異日月有殊者宋共則日葬景公則月葬是殊也宋襄失民不葬此失民書葬者此即是於失子非失民若實失民則直称人以弑以弑傳曰不忍使父失民於子也是非失民可知傳云不忍使父失民於子者言若不書葬則與失民同故云然也○

晉人齊人宋人衛人鄭人曹人莒人邾人滕人薛人杞人小邾人會于澶淵宋災故會不言其所爲其曰宋災故何也不言災故則無以見其善也其曰人何也救災以衆何救焉更宋之所喪財也

償其所喪財故雖不及災時而猶曰救災○所爲于僞反以見賢徧反更音庚償也喪息浪反償時亮反

【疏】晉人至財也　釋曰公羊傳云卿則其称人何貶也曷爲貶卿不得憂諸

誤也左氏以爲不歸宋財故取此傳云其曰人何救災以衆是三傳異也或當此會趙武亦在但取救災以衆故不顯名也

澶淵之會中國不侵伐夷狄夷狄不入中國無侵伐八年善之也晉趙武楚屈建之力也

疏 無侵伐八年 釋曰徐邈云晉趙武楚屈建感伯姬之節故爲之息兵其意以爲諸侯閔伯姬之賢故歸宋財爲澶淵之會此不相侵伐連會言之故知爲伯姬也范氏不解理未必然言感伯姬歸宋財事亦可矣豈以一婦人之貞國則息兵八載人情測之必是未可又且傳稱趙武屈建之力則無侵伐不由伯姬明矣若然則此會不書楚人則無楚屈建若據此後言之昭元年即楚靈王即位不得云無侵伐八年若據二十六年澶淵之會言之何知彼有趙武屈建唯二十七年見經而云屈建之力者案左氏晉趙武以二十五年爲政二十六年澶淵之會晉人列在鄭卿之上明是趙武但恥湨梁不臣故屈於澶淵也其實晉人者趙武是爲政起於二十五年再會澶淵一會宋又昭元年會于虢而中國以安屈建雖一會于宋外寧夷狄是屈建之功傳恐連公子圍之事故以屈建別之故左氏云相晉國於今八年亦從二十

五年數至昭元九年也傳連此澶淵會言之者以諸侯靜兵由趙武功力此歸宋財亦是趙武爲之以其息師故得憂災恤患是以連言之耳

三十有一年春王正月。夏六月辛巳公薨于楚宮楚宮非正也楚宮別宮名非路寢。秋九月癸巳子野卒襄公太子大音泰。子卒日正也疏子卒日正也解云未踰年之君弑死不日于十八年子卒是也莊三十二年子般卒書日者以有所見故也今子野正卒書日嫌與子般同故傳發之以明昭公之繼正也。己亥仲孫羯卒。冬十月滕子來會葬書非禮。癸酉葬我君襄公。十有一月莒人弑其君密州

監本附音春秋穀梁註疏襄公卷十六

監本春秋穀梁註疏昭公卷第十七　起元年盡十二年

范甯集解　楊士勛疏

昭公〔疏〕魯世家昭公名稠襄公之子以周景王四年即位謚法容儀恭明曰昭

元年春王正月公即位繼正即位正也〔疏〕繼正即位正也　釋曰重發傳者嫌繼子野非正故明之。叔孫豹會晉趙武楚公子圍齊國弱宋向戌衛齊惡陳公子招蔡公孫歸生鄭罕虎許人曹人于郭。招上昭反郭左氏作虢○一月取鄆鄆魯邑言取者叛安不服○鄆音運〔疏〕註鄆魯至不服　釋曰案左氏鄆為莒邑范知魯邑者以經有城諸及鄆之文此鄆不繼莒故知魯邑也公羊傳曰鄆者何內之邑也其言取何不聽也何休云不聽者叛也是范所據之文也。○夏秦伯之弟鍼出奔晉諸侯之尊弟兄不得以屬通其弟云者親之也親而奔之惡也［○鍼其廉反　惡烏路反］（疏）親而奔之惡也　釋曰重發傳者陳侯之弟稱歸爲無罪此鍼後無歸文則罪之輕重固不可知故傳云親而奔之惡也明與陳光同耳。○六月丁巳邾子華卒。○晉荀吴帥師敗狄于太原［大原地　大音泰］傳曰中國曰太原夷狄曰大鹵號從中國名從主人［襄十五年注詳矣　○鹵力古反］（疏）注襄五至詳矣　釋曰桓二年必有文而注言襄五年者桓二年論郜鼎之事襄五年則同論地事故注指之。○秋莒去疾自齊入于莒。莒展出奔吴（疏）莒展出奔吴　釋曰展篡踰年不稱爵者徐邈云不爲内外所與也不成君故但書名理或然焉。○叔弓帥師疆鄆田疆之爲言猶竟也［爲之竟界○去起呂反竟音境］（疏）叔弓至鄆田　釋曰鄆是魯邑所以帥師者公羊以爲與莒爭

竟故帥師是畏莒故以師正其界○葬邾悼公○冬十有一月己酉楚子卷卒○卷音權左氏作麇○楚公子比出奔晉

二年春晉侯使韓起來聘○夏叔弓如晉○秋鄭殺其大夫公孫黑○冬公如晉至河乃復乃者亡乎人之辭刺公弱劣受制彊臣恥如晉故著有疾也公凡四如晉季氏訴公于晉侯使不見公公懼不利于已故公托至河有疾而反以殺恥也十二年傳曰季氏不使遂乎晉與此傳互文以見義然則十三年二十一年如晉與此義同二十三年經曰至河有疾乃復是微有疾而反嫌與上四如晉同故明之○見法聲

（疏）恥如至疾也　釋曰案公之乃復凡有五文惟二十三年經云至河有疾乃復自餘四者皆不云有疾而傳曰著有疾者公爲季氏所訴恥四如晉不入故皆書曰乃復者鼠是訴有疾之辭非實疾也故傳云恥如晉故著有疾也二十三年實與有疾而復故經言有疾而別之○注公凡四如晉　釋曰此文一也十二年二也十三年

三也二十一年四也二十三年經云有疾故不數之耳○季孫宿如晉。公如晉而不得入，季孫宿如晉而得入，惡季孫宿也。明晉之不見公，季孫宿之所爲。○惡，烏路反。

疏　惡季孫宿也　釋曰：惡季孫宿，十二年又發傳云季孫不使遂乎晉者，季孫宿以七年卒，十二年譖君者意如，見其累世同惡，故傳重明之。若然，十三年乃復者，意如見執之下，意如身尚被執，安得謂之譖公者？彼公不盟，亦坐意如，意如先以譖公，被執之日又自雪無罪，晉人聽其言而不受公，故經言乃復之文，與十二年同，明亦是意如譖公可知也。

三年春王正月丁未，滕子原卒。○夏，叔弓如滕。○五月，葬滕成公。

疏　夏叔至成公　釋曰：何休云月者，上葬襄公，諸侯莫肯加禮，獨滕子來會葬，故恩錄之。穀梁以月葬爲故，必不得從何說，或當有故，但經傳不言耳。

○秋，小邾子來朝。○朝，直遥反。○八月，大雩。○冬，大雨雹。○雨，于付反；雹，皮學

反○北燕伯款出奔齊其曰北燕從史文也

疏從史文也　釋曰重發傳者前高止之奔欲明從史文今北燕伯出奔亦曰北燕伯嫌目名之故重曰從史文舉此二者以明例故於後不釋

四年春王正月大雨雹雹或為雹○雨雹于付反左氏作雨雹疏注雹或為雹　釋曰左氏為雹故范疑之云或為雹也○夏楚子蔡侯陳侯鄭伯許男徐子滕子頓子胡子沈子小邾子宋世子佐淮夷會于申楚靈王始會諸侯也○沈音審楚人執徐子稱人以執執有罪疏楚人執徐子　釋曰僖二十一年執宋公不言楚此云楚人執徐子者彼欲見諸侯同執且不與夷狄執中國故不言楚人此時楚彊徐又夷也故云楚執不言歸者蓋在會而執尋亦釋之故不言所歸也○

秋七月楚子蔡侯陳侯許男頓子胡子沈子

淮夷伐吴衆國之君傾衆悉力以伐彊敵内外之害重故謹而月之定四年伐楚亦月此其例也

疏注衆國至例也○釋曰舊解凡日月之例多施於内不止於外而云謹而月之者以四夷之盛吴楚最甚從此以後中國微弱禍害既重書亦宜詳故注并引定四年三月公會劉子以下于召陵侵楚爲證猶莊六年子突王者之師挫於諸侯僖十五年齊桓霸者之兵屈於伐厲故亦書月是其義也徐邈云伐不月而書月者爲滅厲書理亦通也内外之害者内謂吴外謂衆國也

執齊慶封殺之此入而殺其不言入何也慶封封乎吴鍾離言時殺慶封自于鍾離實不入吴其不言伐鍾離何也不與吴封也慶封其以齊氏何也據已絶于齊爲齊討也靈王使人以慶封令於軍中曰有若齊慶封弑其君者乎謂與崔杼共弑莊公光○爲吁僞反慶封曰子一息我亦且一言曰有若楚

公子圍弒其兄之子而代之爲君者乎軍人
粲然皆笑粲然盛笑貌○粲七旦反疏弒其兄之子釋曰元年楚子卷卒不云弒此云弒者彼
爲容弒之托以疾卒楚無良史告以不實故春秋從而書之傳因慶封之對以起其事則篡之罪亦足以見也慶
封弒其君而不以弒君之罪罪之者慶封不
爲靈王服也不與楚討也傳例曰稱人以殺大夫爲殺有罪今殺慶封經
不稱人故曰不以弒君之罪罪之○爲于僞反春秋之義用貴治賤用賢
治不肖不以亂治亂也孔子曰懷惡而討雖
死不服其斯之謂與○與音餘疏孔子曰至謂與釋曰上云春秋之義足
以見罪人稱孔子曰者靈王夷狄之君欲行霸者之事嫌於得善故引春秋以明之後言孔子以正之遂滅
厲遂繼事也○九月取鄫疏九月取鄫釋曰襄六年莒人滅鄫

今又云取者彼以立莒之公子爲後故以滅言之其實非滅故今魯得取之不云滅而云取者徐邈云諱故以易言之事或然矣○冬十有二月乙卯叔孫豹卒

五年春王正月舍中軍貴復正也魯次國舊二軍襄十一年立三軍今毀之故曰復正○舍音捨○楚殺其大夫屈申屈居勿反○公如晉○夏莒牟夷以牟婁及防茲來奔以者不以者也來奔者不言出以其方向內也及防茲以大及小也莒無大夫其曰牟夷何也以其地來也以地來則何以書也重地也竊地之罪重故不得不錄其人

疏以者至地也　釋曰重發傳者庶其以邑來而不言及此以邑來言及黑肱則不繫濫故各發傳也此傳獨言重地者舉其中以包上下也

○秋七月公至自晉○戊辰叔

弓師師敗莒師于賁泉賁泉魯地○賁泉扶粉反左氏作蚡泉狄人

謂賁泉失台號從中國名從主人來反○台湯○秦

伯卒疏秦伯卒　釋曰左氏以爲同盟則名同盟而不名皆從赴公羊以爲秦伯不名者秦夷也匿嫡之名其意云嫡子生不以名告國中唯擇勇猛者而立之又云秦伯罃及稻名者嫡子故得名之言獨二人以嫡得立也此傳云隱七年滕侯卒云無名狄道也則此秦伯不名者以用狄道也又隱八年宿男卒注曰宿微國也未能同盟故男卒也據彼則是未同盟者則不赴以名案秦之諸君卒經或名或不名則是非用狄道蓋同左氏未同盟故不名也徐邈云秦伯不名用狄道也恐非耳○冬楚子蔡侯陳侯許男頓子沈

子徐人越人伐吳

六年春王正月杞伯益姑卒疏杞伯益姑卒　釋曰不日卒者蓋非正也○葬秦景公○夏季孫宿如晉○葬杞文

公○宋華合比出奔衛○比必里反又毗志反○秋九月大
雩○冬遂罷帥師伐吳○冬叔弓如楚○齊
侯伐北燕
七年春王正月暨齊平○暨其器反平者成也暨猶
暨暨也暨者不得已也以外及內曰暨（疏）平者成也
釋曰舊解平者善事也當同以為之而不得已而為之是亂道也故釋之為成言成亂之辭耳或當成平義通故展轉
為訓○三月公如楚○叔孫婼如齊莅盟○婼丑略反莅
音利又音類莅位也內之前定之辭謂之莅外之前
定之辭謂之來（疏）莅位也釋曰重發傳者嫌公如楚恐婼非是君命故發明之婼亦
受命也○夏四月甲辰朔日有食之○秋八月戊

辰衛侯惡卒鄉曰衛齊惡在元年○鄉香亮反本亦作鄉八年同今曰衛侯惡此何爲君臣同名也君子不奪人名不奪人親之所名重其所以來也王父名子也不奪人名謂親之所名明臣雖欲改君不當聽也君不聽臣易名者欲使重父命也父受命于王父王父卒則聽王父之命名之疏王父名子也釋曰傳言王父則祖也范云欲使人重父命也者父受名於王父王父卒則已命子故傳注兩言之其並存者則不諱君卒哭而後無容得斥君名蓋捨名而稱字耳○九月公至自楚○冬十有一月癸未季孫宿卒○十有二月癸亥葬衛襄公

八年春陳侯之弟招殺陳世子偃師鄉曰陳公子招在元年今曰陳侯之弟招何也曰盡其

親所以惡招也盡其親親謂既稱公子又稱弟招先君之公子今君之母弟○惡烏路反疏盡其親　釋曰盡其親者招前稱公子明有先君之親今變父言弟彰是今君之親二稱並見故云盡其親也然昭元年稱公子不關殺偃師而亦言之者以變公子之文而稱弟故二者并言之也十三年殺公子比不言楚比云陳世子者體國重故繫國言之公子繫君故不繫國也若然下云殺陳孔奐繫陳者楚人殺他國之臣故繫國兩下相殺不志乎春秋此其志何也世子云者唯君之貳也云可以重之存焉志之也諸侯之尊兄弟不得以屬通其弟云者親之也親而殺之惡也惡招疏注惡招　釋曰此稱弟惡招光稱弟惡陳侯者光有歸文見經明知光無罪今招親殺世子故知稱弟以惡招也○夏四月辛丑陳侯溺卒溺乃歷反○叔弓如晉○楚人執陳行人干徵師殺之干姓

戕師名稱人以執大夫執有罪也稱行人怨接
於上也陳公子留出奔鄭疏稱人至上也釋曰重發傳者嫌楚
殺爲甚恐其無罪故重發傳以同之○秋蒐于紅紅魯地○蒐所求反紅户公反疏秋蒐于紅
釋曰傳云正也而經書者范氏例云蒐狩書時其例有九書狩有四言蒐有五稱狩有四者桓四年狩于郎一也莊四
年狩于郜二也僖二十八年狩于河陽三也哀十四年西狩獲麟四也蒐有五者此蒐于紅一也十一年大蒐于比蒲二
也二十二年大蒐于昌間三也定十三年大蒐于比蒲四也定十四年又大蒐于比蒲五也范又云凡書者皆譏也昭八
年秋蒐于紅傳云正也而書之者明比年大蒐失禮故因以此正見不正也是范意將秋蒐得禮欲見以正刺不正故書
之范例又云器械皆常故不云大言大者則器械過常狩言公此不云公者狩則主爲游戲故言公蒐是國家常禮故例
不言公也然則蒐狩書者皆譏而傳云因蒐狩以習用武事禮之大者也據得禮者言之范云比年失禮謂器械過常又
失時是也正也常事不書而此書者以後比年大蒐失禮因此以見正○見賢遍反因蒐狩以

習用武事禮之大者也艾蘭以爲防蘭香草也防爲田之大限○狩手又反艾魚廢反罝旃以爲轅門旃旌旗之名周禮通帛爲旃轅門卬車以其轅表門○旃之然反卬車五郎反一音仰本又作昂以葛覆質以爲槷質椹也槷門中臬葛或爲楬○槷魚列反門槷也椹張林反臬魚列反㮕也楬户葛反毛布也流旁握御轚者不得入流旁握謂車兩轊頭各去門邊空握握四寸也轚挂則不得入門○轚古帝反挂也劉兆云絓也本或作擊轊音衛一音徐歲反車軸頭也挂户卦反又音封礙也車軼塵塵不出轍馬候蹄發足相應遲疾相投○蹄徒兮反馬足也相應應對之應揜禽旅揜取衆禽○揜於撿反本亦作掩御者不失其馳然後射者能中不失馳騁之節○中丁仲反下皆同過防弗逐不從奔之道也戰不逐奔之義面傷不獻嫌誅降○降户江反不成禽不獻惡厓幼小○惡烏路反年末傳及注皆同少詩召反禽雖多

天子取三十焉其餘與士衆以習射於射宮取三十以共乾豆賓客之庖射宮擇宮○共音恭庖步交反射而中田不得禽則得禽田得禽而射不中則不得禽是以知古之貴仁義而賤勇力也射以不爭爲仁揖讓爲義○爭爭鬭之爭【疏】芟蘭至力也　釋曰蘭是草之貴者地之希有之物而云芟蘭爲防者廣澤之内與衆同生芟之爲防則逢蘭同剪故舉以包之置旃以爲轅門謂以車爲營舉轅爲門又建旃以表之故云置旃以爲轅門以葛覆質以爲槷質者中門之木椹謂恐木椹傷馬足故以葛草覆之以爲槷葛或爲褐者謂之毛布覆之徐邈亦云恐傷馬足故以毛布覆之毛詩傳云褐纏旃以爲門裘纏質以爲槷與此異也流旁握御轚者不得入徐邈云流至也門之廣狹足令車通至車兩軸去門之旁邊一握握四寸也轚者不得入轚謂挂著若車挂著門則不使得入以恥其御拙也劉范之注似與徐邈同或以爲流旁握者謂建旃表門之旒旁去車之兩軸各一握也古字同通故傳作流理亦通也但與注少僻耳范注兩軸頭本或作轊者兩

轊两軸止是一物故鄭玄注少儀亦以軸爲轊也車軌塵謂驅車塵不出軌轍馬候蹄躅解四蹄皆發後足躡前足而相伺候與范注亦合耳拚禽旅旅衆也謂掩取衆禽然礼云不掩羣者謂不得不分别大小一羣盡取之今雖掩衆禽在田則簡其麛卵之流而放之射訖則釋其面傷之徒不獻之以習軍禮則亦不掩羣之義也○古之貴仁義者謂因獵之時務在得禽不升降是勇力也射宮之内有揖讓周旋是仁義也田雖不得禽射中則得禽是貴仁義而賤勇力也舊解以爲射弓之内還射死禽中則取之故以重傷爲難論語稱射不主皮則射皮不射禽也

○陳人殺其大夫公子過○過音戈

○大雩○冬十月壬午楚師滅陳執陳公子招放之于越殺陳孔奐惡楚子也惡其滅人之国放有罪之人反殺無辜之臣故實是楚子而言師

（疏）惡楚子也○釋曰惡之者謂滅人之國又招有罪而放之奐無辜反殺之有三事之惡故貶而稱師也傳知是楚子者以九年經叔弓會楚子於陳知滅陳亦是楚子但爲惡之故貶稱師也不貶稱人而言師者以楚恃彊滅国著其用大衆故云師若貶之稱人嫌

是賤者故不言人矣〇葬陳哀公不與楚滅閔公也滅國不葬閔楚夷狄以無道滅之故書葬以存陳（疏）滅國　釋曰滅國不葬今書葬者以楚夷狄無道滅人閔陳之滅故書葬以存之

九年春叔弓會楚子于陳〇許遷于夷以自遷爲文而地者許復見也夷許地徐邈曰許十八年又遷于白羽許比遷徙所都無常居處薄淺如一邑之移故畧而不月不得從國遷常例〇復扶又反見賢遍反（疏）注故略而不月　釋曰僖元年夏六月邢遷于夷儀三十一年十二月衛遷于帝丘皆書月而許遷不月故知是畧也〇夏四月陳火〇火左氏作災國曰災邑曰火火不志此何以志閔陳而存之也陳已滅矣猶書火者不與楚滅也不可以方全國故不云災何休曰月者閔之（疏）國曰災至存之也　釋曰傳言火不志則是無例而云國曰災邑曰火者火不合志志者皆義有所見此書者以見不與楚滅義在存陳也陳

滅不可以比全國故以邑録之既以邑録之則不得與国○同文國邑文既不同傳宜顯変例故云國曰災邑曰火

秋仲孫貜如齊○貜俱縛反○冬築郎囿○囿音又舊于目反苑也

十年春王正月○夏齊欒施來奔○秋七月季孫意如叔弓仲孫貜帥師伐莒○戊子晉侯彪卒○彪彼虬反○九月叔孫婼如晉月者爲下葬晉平公起○爲于僞反○葬晉平公○十有二月甲子宋公成卒不書冬冬葬所未詳○成音城

疏十有至成卒　釋曰何休云去冬冬者蓋昭娶吳孟子之年故貶之范既不注或是闕文也

十有一年春王二月叔弓如宋○葬宋平公晉獻公以殺世子申生故不書葬宋平公殺世子痤而書葬何乎何休曰痤有罪故也痤之罪寗所未聞鄭莊公殺弟而

書葬以段不弟也何氏將以理例推之然則段不弟也故不書弟瘞若不子亦不應書世子書世子則瘞之罪非不子明矣○瘞在禾反不弟大帝反又如字下不弟同【疏】注晉獻至明矣 釋曰晉獻公殺世子申生故不書葬瘞若無不子之行而平公殺之所以書葬者申生賢孝遇讒而死故黜獻公之葬瘞雖無不子之文微有小罪故不黜宋公之葬若然范云甯所未聞者不直取何休之說故云未聞范以與何說異者何休意直謂瘞有罪如鄭段之比故平公書葬不論罪之輕重范意以鄭段至逆經不言弟瘞若不子亦不應云世子既云世子明無至逆故不從何說而云未聞今以罪輕重解之與何休異○夏四月丁巳楚子虔誘蔡侯般殺之于申何為名之也據諸侯不生名○虔其然反或作乾侯般音班【疏】注據諸侯不生名 釋曰十六年楚子誘戎蠻子殺之不名所以不據之以明於例而揔云諸侯不生名者以傳於鄭伯髡原之卒亦言諸侯不生名者又恐華戎異例故注以廣問衆例言之夷狄之君誘中國之君而殺之故謹而名之也稱時稱月稱日

稱地謹之也蔡侯般弒父之賊此人倫之所不容王誅之所必加禮凡在官者殺無赦豈得惡楚子殺般乎若謂夷狄之君不得行禮于中國者理既不通事又不然宣十一年楚人殺陳夏徵舒不言入傳曰明楚之討有罪也似若上下違反不兩立之說嘗試論之曰夫罰不及嗣先王之令典懷惡而討丈夫之醜行楚虔滅人之國殺人之子伐不以罪亦已明矣莊王之討徵舒則異於是矣凡罰當其理雖夷必申苟違斯道雖華必抑故莊王得爲伯討齊侯不得滅紀趙盾救陳則稱師以大之靈王誘蔡則書名以惡之所以情理俱暢善惡兩顯豈直惡夷狄之君討中國之亂哉夫楚靈王之殺蔡般亦猶晉惠之殺里克雖伐弒逆之國誅有罪之人不獲討賊之美而有累謹之名者良有以也

○得惡烏路反下以惡之豈直惡同陳夏户雅反醜行下孟反罰當丁浪反又如字趙盾徒本反有累力僞反

疏夷狄之至謹之也 釋曰注凡罰當其理雖夷必申苟違斯道雖華必抑似華討罪事同傳云夷狄之君誘中國之君而殺之故謹而名之又以華戎事異者據此傳意就討不以罪之内則華夷不同注意言但罰當其理者則華夷不異知然者傳以春秋書誘有二皆楚子所爲其罪或名或不名據此二文詳略知誘中國君與夷狄君異也注故莊王得爲伯討

齊矣不得滅紀明討得其罪者則華夷不異可知也○注蔡侯至以也　釋曰殺父者謂襄三十年蔡世子般弑其君故是也禮凡在官者殺無赦禮記檀弓文兩立之說謂兩理皆立之說所以謂之兩理者楚殺蔡般則傳云夷狄有中國之君故名之同論楚討二者意異故云兩理也又解兩立之說謂兩事立說或以爲不字下讀云不兩立之說謂事不得兩立恐非也又云伐弑逆之國謂蔡也誅有罪之人謂里克也而有累謹之名者晉殺其大夫里克傳云稱國以殺罪累上也是謂晉惠也楚子誘蔡侯傳曰謹而名之是謂楚靈也○**楚公子棄疾帥師圍蔡○五月甲申夫人歸氏薨**昭公母胡女歸姓○**大蒐于比蒲**夏而言蒐蓋用秋蒐之禮八年秋蒐于紅傳曰正也此月大蒐人衆器械有踰常禮時有小君之喪不譏喪蒐者重守國之衛安不忘危○比音毗械戶戒反【疏】注夏而至忘危　釋曰傳稱夏曰苗秋曰蒐今五月大蒐自是用秋蒐之禮而云蓋者以傳無文解故云蓋以示疑也注又引傳曰正也今以失時之蒐故引正以譏不正也○**仲孫貜會邾子盟于祲祥**祲祥地○祲

子嶲反○秋季孫意如會晉韓起齊國弱宋華亥衛北宮佗鄭罕虎曹人杞人于厥慭厥慭地反○佗大河反慭魚靳反又五轄反○九月己亥葬我小君齊歸齊謚○冬十有一月丁酉楚師滅蔡執蔡世子友以歸用之僖十九年邾人執繒子用之傳曰用之者叩其鼻以衈血惡之故謹而日之○叩音口衈音二惡烏路反下文及注同

疏注故謹而日之 釋曰傳例滅中國日則此書日爲滅而云惡用蔡世子友故謹而日之者滅國書日傳例以明用人書日其文未顯注嫌用之不得蒙日故特言之其實二者皆當日又檢經上下執例日則書日爲惡故云謹而日之也左氏以爲用之殺蔡世子祭岡山公羊以爲用之築城今范引僖十九年傳則用之祭社也

此子也諸侯在喪稱子其曰世子何也不與楚殺也一事注乎志所以惡楚子也一事輒注而志之也何休曰即不與楚殺當疑

楚爾何故以貶蔡稱世子邪鄭君釋之曰滅蔡者楚子也而稱師固已貶矣楚子思啓封疆而貪蔡誘殺蔡侯般冬而滅蔡殺友惡其謠故甚忘殺國二君以取其國故變子言世子使若不得其君終

疏此子至子也 釋曰世子之沒仍得稱世子母弟兄死不得稱弟者世子繼體之名父雖沒若意有所見則亦得稱之母弟者對兄沒則寵名棄矣故不得稱弟○注滅蔡者楚子 釋曰知稱公子棄疾帥師圍蔡鄭知是楚子者以棄疾公子貶當云楚人今貶而稱師故知楚子也又傳云惡楚子也明非棄疾然則惡楚子變文云世子者以楚四年之中滅兩國殺二君自謂得志若遂其凶暴是表中國之衰中夷狄之彊故抑之使若不得其君故云世子也

十有二年春齊高偃帥師納北燕伯于陽三年所奔齊者高傒玄孫齊大夫也陽燕別邑不言于燕未得國都也

納者内不受也燕伯之不名何也據義不可受則懸名而絶之

疏傳燕伯之不名何也 釋曰楚人圍陳納頓子傳曰納者何内弗受也彼稱納而不名衛侯入于夷儀亦不書名則不書名乃是常事而傳怪燕伯不名者衛

侯朔入于衛傳曰朔之名惡也則諸侯有惡出入皆名此燕伯亦出入宜名但不以高偃挈之故直出書名而已頓子不名者爲楚微者所納故亦不名衛侯入于夷儀不名者以復歸有名故未入國略而不名也鄭伯突亦未入國書名者以後不書復歸故入櫟書名也

以高偃挈燕伯也邵曰公子遂以去公子爲挈燕伯以書名爲挈者臣宜書名故須去公子乃爲挈君不可名而以臣名君者不待去燕伯則爲挈也是以目燕伯而不書名所以不與高偃挈之挈苦結反以去起呂反○三月壬申鄭伯嘉卒○

夏宋公使華定來聘○公如晉至河乃復

季孫氏不使遂乎晉也疏季孫氏　釋曰不言意如而云氏者欲見累世譖公故也○五月葬鄭簡公○楚殺其大夫成虎

○秋七月○冬十月公子慭出奔齊○慭魚靳反○

楚子伐徐○晉伐鮮虞其曰晉狄之也其

狄之何也不正其與夷狄交伐中國故狄稱之也鮮虞姬姓白狄也地居中山故曰中國夷狄謂楚也何休曰春秋多與夷狄並伐何以不狄也鄭君釋之曰晉不見因會以綏諸夏而伐同姓貶之可也狄之大重晉爲厥慭之會實謀救蔡以八國之師而不救楚終滅蔡今又伐徐晉不糾合諸侯以遂前志舍而伐鮮虞是楚而不如也故狄稱之焉厥慭之會穀梁無傳鄭君之說以左氏爲所未詳是穀梁意非。見賢徧反諸夏戶雅反舍音捨

疏夷狄交伐釋曰稟信云夷狄交伐謂楚伐徐晉伐鮮虞是也范云夷狄謂楚也則與稟信不異耳。注鮮虞至意非釋曰鮮虞姬姓白狄也者世本文也云甯所未詳是穀梁意非者疑鄭以厥慭之會謀救蔡者作穀梁意也若然范答薄氏亦言楚滅陳蔡而晉不能救棄盟皆好交相伐攻者范意以楚滅陳蔡晉不能救者不據厥慭之會故也

十有三年春叔弓帥師圍費。費音秘○夏四月楚公子比自晉歸于楚弒其君虔于乾溪乾溪楚地

○溪苦奚反（疏）于乾溪 釋曰左氏以為囚縛于乾溪公羊以為作乾溪臺三年不成以此云乾溪楚地則從左氏也

自晉晉有奉焉爾歸而弑不言歸言歸非弑也傳例曰歸為善自某歸次之然則弑君不得言歸比不弑之驗也（疏）自晉至焉爾 釋曰重發傳者楚比之歸歸實非殺嫌自亦非晉力故復明之

歸一事也弑一事也而遂言之以比之歸弑比不弑也歸弑其事各異自宜別書之而今連言之是比之歸遇君弑爾比不弑之二驗也（疏）注自宜別書之 釋曰齊小白入于齊齊人取子糾殺之齊陽生入于齊齊陳乞弑其君荼彼各異書明知此亦宜別書之

弑君者日不日比不弑也據文元年丁未楚世子商臣弑其君髡日此不日比不弑之三驗也○髡苦門反（疏）弑君者 釋曰弑君日不辨嫡庶者中國死者正則日不正不日是楚不關中國之例故范注引商臣為證也當上之辭也者謂下靈□殺而云公子棄疾殺公子如字扎子殺召伯毛伯也○

楚公子棄疾殺公子

比當上之辭也當上之辭者謂不稱人以殺乃以君殺之也稱人以殺謂若衛人殺祝吁于濮是也今比實不弒故以君殺大夫之辭言之○吁香于反濮音卜討賊以當上之辭殺非弒也實有弒君之罪則人人皆欲殺宜稱人以殺之今言楚公子棄疾殺公子比明棄疾所殺非弒君之人比之不弒四驗也比之不弒有四事上四取國者稱國以弒若比欲取國而弒君者當直云楚比弒其君虔不嫌言公子也若衛祝吁弒其君完齊無知弒其君諸兒之類是也楚公子棄疾殺公子比比不嫌也今棄疾殺之又言殺公子比不言弒其君是比無欲爲君之嫌春秋不以嫌代嫌不以亂治亂之義棄疾主其事故嫌也比實無弒君之罪而主殺之者是棄疾欲爲君之嫌

疏稱比不至故嫌也釋曰比歸稱公子今棄疾殺之亦云公子不言弒其君是比無欲爲君之嫌異于無知祝吁之類也然無知祝吁有嫌此亦不稱君未踰年之王例不得稱君以

稱公子則異于梲吁之類齊公子商人弑舍雖未踰年欲成商人之罪而稱君若成棄疾之罪亦應稱君故范決其不言弑其君也春秋不以嫌代嫌者謂比歸而遇弑雖則無嫌棄疾之意亦以比欲爲君之嫌而殺之是棄疾以比爲嫌棄疾殺比而自立亦是嫌也今棄疾不以國氏者不以嫌代嫌故也若以嫌代嫌而當云楚棄疾殺公子比也但由不以嫌代嫌故存棄疾之氏耳棄疾主其事故嫌也傳言此者棄疾殺比理實有嫌但爲不以嫌代嫌故經無其事傳以棄疾經無嫌文故云棄疾主其事故嫌也主其事者主殺比之事也○秋公會劉子晉侯齊侯宋公衛侯鄭伯曹伯莒子邾子滕子薛伯杞伯小邾子于平丘平丘地也八月甲戌同盟于平丘公不與盟公以再如晉不得入故不肯與盟○與音豫同者有同也同外楚也公不與盟者可以與而不與譏在公也其日善是盟也公不與盟當從外盟不日今日之善其會盟因楚有難而

反陳蔡之君有難乃日反○（疏）注曰當從外盟不日　釋云外盟不日者隱八年傳曰外盟不日此其日何也諸侯之參盟於是始故謹而日之是非始則不日也

晉人執季孫意如以歸以公不與名故

公至自會○蔡侯廬歸于蔡○陳侯吳歸于陳八年楚滅陳十一年楚滅蔡諸侯會而復之故言歸

善其成之會而歸之故謹而日之二國傳復此盟之功也故於其歸追述前盟謹日之意以美諸侯存亡繼絕非謹陳蔡歸國之日也於盟則發謹日之美於歸則論致美之義（疏）注於盟至之義　釋曰注言此者解傳稱謹而日之意也於盟則發謹而日之美者謂傳稱其日善是盟是也於歸論致美之義者謂傳云善其成之會而歸之故謹而日之是也

此未嘗有國也使如失國辭然者不與楚滅也（疏）使如至滅也　釋曰傳言此者據其稱爵言歸同於舊有國之例也不與楚滅也謂不與楚滅故以失國辭言之不言復歸者雖同失國之辭實未嘗有國故不得言復歸也公羊傳云此滅國也其言

歸何不與諸侯專封也其意不與諸侯專封故使若有國自歸者穀梁以此會劉子在焉楚以無道滅二國諸侯王命存之不得云不與諸侯專封也故以爲善其成之會而歸之狀同舊有國然且又不與楚滅故也○冬十月

葬蔡靈公變之不葬有三變之謂改常禮表自秋之常小國夷狄不葬疏注變之至不葬　釋曰彼不赴我不會及小國與夷狄不書葬者此舊史之常也言變之言不葬者謂舊合書葬不故而仲尼改之也小國不葬曹許之書葬者小國謂附庸之屬非曹許也失德不葬無君道弒君不葬謂不討賊如無臣子滅國不葬無臣子也然且葬之不與楚滅且成諸侯之事也蔡靈公弒逆無道以至于身死國滅不且書葬書葬者不令夷狄加乎中國且成諸侯興滅繼絕之善故葬之○令力呈反○公如晉至河乃復

○吳滅州來疏失德至事也　釋曰此言失德不葬宋共書葬者內賢伯姬故書其葬也弒君不葬春秋所以有弒君書葬者弒君賊不討之不書葬是正也其書葬者皆意有所見也蔡景不忍使父失民於子陳靈

公明外之討賊蔡昭以盜名不見若殺微人不足可録其罪
桓齊襄二人並討賊故皆書葬也滅國無臣子不葬異其正
也書之者亦意有所見此見不與楚滅蔡生成諸侯之
事八年陳哀公書葬者亦見不與楚滅閔陳而有之也

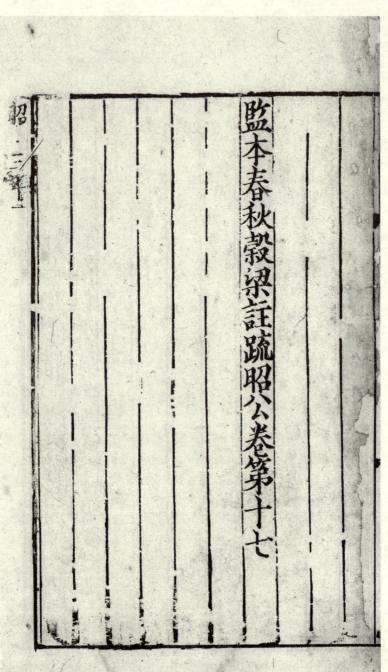

監本春秋穀梁註疏昭公卷第十七

監本春秋穀梁註疏昭公卷第十八 起十四年盡三十二年

范甯集解　楊士勛疏

十有四年春意如至自晉大夫執則致致則名意如惡然而致見君臣之禮也大夫有罪則宜廢之既不能廢不得不盡爲君臣之恩故曰見君臣之禮○見君賢徧反【疏】大夫執則致　釋曰重發傳者嫌伯書字意如則書名嫌又無罪以見三者義異故各發傳也○三月曹伯滕卒○夏四月○秋葬曹武公○八月莒子去疾卒○去起呂反【疏】八月至疾卒　釋曰不正前已見訖今卒書月莒行夷禮故無嫡庶之異○冬莒殺其公子意恢○恢苦回反言公子而不言大夫莒無大夫也莒無大夫而曰公子意恢意恢賢也曹莒皆

無大夫其所以無大夫者其義異也曹叔振鐸文王子武王封之于曹在甸服之內後削小爾莒已姓東夷本微國○振鐸之慎反下大各反甸徒徧反已姓音已一本又音祀

（疏）曹莒至異也　釋曰傳言此者摠而言之則小國無大夫也就事而釋則曹莒有異故傳辨之○注曹叔至之國　釋曰曹是文王之子封於曹者世本文在甸服之內者定四年左氏文

十有五年春王正月吳子夷末卒○末亡曷反○二月癸酉有事于武宮籥入叔弓卒去樂卒事君在祭樂之中聞大夫之喪則去樂卒事禮也祭樂者君在廟中祭作樂○籥由若反去起呂反（疏）禮也　釋曰禮則不疑而曰有變以聞可乎似有嫌嫌則非禮非禮何以言禮也解云祭祀重禮國之大事一物不具則為失所以御佐之卒而闕先君之樂而不止祭嫌有失禮釋之復言可乎聞言禮意君在祭樂之中大夫有變以聞可

乎變謂死喪大夫國體也君之卿佐是謂股肱故曰國體古之人重死君命無所不通死者不可復生重莫大焉是以君雖有祭樂之中大夫死以聞可也○復扶又反（疏）君命至不通　釋曰解命告也大夫與君一體情無疑一祭祀雖重以卒告君君當哀其喪而止祭不得以輕廢重故死可以聞也○夏蔡朝吴出奔鄭朝吳蔡大夫○六月丁巳朔日有食之○秋晉荀吳帥師伐鮮虞○冬〻公如晉

十有六年春齊侯伐徐○楚子誘戎蠻子殺之楚子不名戎蠻子非中國故○夏公至自晉○秋八月己亥晉侯夷卒○九月大雩○季孫意如如晉（疏）意如如晉　釋曰何以在葬上解去有本末事書前後文不得同○冬〻十月葬晉昭公

十有七年春小邾子來朝○朝直遥反○夏六月甲戌朔日有食之○秋郯子來朝○八月晉荀吳帥師滅陸渾戎滅夷狄時潞子嬰兒賢則日此月者蓋亦有殊于常戎○冬有星孛于大辰一有一亡曰有于大辰者濫于大辰也劉向曰大辰者大火也不曰孛于大火而曰大辰者謂濫于蒼龍之體不獨加大火○星孛補內反孛于本又作茀音佩○楚人及吳戰于長岸長岸楚地兩夷狄曰敗夷狄不能結日成陳故曰敗於越敗吳于檇李是也○曰敗必邁反下文及注同成陳直刃反檇李音醉中國與夷狄亦曰敗晉荀吳敗狄于大鹵是也楚人及吳戰于長岸進楚子故曰戰(疏)進楚子故曰戰釋曰何嫌以發解戰言及所以別客主不施直不言及或在上或在下蔡宋襄伐齊云及在上所以惡宋襄宣十二年邲之戰楚言及在下所以不[illegible]

昭十六年　十七年

楚者據無罪言之直用兵得理則客直今楚稱及而在上與必戰之義反嫌惡楚而善吳吳以伯舉有辭序上稱及以罪楚今兩夷言戰有違常例二國曲直得失未分故須起例以明之

十有八年春王三月曹伯須卒○夏五月壬午宋衛陳鄭災其志以同日也其日亦以同日也或曰人有謂鄭子產曰某日有災子產曰天者神子惡知之是人也同日為四國災也○惡音烏

疏 其志至同日 釋曰二文釋何解襄九年宋災傳曰故宋也明之災得書之由然則宋常錄三國事非常也故傳曰同日也解衛陳鄭得書之意以此故復問外災不日之義見同日故不得不兩文釋之鄭子產之言明天時人事報應有驗重其同日故經書其文傳載其事劉向以為宋陳王者之後衛鄭周之同姓時景王在劉子單子事王猛召氏尹氏立王子朝朝楚之出也及宋衛陳鄭皆外附於楚無尊周室之心後三年崩王室亂故天災四國若曰

不救反從楚發世子言不正以害王室明以同辜○六月邾人入鄅○鄅音禹又音矩

○秋葬曹平公○冬許遷于白羽白羽許地

十有九年春宋公伐邾○夏五月戊辰許

世子止弑其君買曰弑正卒也蔡世子般實弑父故以比之夷狄而

不書日止弑而日知其弑止不弑則買正卒也正卒則止不弑也不弑而

曰弑責止也責止不嘗藥疏正卒至責止也　釋曰責止則實實文不可虛加而復書

葬以赦何解止進藥之罪不由於醫罪連於許君故書殺責止止實不弑宜書葬以赦之春秋子弑父皆非子失教訓之

道獨於此見之何有義而然因其可責而責之若商臣蔡般之流行同禽獸不得為小人非可責之限故傳詳例於此

止曰我與夫弑者不立乎其位以與其弟虺止自責曰我與弑君之人同罪於是致君位於弟○與夫音豫又如字下音扶虺許鬼反哭泣歠飦

粥、嗌不、容粒嗌喉也○歠昌悅反又常悅反飦之然反又居言反粥也粥之六反嗌音益咽喉也容粒音立未踰年而死故君子即止自責而責之也就其有自責心故以備禮責之○己卯地震○秋齊高發帥師伐莒○冬葬許悼公日卒時葬不使止爲弑父也曰子既生不免乎水火母之罪也羈貫成童不就師傅父之罪也羈貫謂交午剪髮以爲飾成童八歲以上○羈又作羈貫古亂反就師學問無方心志不通身之罪也心志既通而名譽不聞友之罪也名譽既聞有司不舉有司之罪也有司舉之王者不用王者之過也不敢累上故言過許世子不知嘗藥累及許

君也許君不授子以師傅使不識嘗藥之義故累及之○累劣僞反

二十年春王正月○夏曹公孫會自夢出奔宋自夢者專乎夢也能專制夢○自夢無工反又亡忠反又亡弄反本或作薎左氏作鄸

曹無大夫其曰公孫何也言其以貴取之而不以叛也會以公孫之貴而得夢既而不以之叛明曹君無道致令其奔非會之罪故書公孫以善之○令力呈反

疏曹無大夫 釋曰毋發傳者何解前崇曹羈之殺此重公孫之奔奔殺異辭而同例發明明其俱賢而得書明小國無大夫也

○秋盜殺衛侯之兄輒盜賤也其曰兄母兄也目衛侯衛侯累也覬曰諸侯之尊弟兄不得以屬通經不書衛公子而斥言衛侯之兄者惡其不能保護其兄乃爲盜所殺故稱至賤殺至貴○惡其烏路反

疏盜賤也 釋曰復發傳何解殺大夫稱人者謂誅有罪故盜殺三卿云不以上下道明大夫之例母兄之殺宜繫於君自

殺也不能保存母兄今爲盜所殺故書兩下之文以至賤而殺至貴故不得言上下道無盜雖同本事例異故發傳也
然則何爲不爲君也嫡兄宜爲君○嫡丁歷反曰有天疾者
不得入乎宗廟輒者何也曰兩足不能相過
齊謂之綦楚謂之踂衛謂之輒○綦音其又其與反劉兆云綦連併也踂女輒反劉兆云聚合不解也輒本亦作縶劉兆云如見絆縶也○冬十月宋華亥向
甯華定出奔陳徐邈曰月者盖三卿同出爲禍害重也君以臣爲體民以君爲命凡爲憂者大害民甚昏秋皆變常文而示所謹非徒足以見時事之實亦知安危臨戒云耳○甚昌慮反以見賢遍反○十
有一月辛卯蔡侯盧卒（疏）注月者至害重也舜曰宋萬以一卿而詳之又弟辰以五大夫而不月何解宋萬乃出月見宋人不討賊致令得奔故謹而月之弟辰爲仲佗所盧元無去意爲患輕
故不
明

二十有一年春王三月葬蔡平公○夏晉侯使士鞅來聘○宋華亥向寧華定自陳入于宋南里以叛自陳陳有奉焉爾入者内弗受也其曰宋南里宋之南鄙也以者不以者也叛直叛也言不作亂

疏自陳至焉爾○釋曰傳發傳何解從外之叛而加自自實有力嫌其言自叛不由外納力復言内弗受也與入邑異例不受爲同復言以有嫌異於竊地者故發例同之○注言不作亂 釋曰則作亂不得言叛當以作亂書欒盈户宵是也傳言叛是與作亂是也

○秋七月壬午朔日有食之○八月乙亥叔輒卒叔弓之子○冬蔡侯東出奔楚東者東國也何爲謂之東也王父誘而殺焉平子虔誘蔡侯般殺之于申○蔡侯東左氏及公羊作蔡侯朱父執而用焉

執蔡出子交以歸用之是也奔而又奔之曰東惡之而貶之也
奔既罪矣又奔歸國惡莫大焉○惡之烏路反○公如晉至河乃復
二十有二年春齊侯伐莒○宋華亥向甯華
定自宋南里出奔楚自宋南里者專也專制南里○
大蒐于昌間○間如字一音簡秋而曰蒐此春也其曰
蒐何也以蒐事也疏秋而至蒐事釋曰何以發傳於此解大蒐有五八年發例見
正譏不正比蒲之蒐在夏之末承秋之初尚可以蒐則承春之首不可之甚故須發傳以彰甚也○夏四
月乙丑天王崩○六月叔鞅如京師○葬景王
叔鞅叔弓子天子志崩不志葬志葬危不得以禮葬也月者亦爲葬景王起○亦爲于僞反疏六月葬景王
釋曰何以不書日解傳言日甚矣其不葬之辭恐其甚之不明日以起之今經言王室亂則甚之可知故省文也王

室亂亂之爲言事未有所成也尹氏立子朝劉氏單氏立王猛俱未定也劉子單子以王猛居于皇皇地單音善○以者不以者也王猛嫌也直言王猛不言王子是有當國之嫌疏以者不以者也釋曰復發傳何解劉單王之重卿猛王之庶子以貴制庶嫌其義別起例以詳之也○秋劉子單子以王猛入于王城以者不以者也入者內弗受也猛非正也○冬十月王子猛卒此不卒者也未成君也其曰卒失嫌也猛本有當國之嫌其卒則失嫌故錄之疏失嫌也釋曰經言王猛以王爲尊何以言當國解春秋以王爲國若言齊晉今言王猛不言子與無知同文故曰當國也○十有二月癸酉朔日有食之

二十有三年春王正月叔孫婼如晉○癸丑

叔鞅卒。晉人執我行人叔孫婼。晉人圍郊
郊周邑也。夏六月蔡侯東國卒于楚不日在外也以罪出奔又奔讎國故
不葬（疏）注不日在外也　釋曰案諸侯之卒不日以明其不
以外為異傳曰諸侯時卒惡之今東國奔讎何以書
月解許用新臣卒上言伐楚下言卒無明其在楚庶子而卒
卒而不日書時在外文不明故也蔡侯既在內而卒卒不書
日傳曰惡之今蔡侯東國上言東以敗之下言卒於楚諸侯
之奔例不書卒今蔡侯之卒見奔讎國而死惡之可知以在
外以明惡故書月以顯之。注又奔讎國故不葬　釋曰諸
侯奔死於外國例不卒何直不葬有義而然諸侯不卒則已
卒宜有葬葬不書者義有所見義不必同或
從失德今蔡侯不卒卒於讎國書卒而不葬。秋七月莒
子庚輿來奔。戊辰吳敗頓胡沈蔡陳許之
師于雞甫雞甫楚地。雞甫左氏作雞胡子髡沈子盈滅國雖
存君死曰滅。髡苦門反盈本亦作逞中國不言敗此其言敗何也

據宣十二年晉荀林父及楚子戰于邲晉師敗績不言楚敗晉師〔疏〕中國不言敗釋其滅　釋曰案經戰于韓
獲晉侯戰于大棘宋師敗績獲華元中國不言敗直言戰于雞甫敗頓胡沈蔡陳許之師胡子髡沈子盈滅定以言敗解
言楚人及吳戰于長岸傳曰進楚子然則邲之戰直在楚以中國不言敗今吳無進稱爲夷狄故不稱戰及敗績以釋其
滅足賢吳沈之君亦明吳之不進也中國不敗胡子髡沈子盈其滅
乎其言敗釋其滅也若師不敗則君無由滅也賢胡沈之君死社稷獲陳
夏齧獲者非與之辭也賢夏齧雖獲不病以其得衆也義與華元同。夏戶雅反
齧五結反〔疏〕注與華元同　釋曰國書亦然而無傳釋而經文有異何得稱同解華元有故而止文雖不同明賢
之義不別國書文同而義同也上下之稱也君死曰滅臣得曰獲君臣之稱。之稱尺證反注之
稱同。天王居于狄泉敬王辟子朝狄泉周地。辟音避始王也其
曰天王因其居而王之也天子踰年即位稱王敬王踰年而出故曰始王雖不

在國行即位之禮王者以天下爲家故居于狄泉稱王 尹氏立王子朝隱四年衛人立晉傳曰稱人以立得衆也此言尹氏立明唯尹氏欲立之【疏】始王至之也 釋曰注云天子踰年即位稱王敬王踰年而出故曰始王天子之稱天王是常例也而傳云始王注云踰年者未逼此傳之意解子猛當國朝亦非下景王以二十一年夏四月崩六月葬劉單二子以王猛居于皇復入王城冬而猛卒至今敬王踰年而既葬所繼者承景王之崩不繼者承王猛之卒是年七月敬王立比踰年既葬之例此歲尹氏立子朝將圖神器天下洸攘其云無雖復常稱其所在著其始王也 立者不宜立者也朝之不名何也據晉之名惡今朝亦惡怪之直名而言王子○惡烏路反下同 別嫌乎尹氏之朝也若但言尹氏立朝則嫌朝是尹氏之子故言王子以別之○別彼列反【疏】立者至者也 釋曰重發傳何解例晉得衆言立嫌非所宜此子朝失衆獨在尹氏故言立以者不宜文同而義異故復發傳別嫌乎尹氏之朝○注云嫌朝是尹氏之子 釋曰夫國之大事莫善繼統繼統之道勿盛嫡冑繼無承重宜擇立其次故舉子劉子立猛文稱當國其次子无命故獨

言立言立彰不宜明有篡王之意今周室雖衰鼎命在上四方諸侯知一人之貴繼成康之道滅典法之文存祭號大名不可虛置巍巍聖寶寧得空假鄭以區區之小而以外孫爲嗣書其滅亡以爲將來之戒况天下重弁宜得異姓尹氏不擇天道不違人事不自立其子嘗有同心之救不義之罪衛假一朝之勢以集四海之士此理灼然而愚以之所不或何爲孔子書經游夏爲傳經於不疑之中而彊生疑於無嫌之義而巧出嫌恐朝爲尹氏之子爲爲有旨解周室之乱骨肉乖離故王猛有篡奪之心單劉懷翼戴之志敬王孤立猛卒之後而朝逆尹氏之世卿婚媾王室禍亂之甚固可奪之初自立或招乘釁之衆集負險之民堅冰之際或有无妄之會經別嫌尹氏不亦宜乎衰亂之世何所不爲鄭立異姓周亦致疑疑而須別別嫌立朝者此其旨矣

。八月乙未地震。冬公如晉至河公有疾乃復疾不志此其志何也釋不得入乎晉也

疏有疾至晉也　釋曰解公之如晉四不得入假言有疾實由季孫之不入今實有疾別於無疾而反也

二十有四年春王二月丙戌仲孫貜卒○婼至自晉大夫執則致致則挈由上致之也上謂宗廟也致臣于廟則直名而已所謂君前臣名○挈苦結反○夏五月乙未朔日有食之○秋八月大雩○丁酉杞伯郁釐卒○釐力之反○冬吳滅巢○葬杞平公

二十有五年春叔孫婼如宋○夏叔倪會晉趙鞅宋樂大心衛北宮喜鄭游吉曹人邾人滕人薛人小邾人于黃父○有鸜鵒來巢一有一亡曰有來者來中國也鸜鵒不渡濟非中國之禽故曰來○鸜其俱反本又作鸜音權左氏作鸜公羊作鸛鵒音欲濟子禮反

【疏】一有至中國　釋曰重發傳者何解鸜鵒者飛

鳥與蜚蜮異稱有爲同故重發傳云來者來中國也何嫌而
發解蜚蜮不言來不見所從鸜鵒不言來者欲但於中國不外
之鸜鵒穴者而曰巢劉向曰去穴而巢此陰居陽位臣逐君之象也或曰
增之也如增言巢爾其實不巢也雍曰凡春秋記災異未有妄加之文或說非也○秋七月
上辛大雩季辛又雩季者有中之辭也不言中辛
中辛無事又有繼之辭也緣有上辛大雩故言又也○九月乙亥公
孫于齊孫之爲言猶孫也諱奔也次于陽州
次止也陽州齊竟上之地未敢直前故止竟也○公孫音遜本亦作遜下同齊竟音境下同（疏）孫之
至奔也　釋曰復發傳何解前發例於夫人今復發例於公明其同義以別尊卑之辭詳略也齊侯唁公
于野井野井齊地齊侯來唁公公逆之至野井唁音彥弔失國曰唁唁公
不得入於魯也（疏）弔失至魯也　釋曰言弔足以釋之復言不入於魯地則曰唁者彰

公失國言不得入曾繼國事之辭言可以書喑而不詳其文 ○冬十月戊辰叔孫婼卒○十有一月己亥宋公佐卒于曲棘 曲棘宋地 邡公也 邡當爲訪訪謀也言宋公所以卒于曲棘者欲謀納公○邡音方又音訪 【疏】注宋公至納公　釋曰案諸侯之卒卒在外書地書地繼不納公何得賂以見義解諸侯卒書地者地有遠近國邑之別故鄭邑非國晉侯因會旦而鄭伯未見諸侯之所許男朝楚蔡奔雖国四者書地地有所由今曲棘非國是未喻竟當從鄭邑之例既明矣釋以謀納公爲義義叶鄭邑而例不異 ○十有二月齊侯取鄆 取鄆以居公 取易辭也内不言取以其爲公取之故易言之也 ○易以豉反　爲于僞反 【疏】取易辭　釋曰與濟西讙闡同異若何解取者易之辭易辭之義兼内外内之釋雖同同而事辨異異則反覆釋之故曰爲公取之言非季氏之賂忠臣之意非實易辭尊君抑臣與濟西同文前不異外之易者實易宋取鄭師是也

二十有六年春王正月葬宋元公○三月公至自齊居于鄆公次于陽州其曰至自齊何也據公但至陽州未至齊疏注據公至陽州釋曰後如晉出致不同傳以見出致解公初至於陽州後如晉乾侯出不同傳以見齊侯爲義雖至陽州可以齊致明乾侯之致不見晉侯故下二十九年注云以乾侯致不得見晉侯故以齊侯之見公可以言至自齊也齊侯言公子野井以親見齊侯爲重故可言至自齊居于鄆者公在外也若但言公至自齊而不言居于鄆則公得歸國欲明公實在外故言居于鄆疏公在外釋曰又日前不外公言外何解言外者據內生名公雖出奔臣子不得外公存錄之如在國在國之文不得實同故言居鄆以別之至自齊道義不外公也至自齊者臣子喜君父得反致宗廟之辭爾今君雖在外猶以在國之禮錄之是崇君之道○夏公圍成成孟氏邑非國不言圍所以言圍者以

大公也崇大其事疏非國至大公也　釋曰何解凡邑不言圍指小都都之大者則國此文是於三
家疆大邑過百乘比之小國國家之患良由此起昭公圍成
郕郕人不服而臣之邑不順季氏之權得國之資圍而不克
故以大公爲文然則定公雖墮三都成人不肯公伐不克故
傳以大公釋之書致爲異故傳釋之此不致者齊無難公之
言不以適齊無爲危至如長葛言圍非常見義乃殊故傳不異○秋公會齊侯莒子
邾子杞伯盟于鄟陵鄟陵其地○鄟陵音專又市轉反公至自會
居于鄆公在外也至自會道義不外公也疏
義不外公也　釋曰復發傳何解自齊爲危致自會爲實文與虛致嫌義有殊故發不異也○九月庚
申楚子居卒○冬十月天王入于成周周有
入無出也始即位非其所今得還復據宗廟是內故可言入若即位在廟則王者無外不言出疏
有入無出也　釋曰王也傳言周而復釋何解彼明上下一
見則同有出文故言周言周有入無出明天王之身入與出

故發傳也尹氏召伯毛伯以王子朝奔楚遠矣非也雍曰奔篡君之賊其責遠矣○召上照反篡初患反（疏）注奔篡至遠矣　釋曰傳言奔直奔也何嫌以發解非也非責之非責其遠矣獨言遠者傳云於周公者例見上下之文然則王子瑕不言出是常常文而無大罪則從例可知故省文至於尹氏周室之微弱而日月不誅子朝使之奔不足可責遠矣則剌諸侯諸侯謂宋衛陳鄭外附於楚子朝之舅華戎同心而叛天子不能誅則宜遠責諸侯乃經辭傳宣其責遠矣傳既責遠愧奔亦異故曰奔直奔也傳曰奔之惡也惡其奔讎子朝之奔奔讎而曰奔直奔惡諸侯之叛剌其不殊也奔直奔也

二十有七年春公如齊自鄆行公至自齊居于鄆公在外也（疏）公在外也　釋曰發傳不同而重起例何解公前孫而至今如齊不言孫反而言至至言居于鄆故傳言公在外也異義而文別故重言例而文省則義同義同亦在外可知也○夏四月吳弒其君僚○僚力雕反○楚殺其大夫郤宛

昭二十七年

○宛於阮反又於元反 ○秋晉士鞅宋樂祁犂衛北宮喜曹人邾人滕人會于扈 ○祁犂力兮反又力私反扈音戶 ○冬十月曹伯午卒 ○邾快來奔 徐邈曰自此已前邾畀我庶其並來奔今邾快又至三叛之人俱以魯為主邾魯鄰國而聚逋逃為過之甚故悉書之以示譏也小國無大夫故但舉名而略其氏 ○邾快苦夬反畀必二反本或作鼻逋逃布吳反 ○公如齊公至自齊居于鄆

二十有八年春王三月葬曹悼公 ○公如晉次于乾侯 不得入于晉乾侯晉地 （疏）公如晉 釋曰解與發圍國之文同故傳言公在外也明從鄆如齊不釋言次之言在外亦顯故公在外也 ○夏四月丙戌鄭伯寧卒 ○寧下滕子寧皆如字 ○六月葬鄭定公 ○秋七月癸巳滕子寧卒 ○冬葬滕悼公

二十有九年春公至自乾侯居于鄆以乾侯致不得見晉侯故齊侯使高張來唁公唁公不得入於魯也

疏唁公至魯也　釋曰復發傳何解前齊侯唁公于野井野井齊地今來唁公于鄆鄆是魯地魯地而言唁言不得入于魯國都魯國都謂宗廟所在唁有遠近人有尊卑君臣同文故重發例也

○公如晉次于乾侯○夏四月庚子叔倪卒季孫意如曰叔倪無病而死此皆無公也是天命也非我罪也言叔倪欲納公無病而死此皆天命使魯無君爾魯公之出非我罪○叔倪五計反又五兮反左氏作詣

疏皆無公也　釋曰叔倪之卒事無公而曰皆何解經言宋公佐卒于曲棘傳言邡公也今叔倪復卒傳曰皆無公也

○秋七月○冬十月鄆潰潰之爲言上下不相得也上下不相得則惡矣亦譏公也公既出奔不能改德脩行

昭二十八二十九年

居鄆小邑後使潰亂德之不建如此之甚。潰戶內反惡烏路反又如字行下孟反復扶又反（疏）潰之至得也釋曰重發起列何解上下不相得之爲罪與國同故例詳之此年三月次于乾侯來還于鄆冬而鄆潰嫌自潰不責於公故言亦譏公也

昭公出奔民如釋重負傳明昭公有過非但季氏之罪

三十年春王正月公在乾侯中國不存公存公故也中國猶國中也（疏）注中國至中也釋曰曰凡言國中指謂魯也中國指其諸夏諸夏爲中國據夷狄爲外案成昭適晉並踰年而不言在襄二十八年公如楚二十九年書公在楚傳曰閔公也爲楚所致存錄之然則此文中國國中向爲變中國者何解中國踰年不言在親倚之情如國莫二比之國中不以言中非諸夏且昭以二十五年出奔二十六年居鄆是魯地不存公二十七年二十八年亦如之至此寄在乾侯乾侯爲晉地明公去魯竟而入於晉界不復重還遂卒于外雖復生存居地壞于子來歸來不居茲日故傳以有故釋之所以閔公范例云在有故言在非所在。也

夏六月庚辰晉侯去疾卒。去起呂反。**秋**

八月葬晉頃公。音頃。○冬十有二月吳滅徐滅夷狄時，月者，爲下奔迎。○爲，于僞反。

【疏】注月者至奔迎。釋曰：案滅中國日，出奔月，輕於滅；滅夷狄時，奔何得更月？解邑荅薄氏云：國不滅而出，以月爲國；國滅例而出，出重發於滅。滅夷狄雖時猶加於月，然則溫子不滅而出奔，何以不月？有義而然。弦子之奔，文承八月之下；溫子以逃在正月之後，何知不出？傳於弦子滅言不日，微國；微國則例月，例月則[illegible]於君出[illegible]之重，不入於滅國。范云出重於滅者，言無[illegible]二世國君不死難，比之常奔，恒滅則爲重矣。滅在月例者，且[illegible]後加日，明滅重矣。月亦是譚子出月，月關滅國。滅國同例，在不日，傳於滅國詳略之更於潞子發夷狄之[illegible]於鄧，二見中國之變，稱義例成矣。潞子之賢，從自盟滅國[illegible]君，君或出奔，名爲罪，皆有罪，故注譚子云蓋無罪，今注音[illegible]明不復疑名爲有罪。譚子言蓋，約鄭益之名，名義見矣，故章禹從正例而不嫌也。

徐子章羽奔楚。奔而名者，有罪惡也。○惡，烏路反。

三十有一年春王正月，公在乾侯。○季孫意

如會晉荀櫟于適歷適歷晉地○櫟音歷舊作躒適丁歷反○夏四
月丁巳薛伯穀卒○晉侯使荀櫟唁公于乾
侯唁公不得入於魯也曰既爲君言之矣不
可者意如也言已告魯求納君唯意如不肯○爲于僞反䟽唁公至魯也釋曰復發
傳何解范例云唁有三弔失國曰唁唁雖有二弔失国二三釋一而已不入魯界有三文知言唁嫌與魯異其言不得入
魯明弔失國而異今地晉而受晉納公有可入之理故言唁公不得入於魯也○秋葬薛獻公
○冬黑肱以濫來奔其不言邾黑肱何也據襄
二十一年邾庶其以漆閭丘來奔言邾○肱古弘反濫力甘反又力暫反別乎邾也邾以濫邑封黑
肱故別之若國○別彼列反其不言濫子何也據既別之爲國則應書其爵非
天子所封也來奔內不言叛也䟽來奔至叛也釋曰重發

傳何解書黑肱不繫邾嫌其專地不責叛罪輕故言來奔不言叛罪自顯也○十有二月辛亥朔日有食之

三十有二年春王正月公在乾侯取闞○闞口暫反○夏吳伐越○秋七月○冬仲孫何忌會晉韓不信齊高張宋仲幾衛太叔申鄭國參曹人莒人邾人薛人杞人小邾人城成周天子微諸侯不享覲享獻也覲見也言天子微弱四方諸侯不復貢獻又無朝覲之禮○大音泰享許丈反覲其靳反見賢遍反復扶又反朝直遙反天子之在者惟祭與號祭謂郊上帝號謂稱王

〔疏〕天子至與號　釋曰於此乃言周衰變之正重復起傳何解平桓之世唯復禮樂出自諸侯諸侯猶有享覲之心襄王雖復出居猶賴晉文之力札子雖云矯殺王威未甚屈辱至於景王之崩嫡庶交爭宋衛外附楚

亦內侮天子獨立成周政教不行天下諸侯無有救之前不能致力於京師權柄委于臣手故大夫相率而城之比之在禮故釋不異辭因變正也故諸侯之大夫相帥以城之此變之正也。十有二月己未公薨于乾侯

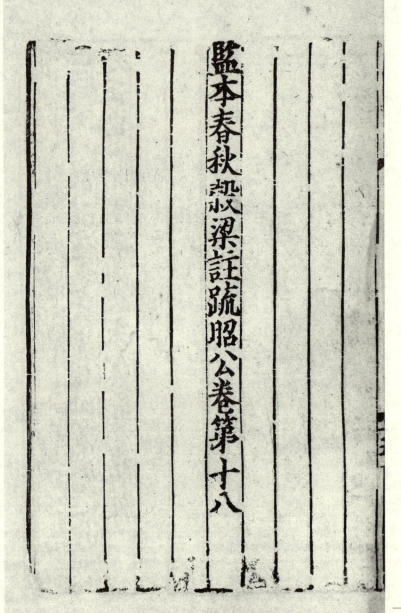

監本春秋穀梁註疏昭公卷第十八

監本春秋穀梁註疏定公卷第十九　起元年盡十五年

范甯集解　楊士勛疏

定公【疏】魯世家定公名宋襄公之子昭公之弟以周敬王十一年即位謚法安民大慮曰定

元年春王不言正月定無正也定之無正何也昭公之終非正終也死在外故【疏】注死在外故釋曰非正終案桓公之薨于齊與乾侯不異莊公不即位而書正月何解以十八年如齊至即薨薨而當歲即入入而莊公繼位行既殯踰年之禮但以先君殺而後主不忍行即位之禮今昭公前年薨今年喪入定公既殯不居正月之前欲行即位非踰年之始非始非正故未得即位不得比之莊公　定之始非正始也昭無正終故定無正始不言即位喪在外也○三月晉人執宋仲幾于京師晉執人於尊者之側而不以歸京師故但言其執不書所歸馀

𨕖曰案傳定元年不書正月言定無正也然則改元即位在于此年故不可以不書王書王必有月以承之故因其執月以表年首爾不以謹仲幾也【疏】注晉執至幾也 釋曰薄氏駁云仲幾之罪自委之王吏非晉人所執故傳云不正其執人於尊者之所也譏執不譏無所歸晉執曹衛他處並可言歸若晉人執仲幾于京師復何得言歸于京師若如此論何以通乎解范荅云晉城成周宋不即役晉為監功之主因而執之此自晉人之事安得委之王吏傳當以執人於尊者之所而不以歸於王之有司非言其不可以執晉文公執曹衛之君各於其國而並不書國者以其歸于京師故也今執仲幾不書所歸惟舉其地者此晉自治之効若使歸于京師與執諸侯同君臣無別也今直執在京師不可言歸此義猶自未通有義而然上言城成周序仲幾于會於歸言于京師其言足誤天王居于狄泉在畿內而別處若上言城成周下稱晉人執宋仲幾歸于京師具見執之異處而歸天子今晉人於尊者之側而執人以歸自治於國故春秋不與其專執地於京師下文言此大夫其曰人何微之也何以知大夫有義而然周之稱名大夫相執無稱名之例因此見義明大夫相執不書書則微之見伯討失所故云云非謂大夫相執得見於經經書晉人執衛侯歸之于京師與伯執稱人

不異異則言侯故曰以晉侯而斥執曹伯罪晉侯也是君臣之別也此其大夫其曰人何也微之也何為微之不正其執人於尊者之所也不與大夫之伯討也○夏六月癸亥公之喪至自乾侯○戊辰公即位殯然後即位也周人殯于西階之上【疏】注周人至之上　釋曰嫌何以言解喪自外至雖正棺於兩楹之間兼不亦言故言西階鄭注礼記以為殯亦兩楹之間也定無正見無以正也踰年不言即位是有故公也謂昭公在外故○見賢徧反言即位是無故公也即位授受之道也先君見授後君乃受故須棺在殯乃言即位先君無正終則後君無正始也先君有正終則後君有正始也戊辰公即位謹之

也定之即位不可不察也公即位何以日也
據未有日者【疏】定之至察也　釋曰解定公即位特異常文者欲言繼弑公好卒欲言好卒卒非正終不即
踰年乃至至正月當即位而皆失時時不得同於常禮礼宜
異文文書之在夏是有故與無故兩文並見即位雖同而時
義有別理有所見見必有意故曰不可不察也　戊辰之日然後即位也癸
亥公之喪至自乾侯何爲戊辰之日然後即
位也　癸亥去戊辰六日怪不即位　正君乎國然後即位也　諸侯五日
而殯今以君始死之禮治之故須殯而後言即位　沈子曰正棺乎兩楹之
閒然後即位也　兩楹之閒南面之君所治之處○之處昌慮反　內之大事
日即位君之大事也其不日何也以年決著
不以日決也此則其日何也著之也　欲有所見　何

著焉踰年即位厲也厲危也公喪在外踰年六月乃得即位危故曰之於
厲之中又有義焉先君未殯則後君不得即位未殯雖有天子
之命猶不敢況臨諸臣乎以輕喻重也雖爲天子所召不敢背殯而往況
君喪未殯而行即位之礼以臨諸臣乎周人有喪魯人有喪周人弔
魯人不弔周人曰固吾臣也使人可也魯人
曰吾君也親之者也使大夫則不可也故周
人弔魯人不弔以其下成康爲未久也周道尚明无愧
于不往

【疏】注周道至不往　釋曰今定公之世天子之存唯祭與號安得云尚明解此傳以重況輕陳上世之
事非專今日下成康爲未久定公未殯不得即位以臨群臣
輕于王命王命猶不得皆殯指謂王與魯並有喪周人弔魯
魯人不弔既殯君乃奔喪喪服天子之斬哭泣申父重之情
先殯其父後奔天子之喪亦是不奪人之親門外之治義斷

恩門内之治恩掩義至如伯禽越紼赴金革之〻重不拘此例君至尊也去父之殯而往弔猶不敢況未殯而臨諸臣乎○秋七月癸巳葬我君昭公○九月大雩雩月雩之正也秋大雩非正也冬大雩非正也秋大雩雩之爲非正何也冬禾稼既成猶雩則非礼可知秋禾嫁始苗嫌當須雨故問也毛澤未盡人力未竭未可以雩也邵曰凡地之所生謂之毛公羊傳曰錫之不毛之地是也言秋百穀之潤澤未盡也人力未盡謂耕耘之功未畢○耘本又作芸音云疏凡地至是也

釋曰言非必百穀至而雩祀之設本爲求雨求雨之意指爲祈穀故周頌噫嘻之篇歌春夏而同名至於修雩祀不異故此傳言毛澤未窮人力未竭言人力之功施於種植種植之義在于禾黍未聞凡品總稱曰毛將何所據解聖人之於四海不偏一物愛人之情特深懷抱百姓所特莫急於食食雖民天天不降雨嘉品不育時澤之來昔況无私雖非百穀亦

治有洪之潤公田已流遂及之惠彌遠故總凡品為毛明天德之道廣列子言山川之毛指謂草木公羊所論非專禾麥寒涼之地木不種苗鄒衍吹律乃始名生物謂之黍若以此言之公羊所言不毛鄒衍之前當鄭伯與楚語時也又上傳云冬大雩非正也秋亦曰非正也非正是同而問不異及荅之直釋月雩為正則四月龍見常失正故也解成七年冬大雩傳云冬无為雩也言用禱禮明禾稼成不須雩失時不二故問同而荅異注當須雨其解也聖人重謝請請必為民民之本務在於春夏春夏祈穀先嚴其犧牲具其器物謹脩其礼與精神有感故一時尽力專心求請求請不得失時時謂孟夏之節是月有雨先種得成茂實後種更生故重其二時時過以往至於八月九月脩雩之節不言四月非正也故曰是月不雩則无及矣謂八月求雨雩而得之則書雩明有所及故也是月雩不必有雨而曰无及者人情之意欲其有益故以兩月請是年不文則无食指謂九月之雩雩而得雨是年有食雩不得雨則書旱旱則一歲无食故曰是年傳於仲秋言月季秋言年年月之情以表遠近深淺之辭也

雩月雩之正也月之為雩之正何也其時窮人力盡然後雩雩之正

也何謂其時窮人力盡是月不雨則無及矣是年不艾則無食矣是謂其時窮人力盡雩之必待其時窮人力盡何也雩者爲旱求者也求者請也古之人重請何重乎請人之所以爲人者讓也請道去讓也則是舍其所以爲人也是以重之焉請哉請乎應上公古之神人有應上公者通乎陰陽君親帥諸大夫道之而以請焉道之爲君必爲先也其禱辭曰方今大旱野无生稼寡人當死百姓何謗不敢煩民請命願撫萬民以身塞无狀禱亦請也此即請辭也○艾魚廢反去讓羌呂反是舍音捨焉請於虔反應上時掌反道之音導夫請者非可詒託而往也必親之者

也是以重之 詒托猶假寄〔疏〕請乎應上公釋曰云
○詒以之反 月令大雩帝此經言人
雩文與月令同同祀上帝帝天也而曰上公義更何取且雩
與禱本自不同而引禱辭以證雩何解天子雩上帝諸侯雩
上公與魯天子同雩上帝上帝既雩雩及百辟卿士有益人於
民者則此傳所謂古之神人通乎陰陽使為民請雨故言[illegible]
識請應乎上公天尊不敢指斥故請其屬神考異郵說僖公
三時不雨禱于山川以六過自責又曰方今大旱野無生稼
此注所云其禱辭或亦
用之故引以明之耳 ○立煬宮 煬宮伯禽子廟毀已久
○煬餘亮反煬亦之
廟也煬公
伯禽子 立者不宜立者也〔疏〕立者至者也釋曰
重發傳何解不曰與
武宮異故發傳范例云宮廟有三者三者文有詳略詳略見
功有輕重丹楹功小故書時刻桷功重故録月范荅薄氏云
考宮書月比丹楹為重是其三文武宮書日范云始築之事
然煬宮周書謚法肆行勞神曰煬煬宮不日比武宮為輕輕
重之例各以類舉此謂范例之數以宮言之立廟之例以立
言之在不宜之中一事而兩屬義有所附故例有四亦得數
此同在不
宜之中 ○冬十月隕霜殺菽 建酉之月隕霜
殺菽非常之災 未

可以殺而殺舉重舉殺菽則殺草可知可殺而不殺舉輕〇不殺草則不殺菽亦顯僖三十三年隕霜不殺草是也其曰菽舉重也【疏】未可至舉輕　釋曰隕霜二文不同書故范特爲一例傳嫌獨殺菽不害餘物故以輕重別之菽易長而難殺故以殺之爲重重者殺則輕者死矣輕而不死重者不殺居然可知

二年春王正月〇夏五月壬辰雉門及兩觀災雉門公宮之南門兩觀闕也〇兩觀工喚反注及下文同其不曰雉門災及兩觀何也據先書雉門則應言雉門災及兩觀鄭嗣曰據災實從雉門起應言雉門災及兩觀災自兩觀始也不以尊者親災也始災者兩觀也鄭嗣曰今以災在兩觀下使若兩觀始災者不以雉門親災先言雉門尊尊也欲言兩觀災及雉門則卑不可以及尊災不從雉門起故不得言雉門災及兩觀兩觀始災故災在兩觀下也鄭嗣曰欲以兩觀親災則經宜言兩

觀災及雉門雉門尊兩觀卑卑不可以及尊故不得不先言雉門而後言兩觀欲令兩觀始災故災在兩觀下矣○令力呈反（疏）雉門至觀災　釋曰解劉向云雉門天子之門而今過魯制故致天災也○秋楚人伐吳○冬十月新作雉門及兩觀言新有舊也作爲也有加其度也此不正其以尊者親之何也不正謂更廣大之不合法度也據當諱而以雉門親新作之下雖不正也於美猶可也改舊雖不合正脩飾美好之事差可以雉門親之○差初賣反（疏）作爲至度也　釋曰重發傳何解此災而更脩飾與作南門異故發傳以同之災惡故尊雉門推災而遠之今新作美好之事雉門雖不正尊雉門可以親之

三年春王正月公如晉至河乃復（疏）公如晉　釋曰書月何解昭公四如晉兼有疾爲五皆不月公不入晉則無危十三年二十三年乃復皆不月是其例乃復文承月下不

蒙可知昭公即位二年而脩朝禮無闕而爲季氏所譖使不得入公無危懼之意備數數於朝於晉晉雖不受朝公無危懼之理定立今三年始朝於晉晉責其緩慢不受其朝公懼而反非必季氏所譖公有負於晉而心内畏懼故危録之

○三月辛卯邾子穿卒○穿音川○夏四月○秋葬邾莊公○冬仲孫何忌及邾子盟于拔○拔地名○拔皮八反

四年春王二月癸巳陳侯吳卒○三月公會劉子晉侯宋公蔡侯衛侯陳子鄭伯許男曹伯莒子邾子頓子胡子滕子薛伯杞伯小邾子齊國夏于召陵侵楚○夏戶雅反○召詩照反○夏四月庚辰蔡公孫姓帥師滅沈以沈子嘉歸殺之○

孫姓音生又如字。五月公及諸侯盟于皐鼬召陵會劉子諸侯揔
言之也皐鼬地名。鼬由又反。後而再會公志於後會也後
志疑也公畏強楚疑於侵之故復者更謀也不日者後楚伐蔡不能救故。復扶又反【疏】公會
至疑也。釋曰案傳例地而伐疑辭今經言會于召陵侵楚
則疑於前會不關於後而云志於後會也者後志疑何解楚
當時爲之所困削弱矣諸侯侵之易可得志今一會之中十
有九國衆力之彊足以服楚不敢深入淺侵郊竟則責諸侯
之疑居然可曉公疑於楚彊謂無勇故會盟二文並見魯公外內之疑兩顯杞伯成卒于會
。六月葬陳惠公。許遷于容城。秋七月公
至自會。劉卷卒劉采地。劉卷音權采七代反此不卒而卒者
賢之也寰內諸侯也非列土諸侯此何以卒
也天子畿內大夫有采地者謂之寰內諸侯非列土之諸侯雖賢猶不當卒。寰內音環天王崩

爲諸侯主也昭十二年景王崩嘗以賔主之禮相接而能爲諸侯主所以爲賢〔疏〕此不卒至賢之也。釋曰又云非列土諸侯此何以卒也天王崩爲諸侯主也書卒不闕其賢而范例云寰內諸侯非列土諸侯非列土諸侯而書之者賢之也賢之一文而義當兩用解上不卒而得書卒之意釋下言賢之猶賢不當卒卒之者以其爲諸侯主明賢之意故得書卒亥覆二事皆是爲賢故例復云賢之不用葬葬之者明亦爲賢之而采地比之畿內諸侯故書葬。葬杞悼公。楚人圍蔡。晉士鞅衛孔圉帥師伐鮮虞。葬劉文公。冬十有一月庚午蔡侯以吳子及楚人戰于伯舉楚師敗績吳其稱子何也以蔡侯之以之舉其貴者也貴謂子也蔡侯之以之則其舉貴者何也吳信中國而攘夷狄吳進矣其信中國而攘夷狄奈何子胥父誅于楚也子胥父伍奢也為楚平王所殺○信音申攘如羊反郤也挾弓持矢而干闔廬見不以禮曰干欲因闔廬復父之讎○挾戶牒反又子協反闔戶臘反廬力居反見賢徧反闔廬曰大之甚勇之甚子胥匹夫乃欲復讎於國君其孝甚大其心甚勇

疏注其孝至甚勇○釋曰子胥之復讎違君臣之禮失事王之道以匹夫之弱敵千乘之強非心至孝莫能然也得事父之孝非敬長之道故曰其孝甚大若夫子胥父欲被誅竄身外奔布衣之士而求干列國之君吐弓矢之志無疑難之心故其心曰甚勇

為是欲興師而伐楚子胥諫曰臣聞之君不為匹夫興師

疏傳不至興師○釋曰然則成湯之誅葛伯為殺其餉者武王之殺殷紂稱斬朝涉之脛何以萬乘之主為匹夫復讎解湯征葛伯本為不祀之罪罪已灼然然湯聽其順辭使其亳民為耕葛伯殺其餉者此由不祀而致禍其如殷紂之罪被所不盡斬以所不書故武王致天之罪稱斮朝涉之脛剖賢人之心亦不為匹夫興師吳子有因諸侯之怒直申子胥之情故言不為

匹夫興師得其實論也傳称子胥云虧君之義復父之讎傳文曲直子胥是非穀梁之意善惡若爲辭公羊左氏論難紛然賈逵服虔共相教授戴宏何休亦有唇齒其於此傳開端似同公羊及其結絢不言子胥之善夫資父事君尊之非異重服之情理宜共均旣以天性之重降於義合之輕故令忠臣出自孝子孝子不称忠臣今子胥称一體之重忽元首之分以父被誅而痛纏骨髓得耿介之孝夫忠義之臣而忠孝不得並存傳不善子胥者兩端之間忠臣傷孝子之義論孝子則失忠臣之恩春秋科量至理尊君卑臣子胥有罪明矣君者臣之天天無二日土無二王子胥以藉吳之兵戮楚王之尸可謂失矣雖得壯士之偏節失純臣之具道傳舉見其非不言其義義吳子爲蔡討楚申中國之心屈夷狄之意其在可知

且事君猶事父也虧君之義復父之讎臣弗爲也於是止蔡昭公朝於楚有美裘正是日囊瓦求之王是日謂昭公始朝楚之日○爲是于僞反不是及下爲是皆同朝於直遥反注同囊乃郎反昭公不與爲是拘昭公於南郢南郢楚郡○郢以整

反又以疋反數年然後得歸歸乃用事乎漢用事者禱漢水神。

數所王反曰苟諸侯有欲伐楚者寡人請為前列焉楚人聞之而怒為是興師而伐蔡蔡請救于吳子胥曰蔡非有罪楚無道也君若有憂中國之心則若此時可矣為是興師而伐楚

何以不言救也據實救蔡救大也夷狄漸進未同於中國

【疏】救大也

釋曰夷狄漸進未同於中國狄何以言救齊解救齊是善事今吳夷狄而憂中國故進稱子然未同諸夏故不言救雖書救齊而未稱人許夷狄不使頓備故也今吳既進稱子復書曰救便與中國齊蹤華夷等迹故不與救若書救當言吳子救蔡蔡侯以吳子及楚人戰于伯莒不直舉救蔡而言吳入楚

楚囊瓦出奔鄭知見伐由已故懼而出奔

庚辰吳入楚日入易無楚也易無楚者

壞宗廟徙陳器撻平王之墓鄭嗣曰陳器樂縣也禮諸侯軒縣言吳人
壞楚宗廟徙其樂器鞭其君之尸楚無亢御之者若曰無人也○易以豉反壞音怪撻土達反縣音玄亢苦浪反何
以不言滅也據宗廟既毀樂器已徙則是滅也欲存楚也其欲
存楚奈何昭王之軍敗而逃父老送之曰寡
人不肖亡先君之邑父老反矣何憂無君寡
人且用此入海矣父老曰有君如此其賢也
以衆不如吳以必死不如楚雍曰吳勝而驕楚敗而奮○肖音笑奮方
問反相與擊之一夜而三敗吳人復立楚復立也○敗必邁
反復扶又反何以謂之吳也據戰稱子狄之也何謂狄之
也君居其君之寢而妻其君之妻大夫居其

大夫之寢而妻其大夫之妻蓋有欲妻楚王之母者不正乘敗人之績而深爲利居人之國故反其狄道也

五年春王三月辛亥朔日有食之。夏歸粟于蔡蔡侯此年在楚又爲楚所伐飢故諸侯歸之粟諸侯無粟諸侯相歸粟正也孰歸之諸侯也不言歸之者專辭也不言歸之者主名若獨是魯也義邇也言此是邇近之事故不足具列諸侯。於越入吳舊說於越夷言也春秋即其所以自稱者書之見其不能慕中國故以本俗名自通見賢徧反。六月丙申季孫意如卒傳例曰大夫不日卒惡也意如逐昭公而日卒者明定之得立由乎意如春秋因定之不惡而書日以示譏亦猶公子翬非桓之罪人故於桓不貶。惡烏路反翬許韋反。秋七月

壬子叔孫不敢卒。冬晉士鞅帥師圍鮮虞

六年春王正月癸亥鄭游帥師滅許以許男斯歸。二月公侵鄭公至自侵鄭。夏季孫斯仲孫何忌如晉仲孫忌而曰仲孫何忌寗所未詳公羊傳曰譏二名。秋晉人執宋行人樂祁犂。冬城中城城中城者三家張也大夫稱三家仲孫叔孫季孫也三家侈張故公懼而脩內城譏公不務德政恃城以自固。張如字一音下亮反注同

疏三家張也。釋曰釋之異辭何也月城之志皆譏傳於冬城諸及防解可城言間隙無事理實有譏今不釋恐同彼傳言志城之中雖得間隙復有畏張侈之患還與皆譏之義同或是義與可城同也

或曰非外民也。季孫斯仲孫忌帥師圍鄆

七年春王正月。夏四月。秋齊侯鄭伯盟

于鹹。音鹹音咸。齊人執衛行人北宮結以侵衛以重辭也衛人重北宮結齊以衛重結故執以侵之若楚執宋公以伐宋凡言以皆非所宜以【疏】以重辭也。釋曰前注云以有二義今注即云凡言以皆非所宜以是一義而曰二何解經楚執宋公兩君相執傳以言重辭別於凡以今此君而執臣明以國重不言與二君共例故發例同之一義也已見故注更言凡以而起義解以者不以者不止釋此文。齊侯衛侯盟于沙沙地。大雩。齊國夏帥師伐我西鄙。秋九月大雩。冬十月

八年春王正月公侵齊公至自侵齊。二月公侵齊未得志故三月公至自侵齊公如往時致月危致也往月致時危往也往月致月惡之

也。○惡烏路反 疏 公如至致也。○釋曰：復發傳何解？莊二十三年起例，公行有危而書月，今公伐齊有危，危而書月，一時之間，冊與兵革，危懼之理，義例所詳，故重說以明之。○曹伯露卒。○夏，齊國夏帥師伐我西鄙。○公會晉師于瓦。瓦，衛地也。公至自瓦。○秋七月戊辰，陳侯柳卒。○柳良久反。○晉士鞅帥師侵鄭，遂侵衛。○葬曹靖公。○九月，葬陳懷公。○季孫斯、仲孫何忌帥師侵衛。○冬，衛侯、鄭伯盟于曲濮。曲濮，衛地。○濮音卜。○從祀先公。貴圭也也。文公逆祀，今還順。○盜竊寶玉、大弓。寶玉者，封圭也。始封之圭。大弓者，武王之戎弓也。是武王征伐之弓。周公受賜，藏之魯。周公受賜於周，藏之魯者，欲世世子孫無忘周德也。非其所以與人而與人謂之亡士失也非其所取而取之謂之盜（疏）非其至亡也。傳曰於經何例當之解經言譏止謂二穀不政苞宣公之例五穀不收止在當文康饉無例應之今因盜而發亡例經無應之或說非其所以與。謂之亡是梁伯所行也梁伯受國于天子不能撫其人民而自失之國之利器不可以示人權之可守焉得虛假君貪色好酒耳目不能聰明上無正長之治大臣皆叛而國外奔因若自滅故謂之亡此可以應其義

九年春王正月。夏四月戊申鄭伯蠆卒。蠆田邁反。得寶玉大弓杜預曰弓玉國之分器也得之足以為榮失之足以為辱故重而書之。分器扶問反其不地何也（疏）其不地何也。釋曰據何文而責地解此據獲物言地經言戰于大棘獲宋華元宜蒙上地故據彼責此寶玉大弓在家則羞不目羞也國之大寶在家則羞也況陪臣專之乎恥甚而不目其地（疏）注況陪臣專之乎恥甚而不目其地

釋曰下或曰陽虎以解衆也還是陪臣何以異之解上説不目羞明失之爲辱得之爲榮榮而言地地是陪臣之所居魯能奪陪臣之得可以明免恥何爲不地大以千乘之国而受辱於陪臣雖得爲榮書地則恥或曰之義得非魯力也陽虎竊国重寶非其所用畏衆之討送納歸君故書而記之

惡得之（惡於何也　惡音烏注同）。得之堤下或曰陽虎以解衆也。六月葬鄭獻公。秋齊侯衛侯次于五氏（五氏晉地）。秦伯卒。冬葬秦哀公

十年春王正月及齊平（平前八年再侵齊之怨）。夏公會齊侯于頰谷。（頰古協反　左傳作夾谷）公至自頰谷。離會不致（離曰　二国會曰離各是其所是非其所非然則所是之是未必是所非之非未必非未必非者不能非人之真非未必是者不能是人之真是是非紛錯則未有是是非不同故曰離離則惡善無在善惡無在則不足致之于宗廟）何爲

致也危之也危之則以地致何也為危之也其危大何曰頰谷之會孔子相焉兩君就壇兩相相揖將欲行盟會之禮○為危于偽反相焉息亮反下兩相同壇徒丹反封土曰壇齊人鼓譟而起欲以執魯君羣呼曰譟○鼓譟素報反呼火故反孔子歷階而上不盡一等而視歸乎齊侯階會壇之階曰兩君合好夷狄之民何為來為命司馬止之兩君合會以結親好而齊人欲執魯君此無禮之甚故謂之夷狄之民司馬主兵之官使禦止之○合好呼報反注同使禦魚呂反齊侯逡巡而謝曰寡人之過也退而屬其二三大夫曰夫人率其君與之行古人之道二三子獨率我而入夷狄之俗何為屬語也夫人謂

則以二字也齊人欲執魯君是夷狄之行○遂一句言齊人黨魯欲一夫人音扶語魚呂反之行下孟反罷會齊人

使優施舞於魯君之幕下優俳施其名也幕帳欲嗤笑魯君○幕音莫俳

步皆反又之反孔子曰笑君者罪當死使司馬行法

焉首足異門而出齊人來歸鄆讙龜陰之田

者蓋為此也何休曰齊侯自頰谷歸謂晏子曰寡人獲過於魯侯如之何晏子曰君子謝過以質小人謝過以文齊嘗侵魯四邑請皆還之○讙好官反蓋為于偽反因是以見雖有文

事必有武備孔子於頰谷之會見之矣○以見賢遍反

【疏】一會之怒三軍自棄若非孔子必以白刃喪其膽核矣所直視齊侯行法殺戮故傳於頰谷之會見之矣後世慕其風執欽其意氣者忽若如是毛遂之亢楚王藺子之脅秦王俱展一夫之勇不憚千乘之威亦善忠臣之鯁骨是賢亞聖之哉勇○晉趙鞅帥師圍衛○齊人來歸鄆讙

龜陰之田○叔孫州仇仲孫何忌帥師圍郈郈叔孫氏邑郈音后○秋叔孫州仇仲孫何忌帥師圍郈○宋樂大心出奔曹○宋公子地出奔陳○冬齊侯衛侯鄭游速會于安甫安甫地名○叔孫州仇如齊○宋公之弟辰暨宋仲佗石彄出奔陳辰爲佗所強故曰暨○暨其器反佗大河反彄苦侯反強其丈反

十有一年春宋公之弟辰未失其弟也言辰未有失其爲弟之道故書弟以罪宋公

（疏）未失其弟也　釋曰案辰以前年出奔離骨肉之義今歲入邑有叛國之深失弟之道彰於經文而曰未失何也解公不能制御彊臣以撫其弟而使二卿脅以外奔故著暨以表彊辭稱弟以見罪罪在仲石亦可知矣今而入國兩子之情非辰之意書及而辨尊卑言弟以顯無失然則自陳之力力由二卿入蕭之叛專

歸仲石故重發例以明無罪及仲佗石彄入公子地以尊及畢也自陳陳有奉焉爾入于蕭以叛蕭宋邑入者内弗受也以者不以也叛直叛也○夏四月○秋宋樂大心自曹入于蕭入蕭從叛人叛可知故不書叛○冬、及鄭平平六年侵鄭之怨傳例曰盟不日者渝盟惡之也取夫詳略之義則平不日者亦有惡矣蓋不能相結以信○渝羊朱反宴也惡之烏路反下同取夫音符○叔還如鄭莅盟○還音旋

十有二年春薛伯定卒○夏葬薛襄公○叔孫州仇帥師墮郈墮猶取也陪臣專強違背公室恃城為固是以叔孫墮其城若新得之故云墮墮猶取也墮非訓取言今但毁其城則郈永屬已若更取邑於他然○墮許規反毁也背音佩

【疏】注墮非訓取 釋曰傳言墮猶取也即其訓而曰非者何休難云當言取不言墮實壞耳無取於訓詁鄭吾如

此釋之今經墮其爲義○衛公孟彄帥師伐曹○季孫斯仲孫何忌帥師墮費○費音祕○秋大雩○冬十月癸亥公會齊侯盟于黃○十有一月丙寅朔日有食之○公至自黃○十有二月公圍成非國言圍圍成大公也以公之重而伐小邑則爲恥深矣故大公之事而言圍使若成是国然疏注以公至小邑釋曰案例国曰圍今邑而言圍則大都大都則皆是国而曰小邑何解經書公明成非小是故言圍公一国之貴重成三家之大邑邑比於国爲細擬公爲小比於凡邑則大矣故書曰圍公至自圍成何以致危之也何危爾邊乎齊也邊謂相接十有三年春齊侯次于垂葭○葭音加○夏築蛇

淵囿（蛇淵地名○囿音又）○大蒐于比蒲（○比音毗）○衛公孟彄帥師伐曹○秋晉趙鞅入于晉陽以叛以者不以者也叛直叛也（䟽）（叛直叛也釋曰不解入而重發叛例何解趙鞅自入巳邑不從外入入者內弗受也以其无君命於義不受同書入之非專不受故但釋其叛非實叛故下書歸明之非叛而書叛書叛非真叛也故復發也）○冬晉荀寅士吉射入于朝歌以叛（○射食夜反又食亦反）○晉趙鞅歸于晉此叛也其以歸言之何也（據叛惡而歸善）貴其以地反也貴其以地反則是大利也非大利也許悔過也許悔過則何以言叛也以地正國也（地謂晉陽也盖以晉陽之兵還正国也公羊傳曰逐君側之惡人）以地正國則何以言叛（據是善事）其入

無君命也覬曰專入晉陽以兵兵甲故不得不言叛實以驅惡而安君則釋兵不得不言歸春秋善惡必著之義〇薛弒其君比〇比必履反又毗志反【疏】薛弒其君比釋曰不日月者何解傳言剽不正其日何則庶子爲君而被弒則不日而月之傳曰諸侯時卒惡之宜從此例薛比書時亦其惡也

十有四年春衛公叔戍來奔〇晉趙陽出奔宋〇晉趙陽左氏作衛趙陽〇二月辛巳楚公子結陳公孫佗人帥師滅頓以頓子牂歸〇佗徒河反又如字牂作郎反〇夏衛北宮結來奔〇五月於越敗吳于檇李檇李吳地〇敗必邁反檇李音醉〇吳子光卒〇公會齊侯衛侯于牽牽地〇牽去賢反公至自會〇秋齊侯宋公會于洮〇洮他刀反〇天王使石尚來歸脤脤祭肉天子祭畢以之賜同姓諸侯親兄弟之国與

之共福。脤市軫反　脤者何也俎實也祭肉也生曰脤熟曰膰其辭石尚士也辭猶書也。膰音煩本人作煩　何以知其士也天子之大夫不名石尚欲書春秋欲著名于春秋　諫曰久矣周之不行禮於魯也請行脤貴復正也（疏）貴復正也　釋曰從祀先公前有失正之文於後言貴復正今復正前无失正之文而曰貴復正何解復正之文雖同義須有異天王不行礼於魯失正矣今由石尚而歸脤美之故曰貴復正也

○衛世子蒯聵出奔宋○蒯聵苦怪反下五怪反　衛公子孟彄出奔鄭

○宋公之弟辰自蕭來奔稱弟猶未失爲弟之行。行下孟反

○大蒐于比蒲（疏）大蒐于比蒲　釋曰文承秋下注云城莒父云无冬冬者篇所未詳然則大蒐秋秋則常事常事不書書之者何即昭八年秋蒐于紅傳曰正也正所以譏不正後比蒲大蒐失礼因此見正今定公以十

二年大蒐秋事而於夏行之失正至此十四年大蒐書正以明前不正也○邾子來會公會公于比蒲○城莒父及霄無冬甯所未詳疏注無冬至未詳釋曰桓七年注云下無秋冬今不言下何解桓七年夏有人事而秋冬二時不書復無人事故云下今此上有秋下有人事而無冬故直云無冬不言下明冬宜在人事之上也

十有五年春王正月邾子來朝朝直遥反○鼷鼠食郊牛牛死改卜牛不言所食食非一處而至死○鼷音兮處昌慮反不敬莫大焉定公不敬最大故天災最甚疏不敬莫大焉釋曰凡鼠食牛皆是不敬而曰莫大何解成七年鼷鼠食郊牛角過有司也改卜牛鼷鼠又食其角歸罪於君皆道其所傳明不敬之罪小今牛體徧食不敬之罪大也○二月辛丑楚子滅胡以胡子豹歸○夏五月辛亥郊譏不時也○壬申公薨于高寢高寢宮名高寢

非正也（疏）高寢非正也。釋曰重發傳何解高寢者夫名嫌是路寢之流故發傳明之。鄭罕達帥師伐宋。齊侯衛侯次于渠蒢。渠蒢地也。蒢直居反。邾子來奔喪喪急故以奔言之（疏）喪急至言之 釋曰奔喪之制日行百里故傳言急所以申匍匐之情也。秋七月壬申弋氏卒妾辭也不言夫人薨。弋氏羊職反哀公之母左氏作姒氏也哀公之母也。八月庚辰朔日有食之。九月滕子來會葬邾滕魯之屬國近則來奔喪遠則來會葬於長帥之喪同之王者書非禮。長丁丈反帥所類反（疏）注邾滕至屬國 釋曰將何據也解范荅薄氏云屬國非私屬五國為屬屬有長曹滕二邾世屬服事我故謂之屬。注近則至非禮 釋曰若如此注意以奔喪為禮會葬為非然則王者之喪諸侯會出何文證若以會葬非禮何以范例云會葬四案經有三范總云會葬禮何解傳言奔喪喪急不言非禮可知諸侯自相會葬傳無釋文但釋天子之會葬云其志重天子

之禮又曰在鄗上明其別於諸侯傳曰周人有喪魯人有喪周人弔魯人不弔周人責魯人曰吾君親之是以知王者之
喪諸侯親會之范云四四當爲三古者四三皆積畫字有誤耳會葬禮也據釋天子之大夫來會葬並是者重天子之禮故
范例舉之不謂皆是禮也○丁巳葬我君定公雨不克葬葬
既有日不爲雨止禮也雨不克葬喪不以制
也戊午日下稷乃克葬稷昃也下昃謂餔時○爲于偽反稷如字左氏作昃餔布
吳反疏葬既有日　釋曰重發傳何解頃熊夫人今此人君嫌禮異故發傳以明之且彼言日中此言日下稷彼
言而此言乃文並不同釋既不異義體相似乃急辭也不足乎日之辭
也宣八年注詳矣疏注宣八至詳矣　釋曰范例云克例有六則數何文以充之解鄭伯克段一不克納二雨
不克葬日中而克葬各二是謂四通前二爲六也○辛巳葬定弋○定弋左氏作定姒○
冬城漆

監本春秋穀梁註䟽定公卷第十九

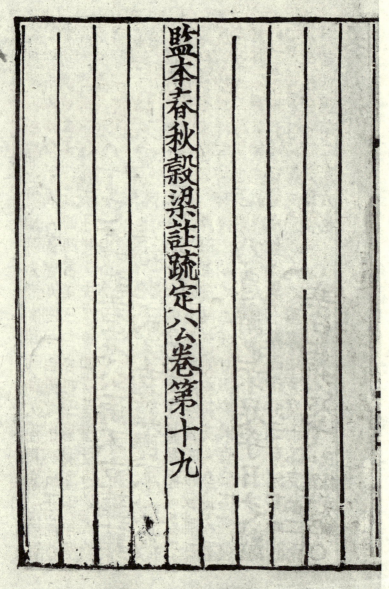

監本春秋穀梁註疏哀公卷第二十 起元年盡十四年

范甯集解　楊士勛疏

哀公【疏】公名蔣定公之子敬王三十六年即位十四年西狩獲麟春秋終公之二十七年薨謚曰哀周書謚法恭仁短折曰哀

元年春王正月公即位。○楚子陳侯隨侯許男圍蔡隨久不見者衰微也稱侯者本爵俱侯土地見侵削故微爾定六年鄭滅許今復見者自復也○不見賢遍反下復見同復扶又反【疏】注隨久至微也　釋曰僖二十年冬楚人伐隨以來更不見經將是衰微不能自通於盟會故也本爵俱侯者隨本侯爵自僖二十年見經至今俱侯明更不為貶黜但土地見侵削故微爾昭八年楚師滅陳十一年楚師滅蔡十三年諸侯會于平丘而復陳蔡於經書蔡侯廬歸于蔡陳侯吳歸于陳是有文見復也其許男則定六年鄭游速帥師滅許以許男斯歸其間更無歸文今許男復見經者明是許男自復○鼷鼠食郊牛角改卜牛。○夏四月辛巳郊此該之變而道之也該備也春秋書郊終於此故於此備說郊之變變謂郊非其時或牲被災害（疏）該至之也　釋曰郊自正月至于三月郊之時也三卜禮之正凡書郊皆譏范例云書郊有九僖三十一年夏四月四卜郊不從乃免牲猶三望一也宣三年郊牛之口傷改卜牛牛死乃不郊猶三望二也成七年鼷鼠食郊牛角三也襄七年夏四月三卜郊不從乃免牲四也襄十一年夏四月四卜郊不從乃不郊者五也定公哀公並有牲變不言所食處不敬莫大二罪不異并為一物六也定十五年五月郊七也成十七年九月用郊八也及此年四月辛巳郊九也下傳云子之所言至道之何也然則據此而言牛有傷損之異卜有遠近之別亦在其明於變之中又有言焉於災變之中又有可善而言者（疏）注於災至言者　釋曰郊牛日日展視其斛角而知其傷是展盡道矣即於災變之中有可善而言者但備災之道不盡致此天災而鼷鼠食角故書以譏之也鼷鼠食郊牛角改卜牛志不敬也郊牛日展斛角而知傷展道盡矣展道雖盡所以備災之道不盡譏哀公不敬故致天變○斛音斛又音求郊

自正月至于三月郊之時也夏四月郊不時也五月郊不時也夏之始可以承春以秋之末承春之始蓋不可矣訓曰不時之中有差劇也夏始承春方秋之末猶爲可也○有差初賣反

（疏）注不時至可也　釋曰自正月二月三月此三春之月是郊天之正時也若夏四月五月以後皆非郊月如其有郊並書以示譏然則郊是春事也如郊在四月五月之中則是以夏始承春其過差少若郊在九月之中則是以秋末承春其過極多則自五月二八月其間有郊亦以承春遠近爲過之深淺也

九月用郊用者不宜用者也在成十七年郊三卜禮也以十二月下辛卜正月上辛如不從則以正月下辛卜二月上辛如不從則以二月下辛卜三月上辛所謂三卜也鄭嗣曰謂下一辛而三也求吉之道三故曰禮也

（疏）注鄭嗣至三也　釋曰如嗣之意以十二月下辛卜正月上辛日爲郊之時則於此一辛之上一不吉以至二卜不吉以至三卜求吉之道三故曰禮也

四卜非禮也僖三十一

三襄十一年皆四卜五卜強也成十年五卜【疏】四卜非禮也釋曰僖三十一年以十二月下辛卜正月上辛不從則以正月下辛卜二月上辛不從則以二月下辛卜三月上辛所謂三卜禮也今以三月以前不吉更以三月下辛卜四月上辛則謂四卜郊非禮也成十年以四月以前四卜不吉又於四月下辛卜五月上辛則五卜強也非禮可知鄭嗣之意亦以一辛之中卜至於四五月也一辛之上三卜禮也四卜五卜非禮也然則四卜亦云非禮五卜變文云強者四卜雖失猶去禮近咎有過失故以非禮言之若至五卜則是知其不可而強為之去禮已遠故以強釋之

卜免牲者吉則免之不吉則否牛傷不言傷之者傷自牛作也故其辭緩宣三年郊牛之口傷以牛自傷故加之言緩辭○則否方九反全曰牲傷曰牛未牲曰牛其牛一也其所以為牛者異已卜日成牲而傷之曰牛未卜日未成牲之牛二者不同有變而不郊故卜免牛也已牛矣其尚卜免

之何也災傷不復以郊怪復卜免之禮與其亡也寧有於禮有卜之與無卜寧有末嘗置之上帝矣故卜而後免之不敢專也嘗置之滌宮名之爲上帝牲矣故不敢擅施也○滌徒歷反擅市戰反施式氏反又如字卜之不吉則如之何不免安置之繫而待六月上甲始庀牲然後左右之庀具也具牲然後左右前牛也帝牲用之不復須卜已有新牲故也周禮曰司門掌授管鍵以啓閉國門祭祀之牛牲繫焉然則未左右時監門者養之○庀匹爾反鍵其展反又其偃反監古銜反子之所言者牲之變也而曰我一該郊之變而道之何也我以六月上甲始庀牲十月上甲始繫牲十一月十二月牲雖有變不道也牲有變則改卜牛以不妨郊事故不言其變【疏】子之至道也釋曰上言子曰弟子聞穀梁子

之辭而曰我者是弟子述穀梁子自我之意我以六月者是穀梁子荅前弟子之辭我以六月上甲始庀牲庀具猶簡擇未繫之待十月然後始繫養若六月簡訖以後有變則七月八月九月上甲皆可簡擇故傳云六月上甲始庀牲明自六月爲始七月八月九月皆可簡牲自十月繫之有變則改卜卜取吉者十一月十二月亦然是繫之三月也故傳云十月上甲始繫牲十一月十二月牲雖有變不道也是也待正月然後言牲之變周正是郊時之正如其牛有變然後言之二月三月亦然重始郊故也

待正月然後言牲之變此乃所以該郊

至郊時然後言其變重其始郊也十二月不道自前可知也至正月然後道則二月三月亦可知也此所以該郊言其變道盡

疏

比乃至該郊　釋曰自六月上甲始庀牲十月始繫牲自十二月以前牲雖有變不道自正月然後二云牲之變乃不郊卜免牲吉與不吉如此之類皆是該備郊事言牲變之道盡悉也

郊享道也貴其時大其禮其養牲雖小不備可也

言享者歆食之道牲有變則改卜牛郊日已逼庀繫之禮雖小不備合時得禮用之可也○享許丈反

子不忘三

月卜郊何也三月謂十二月正月二月也疏注三月至二月釋曰既言卜二月下辛卜正月上辛正月下辛卜二月上辛二月下辛卜三月上辛恠經不書此十二月正月二月之下郊故問之也郊自正月至于三月郊之時也有變乃志常事不書我以十二月下辛卜正月上辛如不從則以正月下辛卜二月上辛如不從則以二月下辛卜三月上辛如不從則不郊矣意欲郊而卜不吉故曰不從郊必用上辛者取其新絜莫之先也○秋齊侯衛侯伐晉○冬仲孫何忌帥師伐邾

二年春王二月季孫斯叔孫州仇仲孫何忌帥師伐邾取漷東田漷東未盡也及沂西田

沂西未盡也漷沂皆水名邵曰以其言東西則知其未盡也○漷火虢反又音郭沂魚依反

癸巳叔孫州仇仲孫何忌及邾子盟于句繹句繹邾地○句古侯反繹音亦二人伐而二人盟何也各盟其得也季孫不得田故不與盟○不與音預○夏四月丙子衛侯元卒

○滕子來朝○朝直遥反○晉趙鞅帥師納衛世子蒯聵于戚鄭君曰蒯聵欲殺母靈公廢之是也若君薨有反國之道當稱子某如齊子糾也今稱世子如君存是春秋不與蒯聵得反立明矣江熙曰鄭世子忽反正在明文子糾但於公子爲貴非世子也

【疏】注蒯聵至廢之 釋曰案定公十四年左傳云衛侯爲夫人南子召宋朝會于洮大子蒯聵獻盂于齊過宋野野人歌之曰既定尔婁豬盍歸吾艾豭大子羞之謂戲陽速曰從我而朝少君我顧乃殺之速曰諾乃朝夫人夫人見大子三顧速不進夫人見其色啼而走曰蒯聵將殺余公執其手以登臺大子奔宋是也一云當稱子某者公羊云君在稱世子君薨稱子某

既葬稱子踰年稱君范取公羊爲說也云如齊子糾也者莊九年九月齊人取子糾殺之是也云鄭世子忽反正有明文者桓十五年鄭世子忽復歸于鄭傳曰反正也然則鄭世子忽反正春秋不非稱世子則蒯聵稱世子亦是反正不非之之限是具子糾稱子某但於公子之中爲貴謂是右媵之子非世子與鄭忽蒯聵不同如熙之意則蒯聵合立而輒拒父非是也

納者內弗受也帥師而後納者有伐也何用弗受也以輒不受也以輒不受父之命受之王父也信父而辭王父則是不尊王父也其弗受以尊王父也

甯不達此義江熙曰齊景公廢世子世子還國書篡若靈公廢蒯聵立輒則蒯聵不得復稱曩日世子也稱蒯聵爲世子則靈公不命輒審矣此矛楯之喻也然則從王父之言傳似失矣經云納衛世子鄭世子忽復歸于鄭稱世子明正也明正則拒之者非邪○信父音申篡初患反復扶又反曩乃黨反矛亡侯反又本又作鉾楯常允反又音允拒音巨邪也似嗟反

疏 信父至父也 釋曰輒先受王父之命而有國

今若以國與父則是申父也若申父而辭王父則是不尊父也何者使父有違命之愆故其不受使父無違命之失則尊父也。注齊景至書篡 釋曰下六年齊陽生入于齊齊陳乞弒其君荼傳曰陽生正荼不正不正則其曰君何也荼雖不正已受命矣此與莊九年齊小白入于齊同文則稱名書入者皆一辭也然則蒯聵若已被廢則當與陽生同文稱篡蒯聵入戚不得自稱篡曰出于。注矛楯之喻也 釋曰莊子云楚人有賣矛及楯者見人來買矛即謂之曰此矛無何不徹見人來買楯則又謂之曰此楯無何能徹者買人曰還將爾矛刺爾楯若何然則矛楯各自言之則皆善矣若相當言之則必有不善者矣喻今傳文輒若申父而辭王父是不受父則蒯聵違父為不善若以鄭忽稱世子以明反正則輒之拒父為醜行亦是非不可並故云矛楯之喻也○秋八月甲戌晉趙鞅帥師及鄭罕達帥師戰于鐵鐵衛地。鐵他結反鄭師敗績○冬十月葬衛靈公七月葬蒯聵之亂故也疏注七月至故也 釋曰隱五年夏四月葬衛桓公傳曰月葬故也月葬憂危最甚不得備禮葬也此月葬故知有故也彼注云有祝吁之難故此則

蒯聵之亂故也○十有一月蔡遷于州來蔡殺其大夫公子駟

三年春齊國夏衛石曼姑帥師圍戚此衛事也其先國夏何也子不圍父也不繫戚於衛者子不有父也【注】甯曰國夏首兵則應言衛戚今不言者辟子有父也子有父者戚繫衛則爲大夫屬于衛子圍父者謂人倫之道絕故以齊首之○曼姑音萬辟音避【疏】注戚繫至于衛　釋曰諸侯有國大夫有邑大夫之邑國君之有若言圍衛戚是戚繫衛便是子之而圍父也故以國夏爲首也○夏四月甲午地震○五月辛卯桓宫僖宫災言及則祖有尊卑解經不言及僖由我言之則一也遠祖恩無差降如一故不言及【疏】注遠祖至言及　釋曰凡言及者皆以尊及卑等者不言及若自祖言之則有昭穆昭尊可以及穆

若勹我言之則遠祖親盡尊卑如一故不言及案左氏孔子在陳聞火曰其桓僖乎言廟應毀而不毀故天災也○

季孫斯叔孫州仇帥師城啓陽稱帥師有難○難乃旦反○宋樂髡帥師伐曹○髡苦門反○秋七月丙子季孫斯卒○蔡人放其大夫公孫獵于吴宣元年晉放其大夫胥甲父于衛傳曰稱國以放放無罪也然則稱人以放放有罪也○冬十月癸卯秦伯卒○叔孫州仇仲孫何忌帥師圍邾

四年春王二月庚戌盜弒蔡侯申稱盜以弒君不以上下道道也以上下道道者若衛祝吁弒其君完之類是直稱盜不在人倫之序【疏】注以上至類是　釋曰祝吁弒其君完隱四年經文祝吁稱國稱名及言弒其君者是下道言弒其君謂此死者是其臣之君而臣弒之故以君臣上下道道之今不稱名氏直稱盜盜是微賤稱賊不稱弒其君則此死者非是

哀三年　四年

盜者之君則盜疏外無君是不在人倫上下之序內其君而外弑者不以弑道道也襄七年鄭伯將會中國其臣欲從楚不勝其臣弑而死不使夷狄之民加乎中國之君故曰鄭伯髡原如會未見諸侯丙戌卒于操是不以弑道道也（疏）內其至道也　釋曰猶言內其君而疏外弑者故不與疏外者得弑君之道道之故抑之爲盜若鄭伯髡原實被臣弑其書自卒抑臣爲夷狄之民亦是也春秋有三盜微殺大夫謂之盜十三年冬盜殺陳夏區夫是○陳夏户雅反區烏侯反非所取而取之謂之盜定八年陽貨取寶玉大弓是辟中國之正道以襲利謂之盜即殺蔡侯申者是非微者也○辟中音避（疏）辟中至襲利　釋曰辟中國之正道而行同夷狄不以禮義爲主而儌幸以求名利若齊豹之類故抑而書盜者也襲掩也謂求利之心不以禮義爲意也○蔡公孫辰出奔吳○葬秦惠公○宋人執小邾子○夏蔡殺其大夫

公孫姓公孫霍。○晉人執戎蠻子赤歸于楚

○城西郛郛郭也。郛音孚○六月辛丑亳社災殷都于亳武王克紂而班列其社于諸侯以爲亡國之戒劉向曰災亳社戒人君縱恣不能警戒之象疏注殷都于亳。釋曰書序云湯始居亳從先王居孔注云契父帝嚳都亳湯自商丘遷焉故曰從先王居又盤庚五遷將治亳殷是都亳之事

亳社者亳之社也亳亡國也亳即殷也殷都于亳故因謂之亳社亡國之社以爲廟屏戒也立亳之社於廟之外以爲屏蔽取其不得通天人君瞻之而致戒心疏注立亳至之外。釋曰周禮建國之神位左宗廟右社稷彼謂天子諸侯之正社稷霜露者周禮又云決陰事于薄社明不與正同處明一在西一在東故左氏曰間於兩社爲公室輔是也其屋亡國之社不得達上也必爲之作屋不使上通天也緣有屋故言災○秋八月甲寅滕子結卒。○冬十有二月葬蔡昭公

不書弑其之賊而昭公書葬既謂之盜君殺微賤小人不足錄之（疏）冬十有至昭公釋曰諸侯時葬正也今書月者以明危亦見不葬而書葬者春秋賊不討則不葬葬君不書葬則見賊不討今書葬者使君弑者實是盜微賤小人雖討訖不足錄○葬滕頃公○頃音傾

五年春城毗○夏齊侯伐宋○晉趙鞅帥師伐衛○秋九月癸酉齊侯杵臼卒○杵昌呂反○冬叔還如齊○閏月葬齊景公不正其閏也閏月附月之餘日喪事不數○數所主反（疏）注閏月至不數釋曰而經書閏月葬者年若數閏則十三月故書閏月葬以見喪事亦不數之例

六年春城邾瑕○晉趙鞅帥師伐鮮虞○吳伐陳○夏齊國夏及高張來奔○叔還會吳

于柤沽加反。○秋七月庚寅，楚子軫卒。軫之忍反。○齊陽生入于齊。○齊陳乞弒其君荼。不日，荼不正也。○荼音舒，又音徒，一音丈加反。

疏注不日荼不正也。釋曰：隱三年八月庚辰宋公和卒，傳云諸侯日卒正也。荼不日，是不正也。

陽生入而弒其君，以陳乞主之，何也？不以陽生君荼也。其不以陽生君荼何也？陽生正，荼不正。不正則其曰君何也？荼雖不正，已受命矣。已受命于景公而立，故可言君。入者，內弗受也。荼不正，何用弗受？以其受命，可以言弗受也。先君已命立之，於義可以拒之。陽生其以國氏何也？取國于荼也。何休曰：既不使陽生以荼為君，不當去公子見當國也。又穀梁以為國氏者取國于荼，齊小白又不取國于子糾，無乃近自相反乎？鄭君釋之曰陽生篡國故不言公子不使君荼謂書陳乞弒君爾荼與小白其事相似荼弒乃後立小白立乃後弒雖然俱篡國而受國焉爾傳曰齊小白入于齊惡之地陽生其以國氏何取國于荼也義適互相足又何自反乎子糾宜立而小白篡之非受國于子糾則將誰乎○當去起曰反見當賢徧反糾居黝反惡之烏路反

疏 注荼殺至後殺 釋曰案上六年經書齊陽生入于齊齊陳乞殺其君荼傳云陽生入而弒其君以陳乞主之何也不以陽生君荼也是荼殺之後陽生乃立宗莊九年夏齊小白入于齊九月齊人取子糾殺之是小白立乃後殺也義適互相足者莊九年傳云小白入于齊惡之則陽生入于齊亦惡之此年傳云陽生其以國氏取國于荼也則小白以其國氏亦取國于子糾也以義推之適互相足故鄭云子糾宜立而小白篡之非受國于子糾則將詐乎是也

○冬仲孫何忌帥師伐邾○宋向巢帥師伐曹

七年春宋皇瑗帥師侵鄭○緩于春反○晉魏曼多帥師侵衛○曼音萬○夏公會吳于繒○繒在陵反○秋

入伐邾八月己酉入邾以邾子益來以者不以者也夫諸侯有罪伯者雖執猶以歸于京師魯非霸主而擅相執録故曰入以表惡之○擅市戰反惡烏路反傳及注同疏注夫諸侯至于京師 釋曰僖二十八年晉人執衛侯歸之于京師傳云歸之于京師緩辭也斷在京師也是衛侯有罪晉文伯者執之猶以歸于京師之事○注故曰入以表惡之 釋曰案范例云僖二十八年三月丙午晉侯入曹執曹伯畀宋人傳曰入者內弗受也日入惡入者也次惡則月據此日入與被例同故知日入以表惡之益之名惡也惡其不能死社稷春秋有臨天下之言焉徐乾曰臨者撫有之也王者無外以天下爲家盡其有也疏春秋至言焉 釋曰此下三者皆以內外辭別之王者則以海內之辭言之即僖二十八年天王守于河陽傳曰全天王之行也是也王者微弱則以外辭言之即僖二十四年天王出居于鄭傳曰失天下也是也有臨一國之言焉諸侯之臨國亦得有之如王於天下疏有臨至言焉 釋曰此亦據內外言之若宣九年辛酉晉侯卒于扈傳曰其地于外也其

日未踰竟也旣以內外顯地及日是以一國言之有臨一家之言焉大夫臨家猶諸侯臨國

（疏）有臨一家至焉　釋曰家謂采地若文元年毛伯來錫公命定四年劉卷卒其毛劉皆采邑名也大夫氏采爲家大夫稱家是以一家言之也

其言來者有外魯之辭焉非巳內有從外來者曰來今魯侯身自以歸而曰來是外之也

（疏）其言至辭焉　釋曰凡言來者非巳內有從外始來即邾庶其以漆閭丘來奔是也今書魯侯以邾子益來而文與庶其正同文切直者有外魯侯之辭焉爾

○宋人圍曹○冬鄭駟弘帥師救曹

八年春王正月宋公入曹以曹伯陽歸○吴伐我○夏齊人取讙及闡宣九年傳曰內不言取言取授之也以是爲賂齊此言取盖亦賂也魯前年伐邾以邾子益來益齊之甥也畏齊故賂之○及闡尺善反惡內也○歸邾子益于邾侵齊故也○惡烏路反益之名失國也於王法當絕故

（疏）益之名失國也　釋曰經書歸邾子益于邾則益得國而云失國者邾益不能死難而從執辱於王法而言理當絕位魯歸之不得無罪故書益之名以明失國之故也○秋七月○冬十有二月癸亥杞伯過卒○過音戈○齊人歸讙及闡凱曰歸邾子故亦還其賂

九年春王二月葬杞僖公○宋皇瑗帥師取鄭師于雍丘雍丘地也○雍於用反取易辭也以師而易取鄭病矣以師之重而宋以易得之辭言之則鄭師將劣矣○易以豉反將子匠反（疏）以師而至鄭病矣　釋曰凡書取皆易辭今以易得之辭言之鄭之將帥微弱矣亡軍之咎本由君不任其才故爲鄭國病患○夏楚人伐陳○秋宋公伐鄭○冬十月

十年春王二月邾子益來奔○公會吳伐齊

○三月戊戌齊侯陽生卒○夏宋人伐鄭○晉趙鞅帥師侵齊○五月公至自伐齊傳例曰惡事不致公會夷狄伐齊之喪而致之何也莊六年公至自伐衛傳曰不致則無以見公惡事之成也將宜從此之例○以見賢遍反

【疏】注傳例至不致　釋曰襄十年公會晉侯云云齊世子光會吳于相傳曰會夷狄不致惡事不致是也云傳曰不致則無以見公惡事之成也者案莊公五年公會齊人云云伐衛注云納惠公朔逆天王之命也六年公至自伐衛傳曰惡事不致此其致何也不致則無用見公之惡事之成也是也此年二月公會吳伐齊之喪是惡事宜不致而致亦以見公惡事之成也

○葬齊悼公○衛公孟彄自齊歸于衛○彄苦侯反○薛伯夷卒○秋葬薛惠公○冬楚公子結帥師伐陳吳救陳

十有一年春齊國書帥師伐我○夏陳轅頗

出奔鄭。頗，破何反。〇五月，公會吳伐齊。甲戌，齊國書帥師及吳戰于艾陵，齊師敗績，獲齊國書。與華元同義。艾陵，齊地。〇艾，五蓋反。疏注與華元同義 釋曰：宣二年宋華元帥師及鄭公子歸生帥師戰于大棘，宋師敗績，獲宋華元。傳曰：獲者不與之辭也，言盡其衆以救其將也。以三軍敵華元，華元雖獲不病也。是與此同義。

〇秋七月辛酉，滕子虞毋卒。〇冬十有一月，葬滕隱公。〇衛世叔齊出奔宋。

十有二年春，用田賦。古者九夫爲井，十六井爲丘，丘賦之法，因其田財通共出馬一匹牛三頭。今別其田及家財各出此賦，言用者，非所宜用。〇別，如字，又彼列反。疏用田賦 釋曰：古者一丘之田方十六井，一百四十四夫，軍賦之法，因其田財通出馬一匹牛三頭。今乃分別其田及家財，各令出此賦，則一丘之田出馬二匹牛六頭，故曰用田賦，言非所宜用也。謂之田賦者，古者但賦其家財，今又計田貢，故曰田賦也。〇注古者九夫至

哀十一年　十二年

爲丘　釋曰案周禮小司徒職九夫爲井四井爲邑四邑爲丘四丘爲甸然則井方一里九夫邑方二里四井三十六夫丘方四里十六井百四十四夫甸方八里六十四井五百七十六夫軍賦之法丘出馬一匹牛三頭甸出長轂一乘馬四匹牛十二頭甲士三人步卒七十二人此甸八里據實出賦者言之其畔各加一里治溝洫者司馬法城方十里出革車一乘者通計治溝洫者言之其實一也今指解經云用田賦者是丘之賦故云九夫爲井十六井爲丘也然經即云用田賦而使丘民以成元年作丘甲民盡作甲則知此用田賦亦令一丘之民所田賦也宣十五年初稅畝則計畝以稅所稅畝十畝稅其一此則通公田什一而不畝計故彼言稅而此言賦也○注丘賦至三頭　釋曰凡丘賦之法因其民之所受公田什一及私家之財通融共出馬一匹牛三頭以一丘之民共出此賦以家財爲主故曰丘賦今又分別其所受公田各令出此馬牛之賦故曰用田賦也論語曰哀公云二吾猶不足如之何其徹也即此出財並賦之驗也○

古者公田什一用田賦非正也　古者五口之家受田百畝爲官田十畝是爲私得其什而官稅其一故曰什一周謂之徹殷謂之助夏謂之貢其實一也皆通法也今乃棄中平之法而田財並賦

言其賦民甚矣。爲官于僞反稅舒銳反夏謂戶雅反【疏】古者公至非正也 釋曰凡受農田皆私田百畝公田十畝但由公田私田皆公家所受故總曰公田什一則以田之什一及家財而出馬牛之賦是其正也今魯用田與財各出馬牛之賦非正也。注古者五至百畝 釋曰周禮小司徒云上地家七人可任也者家三人鄭注曰一家男女凡七人以上則授之以上地所養者衆也男女五人以下則授之以下地所養者寡也正以七六五爲率者有夫有婦然後爲家自二人以至於十人爲九等則七六五爲其中也老者一人其餘彊弱相半此其大數也然則周禮七人五人六人三等范唯言五口之家受田百畝指下等言之其實六人七人亦受田百畝與周禮不異也爲官田十畝者受田百畝之外又受十畝以爲公田是爲私得其十而官稅其一故漢書殖貨志井田一里是爲九夫八家共之各受私田百畝公田十畝是爲八百八十畝餘二十畝爲廬舍則家得二畝半凡家受田一百十二畝半也今傳言公田什一者舉其全數據出稅言之周謂之徹殷謂之助夏謂之貢其實一也者出孟子文彼云滕文公問爲國於孟子孟子對曰夏后氏五十而貢殷人七十而助周人百畝而徹其實皆什一是也然三代受畝悉皆什一則夫皆一百一十畝夏后政寬計其五十畝而貢

五畝於公穀人計其七十畝而助十畝於公周人盡計一百
一十畝而徹十畝於公徹者通也什一而稅爲天下通法故
詩云徹田爲糧是也皆通法者孟子云重之于堯舜大桀小
桀輕之於堯舜大貉小貉什一而稅頌声作則什一而稅堯
舜亦然是爲通法也貢起堯舜則古者公田什一見堯舜之
時明此什一之法也范說不與先儒同其先儒皆云什一者
十中稅一耳 ○夏五月甲辰孟子卒孟子者何也昭
公夫人也其不言夫人何也諱取同姓也葬當
書姓諱故亦不書葬○取如字又七住反（疏）注書當至書葬　釋曰莊二十二年葬我小君文姜經書其氏卒又
稱夫人而書葬今孟子卒雖不稱夫人崔弋氏薨書葬不言者知諱同姓故范例夫人薨者十而書葬者十夫人之道從
母儀即桓公夫人文姜一莊公夫人哀姜二僖公之母成風三文公之母聲姜四宣公之母頃熊五成公之母繆姜六成
公之嫡夫人齊姜七襄公之母定姒八昭公之母歸氏九哀公之母定弋十十者並書葬其隱公夫人從夫之讓昭公夫
人諱同姓二者皆不書葬也 ○公會吳于橐皋橐皋某地○橐章夜反二音託 ○秋

公會衛侯宋皇瑗于郥郥某地。○郥音云○宋向巢帥師伐鄭。○冬十有二月螽。○螽音終

十有三年春鄭罕達帥師取宋師于嵒。○嵒五咸反

取易辭也以師而易取宋病矣疏取易辭至病矣　釋曰上九年宋皇瑗取鄭師今鄭罕達取宋師其事正反嫌宋爲人所報非宋之病故重發以同之○夏許男成卒。○公會晉侯及吳子于黃池及者書尊及卑也黃池某地疏注及者至卑也　釋曰隱二年傳云會者外爲主焉爾今言公會晉侯則晉爲主於黃池而公往會之既以晉侯爲主會無二尊故言及以卑吳也則與桓二年范注云會盟言及別內外也尊卑言及序上下也亦同何者外吳而尊晉則內外序上下也

黃池之會吳子進乎哉遂子矣進遂稱子吳夷狄之國也祝髮文身祝斷也文身刻畫其身以爲文也必自殘毀者

以辟蛟龍之害。祝之六反斷音短辟音避蛟音交（疏）注文身至之害 釋曰荊揚之域厥土塗泥人多游泳故刻畫其身以爲蛟龍之文與之同類以辟其害

欲因魯之禮因晉之權而請冠端而襲襲衣冠端玄端（疏）欲因魯至而襲 釋曰魯是守文之國礼儀之鄉晉執中國之權爲諸侯盟主故吳子欲因之而冠必欲因之者以鄭伯髡原欲從中國而被殺于鄵吳子亦恐臣子不肯變從故因魯之礼因晉之權然後羣臣嚮化以魯禮天下共依晉權諸侯所服故也是以明堂說魯云天下以爲有道之國天下資禮樂焉是也云請冠端而襲者請著玄冠玄端而相襲。注襲衣冠端玄端 釋曰吳俗祝髮文身衣皮卉服不能衣冠相襲今請加冠于首身服玄端則衣冠上下共相掩襲故云襲衣也詩云其軍三單彼毛傳云三單相襲彼謂三軍前後爲相襲則此衣冠上下亦爲相襲也玄端者謂玄端衣而端幅制之即諸侯視朝之服也諸侯視朝之服緇布衣素積裳緇玄一也

其藉于成周藉謂貢献（疏）注藉謂貢献 釋云貢謂土地所有以貢于成周共爲貢齒革羽毛納錫大龜惟金三品之類著於藉錄以爲常職故知藉謂貢献也

以尊天王吳

進矣吳東方之大國也累累致小國以會諸侯以合乎中國累累猶數數也○累累如字數所角反疏注累累猶數數 釋云東方之國吳爲最大吳舉小國必從會吳于柤于道于繒于泗之類積其善事故言數數致小國以合乎中國也吳能爲之則不臣乎言其臣也吳進矣王尊稱也子卑稱也辭尊稱而居卑稱以會乎諸侯以尊天王吳王夫差曰好冠來孔子曰大矣哉夫差未能言冠而欲冠也不知冠有差等唯欲好冠○尊稱尺證反下同夫差音扶下初佳反疏王尊稱也子卑稱也 釋曰自黃池前吳常僭號稱王是其尊稱今去僭號而稱子是其卑稱也○注不知冠有差等 釋曰冕有旒數不同則冠亦有差等之別吳爲子爵其冠之節必不得與公侯同等但未知若爲差等爾○楚公子申帥師伐陳○於越入吳○秋公

哀十三年

至自會吳進稱子又會晉侯故致也疏注吳進至致也○釋曰襄十年傳曰會夷狄不致致會者一以吳進稱子二又爲公會晉侯以此二事之故致之爾○晉魏曼多帥師侵衛○葬許元公○九月螽○冬十有一月有星孛于東方不書所孛之星而曰東方者旦方見孛衆星皆没故○孛音佩疏注不書至方者○釋曰文十四年有星孛入于北斗昭十七年有星孛于大辰彼皆言所佩之星此不言所孛之星直言東方者彼北斗大辰未没之時有故得言所孛之星此則旦明之時方乃見孛其東方常見之星並以没盡故不言所孛之勵星也○盜殺陳夏區夫傳例曰微殺大夫謂之盜○區夫烏侯反○十有二月螽

十有四年春西狩獲麟杜預曰孔子曰文王既没文不在兹乎此制作之本旨又曰鳳鳥不至河不出圖吾已矣夫斯不王之明文矣夫關雎之化王者之風麟之趾關雎之應也然則斯麟之來歸於王德者矣春秋之文廣大悉備義始於隱公道終於獲麟○狩手又反不出如字又赤遂反矣夫音扶不王于況反下王德

同睢七余反 注杜預至本旨 釋曰論語云文武之道
之應于斂反 疏 未墜於地在人文王既沒其爲文之道實
不在我身乎孔子既言文武之道在我身孔子有制作之意
中庸云有其德無其位不得制作有其位無其德而不得制
作孔子雖懷聖德而道不王故有制作之志而不爲也。注
又曰至文矣 釋曰凡聖人受命而制必鳳鳥至河出圖洛出
書故孔子曰鳳鳥不至河不出圖吾已矣夫言巳無端應道
終不王故孔子云斯不王之明文矣。注關睢之化王者之風
釋曰子夏詩序云關睢之化王者之風言后妃有關睢之德
也。注麟之趾關睢之應也 釋曰詩序文言后妃有關睢
文德爲王者之風故感麟來 應之以見其趾趾足也。注然
則斯麟之來歸于王德者矣 釋曰由后妃有關睢之化爲
王者之風故致得麟來應之然則孔子有王之德故亦感得
麟來應之故斯應麟之來歸于王德者謂孔子也。注春秋
至獲麟 釋曰其詩周南則始於關睢篇終於麟趾故春秋
之文亦義始於隱公之道終於獲麟乘之以十二約之以周
典詩云誰將西歸懷之好音示有賢於
周道故著西狩獲麟言道備之驗也
引取之也 言引取之
解經言獲也傳例曰諸獲者皆不與也故今言獲麟自
爲孔子來魯引而取之亦不與魯之辭也。爲于僞反 疏

注傳例至不與也　釋曰宣二年大棘之戰鄭公子歸生獲宋華元傳曰獲者不與之辭也上十一年艾陵之戰吳獲齊國書范云與華元同義是諸獲皆不與之辭也今言獲麟者欲言比麟自爲孔子有王者之德而來應之魯引而取之亦不與魯之辭也必使魯引取之者天意若曰以夫子因魯史記而脩春秋故也然則孔子脩春秋乃獲麟之驗也

狩地不地不狩也非狩而曰狩大獲麟故大其適也適猶如也之也非狩而言狩大得麟故以大所如者名之也且實狩當言冬不當言春【疏】狩地而適也　釋曰桓四年春公狩于郎莊四年冬公及齊人狩于郜是狩皆書地今不書地則非狩也非狩而曰狩者大得此驗故以大其所如者名之○注實狩至言春秋粹曰案桓四年傳云春曰田夏曰苗秋曰蒐冬曰狩是也

其不言來不外麟於中國也其不言有不使麟不恒於中國也雍曰中國者蓋禮義之鄉聖賢之宅軌儀表於遐荒道風扇於不朽麒麟步郊不爲暫有鸞鳳栖林非爲權來雖時道喪猶若不喪雖麟一降猶若其常鸜鵒非魯之常禽蜚蜮非葬端之嘉虫故經書

其有以非常有此所以所貴于中國春秋之意義也。道喪息浪反鸜音權又音劬鵒音欲蜮音域

疏注鸜鵒至嘉蟲　釋曰昭二十五年經書有鸜鵒來巢莊二十九年經書秋有蜚莊十八年經書秋有蜮傳皆曰一有一亡曰有是也

○注所以至中國　釋曰麒麟一致不爲暫有雖時道喪猶若不使如此爲文是所以取貴于中國而王道須盛麟鳳常有此則春秋之意然也

監本春秋穀梁註䟽哀公卷第二十

十四年

宋本春秋穀梁傳注疏

（晉）范甯　注　（唐）楊士勛　疏

第二册

國家圖書館出版社

第二册目録

監本春秋穀梁註疏僖公卷第七 起元年盡五年

僖公○名申惠王十八年即位（疏）魯世家僖公名申莊公之子閔公庶兄以惠王十八年即位謚法小心畏忌曰僖

范甯集解　楊士勛疏

元年春王正月繼弒君不言即位正也。弒音試後皆同。

○齊師宋師曹師次于聶北救邢。聶北邢地○聶女輒反

救不言次據莊六年王人子突救衛不言次（疏）傳救不言次釋曰王人子突救衛上有伐文今無見伐文而云救邢者莊三十二年狄伐邢邢國遂滅而齊救之録其本意故經言救傳以次非救急之事故云非救也知邢國滅者公羊傳云不及事者何邢已亡矣孰亡之蓋狄滅之又經書城邢是國滅也滅而不書者公羊傳云曷爲不言狄滅之爲桓公諱也是爲齊桓諱故不言狄滅邢也然則滅衛諱而書入邢全不書之者二事不可全掩

故諱而書一也邢不書入故有救次之文衛亡書入故沒其救次耳 言次非救也 次止也救赴急之意今方停止故知非救也 非救而曰救何也遂齊侯之意也 錄其本意 是齊侯與 怪其稱師○與音餘 齊侯也何用見其是齊侯也 據經書齊師○見賢遍反下復見及注同 曹無師曹師者曹伯也 小國君將稱君御將稱人不得稱師言師則是曹伯也曹君不可在師下故知是齊侯○君將子匠反下同 疏 注小國至稱師 釋曰桓十三年傳云戰稱人敗稱師重衆是師者重辭周禮小國一軍軍將雖命卿小國之卿唯比大國之大夫名氏不見例當稱人故不得言師也是知言師者即國君也然師是重辭所以楚滅蔡亦得稱師齊侯不足乎揚亦稱師者凡師者大國則得稱之不論貶有輕重春秋美惡不嫌同文貶雖文同輕重則自別 其不言曹伯何也以其不言齊侯不可言曹伯也其不言齊侯何也以其不足乎揚不言齊侯也

救不及事不足稱揚○以其不足乎揚絕句稱揚也○夏六月邢遷于夷儀辟狄難夷儀邢地○難乃旦反疏注夷儀邢地釋曰以邢遷之故知邢地遷者猶得其國家以往者也其地邢復見也非若宋人遷宿滅不復見○復扶又反下注並同○齊師宋師曹師城邢是向之師也使之如改事然美齊侯之功也是向曏比之師當言遂今復列二國者美齊桓存亡國○是鄉許亮反本又作向注同疏傳向之師也釋曰前言師者貶齊侯也若向之師使是彰桓之罪而去美其功者春秋文同義異者上下甚衆故齊侯前稱師以見貶書次以彰隋今之城邢國滅而復存齊桓遇而能改君子善之故重列三國所以美其功也○使之如改事然釋曰謂經不言遂重列三國之師若似更別來城不因前事故云改事然○秋七月戊辰夫人姜氏薨于夷哀姜夫人薨不地地故也齊人以歸不言以喪歸非以

喪歸也加喪焉諱以夫人歸也泰曰齊人實以夫人歸殺之于夷諱故使若自行至夷遇疾而薨然後齊人以喪歸也歸在薨前而今在下是加喪之文也經不言以喪歸者以本非以喪歸也傳例曰以者不以者也微旨見矣○見賢徧反其以歸薨之也以歸然後殺之疏

不言至之也釋曰不言以喪歸謂承夫人薨于夷下不云齊人以喪歸也非以喪歸謂元本實不以喪歸故不得言之也加喪焉者謂齊人以夫人歸然後殺之今經書薨文在上是加喪之文也謂諱齊人以我夫人殺之故加喪文於上似若夫人行至夷遇疾而死然後齊人以其喪歸也其以歸薨之者謂其實以歸之然後始薨之實殺傳言薨之者傳以經文諱殺故順經爲文○注傳例至見矣釋曰桓十四年傳文彼注云不以者謂本非所得制今得以之也范引之者證齊人不合以夫人見此微旨○

楚人伐鄭疏楚人伐鄭釋曰不以州言之者以楚雖荆蠻漸自通於諸夏國轉彊大與中國抗衡故不復州舉之或以爲言楚所以駮鄭然則從此以後盡稱楚豈皆是駮鄭乎其說非也何休云稱楚人者爲僖公諱與夷狄交婚故進之使若中國也穀梁無交婚之事其言不可通于此也拄頭

云荆始改號曰楚案莊十四年傳云荆者何州舉之也州不如國注云言荆不如言楚則亦與此頗異也。八月公會齊侯宋公鄭伯曹伯邾人于檉檉宋地。檉敕貞反一本作村音同。九月公敗邾師于偃偃邾地。敗必邁反下皆同偃于晚反一本作堰同疏九月至于偃釋曰公所以敗邾師者此傳無説何休云公怨邾以夫人與齊故敗之未知范意然不不日疑戰也疑戰而曰敗勝內也。冬十月壬午公子友帥師敗莒師于麗獲莒挐麗魯地傳例曰獲者不與之辭。麗力池反挐女居反又女加反莒無大夫其曰莒挐何也據非大夫不書以吾獲之目之也內不言獲獲者不與之辭主善以內故不言獲此其言獲何也據文十一年叔孫得臣敗狄于鹹不言獲長狄疏注據文至長狄釋曰此傳云惡公子之給彼傳諱重傷故不言獲獲者不與之辭內不言獲乃是常例至於長狄則異

於餘獲宜書之以表功而經文略之由重傷故也此注獲之以爲證者取不書獲之成文不言義旨全合也惡

公子之紿紿欺紿也。惡烏路反紿徒乃反紿者奈何公子友謂

莒拏曰吾二人不相說士卒何罪屏左右而

相搏公子友處下左右曰孟勞孟勞者魯之

寶刀也公子友以殺之然則何以惡乎紿也

獲得勝也。說音悅卒子忽反搏音博手搏也孟勞如字孟勞寶刀名曰棄師之道也江熙

曰經書敗莒師而傳云二人相搏則師不戰何以得敗理自

不通也夫王赫斯怒貴在爰整子所慎三戰居其一季友令

德之人豈當舍三軍之整佻身獨鬭潛刃相害以決勝負者

哉雖千載之事難明然風味之所期古猶今也此又事之不

然傳或失之。赫呼白反舍音捨佻他堯反又徒堯反

【疏】注江熙至失之釋曰老子云以政治國以奇用兵

季子知莒拏之可擒棄文王之整旅佻身獨鬭潛刃相爭據

禮雖乖於權未爽縱使理違猶須申傳況傳文不失江生何

以爲非乎又且季子無輕鬬之事經不應書獲傳不須云棄師之道既經傳文符而江熙妄難范引其說意亦同之乃是並失之又非傳失之又經書獲所以惡季子之紿今江熙云季子令德也則是非獨不言傳亦是不信經○十有二月丁巳夫人氏之喪至自齊其不言姜以其殺二子貶之也二子子般閔公或曰爲齊桓諱殺同姓也○爲于僞反

疏 爲齊至姓也 釋曰討夫人於齊桓非是姑姊即是妹姪而直云同姓者以夫人失母之道殺子外奔齊桓討之信得其罪既疏而遠之託言同姓

二年春王正月城楚丘楚丘者何衛邑也國而曰城此邑也其曰城何也據元年齊師宋師曹師城邢邢國也封衛也閔二年狄入衛遂滅則其不言城衛何也衛未遷也其不言衛之遷焉何也據元年邢遷于夷儀言遷也不與齊侯

專封也其言城之者專辭也故非天子不得專封諸侯諸侯不得專封諸侯雖通其仁以義而不與也存衞是桓之仁故通令城楚丘義不可以專封故不言遷衞○令力呈反故曰仁不勝道仁謂存亡國道謂上下之禮疏楚丘至勝道釋曰楚丘何嫌非衞而傳言者以無遷衞之文故發之也傳知是衞者以詩云作于楚宮故知之也此云不言遷不與齊侯專封而元年城邢美齊侯之功者彼邢遷之後始城則城者脩舊之辭非始立之稱故可以美於齊桓今衞國已滅始城楚丘而國未遷經先言城後言遷則是齊桓城而遷之故不與專封也然城鄭虎牢是邑知楚丘非邑者詩稱楚宮明知非邑也○夏五月辛巳葬我小君哀姜○虞師晉師滅夏陽非國而曰滅重夏陽也虞無師其曰師何也以其先晉不可以不言師也人不得居師上貴之賤之序○夏陽户

雅反左氏下陽先蘇薦反下文及注同【疏】傳非國而曰滅　釋曰此云非國而曰滅重夏陽也昭十三年具滅
州來亦言滅者虞虢之滅由於夏陽之亡州來楚之大都而吳滅之令楚國稍弱入郢之兆由滅州來所致故並書滅。
傳虞無師　釋曰小國無師傳三發之者並是小國不合言師戰爲敗而重衆故得言師曹言師者明其是君也虞言師
者表其先晉也以其言師不同各舉備文耳　其先晉何也據小不先大　爲主乎
滅夏陽也夏陽者虞虢之塞邑也其地險要故二國以爲塞
邑。塞蘇代反注同　滅夏陽而虞虢舉矣虞之爲主乎滅
夏陽何也晉獻公欲伐虢荀息曰君何不以
屈產之乘垂棘之璧而借道乎虞也荀息晉大夫屈邑產
駿馬垂棘出良璧。屈其勿反又君勿反地名也乘繩證反駿音俊借子夜反及下不借而借皆同【疏】傳虞虢舉
矣　釋曰徐邈云舉猶拔也言晉滅夏陽則虞虢自此而拔也　公曰此晉國之寶也

如受吾幣而不借吾道則如之何荀息曰此小國之所以事大國也此謂璧馬之屬疏傳晉國之寶釋曰玉有美惡出處不同周有藍田楚有和氏宋有結綠晉有垂棘各是國之貴物故云國之寶也彼不借吾道必不敢受吾幣如受吾幣而借吾道則是我取之中府而藏之外府取之中廄而置之外廄也公曰宮之奇存焉宮之奇虞之賢大夫○廄音救奇其宜反必不使受之也荀息曰宮之奇之為人也達心而懦懦弱○懦乃亂反又乃臥反又少長於君達心則其言略明達之人言則舉綱領要不言提其耳則愚者不悟○少詩照反下同長丁丈反提徒兮反本作題音同懦則不能彊諫少長於君則君輕之且夫玩好在耳

目之前而患在一國之後此中知以上乃能
慮之臣料虞君中知以下也公遂借道而伐
虢宮之奇諫曰晉國之使者其辭卑而幣重
必不便於虞虞公弗聽遂受其幣而借之道
宮之奇諫曰語曰脣亡則齒寒其斯之謂與
語諺言也　彊其良反又其丈反好呼報反知音智下同上時掌反料力彫反又力弔反使所吏反便婢面反與音餘諺
音彥【疏】傳中知以下　釋曰論語云中人以上可以語上今虞君中知以下則所愚故不能遠慮也　挈
其妻子以奔曹獻公亡虢五年而後舉虞荀
息牽馬操璧而前曰璧則猶是也而馬齒加
長矣　猶是言如故。挈去結反操七刀反加長丁丈反【疏】五年而後舉虞　釋曰謂僖五年也。

秋九月齊侯宋公江人黄人盟于貫貫宋地○貫古亂反

貫之盟不期而至者江人黄人也江人黄人者遠國之辭也中國稱齊宋遠國稱江黄以爲諸侯皆來至也【疏】傳以爲諸侯皆來至也 釋曰公羊傳曰江人黄人者何遠國之辭也遠國至矣則中國曷爲獨言齊宋至爾大國言齊宋遠國言江黄則其餘爲莫敢不至也何休云晉楚大於宋不序晉楚而言序宋者時實晉楚之君不至但君子成人之美故褒益以爲徧至之辭所以獎大霸功而勉盛德也事或然矣曾鉏復非大春秋以曾爲主曾若與會必書公但曾亦不至故不書之或以爲曾公亦在舉大以包之故不得以曾爲主耳

○冬十月不雨不雨者勤雨也言不雨是欲得雨之心勤也明君之恤民。○勤如字穈氏音覲後年同

○楚人侵鄭

三年春王正月不雨不雨者勤雨也○夏四

月不雨一時不雨則書首月不言旱不爲災一時言不雨者閔雨也經一時輒言不雨憂民之至閔憂也疏一時至雨也　釋曰此傳云一時言不雨者據文二年自十二月不雨至于秋七月彼傳云歷時而言不雨文不憂雨也此僖公憂雨故時時别書之閔雨者有志乎民者也。徐人取舒。六月雨。雨云者喜雨也喜雨者有志乎民者也疏傳雨云至民者也　釋曰春秋上下時雨不書非常乃録今輒書六月雨者欲明僖公待雨則心喜故也心喜是於民情深故特録之。秋齊侯宋公江人黄人會于陽穀陽穀齊地陽穀之會桓公委端搢笏而朝諸侯委委貌之冠也端玄端之服搢插也笏以記事者也所謂衣裳之會。搢音進又音箭笏音忽朝直遥反揷楚洽反諸侯皆諭乎桓公之志疏陽穀至之志　釋曰相會多矣獨此言委端搢笏皆諭乎桓公之志者以此會最大又以四教令於諸侯其諸侯皆曉諭桓公之志不須盟誓故傳詳其事也其四教者公羊傳云無鄣谷無貯粟無易樹子無以妾爲妻是也云委端搢笏者謂會時服此服以朝諸侯也謂委端者郊特牲云委貌周道也章甫殷道也毋追夏后氏之道也又論語云羔裘玄冠不以弔鄭玄云玄冠委貌諸侯視朝之服是委者委貌之冠也論語又云端章甫願爲小相焉鄭云端玄端也衣玄端冠章甫諸侯日視朝之服又士冠禮云主人玄冠朝服在朝君臣同服是玄端諸侯視朝之服王肅云端委者玄端之衣委貌之冠故范亦同之謂之玄端者其色玄而制正幅無殺故謂之玄端桓公會諸侯因使諸侯朝已故服朝服也笏者玉藻云天子以球玉諸侯以象大夫以魚須文竹士竹本象可也其長短則天子三尺諸侯以下二尺有六寸也○注所謂衣裳之會　釋曰傳稱衣裳之會十有一今此注特言所謂衣裳之會者以傳有其文故注因顯之不謂直此會是衣裳也

○**冬公子季友如齊莅盟**傳列曰莅位也內之前定之盟謂之莅外之前定之盟謂之來○莅音利又音類【疏】注傳例至之來　釋曰昭七年傳文**莅者位也**盟誓之言素定今但往其位而盟**其不日前定也不言及者**

以國與之也不言其人亦以國與之也（疏）傳不言至之也　釋曰舊解此傳是外內之通例不據此一文而已不言及者以國與之也謂若外國之來盟及魯人往盟經直舉外來爲文不言及者欲見以國與之也故舉國爲主即宣七年衛侯使孫良夫來盟此公子季友如齊莅盟是也不言其人亦以國與之也者謂不言來盟之類經雖言及而不書魯之主名者亦見舉國與之即成三年丙午及荀庚盟是也不言外及者經無故也麋信徐邈也據當文解之理亦通也但據成三年傳注則不得以當文解之故今從舊說耳

○楚人伐鄭

四年春王正月公會齊侯宋公陳侯衛侯鄭伯許男曹伯侵蔡蔡潰傳例曰侵時而此月蓋爲潰○潰户內反蓋爲于僞反下爲退同（疏）注傳例至爲潰　釋曰侵無月例例時今相公知所侵而經書月故知爲潰也文三年沈潰書月是其例也莒潰書日者惡大夫之叛故謹而日之

潰之爲言上下不相得也

君臣不和而自潰散侵淺事也侵蔡而蔡潰以桓公爲知所侵也責得其罪故截侵而潰不土其地不分其民明正也遂伐楚次于陘楚彊齊欲綏之以德故不速進而次于陘陘楚地○陘音刑䟽傳侵淺至正也釋曰侵者拘人民而謂之淺者對伐爲淺也又傳云不分其民是拘之而不取亦是淺之義此傳本意言桓公不深暴於蔡纔侵之而即潰故因發淺例左氏無鍾鼓曰侵此傳稱拘人民或當掩其不備亦未聲鍾鼓也論語稱齊桓公正而不譎指謂伐楚此侵蔡亦言正者伐楚是責正事大故馬鄭指之其實侵蔡不土其地不分其民亦是正事故傳言正也遂繼事也次止也䟽傳次止也釋曰次有二種有所畏之次即齊師宋師次于郎傳曰畏我是也有所畏之次即此次于陘傳曰次止也是○夏許男新臣卒十四年冬蔡侯肸卒傳曰諸侯時卒惡之也宣九年辛酉晉侯黑臀卒于扈傳曰其地于外也其日未踰竟也然則新臣卒于楚故不日耳非惡也○惡烏路反下同臀徒門反䟽注十四年至惡也釋曰宋公和卒傳子

僖四年　一

諸侯日卒正也則日卒由正不由善惡蔡侯肸卒傳曰時卒
惡也則似不日卒由善惡不由正者凡諸侯雖則正卒有惡
者亦不得書日成十五年夏六月宋公固卒僖二十四年冬
晉侯夷吾卒十四年冬蔡侯肸卒是也身既是庶雖則無惡
亦不得書日故傳云日卒正也明不日是不正昭十四年八
月莒子去疾卒定十四年夏五月吳子光卒襄十八年冬十
月曹伯負芻卒是也日卒有二義故傳兩明之是諸侯正而
無惡縱在外在内並書日不止無惡則書月但有大惡不問
正與不正皆時也宋共公卒書月者彼爲葬日表其違例故
不得書時也雖例言之則此許男新臣亦是不正也故范直
以非惡解之不云正與不正又昭二十三年夏六月蔡侯東
國卒于楚范云不日在外也則此新臣亦不正故不書日襄
二十六年八月壬午許男甯卒于楚彼亦在外而書日則甯
是正可知也然則庶子踰竟未踰竟並皆不日嫡子在外在
内並皆書日則新臣由不正而不書日注云卒于楚故不日
者以新臣非直不正又兼在外傳例云其日未踰竟故順傳
文書之其實由正與不正不論在外在内也其襄公二十六
年傳注云在外已顯者彼甯實是正經言于楚則在外之文
已顯必不須去日故亦順傳文言之必知由正不正不由在
外在内者宣九年范注云諸侯正卒則日不正則不日而云

未踰竟者恐後人謂據扈是國故發傳曰未踰竟是也知新
臣無罪者以甕于朝會乃有王事之功明無罪或以爲許男
新臣亦正也但爲卒于楚故不日許男甯卒于楚書日者以
新臣卒無于楚之文故去日以見在外而卒也許男甯經有
在外之文故書日以明其正晉侯黑臀卒于扈是正未踰竟
啟亦書日與許男異故范以爲其日未踰竟者表其非國不
釋曰與一本日范氏之注上下多違縱使
兩解仍有僻謬故並存之以遺來哲

諸侯死於國不地死於外地死於師何爲不地

據宣九年晉侯
黑臀卒于扈地

【疏】注據宣至扈地　釋曰不據曹伯負芻卒于師者師與地異
上云伐楚次于陘則許男卒于陘可知卒當有地而不地故
注以地決之曹伯圍齊未退即在師而卒
故云卒于師是師與地異故不據曹伯也

內桓師也

齊
桓
威德洽著諸侯安之雖
卒於外與其在國同○

楚屈完來盟于師盟于召陵

屈完來如陘師盟齊桓以其服義爲退一舍
次于召陵而與之盟召陵楚地。召上照反

【疏】注退
一舍　釋曰知一舍者古者師行每舍三十里上云屈完來
盟于師下即云明于召陵知非大遠故云一舍宣十五年左

傳華元謂子反曰去我三十里唯命是聽亦其證也

楚無大夫無命卿也疏楚無大夫釋曰無大夫凡有三等之例曹無大夫者本非微國後削小耳莒則是東夷本微國也楚則蠻夷六國僭號稱王其卿不命於天子故不同中國之例也

其曰屈完何也以其來會桓成之爲大夫也尊齊桓不欲令與卑者盟○令力呈反下同

其不言使權在屈完也邵曰齊桓威陵、漢楚人大懼未能量敵遣屈完如師完權言之宜以義卻齊遂得與盟以安竟内功皆在完故不言使○與音預又如字

則是正乎曰非正也臣無自專之道

以其來會諸侯重之也壹其宗中國歸有道疏以其至重之也釋曰以其來會重之也謂完既不正經無殷文者重其會中國徐邈云經不言使屈完者重其與會諸侯也不言使前已解訖徐說非也

來者何内桓師也來者内辭也内桓師故言來疏來者至師也釋曰來者何也謂據陳袁僑如會不言來也内桓師也謂來者鄉内之辭今内齊桓爲天下霸王故亦言來也

于師

前定也于召陵得志乎桓公也得志者不得
志也屈完來盟桓公退于召陵是屈完得其本志屈完得志則桓公不得志以桓公得
志為僅矣桓為霸主以會諸侯楚子不來屈完受盟令問諸江辭又不順僅乃得志言楚之難服○為僅其靳反
屈完曰大國之以兵向楚何也桓公曰
昭王南征不反菁茅之貢不至故周室不祭
菁茅香草所以縮酒楚之職貢○菁茅子丁反下之交反菁茅香草也尚書傳云菁以為菹茅以縮酒縮所六反
疏 注菁茅香草　釋曰尚書禹貢云苞匭菁茅孔安國云菁以為菹茅以縮酒今范云菁茅香草則以為一物與孔異也
屈完曰菁茅之貢不至則諾昭王南征不反
我將問諸江問江邊之民有見之者不此不服罪之言故退于召陵而與之盟屈完所以得志桓公之不得志爾
疏 注問江邊之民　釋曰呂氏春秋云周昭王親征荊蠻反涉漢梁敗隕于漢中辛餘靡振王北

濟高誘注引左傳云昭王不復君其問諸水濱則昭王沒於漢不得據王北濟也故舊說皆云漢濱之人以膠膠舟船壞昭王溺焉則昭王沒漢此云問諸江邊者江漢水之相近者楚人不服罪不指王之死處而云問諸江也〇齊人執陳袁濤塗袁濤塗陳大夫〇濤徒刀反齊人者齊侯也其人之何也於是哆然外齊侯也不正其踰國而執也注熙曰踰國謂踰陳而執陳大夫主人之不敬客由客之不先敬主主哆然衆有不服之心故春秋因而譏之所謂以萬物爲心也莊十七年齊人執鄭詹傳與其執者詹奔在齊因執之〇哆昌者反又昌氏反詹之廉反

疏齊人至執也　釋曰公羊左氏皆以爲濤塗誤軍道故齊侯執之此傳與注意無譏軍道之言則以濤塗不敬齊命故執之也於是哆然外齊侯者謂齊不以禮於陳陳人有不服之意哆然跡外齊侯哆然寬大之意也〇不正其踰國而執也　釋曰謂陳之不敬由齊之無禮不能自責反越國而執其臣故不正其踰國而執也所以稱人不正猶言不與也正則人與之不正則人不與故謂不與爲不正也然齊人執鄭詹亦稱人以執傳言與之此稱人以執即

云貶者詹鄭之使人往之齊國稱人以執則是衆人欲執之今濤塗不在齊國又無罪齊侯執之而云齊人故知是貶也桓十一年宋公執人權臣令廢嫡立庶亦貶云宋人是其類也○注以萬物為心也　釋曰莊子文○**秋及江人黃人伐陳不言其人及之者何內師也**疏不言至師也　釋曰何嫌非內而發傳者以文承齊人執濤塗之下即云及江人黃人伐陳恐非魯及故云內師也○**八月公至自伐楚有二事偶則以後事致後事小則以先事致其以伐楚致大伐楚也**鄭君曰會為大事伐為小事今齊桓伐楚而後盟于召陵公當致會而致伐者楚彊莫能伐者故以伐楚為大事疏注鄭君至大事　釋曰知會大伐小者伐雖國之大事會盟有升壇揖讓之儀示威講禮之制奉之以幣玉要之以神明是其大事故定四年公會諸侯侵楚五月盟于皋鼬下云公至自會是亦以會為大事也今以楚彊莫能伐之者故特以伐為大事也○**葬許穆公**○**冬十有二月公孫**

茲師師會齊人宋人衛人鄭人許人曹人侵陳莊十年春二月公侵宋傳曰侵時此其月何也惡之故謹而月之然則凡侵而月者皆惡之。惡烏路反下同

【疏】注凡侵至惡之　釋曰此侵陳爲惡者陳之不敬由齊之不敬陳也齊桓宜自責反執其臣前事既非今又致討故書月以見之惡也

五年春晉侯殺其世子申生目晉侯斥殺惡晉侯也斥指斥【疏】目晉至侯也　釋曰傳言此者於鄭與臣雖有目君之例未辨目君之由故於此明之宋公殺其世子痤雖不發傳從此可知其殺公子不目君者皆罪賊之也。杞伯姬來朝其子婦人既嫁不踰竟踰竟非正也諸侯相見曰朝伯姬爲志乎朝其子也伯姬爲志乎朝其子則是杞伯失夫之道矣凱曰不能刑于寡妻。朝直遙反下

皆同爲志于僞反下同諸侯相見曰朝以待人父之道待人之子非正也故曰杞伯姬來朝其子參譏也參譏謂伯姬杞伯魯侯也桓九年曹伯使其世子射姑來朝譏世子此不譏者明子隨母行年尚幼弱未可責以人子之道伯姬以莊二十五年夏嫁至今十三年則子幼可知○參七南反又音三（疏）傳參譏也釋曰並譏之者伯姬託寧而行近於諸侯失爲婦之道杞伯不能防其閨門令妻至魯失爲夫之宜魯待人之子行待父之禮失爲主之宜故三事同譏之也○夏公孫茲如牟○公及齊侯宋公陳侯衛侯鄭伯許男曹伯會王世子于首戴惠王之世子名鄭後立爲襄王首戴衛地○首戴左氏作首止（疏）公及至首戴　釋曰案史記年表此時齊侯桓公也宋公桓公也陳侯宣公也衛侯文公也鄭伯文公也許男僖公也曹伯昭公也其王世子者即惠王之世子名鄭後立爲襄王是也及以會尊之也言及諸侯然後會王世子不敢令世子與諸侯齒列○令力呈

反何尊焉王世子云者唯王之貳也云可以重之存焉尊之也何重焉天子世子世天下也【疏】天子至下也　釋曰士冠禮云天子之元子猶士也天下無生而貴者也此云世天下也者彼明無生而貴者又明有父在之故今傳以其特世父位故云世天下也○秋八月諸侯盟于首戴言諸侯者前目而後凡他皆放此無中事而復舉諸侯何也尊王世子而不敢與盟也尊則其不敢與盟何也盟者不相信也故謹信也不敢以所不信而加之尊者桓諸侯也不能朝天子是不臣也王世子子也塊然受諸侯之尊己而立乎其位是不子也桓不臣王世子不子則

其所善焉何也是則變之正也雖非禮之正而合當時之宜○復扶又反下同塊苦對反又苦怪反（疏）無中至侯何也　釋曰無中事者謂中間無他事也據平丘之會無中事不重舉諸侯此則重舉諸侯故決之○塊然　釋曰塊然者徐邈云塊然安然也○則其所善焉何也　釋曰謂經不譏桓而尊王世子是也天子微諸侯不享覲桓控大國扶小國統諸侯不能以朝天子亦不敢致天王尊王世子于首戴所以尊天王之命也世子含王命會齊桓亦所以尊天王之命也世子受之可乎是亦變之正也天子微諸侯不享覲世子受諸侯之尊己而天王尊矣世子受之可也鄭伯逃歸不盟以其去諸侯故逃之

也專已背衆故書逃傳例曰逃義曰逃○揩大苦貢反背衆音佩疏出子受之可乎釋曰謂問出子受諸侯之尊已可乎以不也下又云出子受之可也謂得受之也○注逃義曰逃　釋曰莊十七年傳文弦國也何嫌非國傳特言弦國也發之者將明微國不書日故辨之也○楚人滅弦弦子奔黃弦國也其不日微國也○九月戊申朔日有食之○冬晉人執虞公虞公貪璧馬之寶棄兄弟之親拒絕忠諫之口不圖社稷之危故晉命行于虞使下執上虞同于晉是以謂之晉人執虞公江熙曰春秋有州公郭公虞公州公三公非爵也傳以為下說之辭嘗試因此論之五等諸侯民皆稱曰公存有王爵之限沒則申其臣民之稱州公舍其國故先書州公郭公謚而歸曹故先名而後稱郭公夏陽亡則虞為滅國故宜稱虞公三人殊而一致三公殊而同歸生死齊稱蓋春秋所賤○之稱尺證反下齊稱同舍音捨殊昌究反疏注江熙至所賤　釋曰存有王爵之限者謂五等諸侯生存皆從本爵稱之也沒則申其臣民之稱者謂五等臣子尊其君父舉謚稱公也州公舍其國故先書州公者謂州公郭公書經不同立文之意以

州公好舍其國而寔來故先書州公若郭公則盜而歸曹故後言郭公也夏陽亡則虞虢爲滅國者謂晉滅夏陽則虞虢舉矣故虞虢爲滅國而亦稱公也三人殊而一致者謂五文雖殊其理致是一也三公外而同歸者謂失國雖外同歸一稱也生死亦稱正謂生死同號之曰公與凡諸侯異也案桓五年州公如曹六年寔來不無舍國之事莊二十四年郭公歸曹不見有盜歸之文今江爲此說而范不難者以州公舍國左氏有文郭公棄位適曹即是盜之狀以無正文故引而不難也二公外而同歸或有作外者外謂差外理亦通但定本作殊者多

執不言所於地緼於晉也時虞已包裹屬於晉故雖在虞執而不書其處○緼紆粉反包音苞裹音果處昌呂反

疏執不至晉也　釋曰舊解云執人例不書地此云不地緼於晉也者凡執人不地者亦以地理可明故也若晉會諸侯於溴梁執莒子邾子楚合諸侯於申執徐子皆因會而執之則在會可知故不假言地至如滅人之國執人之君則亦是就國可知也經若書晉滅虞則是言其地今不書滅虞即不舉滅國之地不謂執人當地也所以不言滅虞者晉命先行於虞虞已屬晉故不得言之也或以爲執不言所於地謂不書執虞公于虞也緼于晉也謂虞已包裹屬晉故不得言也理

亦通母其曰公何也據十九年宋人執滕子嬰齊不言公猶曰其下執之之辭也曰民執其君故稱公其猶下執之之辭何也晉命行乎虞民矣虞服于晉故從晉命而執其君虞虢之相救非相爲賜也今日亡虢而明日亡虞矣言明日以前其速○爲于僞反又如字

僖五六年

監本春秋穀梁註䟽僖公卷第七

監本春秋穀梁註疏僖公卷第八 起六年盡十八年

范甯集解　楊士勛疏

六年春王正月。夏公會齊侯宋公陳侯衛侯曹伯伐鄭圍新城伐國不言圍邑此其言圍何也據元年楚人伐鄭不言圍病鄭也著鄭伯之罪也泰曰諸伐國而言圍邑傳皆以爲伐者之罪而以此著鄭伯之罪者齊桓行霸勤尊崇王室綏合諸侯翼戴世子盟之美者莫盛於此而鄭伯辟義逃歸違叛霸者是以諸侯伐而圍之罪著于上討顯于下圍伐之文雖同而善惡之義有殊亦猶柏盟不日以明信而葵丘之盟日之以爲美。著張慮反辟音避

疏注泰曰至爲美釋曰罪著於上而討顯於下者謂前五年書鄭伯會而逃歸是罪著於上也今伐鄭又言圍新城是討顯於下也圍伐之文雖同而善惡之義有殊謂隱五年宋人伐鄭圍長葛此言齊侯伐鄭圍新城是圍伐之文同也彼傳云伐國不言圍邑此其言圍何也久之也此傳

曰伐國不言圍邑此其言圍何也著鄭伯之著也故知彼言圍以惡宋此言圍以善齊是善惡之義有殊也知善齊者傳言著鄭伯之罪故知圍者之善也○秋楚人圍許諸侯遂救許伐鄭之諸侯善救許也疏善救許也○釋曰何嫌非善而傳言之者以許是近楚小國叛而即齊嫌救之非善故發之○冬公至自伐鄭其不以救許致何也大伐鄭也疏大伐鄭也○釋曰大之者鄭叛中國外心事楚成蠻夷之強益華夏之弱齊桓爲伯討得其罪鄭人服從遂使世子聽命是其之也

七年春齊人伐鄭○夏小邾子來朝○朝直遙反○鄭殺其大夫申侯稱國以殺大夫殺無罪也疏稱國至罪也○釋曰莊九年齊人殺無知傳曰稱人以殺殺有罪也此云稱國以殺大夫殺無罪也是稱人稱國例異也但傳不說殺之狀無由知其事焉准例言之則是罪鄭伯也案傳例失德不葬文公不書葬則亦失德也枉殺

卿佐是失德之儔未知鄭伯更有失德爲當直由叔申侯不可知也○秋七月公會齊侯宋公陳世子款鄭世子華盟于寧毋寧毋某地○寧毋上音如字又音甯下音無又茂后反左氏作甯衣裳之會也（疏）衣裳之會也釋曰衣裳之會十有一或釋或不釋兵車之會四傳皆發之者衣裳之會多省文以相苞兵車之會少故備舉以見義此是衣裳後歲兵車一文相近故傳因而別之也○曹伯班卒○班必顏反○公子友如齊○冬葬曹昭公

八年春王正月公會王人齊侯宋公衛侯許男曹伯陳世子款盟于洮洮曹地王人之先諸侯何也貴王命也朝服雖敝必加於上弁冕雖舊必加於首周室雖衰必先諸侯兵車之會

也鄭伯乞盟以向之逃歸乞之也向謂五年逃首戴之盟齊桓爲兵車之會于此乃震服懼不得盟故乞得與之不録使者使若鄭伯自來所以抑一人之惡申衆人之善○之先悉薦反下同朝服直遥反弁皮彦反以向香亮反本又作鄉注同得與音豫使者所吏反疏朝服雖微至以加於首釋曰朝服者天子則皮弁諸侯則玄冠衣則皮弁白布玄冠緇衣素裳也弁冕者謂白鹿皮爲弁冕謂以木爲幹衣之以布上玄下纁垂旒者也乞者重辭也人道貴讓故以乞爲重疏乞者重辭也釋曰文與乞師同故爲重辭也重是盟也悔前逃歸故以重言乞者處其所而請與也言乞知不自來疏注言乞知不自來釋曰經言晉侯使郤錡來乞師是亦不自來也若然何以不録使者所以抑鄭伯申諸侯也蓋汋之也汋血而與之○汋由若反又音酌○

夏狄伐晉○秋七月禘于大廟禘三年大祭之名大廟周公廟禮記明堂位曰季夏六月以禘禮祀周公于大廟雜記下曰孟獻子曰七月日至可以有事于祖七月而禘獻子爲之案宣九

僖八年

年仲孫蔑如京師於是獻子始見經襄十九年卒然則失禮非獻子所始明矣雜記之云蓋所未詳○大廟音泰見賢遍反下文而見同

疏 注失禮至明矣 釋曰范言此者以禮記稱七月而禘獻子爲之此時亦有獻子亦七月而禘故知失禮非獻子爲始也

用致夫人 劉向曰夫人成風也致之于大廟立之以爲夫人○夫人成風也左氏以爲哀姜

疏 用致夫人 釋曰左氏以夫人爲哀姜因禘祭而致之於廟公羊以爲僖公本取楚女爲嫡取齊女爲媵齊先至遂脅公使立之爲夫人故因禘祭而見於廟此傳及注意則以夫人爲成風致之者謂致之於大廟立之以爲夫人與二傳違者若左氏以夫人爲哀姜元年爲齊所殺何爲今日乃致之若公羊以爲齊之媵女則僖公是僖母賢君豈爲齊所脅豈得以媵妾爲夫人乎明知二傳非也今傳云一則以宗廟臨之而後貶焉一則以外之弗夫人而見正焉檢經傳之文符同故知是成風也

用者不宜用者也致者不宜致者也言夫人必以其氏姓言夫人[illegible]**不以氏姓非夫人也立妾之辭也非正也**[illegible]

嫡之稱，謂非崇妾之嘉號，以妾體君則上下無別，雖尊其母是卑其公，故曰非正也。禮有君之母非夫人者，只庶子爲後爲其母緦，是妾不爲夫明矣。○適，丁歷反，本亦作嫡。稱，尺證反。別，彼列反。爲其，丁僞反。緦音思。

疏 注夫人至明矣 釋曰：仲子者，惠公之母。隱五年考仲子之宮，而經傳譏之是也。有君之母非夫人者，又庶子爲後爲其母緦者，喪服文也。

夫人之我，可以不夫人之乎？夫人卒葬之，我可以不卒葬之乎？鄭嗣曰：君以爲夫人，君以夫人之禮卒葬之，主書者不得不以爲夫人也。成風以文四年薨，五年葬，傳終說其事。一則以宗廟臨之而後貶焉，呂氏無貶君之義，故于夫朝去夫人氏姓以明君之非正。○去，起呂反。一則以外之弗夫人而見正焉。秦人來歸僖公成風之禭，不言夫人。○禭音遂。○冬十有二月丁未，天王崩。惠王也。

九年春王三月丁丑，宋公禦說卒。○禦，魚呂反，本亦作御說。

經〇夏公會宰周公齊侯宋子衛侯鄭伯許男曹伯于葵丘宰官周采地天子三公不字宋子襄公葵丘地名。采音菜天子之宰通于四海宰天官冢宰兼為三公者三公論道之官無事于會盟冢宰掌建邦之六典以佐王治邦國故曰通于四海〔疏〕注宰天至四海　釋曰傳言通於四海者解其與盟會之事也若直為三公論道之官則無事於會盟以兼為冢宰通於四海為諸侯所尊故得出會也一解通於四海者解其稱官之意與注亦非也論道之官者尚書周官云論道經邦燮理陰陽是也掌建邦之六典者大宰職云一曰治典二曰教典三曰禮典四曰政典五曰刑典六曰事典是也左氏以宰周公為宰孔此傳蓋亦然也宋其稱子何也未葬之辭也禮柩在堂上孤無外事今背殯而出會以宋子為無哀矣攢木如椁塗之曰殯殷人殯于兩楹之間周人殯于西階之上宋殷後也。柩其救反禮記云在牀在尸在棺曰柩背音佩攢木才官反本又作欑同〔疏〕宋其至哀矣釋曰稱宋子正也而云無京者宋子非王伯所召而自會諸侯稱子嫌稱子合正無譏故傳責其背殯也晉襄背殯貶之稱人此經不貶者宋襄雖背殯出會而子道不虧於理雖合小譏而文不可貶責其晉襄上無王命所召又非國事急重而自爲戎首與敵交戰非直於理合責於文亦當貶也其稱子稱侯之例具於桓十三年疏。注檟木至後也 釋曰禮記檀弓云天子之殯也菆塗龍輴以椁鄭玄云菆木周龍輴如椁而塗之也天子殯以輴車畫轅爲龍也彼說天子之禮故云龍輴則諸侯亦設輴而不畫龍其用木櫕之亦如椁故色云櫕木如椁也檀弓又云夏后氏殯於東階之上殷人殯於兩楹之間周人殯於西階之上是注所據之文也云宋殺後者欲見宋之殯亦從兩楹之間。

秋七月乙酉伯姬卒內女也未適人不卒此何以卒也許嫁笄而字之死則以成人之喪治之女子許嫁不爲殤死則以成人之喪治之謂許嫁于諸侯尊同則服大功九月言笄以象爲之刻鏤其首以爲飾成人著之。笄古兮反殤式羊反著丁畧反

疏 內女也 釋曰明內女有書卒之義故發首云內女也若其不然不嫌非內女也此

氏別例云內女卒葬例有六葬有三卒亦有三卒者此文一也僖十六年鄫季姬二也成八年杞叔姬三也葬者莊四年葬紀伯姬三十年葬紀叔姬襄三十年宋葬共姬是也文十二年子叔姬不數之者與此伯姬同是未適人故揔爲一也

○注女子至書之 釋曰喪服大功章云女子子之長殤傳曰何以大功未成人也年十九至十六爲長殤十五至十二爲中殤十一至八歲爲下殤七歲以下爲無服之殤於其服也長殤中殤降成人一等下殤降成人二等又喪服傳曰大功之殤中從上小功之殤中從下長殤中殤揔言之者據大功以上也其葬殤之禮亦與成人有異故檀弓云周人以殷人之棺椁葬長殤以夏后氏之堲周葬中殤下殤以有虞氏之瓦棺葬無服之殤是也女子許嫁而笄猶男子之冠也故以成人之喪治之禮諸侯絶朞故許嫁於諸侯則服之若嫁與大夫則不服也禮姊妹與己之女同服齊衰朞出嫁則爲之降至大功九月禮意爲降者服受我而厚之夫爲之朞故我爲之降討此伯姬未至夫家案曾子問云娶女有吉日而女死壻齊衰而弔既葬除之然則其夫不爲之盡禮則皆不得爲之降當亦服齊衰朞也而范注云服大功者揔據出嫁者言之故云大功非謂此亦大功也或當女子在室公不爲之服則卒亦不書今書之者以其許嫁故也夫雖不爲終服

公亦從出嫁之例降一至大功也吉笄以象爲之者詩云象服是宜毛傳云鹿者所以爲飾故知用象也鄭解象服與此異耳喪服女子許嫁服斬衰用箭笄齊衰則用榛笄喪既無飾故知吉笄有飾也鏤刻其首者相傳爲然也○九

月戊辰諸侯盟于葵丘桓盟不日此何以日美之也爲見天子之禁故備之也

何休以爲即日爲美其不日皆爲惡也桓公之盟不日皆爲惡邪莊十三年柯之盟不日爲信至此日以爲美義相反也鄭君釋之曰柯之盟不日固始信之自其後盟以不日爲平文從陽穀已來至此葵丘之盟皆今諸侯以天子之禁桓德極而將衰故備日以美之自此不復盟矣○爲見于僞反下賢徧反復扶又反

疏注自此不復盟矣 釋曰十五年盟于牡丘而云不復盟矣者以衣裳之會不復盟彼是兵車故也

葵丘之盟陳牲而不殺

所謂無歃血之盟鄭君曰盟牲諸侯用牛大夫用豭○歃本又作唼所洽反又所甲反豭音加

疏陳牲而不殺 釋曰陳牲不殺則不得謂之盟若不殺牲又不得云讀書加于牲上而傳云不殺者桓公信義之極是於此矣雖盟而不歃血謂之不殺

不殺者謂不如凡常之殺殺而不用盲讀書而加于牲上而已。注所謂至用豭　釋曰莊二十七年傳云衣裳之會十有一未嘗有歃血之盟也信厚也則衣裳之會皆不歃血而此會獨言之者以此會桓德極盛故詳其事實餘盟亦不歃血耳八年洮會云汭血與鄭伯者彼只事之會故也徐邈云陳牲者不殺埋之陳示諸侯而已加于牲上者亦謂活牲非死牲理亦通也此葵丘會爲桓德盛故書曰以美之又毋雍泉以下是四教之事而論語一匡天下鄭不據之而指陽穀者鄭據公羊之文故指陽穀其實此會亦有四教故上注云從陽穀已來至此葵丘之盟皆令諸侯以天子之禁是也注又引鄭君曰盟牲諸侯用牛大夫用豭者左傳云諸侯盟誰執牛耳又曰鄭伯使卒出豭是其證也

讀書加于牲上壹明天子之禁壹猶專也曰毋雍泉專水利以障谷。雍於勇反塞也障音章又之亮反　毋訖糴訖止也謂貯粟。糴音狄貯張呂反　毋易樹子樹子嫡子。嫡丁歷反　毋以妾爲妻毋使婦人與國事女正位於內。與音豫。○甲子晉侯詭諸卒獻公也枉殺世子申生失德不葬。詭諸

九委反十六氏作佹諸姪待結反【疏】注失德不葬　釋曰宋桓亦不葬至此言失德者謂獻公殺申生即是失德之例宋桓無罪之狀故范不得言之也公羊以爲桓公不書葬者爲宋襄公皆殯出會不書葬若非背殯然也穀梁既譏宋子即不是爲諱蓋曾不會故也

○冬晉里克殺其君之子奚齊。其君之子云者國人不子也國人不子何也不正其殺世子申生而立之也諸侯在喪稱子言國人不君之故繫于其君【疏】冬晉里克至奚齊　釋曰范云弑君日與不日從其君正與不正今奚齊書時者爲未成君且又不正故也○國人不子　釋曰舊解諸侯在喪稱子今國人不以爲君故不直謂之子而繫之於君也徐邈云不子者謂不子愛之也非范意言不子者謂不以爲君則是不子也

十年春王正月公如齊【疏】正月公如齊　釋曰何休云書月者善公朝事齊故月之朝既以時爲正書月何以爲善蓋爲下滅温書月也

○狄滅温温子奔衛

○晉里克弑其君卓及其大夫荀息以尊及
卑也荀息閑也○卓勑角反 ○夏齊侯許男伐北戎
○晉殺其大夫里克稱國以殺罪累上也里
克弑二君與一大夫[二君奚齊卓子一大夫荀息]其以累上
之辭言之何也[據有罪]其殺之不以其罪也其
殺之不以其罪奈何里克所爲弑者爲重耳
也[弑奚齊卓子者欲以重耳爲君重耳夷吾兄文公○所爲于僞反下文皆同重直龍反殺奚齊申志反又如字]
夷吾曰是又將殺我乎故殺之不以其罪也
其爲重耳弑奈何晉獻公伐驪戎得驪姬獻公
私之有二子長曰奚齊稚曰卓子驪姬欲爲

僖十年

亂亂謂殺申生而立其子。○驪姬力池反。伐虢所得。左氏伐驪戎所得。長丁丈反。穉直吏反故謂君曰吾夜者夢夫人趨而來曰吾苦畏夫人申生母。○苦如字又祜路反下同胡不使大夫將衛士而衛冢乎公曰孰可使曰臣莫尊於世子則世子可故君謂世子曰驪姬夢夫人趨而來曰吾苦畏女其將衛士而往衛冢乎世子曰敬諾築宮宮成驪姬又曰吾夜者夢夫人趨而來曰吾苦飢世子之宮已成則何爲不使祠也故獻公謂世子曰其祠世子祠已祠致福於君君田而不在驪姬以酖爲酒藥脯以毒獻公田來驪姬曰世子已祠故致福於君君將食麗姬跪曰食自外來者不可不試也覆酒於地而地賁賁沸起也。女音汝下皆同祠自絲反酖直蔭反鴆鳥毛畫酒跪求委反覆芳服反賁扶粉反注同以脯與犬犬死麗姬下堂而啼呼曰天乎天乎國子之國也子何遲於為君君喟然歎曰吾與女未有過切言與女未有過差切急。呼火故反喟去媿反又去怪反差初賣反又如字

疏未有過切　釋曰公信麗姬謂大子實將殺己故喟然歎曰吾與汝為父子以來未嘗有過差切急是何與我之深也雖不對大子發歎而為此言也

是何與我之深也使人謂世子曰爾其圖之世子之傅里克謂世子曰入自明入自明則可以生不入自明則不可以

生世子曰吾君已老矣已昏矣吾若此而入自明則麗姬必死麗姬死則吾君不安所以使吾君不安者吾不若自死吾寧自殺以安吾君以重耳爲寄矣慮麗姬又譖重耳故以託里克使保全之刎脰而死○刎亡粉反脰音豆頸也故里克所爲弑者爲重耳也夷吾曰是又將殺我也○秋七月○冬大雨雪○雨于付反

十有一年春晉殺其大夫丕鄭父○丕浦悲反稱國以殺罪累上也疏罪累上也釋曰重發傳者此里克同黨恐異故發之○夏公及夫人姜氏會齊侯于陽穀○秋八

月大雩雩月正也雩得雨曰雩不得雨曰旱

禮龍見而雩常祀不書書者皆以旱也故得雨則喜以月爲
正也不得雨則書旱明旱災成何休曰公羊書雩者善人君
應變求索不雩則言旱旱而不害物言不雨也就如穀梁設
本不雩何以明之如以不雨明之設旱而不害物何以別乎
鄭君釋之曰雩者夏祈穀實之禮也旱亦用焉得雨書雩明
雩有益不得雨書旱明旱災成後得雨無及也國君而遭旱
雖有不憂民事者何乃廢禮本不雩禱哉顧不能致精誠也
旱而不害物固以久不雨別之文二年十三年自十有二月
自正月不雨至于秋七月是也穀梁傳曰歷時而言不雨文
不閔雨也以文不憂雨故不如僖時書不雨文所以不閔雨
者素無志於民性退弱而不明又見時久不雨而無災耳。
雩音于龍見賢遍反下同應變應對之應索所白反別彼列
反下同禱丁老
反又丁報反

疏 雩月正也 釋曰穀梁之例若常祀之雩則皆不書書者並是爲旱也若得雨之則書雩不得雨則書旱就書之中若八月九月雩則書月以見正何者八月九月其時窮人力盡故也定元年九月大雩傳曰雩月雩之正也此秋八月雩傳曰雩月正也是二雨者雩者書月以見正昭二十五年七月大雩亦書月者以一月再

雩故月也餘月雩者則書時以見非正則成七年冬大雩傳曰雩不月而時非之也冬無為雩也又定元年傳曰秋大雩非正也冬大雩非正也是餘月雩皆書時以見非正其旱則例皆時向者旱必歲窮非月之事故也則僖二十一年夏大旱傳曰旱時正也宣七年秋大旱亦蒙例可知也舊解八月雩雖不得雨亦不云旱也若九月雩而不得雨則書旱傳言得雨曰雩指為八月也不得雨曰旱指謂九月也觀經傳上下全無此意其說非也又僖二十一年夏大旱范引傳例曰得雨曰雩不得雨曰旱豈是九月雩不得雨何為亦書旱也○注設本至災耳　釋曰何休難此傳云雩而得雨曰雩故言設使元本不雩則何以明之也此傳又云不得雨曰旱故又難云就如穀梁書旱則以不雨明之設使或旱而不害物則何以别之乎○冬楚人伐黄

十有二年春王正月庚午日有食之○夏楚人滅黄貫之盟管仲曰江黄遠齊而近楚楚為利之國也若伐而不能救則無以宗諸侯

矣宗諸侯謂諸侯宗之○貫古亂反遠于萬反近附近之近爲于僞反桓公不聽遂與

之盟管仲死楚伐江滅黄桓公不能救故君

子閔之也閔其貪慕伯者以致滅（疏）貫之至閔之也釋曰案史記管仲之卒在桓公四

十一年計桓公四十一年當魯僖十五年而此云管仲死江蓋不取之史記之說云閔之也者閔其背楚致禍歸齊無禍

之意是不解經也○秋七月○冬十有二月丁丑陳侯杵

曰卒○杵昌呂反

十有三年春狄侵衛○夏四月葬陳宣公○

公會齊侯宋公陳侯衛侯鄭伯許男曹伯于

鹹鹹衛地○鹹音咸兵車之會也（疏）兵車之會也釋曰何休於此有廢疾范

不具載鄭釋者以數九會異於鄭故也○秋九月大雩○冬公子友

如齊

十有四年春諸侯城緣陵緣陵杞邑（疏）注緣陵杞邑釋曰謂之城者封杞也不發非國之問者從楚丘之例也不言城杞及遷亦從彼例也公羊以爲杞國爲徐莒脅滅故諸侯爲之城左氏以爲淮夷病杞故齊桓爲之城二傳說城之所由雖殊皆是爲杞也故范注亦云緣陵杞邑其曰諸侯散辭也直曰諸侯無小大之序是各自欲城無總一之者非伯者所制故曰散辭聚而曰散何也據言諸侯城則是聚諸侯城有散辭也桓德衰矣言諸侯城則非伯者之爲可知也齊桓德衰所以散也何休曰案[illegible]貫盟亦言諸侯非散也又穀梁美九年諸侯盟于葵丘即散何以美之邪鄭君釋之曰九年公會宰周公齊侯宋子衛侯鄭伯許男曹伯于葵丘九月戊辰盟于葵丘時諸侯初在會未有歸者故可以不序今此十三年夏公會齊侯宋公陳侯衛侯鄭伯許男曹伯于鹹而冬公子友如齊此聘也書聘則會固前已歸矣今云諸侯城緣陵而不序其人明[illegible]散桓德衰矣葵丘之事安得以難此○難乃旦反○夏

六月季姬及繒子遇于防使繒子來朝遇例時此非所宜遇故謹而月之。繒在陵反劖自遐反下文及注同遇者同謀也曾女無故遠會諸侯遂得淫通此亦事之不然左傳曰繒季姬來寧公怒之以繒子不朝遇于防而使來朝此近合人情○近如字又附近之近

疏遇者同謀也 釋曰傳例曰遇者志相得也今云同謀者以淫通與盟會異故發傳又云言使非正者婦人使夫異於君使世子故重發非正之例也

來朝者來請己也使來朝請己為妻朝不言使言使非正也以病繒子也。秋八月

辛卯沙鹿崩沙鹿晉山疏沙鹿崩 釋曰公羊以沙鹿為河上之邑崩者陷入地中杜預并左氏以為山名此傳以麓為山足是三傳並異也林屬於山為鹿鹿山足。屬之欲反沙山名也無崩道而崩故志之也劉向曰鹿在山下平地臣象陰位也崩者散落背叛不事上之象。背音佩其日重其變疏其日重其變也 釋

曰決梁山崩不日決梁山崩亦壅河不書壅河者舉山崩為重故也〇狄侵鄭〇冬蔡侯肸卒。肸許乙反諸侯時卒，惡之也。〇惡烏路反〔疏〕時卒惡之也釋曰舊解云蔡侯肸父哀侯為楚所執肸不附中國而常事仇讎故惡之而不書〇今案蔡侯自僖以來未與中國為會則麋信之言是也不書葬者或是失德或是曾不會也

十有五年，春，王正月，公如齊。〇楚人伐徐。三月，公會齊侯、宋公、陳侯、衛侯、鄭伯、許男、曹伯，盟于牡丘，牡丘地名兵車之會也。遂次于匡。救徐也時楚人伐徐匡衛地遂，繼事也。次，止也。有畏也。畏楚〔疏〕次止也有畏也　釋曰復發傳者前次于陘欲綏楚以德今師畏楚故别發之〇公孫敖帥師及諸侯之大夫救徐。諸侯既盟次匡皆遣大夫將行救徐故不復具列諸國〇復扶又反

善救徐也（疏）善救徐也　釋曰徐叛楚即齊旋爲楚所敗嫌救非善故發明之○夏
五月日有食之夜食（疏）注夜食　釋曰莊公十八年傳云不言日不言朔夜食也是以
知之○秋七月齊師曹師伐厲徐邈曰案齊桓末年用師及會皆危之而
月也丁時霸業已衰勤王之誠替于內震矜之容見於外禍釁既兆動接危理故月衆國之君雖有失道未足爲一世興
衰齊桓威攝羣后政行天下其得失皆治亂所繫故春秋重而詳之錄所善而著所危云爾○見賢徧反釁許靳反衰本
作喪息浪反治自吏反（疏）注徐邈至云爾　釋曰何休以爲葵丘之會桓公震而矜之叛者九國此厲亦是叛
者故伐之左氏以爲厲是楚屬國故伐厲以救徐今范載徐言云振矜之容見於外則與何休同也錄所善九年盟于葵
丘者日以紀美是也著所危者此年書月以見衰是著所危○八月螽○螽音終螽蟲災
也甚則月不甚則時○九月公至自會莊二十七年傳
曰桓會不致安之也而此致者齊桓德衰故危而致之（疏）甚則月　釋曰重發傳者嫌僖公憂民之重災不至

於其故明之也○季姬歸于繒○己卯晦震夷伯之廟
夷謚伯字晦冥也震雷也夷伯魯大夫也因此以
見天子至于士皆有廟明夷伯之廟過制故因此以言禮○上其二六定文見賢徧反
〔疏〕晦冥至有廟○釋曰公羊以為晦冥為晝日而晦冥震者雷也謂有雷擊夷伯之廟此傳亦云晦冥也震雷也
則一得然左氏為月晦與公羊同矣公羊又以為夷伯者季氏之信臣故震其廟以戒之今此傳歷言天子以下廟數以
為過制故震之與公羊異左氏以為夷伯有隱慝故天命霹靂之亦與穀梁不同也天子七廟祭法
曰王立七廟曰考廟王考廟皇考廟顯考廟祖考之廟有二祧遠廟為祧○祧它堯反諸侯五曰考廟王考廟
皇考廟顯考廟祖考之廟大夫三曰考廟王考廟皇考廟士二曰考廟王考廟故德
厚者流光德薄者流卑雍曰德厚者位尊道隆者爵重其所及天子遠及七世士
祭祀所[illegible]是以貴始德之本也始封必為祖若契為殷祖棄

僖十五年

為周祖○契息列反疏天子至為祖　釋曰鄭據禮記說云夏五廟則殷六廟周七廟故王制云天子七廟三昭三穆與大祖之廟而七鄭注云此周制七者大祖及文武二祧與親廟四大祖謂后稷也殷則六廟契及湯與二昭二穆也夏則五廟無太祖禹與二昭二穆而已見其說也王制又云諸侯五廟二昭二穆與大祖而五鄭云大祖始封之君王者之後則不為始封之君廟也又云大夫三廟一昭一穆與大祖之廟而三鄭云大祖別子始爵封者雖非別子始爵者亦然又云士一廟庶人祭于寢鄭云謂諸侯中士下士名曰官師者上士則二廟寢適寢也是禮與傳文合也唯祭法云大夫三廟曰考廟曰王考廟曰皇考廟與王制一昭一穆與大祖異意少異者鄭荅趙商祭法大夫三廟是周之制而王制大夫三廟言與大祖而三或當夏殷法不合於周禮也是解二者不同之意祭法又云適士二廟官師一廟而王制云士一廟者亦謂其中士下士者也若是上士亦當二廟故鄭注王制云士一廟者諸侯之中士下士名曰官師者也上士則二廟是也中士下士所以名為官師者師長也言為一官之長也祭法又云庶人無廟故王制亦云庶人祭寢是無廟也庶士者謂府史之屬也庶人者謂平民也以其賤故無廟也○德厚至流卑　釋曰光猶遠也卑猶近也天子德厚

故遠及七廟士之廟故近及二廟因其貴賤有倫故制為等級也○是以至本也 釋曰始謂受封之君所以貴之者由是德之本也言有大功德故受高位高位由之而來故始封之君必為祖矣祖謂廟不毀也○冬宋人伐曹○楚人敗徐于婁林婁林徐地○敗必邁反下相敗同夷狄相敗志也【疏】夷狄相敗志也 釋曰夷狄相敗書之者今起禍亂之原謹其事之始故傳言此以明之○十有一月壬戌晉侯及秦伯戰于韓韓晉地獲晉侯獲者不與之辭諸侯非同相獲【疏】注獲者不與之辭 釋曰傳有明例經言之者嫌晉侯失眾與秦得獲故經顯之欲明亦不與秦獲也范別例云凡書獲有十謂莒拏一也晉侯二也華元三也蔡公子燮四也陳夏齧五也齊國書六也麟七也於晉侯著失民之咎於蔡公子燮鄭公子之病華元表得眾之辭莒拏顯公子之紿自餘雖不發從省文可知也韓之戰晉侯失民矣以其民未敗而君獲也

十有六年春王正月戊申朔隕石于宋五劉向曰石陰類也五陽數也象陰而陽行將致隊落○隕云敏反行下孟反下陰行同隊直類反**疏**注劉向至隊落

釋曰何休云石者陰德之專者也鷁者鳥中之耿介者皆有似宋襄公之行宋襄欲行霸事不納公子目夷之諫事事耿介自用卒以五年見執六年終敗如五石六鷁之數天之與人昭昭著明甚可畏也賈逵云石山岳之物齊大岳之胤而五石隕宋象齊桓卒而五公子作亂宋將得諸侯而治五公子之亂鷁退不成之象後六年霸業退也鷁水鳥陽中之陰象君臣之訟閱也許慎異義載穀梁說云隕石於宋五象宋公德劣國小陰類也而欲行霸道是陰而欲陽行也其隕將拘執之象也是宋公欲以諸侯行天子道也六鷁退者鄭玄云六鷁俱飛得諸侯之象也其退示其德行不進以致敗也得諸侯是陽行也彼執敗是陰行也是一說與劉向合耳其何休賈逵之言亦是公羊左氏舊說非穀梁意也

先隕而後石何也據莊七年星隕如雨先言星後言隕隕而後石也既隕後乃知是石于宋四竟之內曰宋後數散辭也耳治

也隕石記聞也聞其磌然視之則石察之則五〇磌音
真治育皮反下同磌之人反又大年反字書響也（疏）
于宋至治也 釋曰散辭也者對上聚辭也為言此石散在
宋四竟之內故後言其數以散辭言之鷁則聚在宋都之上
故先言其數以聚辭言之又云目治也者謂隕石先以耳聞
故言先言隕鷁退以目見故先言數是各以聞見先後為
次〇注聞其磌然 釋曰范取公羊為說彼傳云隕石記聞
聞其磌然視之則不察之則五是也磌字說文玉篇字林等
無其字學士多讀為砰據公羊古本並為磌
字張揖讀為磌是石聲之類不如也何書也〇是月六
鷁退飛過宋都是月隕石之月劉向曰鷁陽也六陰數
也象陽而陰行欲衆退〇鷁五歷反
是月者決不日而月也欲著石日鷁月故言是月若
不言是月則嫌與戊申同
（疏）決不日而月也 釋曰傳言此者解經言是月之意言
鷁退不日而月故云是月明與石隕異日也若然案桓
十二年丙戌公會鄭伯盟于武父丙戌衛侯晉卒若下事得
蒙上日何為彼經重舉丙戌者彼公盟必須書日衛侯不正
前見亦當書日經以衛侯不正而恐不得蒙上日故書二日
以明之此石隕鷁退是記異之事恐蒙上日故言是月以別

之知下事得蒙上日者釋日之卒得連日食之下叔弓之卒得與祭同日是經舉一日得苞兩日之驗也六鷁退飛過宋都先數聚辭也目治也六鷁退飛記見也視之則六察之則鷁徐而察之則退飛子曰石無知之物鷁微有知之物石無知故日之石無知而隕必天使之然故詳而日之鷁微有知之物故月之鷁或時自欲退飛耳是以略而月之君子之於物無所苟而已石鷁且猶盡其辭而況於人乎故五石六鷁之辭不設則王道不亢矣不遺微細故王道可舉○亢苦浪反民所聚曰都○三月壬申公子季友卒大夫日卒正也季友桓公之子（疏）大夫日卒正也釋曰傳發之者益師明其有罪此則顯其得正故兩明之也稱公弟叔仲賢也大夫不言公子公孫

號之也（號）稱公弟叔仲賢也　釋曰傳因季友之賢發起其例也叔肸賢而稱弟季友不稱弟稱字賢可知也以兄先死故不得稱弟耳不言公子公孫號之者謂仲遂嬰齊之等是也又公孫茲發日卒也傳者以其公之而不字又非罪非賢故重發之仲遂非賢而稱字者彼既（一三）不言公子以號之唯宣公嘉之而稱字無嫌是賢故也

四月丙申繒季姬卒○秋七月甲子公孫茲卒大夫日卒正也○冬十有二月公會齊侯宋公陳侯衛侯鄭伯許男邢侯曹伯于淮兵車之會也○淮音懷

十有七年春齊人徐人伐英氏○英於京反○夏滅項孰滅之桓公也何以不言桓公也據莊十年齊師滅譚稱齊師○項戶講反國名也齊滅之左氏以爲魯滅爲賢者諱也項國也不

可滅而滅之乎桓公知項之可滅也知政昏亂易可滅○爲于僞反下爲之諱同而不知己之不可以滅也霸者存恤鄰國抑彊輔弱義不可滅人之國既滅人之國矣何賢乎君子惡惡疾其始絕其始則得不絡於惡邵曰謂疾其初爲惡之事不終身疾之○惡惡並如字又烏路反善善樂其終樂賢者絡其行也邵曰謂始有善事則終身善之○行下孟反

疏君子至其終○釋曰言此者解爲齊桓諱滅項之意惡惡疾其始謂君子憎惡惡人則疾其初始何者欲使惡人不得終於惡故疾其初始即與疾之也善善樂其終謂君子善其善人樂使終其行也以樂終其行故雖有惡亦爲諱之或齊雖滅項亦不言齊滅也邵解二事並與范異君子惡惡疾其始者君子憎惡有惡事唯疾其初始爲惡不終身疾也言有惡則疾之無惡則止也善善樂其終者君子喜善人則欲終身善之見人一度有善則終身不忘故爲齊桓諱滅項也

桓公嘗有存亡繼絕之功故君子爲之諱也邵曰存亡謂存

邢、衛繼絶謂丑僖公所以終其善○秋夫人姜氏會齊侯于卞卞曾地○卞皮彥反○九月公至自會桓會不致而今致會桓公法添褒威信不著陳列兵車又以滅項往會既非踰年乃反故往還皆月以危之○冬十有二月乙亥齊侯小白卒此不正其日之何也據二十四年晉侯夷吾卒不書日其不正前見矣其不正之前見何也以不正入虛國故稱嫌焉爾莊九年齊小白入于齊貶不稱公子虛國謂齊無君傳例曰以國氏者嫌也○見賢遍反下同

十有八年春王正月宋公曹伯衛人邾人伐齊非伐喪也伐喪無道故謹而月之【疏】注故謹而月之　釋曰侵伐書月唯施於內今亦施之於外者齊桓以安危所繫故書月以表之宋襄欲繼齊桓之業故亦謹而月之○夏師救

齊曾師善救齊也○五月戊寅宋師及齊師戰

于甗甗齊地也○甗魚輦反又音言齊師敗績戰不言伐客不

言及言及惡宋也何休曰戰言及者所以別客主直不直也故文十二年晉人秦人戰

于河曲兩不直故不言及今宋言及明直在宋非所以惡宋

也即言及爲惡是河曲之戰無兩善乎又穀梁以河曲不言

及略之也則自相反矣鄭君釋之曰及者別異客主耳不據

於直與不直也直不直自在事而已義亦則客直宣十二年

夏晉荀林父帥師及楚子戰于邲晉師敗績是也兵不義則

主人直莊二十八年春衛人及齊人戰衛人敗績是也今齊

桓卒未葬宋襄欲興霸事而伐喪於禮尤及故反其文以宋

及齊即實以宋及齊明直在宋邲之戰直在楚不以楚及晉

何邪秦晉戰于河曲不言及其敵戰爭舉兵故略其先後

○惡烏路反下同別彼列反下同邲蒲必反一音弼亟欺異

反【疏】戰不至宋也　釋曰春秋之例戰伐不並舉此上有

伐文今又言戰是違常例也又伐人者爲客受伐者

爲主此言及齊師是亦違常例也故傳釋之以爲惡宋也○

注何休至先後　釋曰何休發疾云此言及爲惡宋則文十

二年河曲之戰不言及爲兩善也故知言及者分別客主與不直也鄭玄釋之曰言及者別異客主耳不施直與不直也故引宣十二年直莊二十八年春以明之宣十二年邲之戰楚直晉曲經云晉荀林父及楚子戰莊二十八年衛直齊曲而云衛人及齊明直者在事而已不由稱及也穀梁邲戰竟不論楚直晉曲而鄭云直在楚者公羊意以爲邲戰是楚直故何休嫌之難○秋救齊善救齊也疏善救齊也釋曰此與上文曾既救齊並爲主若此善伐能憂中國上文以曾昔與齊伐衛恐救之非善故並發善救之例也○秋八月丁亥葬齊桓公豎刀易牙爭權五公子爭立故危之○刀音雕○冬邢人狄人伐衛狄其稱人何也善累而後進之累積伐衛所以救齊也何休曰即伐衛救齊當兩舉如伐楚救江矣乃傳以爲江遠楚近故伐楚救江今狄亦近衛而遠齊其事一也義異何也鄭君釋之曰文三年冬晉陽處父帥師伐楚救江因舉之者以晉未有救江文故明言之今此春宋公曹伯衛人邢人伐齊夏狄救齊冬邢人狄人伐衛爲其救齊可知故省文耳事同義又何異○近

説始字又附近之近遠齊如字又于萬反爲其于僞反下省所景反功近而德遠矣伐衛功近耳夷狄而憂中國其德遠也

監本春秋穀梁注疏僖公卷第八

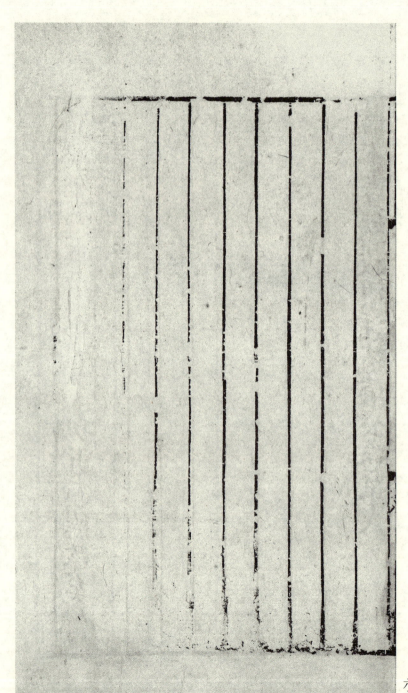

范甯集解　楊士勛疏

十有九年春王三月宋人執滕子嬰齊〔疏〕隱工嬰齊釋曰傳云並不解稱名之意悉罪賤之也○夏六月宋公曹人邾人盟于曹南曹南曹之南鄙鄫子會盟于邾己酉邾人執鄫子用之微國之君因邾以求與之盟與側豫也○與音豫注及下文同〔疏〕會盟于邾釋曰言會盟于邾者自鄫人是微國欲因邾以求盟故云會盟也因已以求與之盟已迎而執之惡之故謹而日之也用之者叩其鼻以衈社也衈者釁也取鼻血以釁祭社器○惡烏路反下惡其長同叩音口衈音二〔疏〕故謹至社也釋曰此與昭公十一年冬十有一月丁酉楚師

滅蔡執蔡世子友以歸用之皆惡其用人故不據國之大小而書日以見惡也叩其鼻者論語云以杖叩其脛則叩謂擊也○秋宋人圍曹○衛人伐邢○冬會陳人蔡人楚人鄭人盟于齊會無主名內出者也四國稱人然則卑者也地於齊齊亦與盟○梁亡自亡也湎於酒淫於色心昏耳目塞上無正長之治大臣背叛民為寇盜梁亡自亡也如加力役焉湎不足道也如使伐之而滅亡則淫湎不足記也使其自亡然後其惡明○湎面善反長丁丈反下及注同背音佩

疏梁亡釋曰左氏以為秦滅梁惡其自取滅亡之故不以秦滅為文公羊以為魚爛而亡謂梁君隆刑峻法百姓逃散而事等魚爛從中而夫也此傳亦云大臣背叛民為寇盜則同公羊梁國亦自亡也又如加力役焉湎不足道也則梁之土地必為人所取蓋同左氏秦得之但據自滅為文異耳

梁亡鄭棄其師我無加損焉正名而

巳矣梁亡出惡正也正謂政教疏正名而巳矣　釋曰仲尼脩春秋亦有改舊義以見褒貶者亦有因史成文以示善惡者其變之也不葬有三爲齊桓諱滅項之類是改舊也其梁以自滅爲文鄭棄其師之徒是因史之文也故傳云我無加損焉正名而巳矣鄭棄其師惡其長也長謂高克

二十年春新作南門作爲也有加其度也更加使大言新有故也非作也責其改舊制南門者法門也法門謂天子諸侯皆南面而治法令之所出入故謂之法門○夏郜子來朝○郜古報反

○五月乙巳西宮災謂之新宮則近爲禰宮言閔公非僖公之父故不言新宮也○近附近之近禰乃禮反父廟也以謚言之則如疏之然故不言閔宮而云西宮以是爲閔宮也疏以是爲閔宮也　釋曰傳

知之者以若是禰宮當言新宮若是疏祖之宮又須言謚此在親疏之間故知是閔宮也○鄭人入

滑○秋齊人狄人盟于邢邢爲主焉爾邢小

其爲主何也其爲主乎救齊十八年邢人狄人伐衛以救齊是也【疏】

邢爲至救齊　釋曰盟會地于國都者國主雖與盟會未知即能爲主桓十六年公會鄭伯于曹曹不爲主是也而傳云邢爲主焉爾又難其大小者傳以十八年邢人狄人伐衛以救齊今又盟于邢故知爲主也又云邢小者以邢雖是小國爲主能救齊故歸功于邢不謂盟國都者例能爲主耳○冬楚人伐隨隨國也

【疏】隨國也　釋曰案世本隨是國名經又言伐知非邑也

二十有一年春狄侵衛○宋人齊人楚人盟

于鹿上宋爲盟主故序齊上鹿上宋地○夏大旱傳例曰得雨曰雩不得雨曰旱旱

時正也【疏】旱時正也　釋曰旱必歷時非一月之事故書時爲正也○秋宋公[illegible]

僖二十年　二十一年

子陳侯蔡侯鄭伯許男曹伯會于雩雩宋地雩或爲宇

執宋公以伐宋以重辭也傳例曰以者不以者也此傳及定七年齊人執衛行人北宮結以侵衛傳皆曰以重辭也然則以有二義矣國之所重故曰重辭

疏以重辭也　釋曰栢十四年宋人以齊人蔡人云云伐鄭傳曰以其不以者也今傳云以重辭也何知非是一事而重不可以范注云以有二義者范以執宋公及執衛結皆是國之所重而傳云以重辭也其微人從伐者即云以者不以者也明二者意異故云以有二義

○冬公伐邾○楚人使宜申來獻捷楚稱人者爲執宋公貶○捷在接反爲于僞反

疏注楚稱至公貶　釋曰知爲執宋公貶者以稱使知是楚子使之國君而稱人明爲執宋公貶也

捷軍得也其不曰宋捷何也據莊三十一年齊侯來獻戎捷

疏注據至戎捷　釋曰役傳云戎菽也則與此宋捷絕不相當而范引之者彼雖以戎爲菽菽終是伐得之故范引爲證也

不與楚捷於宋也不與夷狄捷中國○十有二

月癸丑公會諸侯盟于薄（會雩之諸侯）會者外爲主焉爾釋宋公外釋不志此其志何也以公之與之盟目之也不言楚不與楚専釋也（何休曰春秋以執之爲罪不以釋之爲罪責楚子専釋非其理也公羊以爲公會諸侯釋之故不復出楚耳鄭君釋之曰不與楚専釋若非以責之也傳云外釋不志此其志何也以公之與之盟目之也言公與諸侯盟而釋宋公公有功焉與公羊義無違錯○復扶又反）

疏（會者外爲主焉爾　釋曰重發之者以釋若是公嫌會非是外爲主故發例以明之）

二十二年春公伐邾取須句（○句其俱反）○夏宋公衛侯許男滕子伐鄭○秋八月丁未及邾人戰于升陘（升陘魯地）内諱敗舉其可道者也不言其人以吾敗也不言及之者爲内諱也（○爲于僞反）

（疏）不言至諱也　釋曰不言其人以吾敗也謂不言邾之主名也不言及者爲内諱也講不言曾之主名也與栢十七年解異者觀經爲説不可執文也　○冬十有一月己巳朔宋公及楚人戰于泓○泓烏宏反　宋師敗績日事遇朔曰朔春秋三十有四戰未有以尊敗乎卑以師敗乎人者也以尊敗乎卑以師敗乎人則驕其敵襄公以師敗乎人而不驕其敵何也責之也泓之戰以爲復雩之恥也前年宋公爲楚所執　雩之恥宋襄公有以自取之伐齊之喪執滕子圍曹爲雩之會不顧其力之不足而致楚成王成王怒而執之故曰禮人而不荅則反其敬

愛人而不親則反其仁治人而不治則反其知過而不改又之又復〇知音智又如字復扶又反是謂之過襄公之謂也古者被甲嬰冑非以興國也則以征無道也豈曰以報其恥哉宋公與楚人戰于泓水之上司馬子反曰楚衆我少鼓險而擊之勝無幸焉若要而擊之必可破非僥倖也〇被皮既反冑而救反司馬子反左傳作子魚要於遥反僥古堯反倖音幸

（疏）司馬子反　釋曰糜信云子反當爲子夷未審范意然不〇勝無幸　釋曰以小敵大恐其不若克之不名徼幸也

襄公曰君子不推人危不攻人厄須其出須其出險〇推如字又它回反既出旌亂於上陳亂於下子反曰楚衆我少擊之勝無幸焉襄公

曰不鼓不成列列陳○陳直覲反須其成列而後擊之則衆敗而身傷焉七月而死何休曰即宋公身傷當言公不當言師成十六年楚子敗績是也又成十六年傳曰不言師君重于師也即成十六年是二十二年虛言也即二十二年是十六年非也鄭君釋之曰傳說楚子敗績曰四體偏斷此則目也此言君之目與手足有破斷者乃爲敗矣今宋襄公身傷耳當持鼓軍事無所害而師猶敗故不言宋公敗績也傳所以言敗衆敗身傷焉者疾其信而不道以取大辱疏七月而死釋曰此云七月而死則是身傷不云宋公敗績者鄭玄云非四體偏斷又非傷目故依常例稱師也倍則攻敵則戰少則守人之所以爲人者言也人而不能言何以爲人言之所以爲言也信也言而不信何以爲言信之所以爲信者道也信而不道何以爲道道之貴者時其行勢

也凱曰道有時事有勢何貴於道貴合於時何貴於時貴順於勢宋公守匹夫之狷介徒蒙恥於夷狄焉識大通
之方至道之術哉○政如字又音貢守如字又手又反狷音絹介音界焉於虔反疏焉識至術哉釋曰老子至
道之人猶曰以政治國以奇用兵今宋襄國弱於楚而行敵戰之禮故傳譏其師敗身傷注謂之不識至道之術也

二十有三年春齊侯伐宋圍閔伐國不言圍
邑此其言圍何也不正其以惡報惡也前十八年宋伐
齊之喪是惡也今齊乘勝而報是以惡報惡也○閔左氏作緡二十五年楚圍亦同○夏五月庚
寅宋公茲父卒柏公之子襄公茲父之不葬何也失民
也其失民何也以其不教民戰則是棄其師
也為人君而棄其師其民孰以為君哉何休曰所謂教
民戰者習之也春秋貴偏戰而惡詐戰宋襄公所以敗于泓者守禮偏戰也非不教其民也孔子曰君子去仁惡乎成名

造次必於是顛沛必於是未有守正以敗而惡之也公羊以
爲不書葬爲襄公諱背殯出會所以美其有承齊桓尊周室
之美志鄭君釋之曰教民習戰而不用是亦不教也詐戰謂
不期也旣期矣當觀敵爲策倍則攻敵則戰少則守今宋襄
公于泓之戰違之又不用其臣之謀而敗故徒善不用賢良
不足以興霸王之功徒言不知權譎之謀不足以交鄰國會
遠疆故易譏鼎折足詩刺不用良此說善也○而惡烏路反
下而惡同惡乎音烏造七報反沛音貝爲襄于僞反背音佩
譎音決折之設〔疏〕何休至善也 釋曰何休曰春秋貴偏
反刺七賜反 戰者謂各守一偏而戰也鄭玄云易譏
鼎折足詩刺不用良者鼎折足是鼎卦九四爻辭彼云鼎折
足覆公餗其形渥凶王弼云處上體之下而又應初旣承且
施非己所堪若鼎足小細而任重故折足也鼎足旣折則覆
餗矣餗謂鼎之實實覆則沾渥其形以喻不勝其任身被戮
辱故凶也此襄公是其事也故曰鼎折足也初巳出否至四
所盛則已潔矣故曰覆公餗也渥沾濡之貌也旣覆公餗體
爲渥沾智小謀大不堪其任受其至辱災及其身故曰其形
渥凶也鼎卦巽下离上☲馬融云餗謂糜也詩刺不用良者
謂鄭忽不能與賢人圖事以至死亡故詩作狡童揚之水二
篇刺之故詩序云云狡童刺忽也不能與賢人圖事權臣擅

命也揚之水閔無臣也君子閔忽之無忠臣良士終以死亡而作是詩也○秋楚人伐陳○冬十有一月杞子卒莊二十七年稱伯今稱子蓋爲時王所黜

二十有四年春王正月○夏狄伐鄭○秋七月○冬天王出居于鄭襄王也天子以天下爲家故所在稱居天子無出出失天下也王者無外言出則有外之辭江熙曰天子必巡守然後行故河陽之守全天王之行也平王東遷其詩不能復雅而列爲國風襄王奔鄭不得全天王之行則與諸侯不異故書出也夫子祖述堯舜憲章文武斯文是作不以道假人傳言失天下鬫然如有未備○巡守手又反下同之行如字或下孟反下同復扶又反

疏注夫子至未備　釋曰舊解江熙此言明夫子之將春秋雖憲章前代亦不可全與前代齊錄故云夫子祖述堯舜憲章文武言堯舜有巡守之禮文武有省方之制故仲尼因襄王之守全天子之行是亦祖述憲章之斯文是作不以道假人者謂若全天子之行憲章前代是不以道假借人也但襄王與諸侯不異不可復全天子之行故書

出以表之也明夫子雖欲尊十者同之先代以周[illegible]然未備不可同之故遂以此道借人也或以爲夫子所以王言王出者祖述堯舜憲章文武斷又是作不以道借人丁德既闕不可復全其行故書出以表其失天下也居者居

其所也雖失天下莫敢有也邵曰雖實出奔而王者無外王之所居則

戎王畿鄭不敢有之以爲國○晉侯夷吾卒傳曰諸侯時卒惡之出不葬葬丈公而立失德

○惡烏路反纂初患反

二十五年春王正月丙午衛侯燬滅邢燬之

名何也據宣十二年楚子滅蕭不名○燬況委反不正其伐本而滅同

姓也絕先祖之體尤重故名以惡之疏不正至姓也釋曰衛與邢同姬姓今衛滅邢則是絕先祖支

體故謂之伐本也○夏四月癸酉衛侯燬卒○宋蕩伯

姬來逆婦伯姬魯女爲宋大夫蕩氏妻也自爲其子來逆婦○自爲爲人卜爲且同

人號嫁不踰竟宋蕩伯姬來逆婦非正也其曰婦何也緣姑言之之辭也（疏）不踰竟□□曰復發傳者□以爲宋□敵爲禮□發之○宋殺其大夫其不稱名姓以其在祖之位尊之也何休曰曹殺其大夫亦不稱名姓豈可復以爲祖乎鄭君釋之曰宋之大夫盡名也禮公族有罪刑于甸師氏不與國人慮兄弟也所以尊異之孔子之祖孔父累於宋殤公而死今骨肉在其所而見殺故尊之隱而不忍稱名氏若罪大者名之而不沒若異姓然此乃祖之疏也曹殺其大夫自以無大夫不稱名氏耳春秋辭同事異者甚多隱去即位以見讓桓去即位以見繼弑是復何以此例非之乎○復以扶又反下見復同累劣偽反累方偽反去起呂反下同以見賢編反偽繼于偽反又如字（疏）注祖之疏釋曰異姓稱名疏而詳已同姓不名親而略之若名氏具備而見其疏則見異姓同非尊祖之事故曰疏之也古本或作礼之疏者言同姓與異姓不別則於禮法爲疏也理亦通耳以本不定故兩解之○秋楚人圍陳納頓子于頓

納者内弗受也圍一事也納一事也而遂言之逕其畢其事而辭相連有似遂事之辭蓋納頓子者陳也圍陳使及納頓子疏蓋納頓子者陳也釋曰案舊疾云休以爲即陳納之當文舉陳何以不言陳鄭君釋之曰納頓子固宜爲楚也穀梁子見經云楚人圍陳納頓子于頓有似晉陽處父代楚救江之文故云蓋陳也是鄭意亦同此說圍陳使納頓子也○葬衛文公○冬十有二月癸亥公會衛子莒慶盟于洮衛稱子在喪洮魯地莒無大夫其曰莒慶何以公之會目之也小國無大夫以公與會故進之上有衛子則無微公之嫌○與會如字一音

二十有六年春王正月己未公會莒子衛甯速盟于向向莒地○向舒亮反公不會大夫其曰甯速何也以其隨莒子可以言會也○齊人侵我

西鄙公追齊師至巂弗及人微者也侵淺
事也公追之也至巂急辭也以急辭言之明不至
巂○戶圭反音攜又以二反疏人微至辭也釋曰文承追齊師之下即云至巂是急辭也嫌文與公追戎于濟西
異也案莊十八年公追戎于濟西傳緬不使戎邇於我也今
禦戎備是以難近國而亦云公人之也者彼以戎有徒衆故大
公所追此以公之不及故如言人之也然彼不言戎之伐我
此云齊人侵我者彼以戎狄不使之近我似若望風退走然
此齊是中國侵又淺事故舉之以見公追非正也弗及者弗與也弗與戰也可以
及而不敢及也長齊師其侵也曰人其追也曰
師以公之弗及大之也大之謂變人言師弗及內辭也
弗及者若曰我自不及耳非齊不可及○夏齊人伐我北鄙○衛人
伐齊○公子遂如楚乞師乞重辭也猶曰人道施也不有

而不取故以乞爲重○施舒豉反（疏）乞重辭也　釋曰此是乞師之始故發傳以明之　何重乎

重人之死也非所乞也師出不必反戰不必勝故重之也○秋楚人滅䕫以䕫子歸䕫國也不日微國也以歸猶愈乎執也（疏）䕫國至執也　釋曰滅國有三術中國日卑國月夷狄時此是夷狄之微國故從時例而傳言微國也以明之也案戎伐凡伯以歸不言執者尊天子之使不與夷狄之執今夷狄自相執經言以歸傳云猶愈乎執也者彼尊凡伯使一人當一國故變執言以歸諸侯相執以歸者例不得言執故傳云以歸猶愈乎執也明經止得言以歸○冬楚人伐宋

圍閔伐國不言圍邑此其言圍何也以吾用其師目其事也非道用師也楚人出師爲魯伐齊而中道以伐宋故伐圍閔書所以責楚○爲于僞反中如字又丁仲反（疏）目其至師也　釋曰傳解經并言圍伐之意也言楚人爲

我伐齊而中道更伐宋故兼閏伐目其事所以責其惡中道用師非訓爲責也　公以楚師伐齊取穀以者不以者也民者君之本也使民以其死非其正也雍曰兵不祥之器不得已而用之安有驅民于死地以共假借之役乎○共音恭本又作供假借音嫁又古雅反下字夜反又字亦反　疏以者不以者也釋者重發傳者彼據外此據內故重詳之　公至自伐齊惡事不致此其致之何也危之也以蠻夷之師伐鄰近大國招禍緊怨危亡之道　疏惡事至危之也釋曰莊六年秋公至自伐衛傳曰惡事不致此其致何也不致則無用見公惡事之成也與此文不同者互文以起義其實不異彼明惡事之成此亦明之此云危之也則彼亦危之可知也

二十有七年春杞子來朝○朝直遥反○夏六月庚寅齊侯昭卒○昭或作照非○秋八月乙未葬齊

僖二十七年

孝公。乙巳公子遂帥師入杞。冬楚人陳侯蔡侯鄭伯許男圍宋楚人者楚子也其曰人何也人楚子所以人諸侯也其人諸侯何也不正其信夷狄而伐中國也何休曰哀元年楚子陳侯隨侯許男圍蔡不稱人明不以此伐也鄭君釋之曰時晉文爲賢伯故譏諸侯不從而信夷狄也哀元年時無賢伯又何據而當興之邪寗謂定哀之世楚彊盛故諸侯不得不從耳白黑曰夫屈信與對言信必有屈也宋楚戰于泓宋以信義而敗未有關也其復圍之我三人行必有我師諸侯不能以義相師反信楚之曲屈宋之直是義所不取信曲屈直猶不可况乃華夷之楚是以仁義見取則諸侯之不從不待取而見也然則四國信楚而屈宋春秋屈其信而信其屈取楚子于兵首則彼録録者以期見矣故曰人楚子所以人諸侯○信音申【疏】注鄭謂至諸侯 釋曰鄭云無賢伯言楚盛者二者明便也爲當時無賢伯楚又彊盛故諸侯不得不從也寗案泓之戰穀梁無譏宋公之點云宋以信義而敗未有關者讓不可以能量敵强弱致師敗身傷故譏之其於信義實未有所闕[illegible]楚復圍之故貶楚子也公羊以為稱公者為執宋公貶[illegible]故[illegible]嘉之篇貶之杜預解云楚[illegible]微者告並與穀梁異也○十有二月甲戌公會諸侯盟于宋地以宋者則宋得與盟宋圍解可知○與音預【疏】注地以至可知　釋曰左氏之意公會諸侯盟于宋宋不與盟何休與范皆云地以宋[illegible]宋得與盟二傳以無晉楚宋之文故與左氏異也

二十有八年春晉侯侵曹晉侯伐衛再稱晉侯忌也鄭嗣曰曹衛亦有宿怨于晉君子不念舊惡故再稱晉侯以刺之○刺七賜反下文及注同○公子買戍衛不卒戍刺之刺殺也内諱殺大夫故謂之刺蓋取周禮三刺之法先名後刺殺有罪也公子啓曰不卒戍者可以卒也可以卒而不卒譏在公子也刺之可也公子啓魯大夫【疏】公子啓曰　釋曰舊解云子啓即公子假啓書日昔啓無罪今買書時者是買

十八年

有罪也今觀上下文勢理恐不然何者此傳上云先名後刺下文云不卒戍者可卒也本非釋時日之意何爲公子啓一句獨論日月之事若以穀梁專釋經不論人語之事何爲襄二十三年傳云蘧伯玉曰不以道事其君者其出乎豈得謂蘧伯玉曰又不是人言也故知舊解非耳○楚人救衛○三月丙午晉侯入曹執曹伯畀宋人入者內弗受也日入惡入者也以晉侯而斥執曹伯惡晉侯也惡其忌怨深○畀必利反與也下及注同惡烏路反下文及注同

疏入者內弗受也釋曰前已有傳重發之者以晉文初霸嫌得入中國故發傳以明之畀與也其曰人何也不以晉侯畀宋入公也畀上與下之辭故不以侯畀公哀四年夏晉人執戎蠻子赤歸于楚使楚子治其罪今執曹伯不言歸于宋而言與宋人者是使宋公拘執之○夏四月己巳晉侯齊師宋師秦師及楚人戰于城濮楚師敗績○

楚殺其大夫得臣 ○ 衛侯出奔楚 ○ 五月癸丑公會晉侯齊侯宋公蔡侯鄭伯衛子莒子盟于踐土衛稱子者時衛侯出奔國更立君非王命所加未成君故曰子踐土鄭地諱會天王也實會天王而文不言天王若諸侯自共盟然是諱之也所謂譎而不正陳侯如會如會外乎會也於會受命也外乎會不及序也受命于會故書如會 ○ 公朝于王所朝不言所言所者非其所也非京師朝【疏】朝不言所 釋曰公如京師亦不言朝直決不言所者如即是內朝之常文故直解不言所而已如既是常文此言朝者以其非京師故以違例言之 ○ 六月衛侯鄭自楚復歸于衛自楚楚有奉焉爾復者復中國也中國猶國中也【疏】楚有奉焉爾 釋曰發傳者自楚嫌與中國異也歸者歸其所也

鄭之名失國也【疏】鄭之名失國也 釋曰重起失國之例者以鄭非大罪故出奔不名惡其藉楚之力故入名以表失國嫌出入異故傳發之○衛元咺出奔晉○陳

侯款卒○秋杞伯姬來莊公女來歸寧○公子遂如齊

聘也○冬公會晉侯宋公蔡侯鄭伯陳子莒子

邾子秦人于溫陳稱子在喪也諱會天王也復致天子○復扶又反

○天王守于河陽河陽晉地○守音狩下同全天王之行也時实

晉文公召王以臣召君不可以訓因天子有巡守之礼故以自行為文○行如字或下孟反為若將

守而遇諸侯之朝也為天王諱也水北為陽

山南為陽溫河陽也日之所昭曰陽為天王于偽反○壬申公

朝於王所朝於廟禮也於外非禮也諸侯朝王王必於宗

廟受之者蓋欲尊祖祢共其榮獨公朝與諸侯盡朝也其日以其再致天子故謹而日之主善以內目惡以外主善以內謂公朝于王所目惡以外言再致天子○朝與音餘言曰公朝逆辭也而尊天子鄭嗣曰若公朝于廟則當言公如京師而今言公朝是逆常之辭雖逆常而曰公朝王所是尊天子疏而尊天子釋曰公若朝於廟當云如也今逆常故言朝也朝雖逆常之辭言公朝於王所仍是敬王室之事故云而尊天子會于溫言小諸侯溫河北地以河陽言之大天子也溫河陽同耳小諸侯故以一邑言之尊天子故以廣大言之日繫於月月繫於時壬申公朝于王所其不月失其所繫也以爲晉文公之行事爲已傎矣以臣召君傎倒上下日不繫于月猶諸侯不宗于天子○傎都田反倒丁老反○晉人執

衛侯歸之于京師此入而執其不言入何也不外王命於衛也入者自外來伯者以王命討衛衛王之上故曰不外王命歸之于京師緩辭也斷在京師也辭閒容之故言緩○斷丁亂反

疏緩辭也　釋曰據成十五年晉侯執曹伯歸于京師不言之

○衛元咺自晉復歸于衛自晉晉有奉焉爾復者復中國也歸者歸其所也

疏晉有奉焉爾　釋曰又發傳者嫌霸者與凡諸侯異

○諸侯遂圍許會溫諸侯許比再會不至故共圍之遂繼事也繼事會于溫而圍許

○曹伯襄復歸于曹三月爲晉侯所執今方歸復者復中國也天子免之因與之會其曰復通王命也免之于宋身未反國因會于許即從反國之辭通王命遂會諸侯圍許遂繼事也

二十有九年春介葛盧來介國也葛盧微國之君未爵者也其曰來卑也。介音界介國名（疏）其曰來卑也

釋曰據莊五年郳犂來來朝亦未得爵命而稱朝此謂卑賤之故直言來矣襄十八年白狄來注云不言朝者不能行朝禮是也

○公至自圍許○夏六月公會王人晉人宋人齊人陳人蔡人秦人盟于翟泉翟泉某地（疏）公會至翟泉

釋曰左氏以爲王人者王子虎爲下盟列國晉人云云者狐偃等爲上敵公侯皆貶之稱人何休注公羊云晉文德衰故微者往會今穀梁既無傳注或如何說王人以下皆是微也

○秋大雨雹雹者陰脅陽臣侵君之象陽氣之在水雨則温熱陰氣薄而脅之不相入轉而成雹。雨于付反雹蒲學反

○冬介葛盧來

三十年春王正月○夏狄侵齊○秋衛殺其

大夫元咺稱國以殺罪累上也以是爲訟君
也元咺訟君之罪于伯者君忌之使人殺之而後入案宣
九年陳殺其大夫泄冶傳曰稱國以殺其大夫殺無罪
也此傳曰稱國以殺罪累上也凡稱國以殺大夫或殺無罪
或罪累上參互不同略當近半然則稱國以殺有二義泄冶
忠賢而君殺之是君無道也衛侯雖有不德臣無訟君之道
元咺之罪亦已重矣然君子之道譬之于射失諸正鵠反求
諸身衛侯不思致訟之愆躬自厚之義過而不改而又怨忌
上下皆失故曰罪累上○累劣僞反泄息列反冶音也近半
附近之近正音征鵠
古毒反愆起虔反
疏 以是爲訟君也　釋曰元咺訟君
則是臣之罪復言累上者以上下
俱失嫌衛侯無罪故加累上之文也衛侯得書復歸者復歸
非全善之辭衛侯既委罪元咺故得復歸之稱○注有二義
釋曰言有二義者謂傳言殺無罪也即是罪全
在君傳云罪累上也即上下俱失故云有二義 衛侯在
外其以累上之辭言之何也待其殺而後入
也及公子瑕公子瑕累也以尊及卑也○衛

侯鄭歸于衛徐邈曰凡出奔歸月執歸不月皆譏則國更立主若故君還入必有戰爭禍害所以謹其文執者罪名未定其國猶追奉之歸無犯害故例不月○戰爭爭鬬之爭○晉人秦人圍鄭○介人侵蕭○冬天王使宰周公來聘天子之宰通于四海（疏）天子至四海　釋曰復發傳者葵丘會也此則聘也嫌異故重發之○公子遂如京師遂如晉以尊遂乎卑此言不敢叛京師也何休曰大夫無遂事案襄十二年季孫宿救台遂入鄆惡季孫不受命而入也如公子遂受命如晉不當言遂鄭君釋之曰遂因受命如京師如晉不專受命如周經近上言天王使宰周公來聘故公子遂報焉因聘于晉尊周不敢使並命使若公子遂自往然即云公子遂如京師如晉是同周于諸侯叛而不尊天子也公羊傳有美惡不嫌同辭何獨不廣之於此乎甯謂經同而傳異者甚衆此吾徒所以不及古人也○台土來反又音臺鄆音運惡季孫烏路反下惡烏路反又如字（疏）遂乎卑　釋曰傳言此者遂是繼事之辭以辭有善

惡故傳分明別之也

三十有一年春取濟西田曹田○公子遂如晉

○夏四月四卜郊謂之郊者天人相與交接之意也不言郊天者不敢斥尊也昔武王既崩成王幼少周公居攝行天子事制礼作樂終致太平周公薨成王以王礼葬之命魯使郊以彰周公之德祭蒼帝靈威仰昊天上帝魯不祭。○少詩照反大音泰

疏 注謂之至不祭 釋曰范注言天人相與交接故謂之郊字既從郊或當亦在南郊就陽位而祭也昔武王既崩云云尚書有其事制礼作樂云云若礼記文祭蒼帝靈威仰昊天上帝魯不祭者是鄭玄之說鄭以春秋說元命包云紫微爲大帝大微爲天庭五帝合明又文耀鉤云蒼帝春受制其名靈威仰赤帝夏受制其名赤熛怒黃帝受制王四季其名含樞紐白帝秋受制其名白招拒黑帝冬受制其名汁光紀是紫微宮者五方帝故鄭以周與魯夏正郊天者祭青帝靈威仰之帝冬至祭天於圓丘者祭天皇大帝魯不得祭之故范亦同之耳然三王之郊一用夏正魯不然者以天子得冬至祭天皇大帝故郊所感之帝皆以夏正爲之魯不得冬至祭天故博卜

三正從周正月至於三月皆是郊之時也月各一卜故云三
卜礼也四月非時故云四卜非礼也左氏以爲礼不卜常祀
郊既魯之常祀故一卜亦爲非礼公羊以爲天子不卜郊魯
郊非常礼故卜之求吉之道不過三故三卜礼也四卜非礼
也是三傳各異其用牲也何休以爲郊天牛角繭栗三望之
牛角尺其文出於稽命徵其祀也郊祭則焚燎山則升水則
沉猶三望公羊以爲三望泰山河海賈逵杜預之徒注左氏
者皆以爲分野星国中山川今范同鄭玄之說取禹貢之文
以爲淮海岱也**不從乃免牲猶三望**鄭君曰望者祭山川之名也謂海也岱也淮也
非其疆界則不祭禹貢曰海岱及淮惟徐州徐魯地**夏四月不時也**郊春事也**四卜**
非禮也郊春事四卜則入夏**免牲者爲之緇衣熏裳有司**
玄端奉送至于南郊免牛亦然玄端黑衣接神之道玄熏者天地之
色也南郊天位歸之于陽也全曰牲傷曰牛牛有變而不郊故卜免牛重許云反**疏**注全曰至免牛　釋曰哀
元年傳文也**乃者亡乎人之辭也**亡乎人若曰無賢人也凱曰其猶易稱闚其户

僖三十一年

閔其無人詩云巷無居人譏僖公不共致天変○閔苦鴞反共音恭本亦作恭猶者可以已之

辭也望郊之細也不郊無望可也已止也○秋七月○冬杞伯姬來

求婦婦人既嫁不踰竟杞伯姬來求婦非正

也（疏）求婦非正也釋曰重發傳者嫌国君之妻異故明之○狄圍衛○十有

二月衛遷於帝丘帝丘衛地

三十有二年春王正月○夏四月己丑鄭伯

捷卒○捷在接反○衛人侵狄○秋衛人及狄盟○

冬十有二月己卯晉侯重耳卒晉自莊公已前不書于春秋又不言

文公之入及鄭忽之殺何乎徐邈通之曰案詩序及紀年史

記晉昭公之後大乱五世又鄭忽之後有子亹子儀且事出

記傳而經所無殊多誠當有不告故不書者諸侯有朝聘之

礼赴告之命所以敦其交好通其憂虞若鄰国相望而情志

否隔存亡禍福不以相關則它国之史無由得書故告命之事絶則記注之文闕此蓋内外相與之常也魯政雖陵遲而典刑猶存史策所録不失常法其文憲之實足徵故孔子因而脩之事仍本史而辭有損益所以成詳略之例起褒貶之意若夫可以寄微旨而通王道者存乎精義窮理不在記事少多此蓋脩春秋之本旨師資辯説日用之常義故穀梁子可不復發文而體例自著矣○重直龍反亹亡匪反朝聘直遥反好呼報反否備矣反注張住反不復扶又反

疏 注師資辯説 釋曰師者教人以不及故謂師爲師資也日用若易繫辭文也

三十有三年春王二月秦人入滑滑國也○齊侯使國歸父來聘○夏四月辛巳晉人及姜戎敗秦師于殽不言戰而言敗何也狄秦也其狄之何也秦越千里之險入虚國滑無備故言虚国○殽户交反進不能守退敗其師徒亂人子女之教

無男女之別秦之為狄自殽之戰始也明秦本非夷狄〇別彼列反疏進不至始也　釋曰舊解進不能守謂入滑而去退敗其師謂敗於殽也乱人子女謂入滑之時縱暴亂也本或別進字者秦伯將襲鄭百里子與蹇叔子諫曰千里而襲人未有不亡者也秦伯曰子之冢木已拱矣何知子之輩皆已老死矣拱合抱也言其老無知〇百里子如字或作伯誤也蹇紀輦反拱九勇反合手曰拱師行百里子與蹇叔子送其子而戒之曰女死必於殽之巖唫之下其處險隘一人可以要百人〇女音汝下及注同唫本作崟音吟一音欽處昌慮反隘於懈反要百於遥反下文要而擊之同我將尸女於是尸女者收女尸師行百里子與蹇叔子隨其子而哭之秦伯怒曰何為哭吾師也二

子曰爾敢哭師也哭吾子也我老矣彼不死則我死矣畏秦伯怒故云彼我要有死者晉人與姜戎要之而擊之殽匹馬倚輪無反者倚輪一隻之輪○倚居宜反或於綺反晉人者晉子也其曰人何也微之也何爲微之不正其釋殯而主乎戰也○癸巳葬晉文公日葬危不得葬也○狄侵齊○公伐邾取訾樓○訾子斯反○秋公子遂帥師伐邾○晉人敗狄于箕箕晉地○冬十月公如齊十有二月公至自齊○乙巳公薨于小寢小寢內寢小寢非正也非路寢

疏小寢非正也　釋曰傳發此例者以隱公不地桓公非正今僖公雖卒而沒於婦人之手故發傳以惡之

也○隕霜不殺草京房易傳曰君假與臣權隕霜不殺草○隕云敏反未可

殺而殺舉重也可殺而不殺舉輕也重謂菽也輕謂草也

輕者不死則重者不死可知○李梅實京房易傳曰從叛者茲謂不明厥妖木冬实實之

爲言猶實也實子○晉人陳人鄭人伐許

監本春秋穀梁註䟽僖八至卷第九

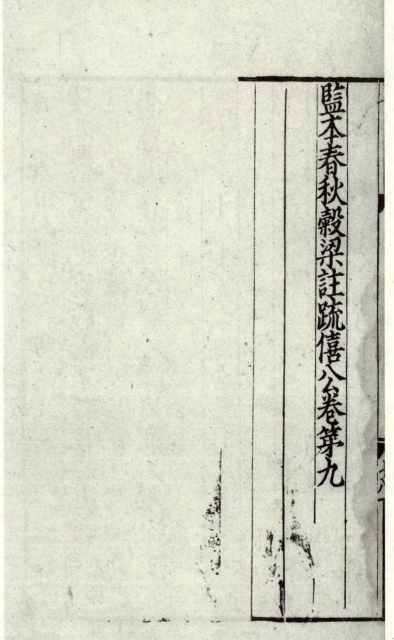

監本春秋穀梁註疏僖公卷第十 起元年盡八年

范甯集解　楊士勛疏

文公。襄王二十六年即位名興 疏 魯世家文公名興僖公之子以襄王二十六年即位諡法慈惠愛民曰文

元年春王正月公即位繼正即位正也 繼正謂繼正卒也隱去即位以見讓桓書即位不安忍莊閔僖不言即位皆繼弒。去起呂反見賢徧反弒申志反。二月癸亥日有食之。天王使叔服來會葬 諸侯喪天子使大夫會葬禮也傳例曰天子大夫稱字蓋未受采邑故不稱氏字者貴稱故可獨達也。貴稱尺證反 疏 諸侯至達也 釋曰范云傳例者非正例推以知之亦十四年傳曰天子之大夫不名隱七年凡伯來聘傳曰凡伯者何也天子之大夫也又九年南季來聘傳曰南氏姓也季字也是天子之大夫稱字據傳文可知故亦得爲云傳例也 葬

曰會言會明非一人之辭其志重天子之禮也疏重天子之禮也釋曰五年王使召伯來會葬會葬之禮於鄙上此叔服來會葬二云其志重天子之禮也者舊解以爲叔服在葬前至先鄉魯國然後赴葬所毛伯以後服發後始來先之京上然始至魯國故傳釋有異辭也或當此釋書之所由故云重天子之禮也彼解會葬之處故云於鄙上二者互言之未必由先後至理亦通也〇夏四月丁巳葬我君僖公薨稱公舉上也葬我君接上下也僖公葬而後舉謚謚所以成德也於卒事乎加之矣疏薨稱至加之矣釋曰重發傳者嫌不以禮終僖則如卒二者既異故傳詳之〇天王使毛伯來錫公命〇毛采邑伯字也天子上大夫也錫星歷反采地音菜地本又作邑禮有受命無來錫命錫命非正也疏禮有至正也釋曰重發傳者桓則薨後見錫此則即位見錫嫌其得正故傳發之〇晉侯伐衛〇叔

叔孫得臣如京師。○衞人伐晉。○秋，公孫敖會晉侯于戚。凡卿不得會公侯，春秋尊魯，內卿大夫可以會外諸侯。戚，衞地。○戚，倉歷反。

疏　注內卿至衞地　釋曰：內卿大夫可以會外諸侯者，下十年傳文。不於此發例者，但此晉是一國尊大，以以會晉，但春秋書故無譏文，以失禮深，傳不可云得會，至以小國斂之會則是凡常諸侯禮雖不違，以情違之，故發內大夫可以會外諸侯之例。

○冬十月丁未，楚世子商臣弑其君髡。鄭嗣曰：商臣，繆王也。髡，成王也。不言其父而言其君者，君之於世子有父之親，有君之尊。言世子，所以明其親也；言其君，所以明其尊也。商臣於尊親盡矣。○弑，申志反，下及傳同。髡，苦門反。

日髡之卒，所以謹商臣之弑也。夷狄不言正不正。徐乾曰：中國君日卒正也，不日卒不正也。夷狄之君卒皆略不日，所以殊夷夏也。今書日，謹識商臣之大逆爾，不以明髡正與不正。○篡，初患反。百公吉，雖一反。識，如字，又申志反。

疏　夷狄至不正　釋曰：傳言此者，以夷狄之弑有日、不日，嫌同中國，故分明別

之○公孫敖如齊

二年春王二月甲子晉侯及秦師戰于彭衙彭衙秦地○衙音牙秦師敗績○丁丑作僖公主作爲也爲僖公主也爲僖公廟作主也主蓋神之所馮依其狀正方穿中央達四方天子長尺二寸諸侯長一尺○爲僖公廟于僞反馮皮冰反長直亮反又如字下同立主喪主於虞禮平旦而葬日中反而祭謂之曰虞其主用桑吉主於練期而小祥其主用栗作僖公主譏其後也僖公薨至此已十五月作主壞廟有時日於練焉壞廟壞廟之道易檐可也改塗可也禮親過高祖則毀其廟以次而遷將納新神故示有所加○壞音怪下同檐以占反疏作爲至可也釋曰僖二十年新作南門傳曰作爲也有加其度也彼傳意言作所以爲譏則此作亦譏可知故下傳云作僖公主譏其後也案祫公文喪已

文二年

二十二月仍譏其爲吉禘今方練而作主猶是凶服而曰吉主者三年之喪至二十五月猶未合全吉故公子遂有納幣之譏莊公喪制未二十五月而禘祭故譏其爲吉此言吉者比之虞主故爲吉也此雖爲練作之主終入廟以辨昭穆故傳以吉言之然作主在十三月壞廟在三年喪終而傳連言之者此主終入廟入廟即易檐以事相繼故連言之非謂作主壞廟同時也或以爲練而作主之時則易檐改塗故此傳云於練壞廟於傳文雖順舊說不然故不從之直記異聞耳櫟信引衛次仲云宗廟主皆用栗右主八寸左主八寸廣厚三寸若祭訖則内於西壁埳中去地一尺六寸右主謂父也左主謂母也何休徐邈並與范注同云天子尺二寸諸侯一尺狀正方穿中央達四方是與衛氏異也其藏之也白虎通亦云藏之西壁則納之西壁中或如衛說去地高下則無文以明之何休又云謂之虞者親喪已入壙皇皇無所見求而虞事之虞猶安也虞主用桑者桑猶喪也取其名與其麤觕所以副孝子之心練主用栗者謂既埋虞主於兩階之間易用栗木爲主取其戰栗故用栗木爲主又引士虞記曰桑主不文吉主皆刻而謚之蓋爲禘時別昭穆也徐邈注穀梁亦與之同范亦當不異也

○三月乙巳及晉處父盟晉大夫陽處父（疏）

注晉大夫陽處父釋曰經不言陽注知之者以下有晉殺其大夫陽處父故也 不言公處父伉也爲公諱也諱公與大夫盟夫處父氏公親如晉使君與其君盟如經言邾儀父矣不書地者公在晉也莊二十二年秋七月丙申及齊高傒盟于防不夫高傒氏者公不親如齊不與其君盟於恥差降○伉苦浪反爲公于僞反夫處父起呂反下同傒音兮差初賣反又初佳反 何以知其與公盟以其日也何以不言公之如晉所恥也出不書反不致也（疏）何以不至致也 釋曰傳云不言公者據隱公八年九月辛卯公及莒人盟于包來言公此彼傳云可言公及人不可言公及大夫故此没公彼存公也莊二十二年及齊高傒盟于防傳曰不言公高傒伉也彼已有傳此又重發者高傒存氏今處父去族嫌異故重發之傳不於高傒發日以明公行者二者理同此又須辨公不言如晉意也故就此一發之後注云書日則公盟也是亦意同之事也傳又云出不書反不致也者以致者必有出出者不必致今出既不書故反亦不致也 ○夏六月公孫敖會宋公

陳侯鄭伯晉士穀盟于垂歛垂歛鄭地○穀户木反本又作穀九年同歛如字左氏作垂隴内大夫可以會外諸侯○自十有二月不雨至于秋七月建午之月猶未爲災歷時而言不雨文不憂雨也僖公憂民歷一時輒書不雨今文公歷四時乃書是不勤雨也疏歷時至雨也　釋曰傳發之者以僖公憂民之情急故備書之今文公繼父之業無志於民故略書之以二者既異故傳分而別之莊三十一年冬不雨不發傳者以一時不雨輕故也下十年十三年意亦與此同故省文不發之不憂雨者無志乎民也無恤民志○八月丁卯大事于大廟躋僖公大事祫也時三年之喪未終而吉祭於大廟則其譏自明○大廟音泰注及傳大祖同躋子兮反升也祫户夾反下及注皆同疏注大事至自明　釋曰舊解范云其譏自明者謂吉禘於莊公書吉此大事于大廟不書吉者以同未滿三年前已書吉則此亦同譏故云其譏自明此解取杜預之意也然杜云其譏已明故得以吉禘並

之范云其譏自明焉知遠比吉禘盖范意以喪制未終不待
譏責其惡足顯故云自明也禘祫之礼俱在廟序昭穆所以
爲制異者公羊傳称五年再殷祭何休云謂三年祫五年禘
禘所以異於祫者禘則功臣皆祭也祫則合食於大祖而已
是何休意祫則三年禘則五年也范於閔二年注同杜預以
禘爲三年之祭必不得與何休同也公羊云五年再殷祭禘
既三年盖祫則五年也若然祫在五年而云三年之喪未締
者據時三年未終而爲祫祭故以三年言之不請祫祭亦在
三年也或以爲禘祫同三年但禘在夏祫在秋直時異耳於
范注不妨但與公羊五年再殷祭違也何休又云天子特禘
特祫諸侯禘則不礿祫則不嘗大夫有賜於君然後祫其髙
祖然諸侯禘則不礿或如何說云大夫有祫恐其不然公羊
亦以此大事于大廟爲祫祭杜
解左氏以大事爲禘與穀梁異
大事者何大是事也
著祫嘗 祫合也 嘗秋祭
祫祭者毀廟之主陳于大祖未
毀廟之主皆升合祭于大祖 祫祭者皆合祭諸廟 已毀未毀者之主於
大祖廟中以昭繆爲次序父爲昭子爲繆昭南鄉繆北鄉孫
從王父坐也祭畢則復還其廟○昭繆音韶穆下及傳同鄉

音向下同躋升也先親而後祖也逆祀也舊說僖公閔公庶兄故文
公升僖公之主於閔公之上耳僖公雖長已爲臣矣閔公雖小已爲君矣臣不可以先君猶子不可以先父故以昭穆父
祖爲喻甯曰即之於傳則無以知其然若引左氏以釋此傳則義雖有似而於文不辨高宗殷之賢主猶祭豐于禰以致
雉雊之變然後率脩常禮文公順倒祖考固不足多怪矣親謂僖祖謂莊○長丁丈反先悉薦反下同禰乃禮反雊古豆
反雉鳴也順倒丁田反下丁老反逆祀則是無昭穆也無昭穆則
是無祖也無祖則無天也故曰文無天無天
者是無天而行也祖人之始也人之所仰天也君子不以親
親害尊尊此春秋之義也尊卑有序不可亂也（疏）大事至義也
釋曰大是事也者祫是祭之大者故云大是事也著祫嘗者謂以大事言之者明是祫嘗之祭也嘗連言者祫必在秋故
連嘗言之然周之八月夏之六月而云著祫嘗者蓋月却節前已得立秋之節故也先親而後祖親謂僖公祖謂閔公也

僖繼閔而立猶子之繼父故傳以昭穆祖父為喻此於傳文不失而范氏謂莊公為祖其理非也何者若范云文公顛倒祖考則是僖在於莊上謂之夷狄猶自不然况乎有道之邦豈其君是明范說非也則無天也謂天道先尊而後親今亂其上下不仰法天也此春秋之義也者以嫌疑之間須取聖證故也○冬晉人宋人陳人鄭人伐秦○公子遂如齊納幣喪制未畢而納幣書非禮

三年春王正月叔孫得臣會晉人宋人陳人衛人鄭人伐沈沈潰沈国也潰之為言上下不相得○沈音審潰户内反○夏五月王子虎卒叔服也此不卒者也外大夫不書卒何以卒之以其來會葬我卒之也會葬在元年（䟽）何以卒之

釋曰重發之者尹氏則以為曾主此為會葬事異故重發之或曰以其嘗執重以守也僖二十四年天王出居于鄭叔服執重任以守国○守手又反○秦人伐晉○

秋，楚人圍江。○雨螽于宋。外災不志，此何以志也？曰：災甚也。其甚奈何？茅茨盡矣。茅茨猶蓋也，則嘉穀可知。茅茨蓋葉。○雨螽，于付反，下同。下音怒。茨，在思反，茅草也。

疏 外災不至○釋曰：外災不志，重發之者，志災或為王者之後，或為甚而錄之，故不得一例危之。○注茅茨蓋葉。釋曰：徐邈云：禾稼既盡，又食屋之茅茨。今范云茨蓋葉，則与徐異也。公羊與考異郵皆云螽死而墜於地，故何休云螽猶衆也，死而墜者，象宋群臣相殘害也，云云上下異之云爾。今穀梁直云茅茨盡矣，著於上，見於下，謂之雨，與讖違，是為短。鄭玄云：穀梁意亦以宋德薄，後將有禍，故螽飛在上，墜地而死，言茅茨盡者，著甚之驗，於讖何錯之有乎？是鄭意以雨螽於宋亦為將禍之應也。

著於上，見於下，謂之雨。○見，賢遍反。○冬，公如晉。○十有二月己巳，公及晉侯盟。○晉陽處父帥師伐楚救江。此伐楚，其言救江何也？江遠楚近，伐楚所以救

江也時楚人圍江晉師伐楚楚國有難則江圍自解○難乃旦反解音蟹又古買反

四年春公至自晉○夏逆婦姜于齊其曰婦姜爲其禮成乎齊也婦禮成于齊故在齊便稱婦○爲于僞反其逆者誰也親逆而稱婦或者公與何其速婦之也鄭嗣曰皆問者之辭問者以使大夫逆例稱女而今稱婦爲是公親逆與怪稱婦速故反覆推之○公與與音餘注同反覆芳服反曰公也其不言氏公何也據莊二十四年公如齊逆女言公非成禮於齊也非責曰婦有姑之辭也其不言氏何也貶之也何爲貶之也夫人與有貶也邵曰夫人能以禮自防則夫婦之禮不成於齊故譏公而夫人與焉○與音豫注同貶彼檢反

【疏】其曰婦至貶也釋曰宣元年已有傳今故深發之者彼書夫人此直云婦姜嫌文異也故彼此明之以彼稱夫人又書至此不然者公羊傳

曰其謂之逆婦姜于齊何娶於大夫者略之也徐邈亦以爲不書至不稱夫人下娶賤略之者以諸侯下娶大夫便爲略賤則大夫亦不得上娶諸侯且天子得下婚諸侯何爲諸侯不得下娶大夫是公羊之言不可以解此也蓋不稱夫人不言至者以其婦禮成於齊故異於餘稱傳云夫人與有貶也者解不稱氏之意非釋不稱夫人也

○狄侵齊○秋楚人滅江○晉侯伐秦○衛侯使甯俞來聘。俞羊朱反○冬十有一月壬寅夫人風氏薨僖公母風姓

五年春王正月王使榮叔歸含且賵含口實也禮記曰飯用米貝弗忍虛也諸侯含用玉榮叔天子之上大夫也榮采地叔字○含戶暗反釋舊作唅賵芳鳳反飯扶晚反疏注含口至叔字釋曰飯用米貝不忍虛也禮記檀弓文諸侯含用玉禮緯文也

含一事也賵一事也兼歸之非正也禮含賵襚各異人○襚音遂疏注禮含至異人釋曰知各異人者雜記稱諸侯之喪有賵者有含者有襚者又此傳云兼歸之非正也明天子於諸侯含襚常各異使也

其曰且志兼也其不言來不周事之用也何休曰四年夫人風氏薨九年秦人來歸僖公成風之襚最晚矣何以言來鄭君釋之曰秦自敗于殽之後與晉為仇兵無休時乃加免繆公之喪而來君子原情不責晚用或作辭○殽户交反賵以早乘馬曰賵乘馬所以助葬成風未葬故書早○乘繩證反下同而含已晚已殯故言晚國有遠近皆令及事理不通也禮雜記曰含者執璧將命曰寡君使某含相者入告出曰孤某須矣含者入升堂致命子拜稽顙含者坐委於殯東南有葦席既葬蒲席降出反位明君之於臣有含賵之義所以助喪盡恩含不必用不有其禮○令力呈反相息亮反稽音啓下息黨反葦于鬼反

疏注已殯至其禮　釋曰舊解以為傳與雜記違者傳言含賵上關天子之於諸侯及夫人耳雜記所云唯論諸侯自相於不是天子施於諸侯之享故彼既殯猶致含此則責其晚也何者諸侯及夫人於天子生有朝覲之好有疾則當告於天子天子遣使問之有喪則致含無則止矣故未殯以來足以及事今天子歸賵大早歸含大晚故譏之其諸侯相於有疾未必相告比殯以來道遠者容其不至故示其禮而已不責其晚也以事既有殊譏亦有異今恐不

然何者范云国有遠近皆令及事理不通也則是傳之不通故引記文為謚何得云天子與諸侯禮異是舊說妄耳又云明君之於臣云云者謚君之於臣有賵含之義不必皆用也案鄭釋廢疾云天子於二王後之喪含為先襚次之賵次之餘諸侯含之賵之小君亦如之於諸侯之臣襚之賵之其諸侯相於如天子於二王之後於卿大夫如天子於諸侯於士如天子於諸侯之臣京師去魯千里王室無事三月乃含故不言來以譏之是鄭意亦以譏王含晚也范前注引鄭釋似將傳為是後注取彼記文則以傳非者范以何休取秦人來歸僖公成風之襚為難非類故上注取鄭釋以排之下注既以傳為非故引雜記之文為謚二注並不取鄭君非王含晚之說益明范云傳為非也○三月辛亥，

葬我小君成風王使毛伯來會葬會葬之禮於鄙上從竟至墓主為送葬來○竟音境為于偽反（疏）毛伯來會葬 釋曰左氏公羊及徐邈本並云召伯此本作毛伯疑誤也○夏公孫敖如晉○秦人入鄀鄀音若

○秋楚人滅六○冬十月甲申許男業卒

六年春葬許僖公○夏季孫行父如陳行父季友孫疏注行父季友孫 釋曰世本季友生仲無佚佚生行父是也○秋季孫行父如晉○八月乙亥晉侯驩卒○驩好官反○冬十月公子遂如晉○葬晉襄公○晉殺其大夫陽處父稱國以殺罪累上也襄公已葬其以累上之辭言之何也君漏言也上泄則下闇下闇則上聾且闇且聾無以相通臣闇不言君無所聞上下否塞○累劣僞反下同或如字泄息列反又以制反聾魯公反疏傳襄公已葬 釋曰徐邈解襄公已葬謂春秋之例君殺無罪之大夫則是失德不合書葬今襄公書葬則是無罪而以累上之辭言之者以襄公漏泄陽處父之言故也舊解亦云襄公罪輕故不追去葬文今以爲傳云襄公已葬者謂卒哭日以葬在前殺在後是罪累不合及君故起累

上之閒非是釋合書葬以否夜姑殺者也殺奴父○左氏作射姑夜姑之殺宗何曰晉將與狄戰使狐夜姑爲將軍趙盾佐之陽處父曰不可古者君之使臣也使仁者佐賢者不使賢者佐仁者今趙盾賢夜姑仁其不可乎邵曰賢者多才也戰主于攻伐仁者有惻隱之恩不如多才者有權略○盾徒本反攻如字又音貢惻初力反襄公曰諾謂夜姑曰吾始使盾佐女今女佐盾矣称処父語以語之故傳曰漏言也○女音汝語魚慮反夜姑曰敬諾襄公死處父主竟上事待諸侯會葬在鄙上○竟音境夜姑使人殺之君漏言也親殺者夜姑而歸罪於君明由君言而殺之罪在君也故称君以殺

【疏】注親殺至以殺　釋曰兩下相殺不志乎春秋今雖是射姑之殺罪君漏言故称国

以殺故士造辟而言詭辭而出辟君也詭辭而出不以實告人○造七報反辟必亦反君也注同詭九委反曰用我則可不用我則無亂其德此士對君言之辭○晉狐夜姑出奔狄○閏月不告月猶朝于廟禮天子以十二月朔政班告于諸侯諸侯受於禰廟孝子尊事先君不敢自專也言朝者緣生以事死親存朝朝莫夕不敢泄鬼神故事畢感月始而朝之○猶朝直遥反注及下同朝朝上如字下直遥反莫音慕泄息列反

【疏】注禮天子至朝之　釋曰周禮太史班告朔于邦國鄭玄云天子班朔於諸侯諸侯藏之祖廟至朔日朝於廟告而受行之論語云子貢欲去告朔之餼羊是告朔用特羊言廟鄭云祖廟范言禰廟者以无正文各以意說或祖或禰通言之耳何休亦云藏於祖廟使大夫南面奉天子命君北面而受之是亦受政之事也凡告朔之礼因聽視此月之政故謂之視朔謂之聽朔也其朝廟之礼孝子緣生以事死因告朔在廟故感月始而亦享祭宗廟故亦謂之朝享其歲首謂之朝正也據玉藻及祭法之文則天子聽朔於明堂朝享自祖考以下五廟諸侯則聽朔於大廟

朝享自皇考以下三廟也公羊傳称閏月爲不告朔天无
是月也閏月矣何以謂之天无是月非常月也此傳云閏月
者附月之餘日也天子不以告朔而喪事不數公羊穀梁皆
以爲閏月不合告朔左氏傳云不告閏朔棄時政也何以爲
民主則閏月當告朔與二傳異也案哀五年閏月葬齊景公
公羊傳意以爲并閏此傳云喪事不數也者閏月不告朔二
傳雖同其於喪事數與不數其意又異也范氏別例云書不
告朔有三皆所以示譏耳則此文一也公四不視朔二也襄
二十九年公在楚三也公既在楚則是不告朔故亦以爲一
注又云不敢𠀍鬼神解生則朝朝暮夕死則每月始朝之意
也

不告月者何也不告朔也不告朔則何爲不言朔也閏月者附月之餘日也積分而成於月者也一歲三百六十日餘六日又有小月六積五歲得六十日而再閏積衆月之餘分以成此月

疏注一歲至此月　釋曰古今爲歷者皆云周天有三百六十五度四分度之一日之行天一日一夜行一度故謂一度爲一日一歲十二月唯有三百六十日是餘五日四分日之一也又月一大一小則一年之間又有六日并

言之則一歲有十二月故積五歲得六十日此皆大率而言其實一年不得有十二月范不如歷法細計之故云五歲得六十日也

天子不以告朔而喪事不數也

閏是叢殘之數非月之正故吉凶大事皆不用也不數所右也叢徂洪反○

猶之為言可以已也

郊然後三望告朔然後朝廟俱言猶義相類也既廢其大而行其細故譏之

疏 猶之至巳也 釋曰重發傳者前為三望發此是朝廟嫌異故重明之范例猶有五等發傳者二僖三十一年猶三望獨發傳者據始也宣三年不發傳者從例也成七年亦不發傳者亦為從例可知也此年發傳者朝與三望異也宣八年發傳者嫌仲遂有罪得不廢礼又繹祭與朝廟礼異故也

七年春公伐邾三月甲戌取須句取邑不日此其日何也

據僖二十六年公伐齊取穀不日○句其俱反

不正其再取故謹而日之也

僖二十二年公已伐邾取須句過而不改於此為甚故録日以志之

疏

不正至日之也　釋曰哀元年冬仲孫何忌帥師伐邾二年王二月季孫斯云云帥師伐邾取漷東田及沂西田彼比年伐邾而取兩邑經不書日今僖之與文父子異人特言謹而日之者以文公是不肖之君纔主逆祀取邑致討不得序列於諸侯譏其過而不改故録日以見惡僖雖伐邾纔始一度又是作頌賢君故與文異也

遂城郚遂繼事也。因伐邾之師 郚音吾 ○夏四月宋人公壬臣卒。壬本或作王臣 ○宋人殺其大夫稱人以殺誅有罪也(疏)

宋人殺其大夫　釋曰公羊以爲三世内娶使若無大夫故不書名左氏以爲無罪故不書名今此傳直云稱人以殺誅有罪也則謂此被殺者爲有罪故稱人以殺仍未解不稱名所由案僖二十五年宋殺其大夫傳曰其不稱名姓以其在祖之位尊之也此傳云誅有罪也又經稱宋人則與波異蓋成公王臣新卒昭公杵臼未即位國内無君故不稱名氏從未命大夫例故八年鄭釋廢疾亦以此爲無君若然兩下相殺春秋不書又不得言其此書殺大夫而云無君者以受命於嗣天子是以言其孤未畢喪故無名氏八年書司馬官也者彼雖實有君而不重瓜牙無君人之度故經書司馬傳以

無君釋之鄭玄云亦爲上下俱失罪臣以權寵逼君故稱人以殺君以非理殺臣故著言司馬不稱名者以其世在祖之位尊亦與僖二十五年宋殺其大夫同是其說也○戊子晉人及秦人戰于令狐令狐秦地。令力丁反○晉先蔑奔秦不言出在外也輟戰而奔秦以是爲逃軍也輟止也爲將而獨奔故曰逃軍○輟丁劣反將子匠反○狄侵我西鄙○秋八月公會諸侯晉大夫盟于扈扈鄭地○扈音户其曰諸侯略之也晉侯新立公始往會晉侯不盟大夫受盟既以喪娶又取二邑爲諸侯所賤不得亭于會諱使若扈之盟都不可知故略之○喪取七住反本亦作娶【疏】注諱使至略之　釋曰舊說使若扈之盟都不可知者謂後十五年亦不亭諸侯摽解下文故云都也今以爲范解諸侯不亭之意曾諱其不與故摠言諸侯似若扈之盟諸侯都不可知非是摽解下文始稱都也○冬徐伐莒○公孫敖如莒莅盟莅位也

其曰位何也前定也其不日前定之盟不日

也（疏）莅位也釋曰重發傳者以徐伐莒而往莅盟嫌非兩國交盟之例故明之

八年春王正月○夏四月○秋八月戊申天王崩襄王○冬十月壬午公子遂會晉趙盾盟于衡雍衡雍鄭地○雍於用反（疏）公子遂釋曰再稱公子者若下文直言遂恐爲繼事之辭兩名不辨故重言公子以詳之○乙酉公子遂會雒戎盟于暴鄭地○雒戎音洛本或作伊雒之戎誤○公孫敖如京師弔周喪不至而復

丙戌奔莒不言所至未如也若其已行當如公子遂至黃乃復今不言所至而直言復知其實未如也未如則未復也未如而曰如不廢君命也雍曰受命而出義無私留書如京師以顯命行于下不書所至以表不去之罪未

復而曰復不專君命也復者事畢之辭未如故知其未復加畢事之文者言君命無輒專之道其如非如也其復非復也唯奔莒之爲信故謹而日之也（疏）謹而日之也　釋曰襄二十三年冬十月乙亥臧孫紇出奔邾傳曰其日正臧孫紇之出也范云正其有罪彼云正其有罪則此亦正其有罪而𠂤發傳者此其如非如其復非復臧孫則實奔嫌其意異故舉二者以包其餘成十六年冬十月乙亥叔孫僑如出奔齊亦同此例故不復發之若然僑如亦是有罪書日亦以包之於彼注引徐邈云禮大夫云[illegible]埽其宗廟不絶其祀身雖出奔而君遇之不失大正故詳而日之明有恩義也與此異者書日之義有二種之意也一爲正罪一爲兼君恩知者以閔二年公子慶父出奔莒文承九月之下而不書日傳稱慶父不復見矣明罪重合誅故去日以見恩絶則書日者有恩可知以此推之歸父公子慭不書日之從例可知也然歸父有罪非成公遂之者歸父殺嫡立庶宜世不長魯人逐之實得其罪但惡成公逐父之使耳不言歸父無罪也○冬螽○宋人殺其大夫司馬司馬官也

其以官稱無君之辭也何休曰近上七年宋公壬臣卒宋人殺其大夫不言官今此在三年中言官義相違鄭君釋之曰七年殺其大夫此實無君也今殺其司馬無人君之德耳司馬司城君之爪牙守国之臣乃殺其司馬奔其司城無道之甚故稱官以見輕慢也傳例稱人以殺殺有罪也此上下俱失之○見賢偏反

○宋司城來奔司城官也其以官稱無君之辭也來奔者不言出舉其接我也

疏來奔至接我也　釋曰重發傳者嫌奔殺異也來奔不言出發傳於此者以是來奔之始故發之子哀不發者從此例可知

監本附音春秋穀梁註疏文公卷十

書名	春秋穀梁注疏（第叁 冊）共肆 冊
刊寫時代	宋刊本
裝式	線裝
卷數	卷拾壹之拾伍
葉數	柒拾叁葉 內有補鈔拾柒葉又肆葉共貳拾壹葉
行格	半葉拾行行拾柒字小字雙行行貳拾叁字
高廣	高陸寸貳分廣捌寸貳分
邊口	左右雙線黑口第一魚尾下標谷亢幾第二魚尾下標葉數
印章	首尾有本館印
其他標識及狀況	耳簽題某若干年
覆查加注	

檢查者 吳德亮
覆查者

中華民國十三年三月二十八日

監本春秋穀梁註疏文公卷第十一 起九年盡十八年

范甯集解　楊士勛疏

九年春毛伯來求金求車猶可求金甚矣凱曰求俱不可在喪尤甚不稱使者天子當喪未君也（疏）注在喪尤甚 釋曰求賻亦在喪不言尤甚者在喪有賻無金故求賻比求金爲輕求車不在喪又可於求賻故傳云求車猶可凱云在喪求金尤甚○夫人姜氏如齊歸寧○二月叔孫得臣如京師京大也師衆也言周必以衆與大言之也（疏）京大至言之也 釋曰不發於桓九年者内之如京師始於此故發之季姜非魯女故彼處不發雖略不發傳亦同此可知也○辛丑葬襄王天子志崩不志葬舉天下而葬一人其道不疑也志葬危不得葬也不得備禮葬（疏）

天子至葬也　釋曰重發傳者桓王七年始葬襄王則十一月而葬嫌異故重發之也日之甚矣其不葬之辭也王室微弱諸侯無復往會葬○復扶又反（疏）王室至會葬　釋曰魯不會葬則無由得書而云王室微弱諸侯無復往會葬者天子志崩不志葬而又書日是不葬之辭故知諸侯無復往會者也其實魯卿往會始書若不會則不當書也故春秋之世有十二王志崩者有九書葬者唯五耳良由王室不赴諸侯不會故也志崩有九者平王桓王惠王襄王匡王定王簡王靈王景王是也書葬有五者桓王襄王匡王簡王景王是也其莊王僖王頃王三者不志崩爲不赴故也然則天子不合書葬魯史書之者欲見周室之衰不得備禮而葬因遣使往會則録之若不遣使則葬不明故不録也傳稱不志葬者據治平之日正法言之也○晉人殺其大夫先都○三月夫人姜氏至自齊卑以尊致病文公也夫人行例不致乃以君禮致刺公寵之過○刺七賜反（疏）注夫人至之過　釋曰范氏例云夫人行有十二例時此致而書月者蓋以非禮而致故書月以刺之餘不書月者當條皆有義耳夫人行十

二者文姜七如齊再如莒是九也夫人姜氏會齊侯于陽穀十也夫人姜氏會齊侯于卞十一也并數此夫人姜氏是十二也徐邈云卑以尊致有文公娶齊大夫女爲妻故初逆姜氏不稱夫人今致以夫人禮與逆自違故疾公也范云夫人行例不致乃以君禮致刺公寵之過則與徐異也○晉人殺其大夫士穀及箕鄭父稱人以殺誅有罪也鄭父累也○箕居其反○楚人伐鄭○公子遂會晉人宋人衛人許人救鄭○夏狄侵齊○秋八月曹伯襄卒○九月癸酉地震震動也地不震者也震故謹而日之也穀梁説曰大臣盛將動有所變（疏）癸酉地震釋曰范例云地震五例日故此亦日也何休徐邈並云由公子遂陰爲陽行專政之所致今范引穀梁説曰大臣盛將動有所變則與二説同理亦無妨○冬楚子使萩來聘楚無大夫無命卿○萩子遥反又子小反或作菽左氏作

裓

其曰萩何也以其來我襃之也（疏）楚無至之也　釋曰既襃之而書名所以不稱氏者公羊傳云許夷狄者不一而足理或然也○秦人來歸僖公成風之襚秦人弗夫之也言秦人弗以成風爲夫人故不言夫人即外之弗夫人而見正焉見不以妾爲妻之正○見賢遍反○葬曹共公○共音恭

十年春王三月辛卯臧孫辰卒○夏秦伐晉○楚殺其大夫宜申僖四年傳曰楚無大夫而今云殺其大夫者楚本祝融之後季連之胄也而國近南蠻遂漸其俗故棄而夷之今知内附中國亦轉強大故進之○胄直又反國近附近之近（疏）楚本至進之　釋曰國語與楚世家文也○自正月不雨至于秋七月歷時而言不雨文不閔雨也不閔雨者無志乎

民也○及蘇子盟于女栗女栗其地蘇子周卿士○女音汝○冬狄侵宋○楚子蔡侯次于厥貉厥貉其地也○貉亡白反十有一年春楚子伐麇○麇九倫反○夏叔彭生會晉郤缺于承匡承匡宋地○缺苦悅反○秋曹伯來朝○朝直遥反○公子遂如宋○狄侵齊○冬十月甲午叔孫得臣敗狄于鹹不言帥師而言敗何也據僖元年公子友帥師敗莒師于麗獲莒挐稱帥師○敗必邁反鹹音咸麗力知反挐女居反直敗一人之辭也一人而曰敗何也以衆焉言之也言其力足以敵衆

【疏】直敗至言之也○釋曰公子友與莒挐戰唯二人相敵亦是直敗一人彼言帥師此不言者季子與莒挐並將軍衆而行之雖決勝負以其俱有徒衆故經書帥師今叔孫與曾之衆止敵一人故但言敗不言帥師也傳

曰長狄也弟兄三人佚宕中國佚猶更也○佚宕大結反更也害本又作宕更音庚瓦石不能害肌膚堅強瓦石打擿不能虧損○強其丈反擿直隻反叔孫得臣最善射者也射其目身橫九畝廣一步長百步為一畝九畝五丈四尺○射其食亦反下注同廣古曠反直亮反

（疏）注五丈四尺○釋曰春秋考異郵云兄弟二人各長百尺別之國欲為君何休云長百尺范云五丈四尺者讖緯之書不可悉信以此傳云身橫九畝故知是五丈四尺也杜預注左氏云三丈祭約國語仲尼稱僬僥長三尺大者不過數之十非經正文故范所不信注高三尺三寸知者考工記云兵車之廣六尺有六寸又以其廣之半為之軾崇是軾高從上而下去車版三尺三寸橫施一木名之曰軾也

斷其首而載之眉見於軾兵車之軾高三尺二寸○斷丁管反見賢徧反軾音式然則何為不言獲也據宮挐言獲曰古者不重創不禽二毛故不言獲為內諱也不重創血病也不禽

一王敬老也仁者造次必於是顛沛必於是故爲内諱也既射其目又斷其首爲重創髮白爲二毛○重直用反注同創初羊反爲内于僞反造七報反沛音貝（疏）曰古至諱也 釋曰或以春秋本自不應書經何諱之有穀梁以不重創爲諱其理非也今知不然者以長狄兄弟更害中國禍害爲深得臣能近出於一時而標名於萬代其庸大矣故書其不諱何以不書且晉獲潞子尚書於經魯獲長狄棄而不録許内略外之義從其然哉知内諱之言爲得其實也

其之齊者王子成父殺之則未知其之晉者也（疏）其之至者也 釋曰公羊以爲兄弟三人一者之齊一者之魯一者之晉何休云三國各欲爲君象周衰禮義廢魯成就周道之國齊晉霸者之後此三國爲後欲見中國皆爲夷狄之行范雖不從何説理亦無妨○不知其之晉者也 釋曰之魯者叔孫得臣殺之之齊者王子成父殺之謂其之晉者史傳不記未知殺者姓名是誰也

十有二年春王正月郕伯來奔。郕音成○杞伯來朝僖二十七年稱子今稱伯蓋時王所進○朝直遥反○二月庚子子叔姬

卒其曰子叔姬貴之也公之母姊妹也同母姊妹疏

公之母姊妹也釋曰傳稱其曰子叔姬貴之也公之母姊
妹也則似稱子以明貴貴以錄其卒未必由公之母姊妹上
下意乖者上傳云公之母姊妹辭其稱子所由明貴則書卒
賤乃不錄也下傳云許嫁以卒之也欲見其雖貴非許嫁不
書上下二傳足成辭乖也許嫁乃書卒者以其即貴之漸故
也徐邈云上傳云子叔姬者紀夫人見出故不言紀下傳云
許嫁者言是別女非紀叔姬
也理亦足通未知范意然否

其一傳曰許嫁以卒之
也男子二十而冠冠而列丈夫三十而娶女
子十五而許嫁二十而嫁禮二十而冠冠而字計
夫之列兼因曰國不同
父無饋貳故天子諸侯十五而冠十五而娶娶必先冠以夫
婦之道王教之本不可以童子之道治之禮十五為成童以
次成人欲人君之早有繼體故因以為節古者稱成下十五而
冠者在金縢周禮媒氏曰令男三十而娶女二十而嫁內則
云女子十五而笄說曰許嫁也是故男自二十以及三十女
自十五以及二十皆得以嫁娶先是則速後是則晚凡人嫁

文十二年

娶或以賢淑或以方類豈但年數而已若必差十年乃爲夫婦是廢賢淑方類苟比年數而已禮何爲然哉則三十而娶二十而嫁說嫁娶之限蓋不得復過此尔故舜年三十无室書稱曰鰥周禮云女子年二十未有嫁者仲春之月奔者不禁奔者不待禮聘因媒請嫁而已矣竊謂禮爲夫之姊妹服長殤年十九至十六如此男不必三十而娶女不必二十而嫁明矣此又士大夫之禮○冠江喚反娶七住反譙在遙反笄古兮反先是蘇薦反後是户旦反比毗至反或如字得復扶又反鰥古頑反禮爲于僞反長丁丈反

疏 注禮二至之禮釋曰先儒多以周禮媒氏三十之男二十之女限以年數故范引燕周以爲證下取禮文以爲早嫁之驗或以賢淑若大王之娶大姒是也或以方類者左傳稱鄭世子忽云齊大非吾偶是也此又士大夫之禮者著喪服所言多陳士大夫之禮猶不待二十明諸侯以上早娶理在不疑也案尚書金縢无成王十五而冠故彼鄭注云天子諸侯十二而冠成王此年十五於禮已冠而爵弁者承天變故降服也今譙周云成王十五而冠著在金縢者先儒鄭玄之徒約大戴禮以爲文王崩之明年成王始生文王年十五生武王文王九十七而終則終時武王年八十三矣崩之明年武王年八十四也武王九十三而終則武王崩時成王年十歲可知

言周公攝政以往居東後是周公初攝政之時成王年十三二金縢稱始欲攝以隱卑微流言周公居東二年罪人斯得其前之年是成王十四年秋始感大風之變王與大夫盡弁以啓金縢之書是啓金縢時成王年十五又書傳云四年建侯衛則周公復居攝四年作康誥也又書傳云天子年十八稱孟侯則作康誥之時成王年十八矣周公居攝四年成王十八年自然啓金縢迎周公之時成王十五故謂周公以啓金縢時爲成王年十五尚書特云王與大夫盡弁明則始冠之年成王十五而冠謂在金縢也鄭云天子諸侯十二而冠者約左傳魯襄公之年耳更无正文可據故范亦不從

〇夏，楚人圍巢。〇秋，滕子來朝。〇秦伯使術來聘。術秦大夫〇術音述〇冬十有二月戊午，晉人秦人戰于河曲。河曲晉地不言及，秦晉之戰已亟，故略之也。亟數也夫戰必有曲直以一人主之二國戰鬬數曲直不可得詳故略之不言晉人及秦人戰〇亟去冀反數迄注同

（疏）不言至略之也　釋曰七年戰于令狐十年秦伐晉此年又戰河曲是數也

季

孫行父帥師城諸及鄆稱帥師言有難也○難乃旦反【疏】言有難也　釋曰凡城之志皆譏今傳云有難則似无譏者傳本有難不是解譏與不譏直釋其帥師之意耳但此城得時又畏莒爭鄆書雖是譏情義通許故傳以有難釋之不言譏之意也

十有三年春王正月○夏五月壬午陳侯朔卒【疏】陳侯朔卒　釋曰世本是陳共公也○邾子蘧蒢卒○蘧其居反蒢直居反【疏】邾子蘧蒢卒　釋曰左傳是文公也○自正月不雨至于秋七月○大室屋壞屋者主於覆蓋明廟不都壞○大音泰傳皆同大室屋壞者有壞道也譏不脩也大室猶世室也世世有是室故言世室【疏】有壞道也　釋曰高者有崩道下者有壞道既言有壞道而書之者譏不脩也言魯若繕脩之豈有敗壞之理故書以譏不敬也成五年梁山崩傳云高者有崩道山有崩道又不可繕脩之物而亦書之者刺人君无

德而致天災令山崩河壅怪異之大故亦書之然山高稱崩屋下言壞而亭稱禮壞樂崩釋云通言之者以禮樂无高下之殊故知通言之

周公曰大廟爾雅曰室有東西廂曰廟伯禽曰大室羣公曰宮爾雅曰宮謂之室室謂之宮然則其實一也蓋尊伯禽而異其名〔疏〕注爾雅至其名　釋曰此下注所引並爾雅釋宮之言有東西廂者謂有夾室也傳知周公曰大廟伯禽曰大室羣公曰宮者禮記明堂位云季夏六月以禘禮記周公于大廟哀三年桓宮僖宮災是周公稱大廟羣公稱宮此經別言大室明是伯禽廟公羊傳為世室世室言世世不毀世與大意亦同耳

禮宗廟之事君親割割牲〔疏〕君親割　釋曰徐邈云禮記曰君執鸞刀而刲牲是也然彼據初殺牲之時非是割牲之事徐言非也

夫人親舂舂粢盛敬之至也為社稷之主而先君之廟壞極稱之志不敬也極稱言屋壞不復依違其文○復扶又反○冬公如晉○衛侯會公于沓沓地也○沓徒荅反○狄侵衛

○十有二月己丑公及晉侯盟還自晉還者
事未畢也自晉事畢也（疏）還者至畢也○釋曰知自晉是事畢者以
其與致文同故知是事畢傳知還是事未畢者以未至國都而鄭伯會公于棐故知是未畢春秋上下書還者有四莊六
年秋師還傳曰遯也今公自晉為事未畢而言嫌不得如彼例故復發傳宣十八年歸父還自晉嫌君臣異故復發事未畢
之文襄十九年晉士匄帥師侵齊聞齊侯卒乃還嫌外內異故亦復發傳云事未畢也還例有四范別例云三者盖直據
內為三不數外臣故也○鄭伯會公于棐棐鄭地○棐芳匪反
十有四年春王正月公至自晉○邾人伐我
南鄙○叔彭生帥師伐邾○夏五月乙亥齊
侯潘卒○潘浦干反（疏）齊侯潘卒○釋曰世家及世本是齊昭公也○六月公
會宋公陳侯衛侯鄭伯許伯曹伯晉趙盾癸

酉同盟于新城（宋地）同者有同也同外楚也

疏同外楚也○釋曰春秋書同盟非一傳或有釋亦有不釋就不釋之中辭又不同所以然者莊公之世二幽之盟于時楚國未強齊桓初霸直取同尊周室而已故傳云同尊周也及邵陵首止之徒楚人不敢與爭懷大齊桓故不復言同當文公時楚人強盛而中國畏之命同盟詳以外楚不復直能尊周室而已故傳釋之云同外楚也斷道書同傳云外楚也則清丘亦是外楚故傳以省文也舉斷道以包上下則蟲牢馬陵蒲之與戚柯陵虛朾之類亦是省文可知同盟雞澤復發傳者楚人轉盛中國外之彌甚或更發之則戲盟及亳城重丘之等亦其義也平丘又重發以楚之文者平丘以下中國微弱外楚之事盡於平丘從此以後不復能外故發傳以終之也

○秋七月有星孛入于北斗孛之為言猶茀也其曰入北斗斗有環域也（據孛于大辰及東方皆不言入此言入者明斗有規郭入其魁中也劉向曰北斗貴星君人之象也茀星亂臣之類言邪亂之臣將並弒其君○孛步內反茀李軌扶憒反徐邈扶勿反一音步勿反又音弗邪餓）

文十四年

嗟一反弑音試○入公至自會○晉人納捷菑于邾弗克
納是卻克也其曰人何也微之也何爲微之
也長轂五百乘縣地千里長轂兵車四馬曰乘一乘甲士三人步卒七十
二人五五百乘合三萬七千五百人縣猶彌○僈捷菑在棲反下側其反轂古木反乘繩證反卒子忽反【疏】微之
也○釋曰小言取之者以非專惡之辭故傳言微之而已過宋鄭滕薛夐入千乘
之國欲變人之主夐猶遠也變〻之主謂時邾已立玃且邾小國而言千乘者大卻克
之事○夐况盛反一至城下然後知何知之晚也征不覩筭正其得失
勞師遠涉乃至城下邾以義拒然後乃悟取之曰人不亦宜乎○悟五故反弗克納未伐而
曰弗克何也弗克其義也非力不足義不可勝捷菑晉
出也玃且齊出也姊妹之子曰出玃且正也捷菑不

正也正適。○適丁歷反○九月甲申公孫敖卒于齊奔大夫不言卒而言卒何也據閔二年公子慶父出奔莒後不言卒爲受其喪不可不卒也其地於外也成十七年公孫嬰齊卒于貍蜃傳曰其地未踰竟宣八年仲遂卒于垂垂齊地然則地或踰竟或未踰竟凡大夫卒在常所則不地地者皆非其常所隨其所在而書其地耳不孫於踰竟與不踰竟○爲于僞反貍力之反蜃市軫反竟音境並同【疏】其地於外也○釋曰此與公孫嬰齊卒于貍蜃傳皆釋之宣十年仲遂卒于垂而傳不釋者此公孫敖卒于齊之國內故傳釋之曰[illegible]於外也明在他國而卒公孫嬰齊卒在魯竟內故傳釋之曰其地未踰竟明非他國也二者既已發傳垂是齊地非是他國都又非魯竟內在兩端之間故不復釋之○齊公子商人弒其君舍舍未踰年其曰君何也成舍之爲君所以重商人之弒也舍不成君則殺也非弒也○殺其音試本又作弒商人其不以國氏何也據隱四年衛祝吁弒其君完不言公子不以嫌代嫌也春秋以正治不正不以亂平亂舍不宜立有不正之嫌商人專權有當國之嫌故不書國氏明不以嫌相代疏不以嫌代嫌也　釋曰左氏以舍是昭公之子夫人叔姬所生而范云舍不宜立有不正之嫌以傳云不以嫌代嫌只知舍不正又舍卒不日亦是非正之驗舍之不日何也未成爲君也疏舍之至君也　釋曰傳例凡弒君書日以成之不繫於成君若舍是嫌成君亦不合書日而云未成君者春秋不正其者雖然亦得書日即晉侯小白鄭伯喪見也又商人爲不欲以嫌代嫌故不去公子則舍不正之嫌前已具見不正見例當書日爲未成君故不日耳〇宋子哀來奔其曰子哀失之也言失其氏不知何人疏失之也　釋曰經言宋子哀傳云失之也者舊解失之者謂其來奔譏子之意案范注云失其不知何人則不得公子其所子之忌蓋失之者謂雖知是宋之大夫但不知是何族姓也〇冬單伯如齊單伯魯大夫〇單音善齊人執單伯私罪也

伯淫于齊齊人執之齊人執子叔姬叔姬同

罪也【疏】叔姬同罪也 釋曰姬既與單伯同罪而經文異執者單伯是天子命大夫魯人遣送叔姬未至三□齊之淫其則閤於取之之術曾明若於遣使之宜故經不書叔姬歸于齊再舉齊執之文者信其共罪然斷以爲譏也明年書單伯至自齊亦是諱之之事自□公羊亦以爲不言齊人執單伯及子叔姬者內辭也使若異罪然左氏則云單伯天子之大夫爲魯請叔姬共執之意也

十有五年春季孫行父如晉○三月宋司馬

華孫來盟□曰擅權專國不君其君緣其不臣□□君以司馬司□皆不名而此獨名者以其□□季孫出聘爲叔於我故書官以見專錄名以存善○華户化反使所吏反好呼報反以見賢徧反【疏】宋司馬至存善 釋曰外大夫來盟書名則是常事而云錄名以存善者華亦擅權專國理合變文今得錄名即見同於常使失常□亞則得常是善猶左氏稱公子翬如齊逆女脩先君之好故曰公子亦其類也華孫奉使不稱使者以其專故經書官以

表之此傳云無君之辭也既無君無臣故不得使也　司馬官也其以官稱無君之辭也來盟者何前定也不言及者以國與之也。稱尺證反年末注同　疏○前定也○釋曰重發傳者不滿使嫌[illegible]故也鼓用牲于社莊二十五年傳稱鼓禮也鼓既是禮所以書之者鼓當於朝今用之於社鼓雖得禮用之非處故書之若然後亦鼓之於社而云禮者彼對用牲為非禮故云鼓禮也其實用鼓亦非其處若得其處經不當書耳　○夏曹伯來朝。○朝直遙反○齊人歸公孫敖之喪○六月辛丑朔日有食之鼓用牲于社○單伯至自齊大夫執則致致則名此其不名何也據昭十四年意如至自晉稱名天子之命大夫也○晉郤缺帥師伐蔡戊申入蔡　疏晉郤至入蔡○釋曰伐入兩舉者伐而不即入故兩舉之也莊二十八年伐戰兩舉者助

伐者文竟內戰在國都故亦兩舉之也○秋齊人侵我西鄙其曰鄙遠

之也其遠之何也不以難介我國也猶近也○難乃旦

反介音界注同疏其曰鄙遠之也釋曰重發傳者以莊十九年三國伐我今齊人獨來嫌異故重明之○

季孫行父如晉○冬十有一月諸侯盟于扈

諸侯皆會而公獨不與故略而略之疏注諸侯至略之釋曰舊解以獨不與者謂七年扈之盟公不得與故

言諸侯此與十七年公雖與會諱前不與故亦略之其意然公獨不與謂七年時也今以爲公獨不與正謂此年公亦不

與故言公會諸侯今此會盟公全不往故直言諸侯盟于扈而已皆所以爲諱也○十有二月

齊人來歸子叔姬其曰子叔姬貴之也其言

來歸何也父母之於子雖有罪猶欲其免也

劭曰書來歸是見出之辭有罪之人猶與貴稱書之曰子者蓋父母之恩欲免罪也疏其曰至免也釋曰來歸者

文十五年

是彰罪之辭而云致酒之於子欲其免也者稱子是尊貴之辭稱公來歸以貴辭言之非是有罪之稱故云欲其免也

○齊侯侵我西鄙遂伐曹入其郛郛郭○郛芳孚反疏入其郛釋曰公羊傳云郛者何郛也此不發傳者春秋唯有此事非例所及故略之也

十有六年春季孫行父會齊侯于陽穀齊侯弗及盟弗及者内辭也行父失命矣齊得内辭也行父出會大國辭義無可納故齊侯以正道拒而弗盟不盟由齊故得以辭疏注行父至内辭釋曰以行父失辭之故爲齊侯所外得其所拒内失其志春秋惡行父之失命故得以辭也○夏五月

公四不視朔天子告朔于諸侯諸侯受乎禰廟禮也每月天子以朔政班于諸侯諸侯受而藏之禰廟告朔以羊今公自二月不視朔至五月四後視朔之禮遂廢故子貢欲去其羊○去起呂反疏注每月至其羊釋曰二明朔部公周禮天子不班朔于二[illegible]

云班朔者彼據周未全不能班之時尚或班或不班故下傳云以公為厭政以甚矣范云天子班朔而公不視是知是二月不視朔至五月君以經書五月公四不視朔若六五月以後皆廢之則公或視或不視何得言四不視朔知從二月至五月為四也又云是後視朔之禮遂廢而經直云公四不視朔者左氏以為此獨書公四不視朔者以表公實有疾非詐齊也公羊為此公有疾猶可言無疾則不可言穀梁文雖不明蓋從此譏之既足見其餘不復譏也

四不視朔。公不臣也，以公為厭政以甚矣。天子班朔而公不視，是不臣。○厭，於豔反。

六月戊辰，公子遂及齊侯盟于師丘。師丘，齊地。○師丘，左氏作郪丘，公羊作犀丘。

復行父之盟也。與行父盟，故復使遂脩之。○復行，扶又反，又音服，注復使及下注一復皆同。

秋八月辛未，夫人姜氏薨。僖公夫人。

○毀泉臺。喪不貳事，貳事，緩喪也。喪事主哀，而復毀泉臺，是以喪為緩。以文為多失道矣。緩作[illegible]。王[illegible]

僖公四不視朔疏以文至道矣　釋曰春秋為尊親者諱毀泉臺之類而歷其多失道者仲尼之脩春秋所以示法有罪皆諱何以見其褒貶故桓公殺逆之主非無道徧亦其比也至於書經文不委曲則亦是諱何者文實逆祀而云躋僖公從後多不視朔直言四不視朔而已不稱毀泉臺則似嫌其奢泰是亦足了為尊親諱之義也然取一邑大字臺壞不與扈盟亦是失道經不言者云云之類足以包之也公羊以為泉臺者是莊公所築郎臺也左氏與此傳並不顯言或如公羊之說也

自古為之今毀之不如勿處而已矣若以夫人居之而以之處者伯當為莫處

冬十有一月宋人弒其君杵臼泰曰傳稱人以弒衆辭衆之所同君過可知又曰稱國以弒其君君惡甚矣然則舉國重於書人也○惡烏路反臼其九反疏注泰至人也　釋曰稱人衆辭莊十七年傳文稱國以弒其君君惡甚矣成十八年傳文

十有七年春晉人衛人陳人鄭人伐宋衛亭陳上盡主

會者隆之○夏四月癸亥葬我小君聲姜○齊侯伐我西鄙。六月癸未公及齊侯盟于穀。○諸侯會于扈。言諸侯者義與上十五年同○范云言諸侯者義與上十五年同亦諸侯皆會公獨不與臥而略之疏注言諸至年同 釋曰彼為公不會略言諸侯則此亦然也○秋公至自穀。○冬公子遂如齊

十有八年春王二月丁丑公薨于臺下。臺下非正也。疏臺下非正也 釋曰非正與僖同重發之者僖是小寢此則臺下嫌異故發之○秦伯罃卒○罃乙耕反○夏五月戊戌齊人弑其君商人。○六月癸酉葬我君文公。○秋公子遂叔孫得臣如齊。使舉上客而不稱介不正其同

僑而相介故列而數之也上客耳主也禮大夫爲卿介遂與得臣俱爲卿是以同倫爲副使故兩言之明無差降○使舉所使反注同介音界下同副使也數所主反疏注禮大夫爲卿介　釋曰聘禮卿出以大夫爲上介士爲末介是也○冬十月子卒子赤也諸侯在喪既葬之稱疏注子赤至之稱　釋曰公羊傳稱君薨稱子某既葬稱子踰年稱君今子赤文公既葬而云子卒是既葬之稱也子卒不日故也故殺也不稱殺諱也○夫人姜氏歸于齊惡宣公也姜氏子赤之母見其子被殺故大歸也宣公亦文公之子其母敬嬴惡不奉姜氏○惡烏路反注同嬴音盈依左傳應作頃熊疏惡宣公也　釋曰注并言敬嬴者注意欲明宣公是敬嬴所生是非惡敬嬴也舊解宣公不使其母奉養姜氏故言之理亦通也有不待貶絶而罪惡見者泰曰直書姜氏之歸則宣公罪惡不貶而自見有待貶絶而惡從之者齊小白以國氏之類是也姪娣者不孤子之意也言其一人有子則

養。姪大結反娣音弟共養並如字一讀上九用反下餘亮反一人有子三人緩帶共望其祿疏姪娣至緩帶釋曰上文直云姪娣者所以分別尊卑明夫人須媵妾之意下文總言緩帶者欲見有子則喜樂之情均貴賤之意等今宣公為人君不尊養妾氏非緩帶之謂也緩帶者優游之稱也一曰就賢也若並有子則就其賢謂年同也宣公不奉哀姜非此之謂故惡之疏注若並至惡之釋曰宣以庶子篡立非關就賢范云宣不能奉養哀姜則是非就賢之事故云非此之謂也○莒弒其君庶其傳例曰稱國以弒其君君惡甚矣疏注傳例至甚矣釋曰注引傳例者嫌小國無大夫例小稱臣名明弒逆事重不從只常大夫之例也舊解稱國者謂惡於國人并虐及卿大夫稱人者謂失心於民庶也此乃譏於賈逵之說據十六年范注則似不然○季孫行父如齊

春秋穀梁註䟽文公卷第十一

監本春秋穀梁註疏宣公卷第十二 起元年盡十八年

范甯集解　楊士勛疏

宣公（疏）魯世家宣公名倭文公之子子赤庶兄以周匡王五年即位謚法善問周達曰宣

元年春王正月公即位繼故而言即位與聞乎故也○與聞音豫下注亦同（疏）繼故至故也　釋曰重發傳者桓公篡成君宣公篡未踰年君嫌異故發之○公子遂如齊逆女不譏喪娶者不待貶絕而罪惡自見桓三年傳曰逆女親者也使大夫非正也○自見賢遍反（疏）注桓三至正也　釋曰引彼傳例者嫌譏喪娶不責親迎故引傳例以明之三月遂以夫人婦姜至自齊其不言氏喪未畢故略之也夫人不能以禮自固故與有貶（疏）注夫人至有貶　釋曰婚禮遲速由於夫家陽倡陰和固是其理而責夫人者一禮不敵貞女不行夫人姜氏若其不行公得無喪娶之譏夫人無

旬從遂咎故貶之其曰婦緣姑言之之辭也遂之挈由
上致之也上謂宣公○挈苦結反○疏其曰至辭也釋曰傳重言此者嫌喪娶辭略并明
不與夫人之婦同也○遂之至之也釋曰挈者謂去氏族
而直書名徐邈以挈爲舉非也左氏以爲遂不稱公子者尊
夫人也公羊以爲遂不言公子者一事而再見從省文此傳
云由上致之是與二傳異也此注云上謂宣公昭公二十四
年婼至自晉注云上謂宗廟也者釋有二家其一云禮夫人
三月姑見宗廟遂與僑如之致由君而已故知上爲宣公成
公也婼被執而反理當告廟故知上謂宗廟也又一釋二者
互文也以相通見廟之時君稱臣之名以告宗廟則二者皆
當書名故此云宣公彼云宗廟亦是昭公告之可知此宣公
亦是告宗廟明矣婼與意如俱爲被執而致傳釋有異辭者
意如詐於晉婼則無罪故傳不同也此已發傳僑如又發之者此喪娶彼非喪娶嫌異故重明之○夏季
孫行父如齊○晉放其大夫胥甲父于衛放猶
屏也屏除稱國以放放無罪也○公會齊侯于

平州平州齊地離會故不致【疏】稱國至罪也○釋曰范別例云故大夫凡有三晉放胥甲父一昭公年楚放公子昭二哀年蔡人於公孫獵三也此云稱國以放放無罪也則稱蔡人者是放有罪若然招殺世子偃師則招亦有罪不稱楚人者以上有楚師滅陳之文故不復出楚人又招有罪自明故不待更稱楚人也○注離會故不致不引傳例者此宜自應例惡無所嫌疑故也傳內不至齊也昭二十五年齊侯取鄆傳曰取易辭也哀八年齊人取讙及闡傳曰惡內也所以三發傳不同者內不合言取今言取是違例之問宜在於始魯人不得已而賂之取雖是易而我難之故直云授之昭公失國之君忠臣喜公得邑故以易辭言之哀公犯齊陵邾而反喪邑易辭之也傳以明惡內之理未顯故傳特言惡內其實皆是易辭也。○公子遂如齊○六月齊人取濟西田內不言取言取授之也以是為賂齊也公宣弒入賂齊以自輔恥賂之故書齊取○秋邾子來朝○楚子鄭人侵陳遂侵宋遂繼事也○晉趙盾帥師救陳善救陳也。盾徒本反【疏】善救陳也。釋曰何嫌非善而言善者陳近楚屬晉嫌救之非善故傳釋之又救之者爲善所以駮鄭之過也。宋人陳侯衞侯曹伯會晉師于棐林伐鄭棐林鄭。棐芳尾反音匪列數諸侯而會晉趙盾大趙盾之事也大其衞中國攘夷狄。數所主反攘而羊反其曰師何也據言會晉師不言會晉趙盾以其大之也以諸侯大趙盾之事故言帥師者衆大之辭【疏】以其大之也。釋曰襄二年晉師宋師衞甯殖侵鄭注云不書晉宋之將以慢其伐人之喪彼稱師言惡者宋比稱師云大之者稱師之義不在一方言師雖同善惡有別所謂春秋不嫌同文此之謂也齊救邢惡不及事楚子城蔡城非其罪晉伐宋喪失匍匐之義故皆貶之稱師今趙盾伐鄭以救陳宋故經列數諸侯而殊大之名稱師者以著善也于棐林地而後伐鄭疑辭也此其地何則著其美也泰曰夫救災恤患其道宜速而方云會于棐林然後伐鄭狀似伐鄭有疑須會乃定曰非也欲美趙盾之功故詳録其會地（疏）于棐至美也○釋曰桓十五年公會諸侯于衮城鄭傳曰地而後伐疑辭也非其疑也此傳既曰疑辭也又云則著其美也者此文雖與會衮同其理則異可者以其列數諸侯而會趙盾則詳其會地亦善可知也○

冬晉趙穿帥師侵崇穿音川○

晉人宋人伐鄭伐鄭所以救宋也時楚鄭侵宋（疏）所以救宋也○釋曰伐鄭所以救宋經不言救宋者以上有楚子鄭人侵陳遂侵宋之文今云晉人宋人伐鄭明救宋可知故不言之也知非救陳者以救陳之文也已見故楚伐宋宋得出而自救者伐宋者不攻都城故得出師助晉也

二年春王二月壬子宋華元帥師及鄭公子歸生帥師戰于大棘宋師敗績獲宋華元大棘宋地○華戶化反

獲者不與之辭也華元得衆甚賢故不與鄭獲之（疏）注華元至獲之○釋曰華元得衆故不與鄭獲之然則晉侯失民亦言獲者晉侯雖失衆諸侯無相獲之道故亦不與秦獲也

徐邈云獲是不與之辭與者當稱得也故定九年得寶玉大弓是也然則于玉與人不類徐言非也何休云華元繫宋者明耻辱及國案齊國書陳夏齧皆繫國則是史之常辭非有異文也言盡其衆以救其將也先言敗績而後言獲知華元得衆心軍敗而後見獲晉與秦戰于韓未言敗績而君已獲知晉侯不得衆心明矣。盡子忍反以三軍敵華元華元雖獲不病矣何休曰書獲皆生獲也如欲不病華元當有變文鄭君釋之曰將帥見獲師敗可知不當復書師敗績此兩書之者明宋師懼華元見獲皆竭力以救之無奈不勝敵耳華元有賢行得衆如是雖師敗身獲適明其美不傷賢行今兩書敗獲非變文如何。秦師伐晉。夏晉人宋人衛人陳人侵鄭。秋九月乙丑晉趙盾弒其君夷臯穿弒也穿趙盾從父昆弟。盾不弒而曰盾弒何也以罪盾也其以罪盾何也曰靈公朝諸大夫而暴彈之

暴履暴○朝直遥反彈徒丹反又徒旦反觀其辟丸也趙盾入諫不聽
出亡至於郊禮三諫不聽則去待放於竟三年君賜之環則還賜之玦則往必三年者古疑獄三
年而後斷易曰繼用徽纆示于叢棘三歲不得凶是也自嫌有衆當誅故三年不敢去○辟音避竟音境玦古穴反杜元
凱云如環而不連斷丨亂反徽許歸反纆亡北反徽纆皆繩也三股曰徽兩股曰纆疏注禮三至敢去○釋曰三
諫不聽則去待放於竟三年公羊傳文君賜之環則還賜之玦則往荀卿書有其事易曰繼用徽纆示于叢棘三歲不得
凶者易坎卦上六爻辭但易本繼作係陸德明云寘置也王弼云險陗之極不可升也法峻整難可犯也宜其囚執寘于
思過之地三歲險道之夷也險終乃反故三歲不得自修三歲乃可以求復故曰三歲不得凶也馬融云徽纆索也陸德
明云三糾繩曰徽二糾繩曰纆劉表云三股爲徽兩股爲纆趙穿弒公而後反趙
盾招使還史狐書賊曰趙盾弒公史國史掌書記事狐其名盾
曰天乎天乎予無罪告天言己無弒君之罪孰爲盾而忍

弑其君者乎迴巳易他誰作盾而當忍弑君者乎。孰爲盾絶句孰誰也史狐曰子爲正卿入諫不聽出亡不遠君弑反不討賊則志同志同于穿也志同則書重非子而誰盾是正卿又賢故言重故書之曰晉趙盾弑其君夷皋者過在下也鄭嗣曰成十八年晉弑其君州蒲傳曰稱國以弑其君君惡甚矣然則稱臣以弑罪在臣下也趙盾弑其君不言罪而曰過者言非盾親弑有不討賊之過。惡甚如學反烏路反曰於盾也見忠臣之至於許世子止見孝子之至邵曰盾以亡不出竟反不討賊受弑君之罪忠不至故也止以病不知嘗藥受弑父之罪孝不至故也。見忠賢遍反或如字下同

【疏】曰於至之至。釋曰趙盾與止許加弑是同而許君書葬晉林公不書葬者許止失嘗藥之罪輕故書葬以赦止趙盾不討賊之罪重故不書晉侯葬明盾罪不可原也春秋必加弑於此二人者所以見忠孝之至故也忠孝不至則加惡名欲使忠

臣觀之不敢惜力孝子見之所以盡心是將來之遠殺也○冬十月乙亥天王崩匡王也

三年春王正月郊牛之口傷之口緩辭也傷自牛作也牛自傷口非備災之道不至也故以緩辭言之疏緩辭也　釋曰此之為緩辭則成七年不言之為急辭也舊解范氏別例云凡二十五范既想為例則言之者並是緩辭也傳於執衛侯云言之緩辭也則云其餘不發亦緩可知耳公退在外逆之緩也衛侯之弟轉秦伯之弟鍼等稱之者取其緩之得逃吳敗六國亡之者取其六國同役而不急於軍事也殺奚齊稱之者緩於成君也考仲子宮言之者隱孫而脩之緩也日食言之者不知之緩也則自餘並緩耳理雖迂誕舊說既然不可致語故今亦從之

改卜牛牛死乃不郊事之變也牛無故自傷其口易牛改卜復死乃變郊禮此事之變異○復扶又反疏改卜至變也　釋曰公羊傳稱改卜者帝牲不吉則引稷牲而卜之其帝牲在於滌宮三月於稷者唯具視其身體無災而已不特養於滌宮又云郊必以其祖配者自內出者無匹不行自外至者無主不止今改卜者取於稷牛則未審傳意

如何以后稷配郊必與公羊異也不言免牛而云不郊者牛死不行免牛之禮故直言不郊也乃者亡乎人之辭也譏宣公不恭致天變【疏】乃者至辭也　釋曰重發傳者嫌牛死與卜郊不從異也
猶三望○葬匡王○楚子伐陸渾戎○渾戶門反又戶困反
○夏楚人侵鄭○秋赤狄侵齊○宋師圍曹
○冬十月丙戌鄭伯蘭卒○葬鄭穆公
四年春王正月公及齊侯平莒及郯莒人不肯及者內爲志焉爾平者成也不肯者可以肯也凱曰君子不念舊惡況爲大國所和乎○郯音談國名也【疏】平者成也　釋曰舊解以莒不肯平公伐莒取向莒人獨復怨郯郯之與莒方爲怨惡乃是成就亂事故訓之爲成注無此意恐非也公伐莒取向向莒邑○向書亮反伐猶可取向甚矣以義兵討不平未若不用兵以

義伐乎者也故曰猶可也疏注以義至可也釋曰傳稱伐猶可是非正與辭注云義兵若據以討不直故云義兵也義兵之道不足故傳云猶可也莒人辭不受治也乘義取邑所以不服伐莒義兵也討不釋然取向非也乘義而為利也○為如字又于偽反○秦伯稻卒疏秦伯稻卒釋曰世本秦共公也○夏六月乙酉鄭公子歸生弑其君夷○赤狄侵齊○秋公如齊公至自齊○冬楚子伐鄭

五年春公如齊○夏公至自齊○秋九月齊高固來逆子叔姬諸侯之嫁子於大夫主大夫以與之婚禮主人設几筵于廟以待迎者諸侯大夫尊卑不敵故使大夫為之主○迎魚敬反來者接內也不正其接內故不與夫婦之稱也

來者謂高固高固齊之大夫而今與君接婚姻之禮故不言逆女○稱尺證反疏諸侯至稱也釋曰莒慶已發傳今重發之者莒慶小國之大夫高固齊之尊卿而取公之同母姊妹嫌待之禮殊故發傳明其不異也徐邈云傳言吾子是宣公女也理亦通爾○叔孫得臣卒○冬齊高固及子叔姬來及者及吾子叔姬也爲使來者不使得歸之意也高固受使來聘而與婦俱歸故書及以明非禮莊二十七年冬杞伯姬來僖二十八年秋杞伯姬來皆不言所及是使得歸之意○受使所吏反疏叔孫得臣卒釋曰隱元年傳曰大夫不曰卒惡也今叔孫得臣不曰卒亦惡可知矣何休云知公子遂弑君而匿情不言未審范意亦然以否○及者至姬也釋曰經既言高固及子叔姬足自明矣傳何須更言及吾子叔姬也者傳方欲解及爲非禮故上張其文也○注故書至非禮釋曰桓十八年濼之會去及爲非禮此書及爲非禮者公與夫人之行須言及以別尊卑故云及夫人姜氏會齊侯於陽穀言及濼之會以夫人之伉不言及故知云及爲非禮今叔姬歸寧當以獨來爲文高固奉命宜云來聘經揔之言來故

故書及爲非禮楚人伐鄭

六年春晉趙盾衛孫免侵陳此帥師也其不言帥師何也據元年趙盾帥師救陳言帥師也不正其敗前事故不與帥師也元年救而今更侵之疏不正至師也　釋曰傳例將卑師衆曰師將尊師少直言將成三年晉郤克衛孫良夫伐牆咎如彼非是敗前事亦不言帥師此云不正其敗前事故不與帥師者凡常書經自依將之尊卑師之多少之例趙盾元年稱帥師救陳今直書名而已明是惡敗前事故不與帥師也郤克良夫前無帥師之文故知從將尊師少例耳○夏四月○秋八月螽○螽音終○冬十月

七年春衛侯使孫良夫來盟來盟前定也不言及者以國與之不言其人亦以國與之不日前定之盟不日○夏公會齊侯伐萊○萊音來國名

疏來盟至不日　釋曰此重發傳者宋華孫不稱使此則稱使嫌異故重發之言不日者據成三年及荀庚盟有日故發問也○秋公至自伐萊○大旱○冬公會晉侯宋公衛侯鄭伯曹伯于黑壤黑壤其地○壤人丈反

八年春公至自會○夏六月公子遂如齊至黃乃復蓋有疾而還黃齊地疏蓋有疾而還　釋曰以下有卒故知有疾也乃者亡乎人之辭也鄭嗣曰大夫受命而出雖死以尸將事公子遂以疾而還失禮違命故曰亡乎人言魯使不得其人也疏亡乎人之辭也　釋曰重發傳者此乃復是事畢之文其實未畢嫌與他例異故重明之此云乃者亡乎人之辭也定十五年傳以爲急辭也者乃有二義故也此魯使不得其人言乃以責之公孫敖亦是失命不言乃者此以疾而反有可責之理故言乃復以譏之敖棄命奔莒元來未去不足可責非乃文所盡故不言乃也復者事畢也不專公命也遂以疾反而加事畢之文者是不使遂專命還○辛

已有事于大廟○大音泰下注同仲遂卒于垂祭于大廟之日而知仲遂卒垂齊地【疏】注祭于至遂卒○釋曰：注言此者，解經仲遂之卒繫祭廟之意也。仲遂有罪而亦書日者，宣公與遂同罪，猶定公不惡意如而書日也。當辛巳自爲祭廟，不爲仲遂也。案公子翬當桓䖍無罪，則不去公子；仲遂非宣惡人而去公子者，翬非桓罪人，故生存不去公子之號；仲遂於宣雖則無罪，死者人之終，若不去公子，嫌其全無罪然，故去之。若然，何以不去日者？既替其尊號，則罪已明，故不假去日也。傳稱公弟叔仲賢也，遂非賢而稱仲者，杜預云時君所加，何休云稱仲者起嬰齊所氏，范雖不注，理未必然，蓋以遂見疏而去公子，經不可單稱遂卒，遂於後以仲爲氏，故稱仲遂卒也。然仲遂以罪見疏，即見罪惡之臣，而譏宣公不發繹者，宣公與遂同心，繹祭之時則內舞去籥而爲之，故所以譏也。爲若反命而後卒也先書復，復言卒，使若遂已反命于君而後卒于垂此公子也，其曰仲何也？疏之也僖十六年傳曰：大夫不言公子、公孫，疏之也何爲疏之也？是不卒者也遂與宣公共弒子赤不疏則無用見其不卒也若書公子則與正卒者同故去公子以見之○見其賢徧反注同故去起呂反下文及注同則其卒之何也據公子翬不書卒○子翬許韋反以譏乎宣也其譏乎宣何也聞大夫之喪則去樂卒事去籥萬卒祭事言今不然壬午猶繹猶者可以已之辭也繹者祭之旦日之享賓也萬入去籥萬舞名籥管也

○繹音亦爾雅云又祭也享許丈反籥餘若反管也

疏 猶者至賓也 釋曰旦日猶明日也何休云繹者繼昨日事但不灌地降神耳天子諸侯曰繹大夫曰賓尸士曰宴尸則天子以卿爲之諸侯則以大夫爲之卿大夫以孫爲之夏立尸殷坐尸周旅酬六尸唯士宴尸與先儒少異則范意或與何同也案少牢饋食之禮卿大夫當日賓尸天子諸侯明日賓尸者天子諸侯禮大故異日爲之卿大夫以下禮小故當日即行其三代之名者案爾雅云夏曰復胙殷曰肜周曰繹是也謂之復胙者復前日之禮也謂之肜者肜是不絕之意也謂之繹者繹陳昨日禮也何休又云禮大夫死爲廢一

時之祭有事於廟而聞之者去樂卒事至卒事而聞之者廢繹今魯不以爲譏范意當亦然也以其爲之變譏之也內饗去籥惡其聲聞此爲卿變於常禮是知其不可而爲之○爲之于僞反注爲卿變同惡其烏路反○戊子夫人熊氏薨宣公妾母○左氏作嬴氏○晉師白狄伐秦○楚人滅舒蓼○舒蓼音了本又作鄝國名也○秋七月甲子日有食之既○冬十月己丑葬我小君頃熊文夫人姜氏大歸于齊故宣公立已妾母爲夫人君以夫人禮卒葬之故主書者不得不以爲夫人義與成風同○頃熊音傾左氏作敬嬴

疏注文夫至風同　釋曰哀姜有罪故傳成其母爲夫人今姜氏子殺故身出本自無罪則頃熊成喪不是同例而云與成風同者禮妾子爲君其母不得稱夫人以二者俱非正禮故云同耳非謂意盡同也穀梁以成風稱貶故曰妾子雖爲君其母不得稱夫人則襄公以其母定姒爲夫人亦非正明也然成風稱貶自外不譏者從一譏故也案文十八年注云宣母敬嬴此云頃熊者一人有兩號故也雨不克葬

葬既有日不爲雨止禮也雨不克葬喪不以

制也徐邈曰案經文是己丑之日葬喪既出而遇雨若未及己丑而却期無爲逆書此日葬禮喪事有進無退

又士喪禮有潦車載蓑笠則人君之張設固兼備矣禮先遷柩於廟質明昧爽而引既及葬日之晨則祖行遣奠之禮設

矣故雖雨猶終事不敢停柩久次○不爲于僞反潦音老蓑素禾反笠音立張如字又陟亮反柩其又反尸在棺曰柩昧

晉妹引以刃反又如字遣奠弃戰反【疏】葬既至制也 釋曰舊解案禮庶人懸封葬不爲雨止明天子諸侯不觸

雨而行可知也傳言不爲雨止者謂不得止葬事而更卜遠日喪不以制也者謂不得臨雨而制喪事豈有諸侯執紼者

三百人安得觸雨而行哉是徐邈之說理之不通今案傳文云雨不克葬喪不以制也是葬爲雨止喪事不以禮制也上

文云葬既有日不爲雨止禮也明爲雨止則非禮可知安得云傳意葬爲雨止乎又且范引徐邈之注不言其非則是從

徐說矣何爲述范義而違之哉○注徐邈至久次 釋曰未及己丑而却期者謂雨之與葬皆是己丑之日也若未及己

丑之而遇雨其葬期在却者何爲逆書己丑日葬也士喪禮有潦車載蓑笠者毛詩傳云蓑所以備雨笠所以禦暑是也

庚寅日中而克葬而緩辭也足乎日之辭也

疏 而緩辭也 釋曰言緩辭也若以日中克葬足乎日故云緩也文十五年日下稷乃克葬故云乃急辭也是二文相對爲緩急故公羊傳云曷爲或言而或言乃乃難乎而也是二文相對也 ○城平陽○楚師伐陳

元年春王正月公如齊有母之喪而行朝會非禮○朝直遥反 疏 注有母至非禮 釋曰非禮經無異文者傳例云如往月危往也此朝書月即是非禮之異文也 ○公至自齊○夏仲孫蔑如京師○齊侯伐萊○秋取根牟 疏 秋取根牟 釋曰公羊傳曰根牟者何邾婁之邑也曷爲不繫乎邾婁諱亟也謂其喪未踰而取邑故若不繫邾婁也若然諱不繫邾婁居母之喪縱非邾邑直容無諱或當如左傳以根牟爲国名也 ○八月滕子來朝○九月公會晉侯宋公衛侯鄭伯曹伯會

于扈○晉荀林父帥師伐陳○辛酉晉侯黑臀
卒于扈其地於外也其日未踰竟也外謂國都之外諸侯
卒於路寢則不地傳例曰諸侯正卒則日不正則不日舊說
踰竟亦不日然則諸侯不正而與未踰竟無以别之矣案襄
七年鄭伯卒于操此年晉侯卒于扈文正與襄二十六年許
男卒於楚同恐後人謂操扈是國故於疑似之際每爲發傳
日未踰竟也○臀徒門反竟
音境以别彼列反操七報反【疏】注外謂至竟也　釋曰諸
侯之國皆以侵伐會盟見
經操扈經既無文而疑是國者周有千八百諸侯今盟會侵
伐見春秋者不過數十而已操扈傳若不發焉知非國也曲
棘不釋者雙名也去國遠矣故不假釋郱鄑郚以三言爲名
故傳釋之爲國也晉侯黑臀不書葬者舊解以爲篡立故也
今案黑臀既書曰卒未必
篡立蓋魯不會故不書也○冬十月癸酉衛侯鄭卒○
宋人圍滕○楚子伐鄭○晉郤缺帥師救鄭○郤
去逆反缺
傾雪反○陳殺其大夫泄冶○泄息列
反冶音也稱國以

殺其大夫殺無罪也泄治之無罪如何陳靈公通于夏徵舒之家公孫寧儀行父亦通其家二人陳大夫○夏户雅反或衣其衣或衷其襦也衷者襦在衷○衣其衣上於既反下如字襦而朱反在衷本又作裏音里以相戲於朝朝直遥反泄治聞之入諫曰使國人聞之則猶可使仁人聞之則不可君愧於泄治不能用其言而殺之

十年春公如齊公至自齊齊人歸我濟西田公娶齊齊由以爲兄弟反之齊由以婚姻故還魯田爾雅釋親曰婦之黨爲婚兄弟○娶七住反不言來公如齊受之也○夏四月丙辰日有食之○己巳齊侯元卒傳例曰言日不言朔食晦日則此丙

晦之日也已在晦日之下五月之上推尋義例當是閏月矣文六年傳曰閏月者附月之餘日言閏承前月而受其餘日故書閏月之日繫前月之下蓋史策常法文有定例閏有常體無嫌不明故不復每月發傳哀五年公羊傳曰閏月不書此何以書據此言之則春秋固有在閏月而不冠以閏者矣至於閏不告月猶朝于廟閏月葬齊景公不正其閏無以言其事故書見變禮○不復扶又反下注復同不冠工亂反猶朝直遥反見賢徧反

疏不言至受之○釋曰決定十年齊人來歸鄆讙龜陰之田言來也○注閏有常體釋曰閏月所在無常而言有常體者閏是附月之餘文承前月是無體之常不謂所在有常○

齊崔氏出奔衛氏者舉族而出之之辭也何休曰氏者譏世卿也即稱氏爲舉族而出尹氏卒寧可復以爲舉族死乎鄭君釋之曰云舉族死是何妖問甚乎舉族而出之之辭者固譏世卿也崔杼以世卿專權齊人惡其族今出奔既不欲其身反又不欲國立其宗後故孔子順而書之曰崔氏出奔衛若其舉族盡去之爾○崔杼直呂反惡其烏路反○

公如齊五月公至自齊○癸巳陳夏徵舒弒其君平

國。六月宋師伐滕月者蓋爲下齊惠公葬速起。爲于僞反疏注月者至速起釋曰知非爲宋師伐滕歸父如齊宋師伐滕外事也歸父之聘輕也諸侯時葬正也月葬故也今上有齊逐崔氏之文又非五月而葬明書月者爲葬惠公也。公孫歸父如齊葬齊惠公。晉人宋人衛人曹人伐鄭。秋天王使王季子來聘其曰王季王子也其曰子尊之也子者人之貴稱。稱尺證反疏其曰至尊之也釋曰傳知稱子是尊之也者此言王季子即是大子之母弟子者人之貴稱故稱子爲尊之也叔服以厥子爲大夫故直稱字而不繫王也卒稱王子虎者卒當稱名故繫王言之聘問也。公孫歸父帥師伐邾取繹。繹音亦。大水。季孫行父如齊。冬公孫歸父如齊。齊侯使國佐來聘。饑。饑本或作飢居疑反。楚子伐鄭十有一年春王正月○夏楚子陳侯鄭伯盟于夷陵夷陵楚地○左氏作辰陵○公孫歸父會齊人伐莒○秋晉侯會狄于欑函欑函狄地○函音咸不言及外狄所以異之於諸夏○夏戶雅反疏不言及外狄也○釋曰哀十三年公會晉侯及吳子于黃池注云及者書尊及卑也是言及所以外吳何得此傳云不言及外狄者黃池之會欲同吾子於諸侯故直云及吳子不云會吳此不言及是外狄故云會狄不云及狄是不言及為外狄也若不外當云晉侯及狄會于欑函然隱二年齊侯鄭伯盟于石門不言及同吳於諸夏而云及吳子者不可全同中國故言及以別尊卑也○冬十月楚人殺陳夏徵舒變楚子言人者弒君之賊若曰人人所得殺也其月謹之疏變楚至謹之○釋曰經直言楚人知是楚子者下云楚子入陳明知此為討賊故變楚子言人也其月謹之者不能自討藉楚之力禍害必深故書月為謹之此入而殺也其不言入何也據入國乃得殺外徵舒

宣十一年

於陳也其外徵舒於陳何也據徵舒陳大夫不應外明楚之討有罪也雍曰經若書楚子入陳殺夏徵舒者則入者內不受是無以表徵舒之悖逆子之得正也○悖補對反丁亥楚子入陳入者內弗受也日入惡入者也何用弗受也不使夷狄爲中國也楚子入陳納淫亂之人執國威柄制其君臣顛倒上下錯亂邪正是以夷狄爲中國○惡烏路反偵丁田反本又作顛邪似嗟反疏日入惡入者也○釋曰上文美楚子入今又惡之者前爲討徵舒討得其罪故變文以美之今爲納二子失其所故日入以惡之

納公孫寧儀行父于陳納者內弗受也輔人之不能民而討猶可雍曰輔相鄰國有不能治民者而討其罪人則可而曰猶可者明鄰國之君無輔相之道○輔相息亮反下輔相同疏納公至于陳○釋曰糜信云二子不繫陳者以其淫乱明絕之也或當上有入陳之文下云于陳故省文耳無義例入人之國制人

之上下使不得其君臣之道不可二人與氏皆淫當絕而楚強納之是制人之上下○強其丈反一音其良反

十有二年春葬陳靈公傳例曰失得不葬君弒賊不討不葬以罪下也日卒時葬正也靈公淫夏姬殺泄冶臣子不能討賊踰三年然後葬而日卒時葬何也泰曰楚已討之矣臣子雖欲討之無所討也故君子即而恕之以申臣子之恩稱國以殺大夫則林公之惡不嫌不明書葬以表討賊不言林公無罪也踰三年而後葬則國亂居可知矣非日月小有前郤則書時不嫌○弒音試夏戶雅反

疏注傳例至不嫌○釋曰失得不葬昭十三年傳文君弒賊不討不書葬以罪下也隱十一年傳文日卒時葬正也襄七年傳文案徵舒之弒林公在十年五月至此纔二十一月而注云踰三年者諸侯五月而葬今踰五月至三年故曰踰也非日月小有前郤者未五月謂之前過五月謂之郤言葬有前郤則書月以見危今三年始葬非是小有前郤故書時不嫌也○

楚子圍鄭

○夏六月乙卯晉荀林父帥師及楚子戰于

邲邲邲鄭地。邲邲皮必反〔疏〕夏六月至于邲。○釋曰公羊傳稱荀林父稱名氏先楚子者惡林父也若然城濮之戰後子玉當是善子玉乎徐邈云先林甫者内晉而外楚是也晉師敗績績功也功事也日其事敗也○秋七月○冬十有二月戊寅楚子滅蕭○晉人宋人衛人曹人同盟于清丘清丘衛地〔疏〕日其事敗也。○釋曰舊解此戰事書日者爲敗之故也特於此發之者二國兵衆不同小國之戰故特發之徐邈云於此發傳者深閔中國大敗於疆楚也今以日爲語辭理足通也但解舊爲日月之日疑不敢質故皆存耳○戊寅楚子滅蕭○釋曰書日者徐邈云蕭君有賢得故書日也何休云責楚滅人國故書日若釋書而言則徐言與傳例合也○宋師伐陳○衛人救陳〔疏〕衛人救陳○釋曰不言善者衛宋司盟楚今反救陳不足可善故傳不釋

十有三年春齊師伐莒○夏楚子伐宋○秋

盈。冬，晉殺其大夫先縠。縠，戶木反，一本作穀。疏晉殺至先縠。釋曰：此雖無傳，於例爲殺無罪也。

十有四年春，衛殺其大夫孔達。夏五月壬申，曹伯壽卒。晉侯伐鄭。秋九月，楚子圍宋。疏秋九至圍宋。釋曰：徐邈云圍例時，此圍久，故書月，人惡之也。何休亦然，范意或當不異也。○葬曹文公。○冬，公孫歸父會齊侯于穀。

十有五年春，公孫歸父會楚子于宋。○夏五月，宋人及楚人平。平者成也，善其量力而反義也。各自知力不能相制，反共和之義。疏平者成也。○釋曰：重發傳者，嫌外內異也。人者衆辭也，平稱衆，上下欲之也。外平不道，以吾人之存焉道之也吾人謂人夫歸父○六月癸卯晉師滅赤狄潞氏以潞子嬰兒歸滅國有三術術猶道也○潞氏音路嬰一盈反中國謹日卑國月夷狄不日卑国謂附庸之屬襄六年傳曰中国日卑国月夷狄時此謂三術其曰潞子嬰兒賢也○

【疏】滅国至賢也○釋曰中国日者謂衛滅許之類是也卑国月者謂无駭入極齊侯滅萊之類是也夷狄不日者楚滅江吴滅滅州來之類是也此不云夷狄時而云不日者方釋潞子嬰兒書日之意故不云夷狄時也夷狄不日宜從下為文勢嬰兒為賢書日復稱名者書日以表其賢書名以見滅国所謂善惡兩著也

○秦人伐晉○王札子殺召伯毛伯王札子者當上之辭也殺召伯毛伯不言其何也解經不言殺其大夫○札側八反召上照反兩下相殺也兩下相殺不志乎春秋此其志

十五年

何也矯王命以殺之非忿怒相殺也故曰以王命殺也以王命殺謂言王札子殺召伯毛伯是知以王命而殺之○矯居表反以王命殺則何志焉爲天下主者天也繼天者君也君之所存者命也爲人臣而侵其君之命而用之是不臣也爲人君而失其命是不君也君不君臣不臣此天下所以傾也○秋螽○

○仲孫蔑會齊高固于無婁无婁杞邑○婁力俟反○初稅畝初者始也古者什一一夫一婦佃田百畝以其五口父母妻子也又受田十五畝爲公田公田在內私田在外此一夫一婦爲耕百一十畝稅始銳反賦也什一音十十稅一也佃音田又徒徧反

藉而不稅藉此公田而收其入言不稅民（疏）藉而不稅○釋曰徐邈曰藉借也謂借民

力治公田不稅民之私也觀范之注以藉爲賦藉理亦通從徐之言義無妨也　初稅畝非正也　古者三百步爲里名曰井田井田者九百畝公田居一　出除公田八十畝餘八百二十畝故井田之法八家共一井八百畝餘二十畝家各二畝半爲廬舍○廬力魚反　私田稼不善則非吏　非責也吏田畯也言吏急民使不得營私田○畯音俊田大夫也　公田稼不善則非民　民勤私也　初稅畝者非公之去公田而履畝十取一也以公之與民爲已悉矣　悉謂盡其力○去如字又起呂反

（疏）履畝十取一也　釋曰何休云宣公無恩信於民民不肯盡力治公田故公家履踐案行擇其善畝穀最好者稅取之故田履畝徐邈以爲除去公田之外又稅私田之十一也傳稱以公之與民爲已悉矣則徐言是也　古者公田爲居　共居八家　井竈蔥韭盡取焉　損其廬舍家作一園以種五菜外種楸桑以備養生送死○韭音九楸音秋

（疏）

注損其至送死　釋曰損爲減損也五菜者世所謂五辛之菜也何休又云古者井田之法一夫一婦受田百畝身與父母妻子五口以爲一户公田十畝又廬舍二畝半凡爲田一頃一十二畝半也八家而有九頃故曰井田廬舍在内貴人也公田次之重公也私田在外賤私也若吾之外名曰餘夫餘夫率受田二十五畝半記異聞耳於范氏注亦无所取

○冬蝝生蝝非災也其曰蝝非税畝之災也九春秋記災未有言生者蝝之言緣也緣宣公税畝故生此災以責之非責也○蝝以全反刘歆云此蚍蜉子董仲舒云蝗子字林尹絹反　○饑

十有六年春王正月晉人滅赤狄甲氏及留吁甲氏留吁赤狄別種晉既滅潞氏今又并尽其餘邑也滅夷狄時賢嬰兒故滅其餘邑猶月○吁許于反種章勇反并必政反

疏甲氏至猶月　釋曰傳例滅夷狄時嬰兒以賢書月故知餘邑書月亦爲賢也甲氏留吁非国而云滅者叩氏留吁国之大邑而晉尽有之重其事故云○滅者晉滅夏陽之類是也留吁言及者蓋小於甲氏也

夏成周宣榭災成周東周今之洛陽宣榭宣王之謝爾雅曰室有東西廂曰廟無東西廂有室曰寢無室曰榭傳例曰國曰災邑曰火○榭音謝本或作謝災左氏作火【疏】成周宣榭災釋曰不言京師者爾時成周非京師故也公羊傳云宣榭者何宣宮之榭也故范注亦以爲宣王之廟也無室曰榭爾雅正文或以爲爾雅無此文唯云土高曰臺有木謂之榭臺上有木即是屋也楚語曰榭不過講軍實臨觀講武必是歇前故云無室曰榭爾雅有之者本或誤也又引傳例曰云云者昭九年傳文也周災不志也其曰宣榭何也以樂器之所藏目之也移風易俗莫善於樂是故貴其器【疏】周災不志也釋曰徐邈所據本云周災至注云重王室也今遍檢范本並有不字則不得解與徐同也○秋郯伯姬來歸爲夫家所遣○冬大有年五穀大熟爲大有年

十有七年春王正月庚子許男錫我卒○錫星歷

反○丁未蔡侯申卒○夏葬許昭公○葬蔡文公○六月癸卯日有食之○己未公會晉侯衛侯曹伯邾子同盟于斷道己未亦閏月之日斷道晉地○斷徒短反一音短

疏注己未至晉地　釋曰十年夏四月丙辰日有食之己巳齊侯元卒范以爲丙辰晦之日也己巳在晦日之一日五月之上當是閏月可知此文與彼正同明亦閏月之日也

同者有同也同外楚也○秋公至自會○冬十有一月壬午公弟叔肸卒其曰公弟叔肸賢之也其賢之何也宣弑而非之也宣公殺子赤叔肸非責之○肸許乙反

疏同外楚也　釋曰不於清丘發傳者清丘魯不會故重舉所以包之也

非之則胡爲不去也曰兄弟也何去而之言無所至與之財則曰我足矣

宣公與之財物則言自足以距之織屨而食織屨賣以易食○屨九具反終身不

食宣公之食君子以是爲通恩也以取貴乎

春秋泰曰宣公弑逆故其祿不可受兄弟無絕道故雖非而不去論情可以明親親言義足以厲不軌書曰公弟不亦宜乎

疏取貴乎春秋　釋曰衛侯之弟鱄去君傳云合於春秋此不去君傳亦取貴於春秋者易稱君

子之道或出或處或默或語鱄以衛侯惡而難親恐罪及已故棄之而去使君無殺臣之惡兄無害弟之愆故得合於春

秋此叔肸以君有大逆不可受其祿食又是孔懷之親不忍奮飛使君臣之節兩通兄弟之情俱暢故亦取貴於春秋叔

肸書字鱄直稱名者叔肸內可以明親親外足以厲不軌比鱄也賢乎遠矣故貴之稱字鱄雖合於春秋無大善可應故

直書名而已

十有八年春晉侯衛世子臧伐齊○臧子郎反○公

伐杞○夏四月○秋七月邾人戕繒子于繒戕

猶殘也捝殺也捝謂捶打殘賊而殺地于繒惡其臣子不能距難○戕在良反殘也賊也猶殺也總本或作鄫在陵反捝殺他活反又徒活反捶打也字林云木杖或作撲普木反捶章蘂反打音頂惡其烏路反難乃旦反疏注地于繒至距難釋曰據楚子虔誘蔡侯般殺之于申不于國都也○甲戌楚子呂卒商臣子莊王子呂左氏作旅○夷狄不卒卒少進也卒而不日日少進也日而不言正不正簡之也中國君日卒正也不日不正也今進夷狄直舉其日而不論正之與不正疏夷狄至之也釋曰夷狄不卒據自此以前吳楚君卒而不書日據襄十二年秋九月吳子乘卒言之也簡之也者中國卒則日不正乃不日夷狄進之則日不論正與不正故云簡之也○公孫歸父如晉○冬十月壬戌公薨于路寢正寢也○歸父還自晉還者事未畢也莊八年秋師還是也疏路寢正寢也釋曰重發傳者莊據始故發之宣公篡弒有嫌成公承訢

嫌之下故各發傳也○歸父還自晉　釋曰執則致歸父非執而書其還者爲出奔張本也直名不氏者凡致者由上致之故例今不書歸父之氏明有致命之義也

自晉事畢也與人之子守其父之殯　人之子謂歸父子也言成公與歸父子共守宣公殯

捐殯而奔其父之使者是以奔父也　捐棄也奔猶遂也言成公棄父之殯遂父之使使謂歸父也父命未反而已遂之是與親奔父無異○捐以全反

至檉遂奔齊遂繼事也　杜預曰檉魯竟外故不言出○檉尹貞反左氏作笙竟音境

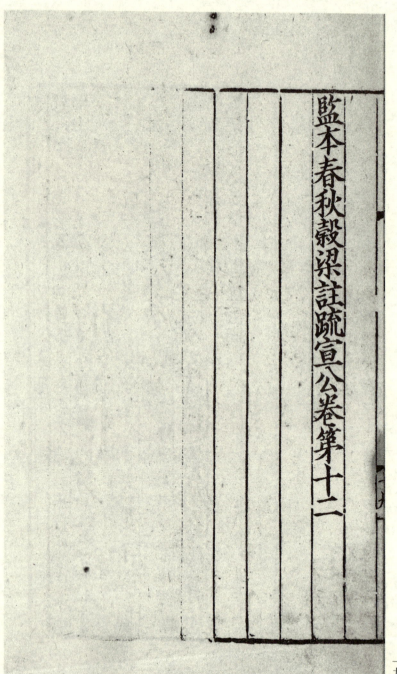

監本春秋穀梁註疏宣公卷第十二

監本春秋穀梁註疏成公卷第十三 起元年終八年

范甯集解　楊士勛疏

成公【疏】魯世家成公名黑肱宣公之子以周定王十七年即位謚法安民立政曰成

元年春王正月公即位。二月辛酉葬我君宣公。無冰終時無冰則志此未終時而言無冰何也言終寒時無冰當志之耳今方建丑之月是寒時未終【疏】無冰○釋曰徐邈何休並云此年無冰者由季孫行父專政之所致也桓十四年亦無冰范云政治舒緩之所致必不得與二說同也又尔時季氏不專政亦無冰明徐何之言不可用終無冰矣加之寒之辭也周二月建丑之月夏之十二月也此月既是常寒之月於寒之中又如加甚常年過此無冰終無復冰矣○夏之戶雅反復扶又反【疏】終時至辭也○釋曰終時無冰當志謂終寒時無冰當志之也此未終寒時謂今建丑之月是寒時未終而言無氷何也謂怪其書之意也終無氷矣謂過此時無氷則終無氷也加之寒之辭也謂於此月書者以此月是常寒之月加甚之辭故麋信徐邈亦云十二月最是寒盛之時故特於此月書之是也餘無氷不發特於此月發之者襄二十八年書春無氷則是一時無氷書時則是終寒時故不傳此在二月葬宣公之下三月作丘甲之上是未終時故特發之桓十四年無氷在正月之下者舊解正月自爲公會鄭伯不爲無氷也或當月却而節前則周之正月亦是常寒之月。注周二至氷矣 釋曰天有四時冬寒夏暑是冬爲常寒之月於寒之中又加甚謂建丑是夏之十二月於寒之中又加甚於餘月雖未終時亦得於此月書之。

三月作丘甲 周禮九夫爲井四井爲邑四邑爲丘丘十六井甲鎧也 ○鎧開代反

疏 三月作兵甲 釋曰何休云月者重録之徐邈云甲有伎巧非凡民能作而強使作之故書月以譏之范雖無注或書月亦是譏公羊說作兵甲亦與此傳同唯左氏傳以爲譏重斂

作爲也 丘爲甲也 使一丘之民皆作甲

疏 作爲也 釋曰後重發傳者文同事異不可以一例該之故也范別例云作例有六直云作者三云新作亦三也云作三者謂作丘甲一也作三軍二也作僖公主三也云新作三

者謂新作南門一也新延廄二也新作雉門及兩觀三也言
作者不心有新則兼作也二者皆所以爲譏故傳曰作爲也
是有加其度也
言新有故是也
丘甲國之事也丘作甲非正也丘
作甲之爲非正何也古者立國家百官具農
工皆有職以事上古者有四民有士民
學習道
藝者
疏有士民　釋曰何休云德能居位曰士范云學習道藝
者是以爲之四民君以居位則不得爲之民故云學習
道藝
也
有商民
通四方
之貨者
有農民
播殖耕
稼者
有工民
巧心勞
手以成
器物
者
夫甲非人人之所能爲也
各有業也
○夫音符
丘作
甲非正也。夏臧孫許及晉侯盟于赤棘
赤
棘
晉
地
疏夏臧至赤棘　釋曰盟不日者何休云謀結鞌之戰
不相負所以不日者執在三年非此所得保也案隱
元年昧之盟爲七年伐邾尚猶去日何爲二年即執反云非
此所以保乎蓋謀爲鞌戰歸我汶陽之田至八年渝前約故

略之也。秋王師敗績于貿戎。貿戎地。貿音茂，左氏作茅戎。疏 秋王至貿戎　釋曰：左氏以爲戎敗之，公羊與此亦同爲晉敗之。今經不云晉敗之者，欲見王者無敵故也。不書月者，何休云深正之，使若不戰。范雖不解，蓋不言晉敗及戰，故亦略其日月。不言戰，莫之敢敵也。爲尊者諱敵不諱敗，諱敵使莫二也。不諱敗，欲有過否。爲，于僞反。爲親者諱敗不諱敵，諱敗惜其毀折也。不諱敵，諸侯有列國。尊尊親親之義也。尊則無敵，親則保全。尊謂王，親謂魯。然則孰敗之？晉也。冬十月，季孫行父禿，晉郤克眇，衛孫良夫跛，曹公子手僂，同時而聘於齊。齊使禿者御禿者，使眇者御眇者，使跛者御跛者，使僂者御僂者。御音迓，迓，迎也。禿，他木反。眇，亡小反。跛，彼可反。僂，於矩反，一音力主反。疏 郤克眇　釋曰：左氏以

䟦今云眇者公羊無說未知二傳孰是范明年注云郤克䟦者意從左氏故也或以爲誤䟦當作眇

蕭同姪子處臺上而笑之蕭國也同姓也姪子字也其母更嫁齊惠公生頃公宣十二年楚人滅蕭故隨其母在齊。姪子大節反又丈乙反頃公音傾

聞於客。客不說而去相與立胥閭而語移日不解。胥閭門名。說音悅胥閭思徐反下加居反解古買反又又音蟹

疏注胥閭門名　釋曰即周禮二十五家也

齊人有知之者曰齊之患必自此始矣穀梁子作傳皆釋經以言義未有無其文而橫發傳者蓋疑經冬十月下云季孫行父如齊脫此六字。橫華孟反又如字脫此徒活反又他活反

疏注脫此六字　釋曰季孫行父禿是傳辭上脫季孫行父如齊六字

二年春齊侯伐我北鄙。夏四月丙戌衛孫良夫帥師及齊師戰于新築衛師敗績。新築衛地築音竹

○六月癸酉季孫行父臧孫許叔孫僑如公孫嬰齊帥師會晉郤克衛孫良夫曹公子手及齊侯戰于鞌齊師敗績鞌齊地○僑本又作喬其僑反公子手左氏作首鞌音安〔疏〕癸酉季孫至敗績　釋曰徐邈云四大夫不舉重者惡會猥遣四大夫用兵亦以譏之也然則諸國用兵亦應猥遣何以不具書之盡且用兵重事故詳內也其日或曰日其戰也或曰日其悉也悉謂魯四大夫時悉在戰也明二者皆當日〔疏〕其日至悉也　釋曰案傳例疑戰不日不疑戰則例書日此傳云日其戰曰其悉也者豈使詐戰則魯雖四大夫戰亦不得書但傳以此戰不詐書事宜詳故因經書日并見此意也曹無大夫其曰公子何也以吾之四大夫在焉舉其貴者也不欲令內衆大夫與外卑者共行戰○令力呈反〔疏〕曹無大夫　釋曰復發傳者前爲崇羈今爲戰故重發之公羊以爲公子手何以書憂內也杜解左氏以

爲備於禮並非穀梁意。秋七月齊侯使國佐如師己酉及國佐盟于爰婁鞌去國五百里爰婁去國五十里國齊國也疏爰婁至十里○釋曰爰婁去齊五十里今在師之外明晉師已逼到其國所謂晉師也齊爲晉所敗穴臨城下然則敗軍之將不可以語勇驚弦之鳥不可以應弓所以更請五戰者齊是大國邑竟既寬收拾餘燼足當諸國之師故請以五也壹戰緜地九百里焚雍門之茨雍門齊城門茨蓋也。雍於用反茨在私反侵車東至海侵車侵伐之車言時侵齊過乃至海君子聞之曰夫甚甚之辭焉鄭嗣曰君子聞戰于鞌乃盟于爰婁焚雍門之茨侵車至海言因齊之敗逼之甚。夫甚音符齊有以取之也齊之有以取之何也敗衛師于新築侵我北鄙敖郤獻子謂笑其跛。謂其跛布可反案杜預注左傳云郤克跛此傳言郤克眇范注嘗依傳而作跛恐非齊有以取之也爰婁在師之外（言師已逼其國）郤克曰反魯衛之侵地以紀侯之甗來（甗玉甑齊滅紀故得其寶。甗魚輦反又音言又八音彥玉甑也）以蕭同姪子之母爲質（齊侯與姪子同母異父昆弟不欲斥言齊侯之母故言蕭同姪子之母也蕭悉遥子姪。爲質音致下同）使耕者皆東其畝（欲以利其戎車於驅侵易。侵易以豉反下代易同）然後與子盟國佐曰反魯衛之侵地以紀侯之甗來則諾以蕭同姪子之母爲質則是齊侯之母也齊侯之母猶晉君之母也晉君之母猶齊侯之母也（言尊同也）使耕者盡東其畝則是終士齊也（凱曰利其戎車侵伐易則是以齊爲士）不可（不可謂若不許已言）請壹戰壹戰不克請再再不

克請三三不克請四四不克請五五不克舉
國而授於是而與之盟。八月壬午宋公鮑
卒。庚寅衛侯速卒。取汶陽田汶音問。冬楚
師鄭師侵衛。十有一月公會楚公子嬰齊
于蜀蜀某地楚無大夫其曰公子何也嬰齊亢
也泰曰莊二十一年丙申公及齊高傒盟文二年乙巳及晉處父盟傳曰不言高傒處父亢也此傳會嬰齊書公以
明亢何乎蓋言其高傒處父亢禮敵公書公則內恥也嬰齊初雖驕慢終自降苦故于會則書公以顯嬰齊之驕亢于盟則
稱人以表嬰齊之服罪然則向之驕正足以表其無禮不足以病公則書公可也。向之本又作鄉亦作向同許亮反下
文同**疏**楚無至亢也　釋曰楚無大夫重發之者屈完當齊桓名氏始見非下例也椒與宜申二者不見名氏非
大夫之例今稱公子是貴於同大夫之文故重發之嬰齊之亢又重發者高傒則沒公存氏處父無氏稱名嬰齊則削驕

後讓二一者皆異故各發之○丙申公及楚人秦人宋人陳人衛人鄭人齊人曹人邾人薛人繒人盟于蜀棄其稱人何也怪楚向稱公子今稱人齊在鄭下蓋時王所黜【疏】注齊在至所黜 釋曰知時王黜者以秦宋陳衛以下皆稱人則非卿以其諸侯之大夫俱是微者必不能自有升降故知時王所黜齊以鞌敵之故師敗於鞌兵臨其下微弱之極天子因其勢故退之鄭下此乃一時之宜非是常例也知諸侯之大夫是微人者傳直怪嬰齊稱人不論諸侯大夫明知並是微者於是而後公得其所也會與盟同月則地會不地盟不同月則地會地盟此其地會地盟何也以公得其所申其事也公得其所謂楚稱人申其事謂地會地盟○會與盟同月絕句不同月絕句則地會地盟絕句【疏】會與至二事也 釋曰同月則地會不地盟者僖二十八年踐土之盟襄十六年湨梁之盟是也不同月則地會盟者昭十三年平丘之盟

定四年皐鼬之盟是也今之屈向之驕也

三年春王正月公會晉侯宋公衛侯曹伯伐鄭宋衛未葬而自同於正君故書公侯以譏之疏注宋衛至譏之釋曰范意雖葬未踰年亦不得成君雖踰年而未葬亦不得成君故云宋衛未葬書公侯以譏之踰年未葬不得成君此注是也雖葬未踰年不得成君即四年鄭伯伐許注云喪未踰年自同於正君小譏之是也○辛亥葬衛穆公○二月公至自伐鄭○甲子新宮災三日哭新宮者禰宮也謂宣公廟也三年喪畢宣公神主新入廟故謂之新宮○禰乃禮反疏甲子新宮災釋曰何休云此災宣公篡位當誅絕不宜列之昭穆成公結怨強齊不得久承宗廟之象也范以天災難知非人所及故不言之三日哭哀也其哀禮也宮廟親之神靈所憑居而遇災故以哀哭爲禮○憑居波冰反迫近不敢稱謚恭也迫近也言親禰也若僖遠祖則稱謚疏

注迫近至尊無謚　釋曰范不據同梢宮者傳云迫近不敢稱謚言近則宜對遂故據栢僖言之其用栢宮以莊公娶父之讎女如特言栢宮以譏莊之不子也其辭恭且哀以成公為無譏矣○乙亥葬宋文公○夏公如晉○鄭公子去疾帥師伐許○去起呂反疏其辭至譏矣　釋曰不稱謚明其恭三日哭著其哀是成公為無譏矣○公至自晉○秋叔孫僑如帥師圍棘○大雩○晉郤克衛孫良夫伐廧咎如○咎音羔疏叔孫至圍棘　釋曰公羊左氏皆以棘為汶陽之田邑此傳無說事或然也○冬十有一月晉侯使荀庚來聘○衛侯使孫良夫來聘○丙午及荀庚盟○丁未及孫良夫盟其日公也來聘而求盟不言及者以國與之也不言

其人亦以國與之也徐邈曰不言及謂凡書來盟者也若宣七年衛孫良夫來盟是也以國與之謂舉國爲主故直書外來爾此先聘而後盟故不言來盟總言及而不復著其人亦是舉國之辭○復扶又反

[疏]其日至與之也　釋曰案傳例前定之盟不日後定之盟則日此云公也者見實盟雖公在位但爲前定則不日後定則日此其日公故也則後定亦可知矣但以上文聘既接公下文及則公文未顯嫌不得與頻尊者恐盟時無公故傳云公以釋之傳又云不言及者則宣七年衛孫良夫來盟是也不言其人者解此文不書內之名氏是也又云不言求兩欲之也者言求當直言求盟如孫良夫是也不言求者此云來聘又云及盟是也何者來聘是他求言及我欲也是兩國同欲之文非獨求之稱故云不言求兩欲之也若然上文云來聘而求盟者解二人本意來聘只爲求盟爲下不言求張本也

不言求兩欲之也○鄭伐許鄭從楚而伐衛之喪又叛諸侯之盟故狄之

[疏]注鄭從至狄之　釋曰知伐衛之喪又叛諸侯之盟故狄之者昭十二年晉伐鮮虞傳曰不正其與夷狄交伐中國故狄稱之也定四年傳云吳不稱子反其狄道也鄭衛同姓不肯弔臨之恩而伐其喪其爲惡有良

鄭之甚而亦直舉國稱之明為夷狄之行也叛諸侯之盟者舊解以為上文背晉為諸侯所伐是也又其言伐喪者前年衛侯速卒楚師鄭師侵衛是也不於伐喪貶者其罪不積不足以成惡鄭既伐喪背盟一年之中再加兵於許故於此夷狄之

四年春宋公使華元來聘○三月壬申鄭伯堅卒○杞伯來朝（朝直遥反）○夏四月甲寅臧孫許卒○公如晉○葬鄭襄公○秋公至自晉○冬城鄆（音運）○鄆○鄭伯伐許（喪未踰年自同於正君亦譏之）疏注喪未云云譏之　釋曰傳於宋襄起喪稱之例則諸侯亦同之可知也上下經文宋衛陳皆有子稱鄭是伯爵與侯同於七命明在喪之稱或亦與侯同也左氏之例唯云公侯曰子伯則不入於例與此異也

五年春王正月杞叔姬來歸婦人之義嫁曰歸反曰來歸○仲孫蔑如宋○夏叔孫僑如

會晉荀首子穀穀亦州疏婦人至來歸 釋曰范氏云出女例凡三齊人來歸子叔
姬一也郯伯姬來歸二也杞叔姬來歸三也又別引文十八年夫人姜氏歸于齊爲例者謂殷是同伯內外爲異故也
引之也子叔姬遥而得罪爲齊所逐故言齊人來歸今杞叔姬文既與之異故並發傳以明之上下郯伯姬亦足以相包故
不更發之○梁山崩梁山晉之望也不言晉者名山大澤不以封也詩頌曰山者陽位君之象也象君權
壞疏注梁山至望也 釋曰詩云奕奕梁山是韓國之鎮霍陽韓魏晉之地故云晉之望也不日
何也據僖十四年秋八月辛卯沙鹿崩書曰高者有崩道也有崩道
則何以書也曰梁山崩壅遏河三日不流晉
君召伯尊而問焉伯尊來遇輦者輦者不
辟使車右下而鞭之凡車將在左御在中有力之人在右所以備非常○壅於勇反
遏於葛反伯尊左氏作伯宗辟音避將子匠反輦者曰所以鞭我者其取

道遠矣所用轢我之間行道則可遠伯尊下車而問焉以其言有理知非凡人曰子有聞乎對曰梁山崩壅遏河三日不流伯尊曰君爲此召我也爲之奈何輦者曰天有山天崩之天有河天壅之雖召伯尊如之何伯尊由忠問焉用忠誠之心問之○爲此于僞反輦者曰君親素縞帥羣臣而哭之既而祠焉斯流矣素衣縞冠凶服也所以凶服者山川國之鎮也山崩川塞示哀窮○縞古老反

【疏】注素衣至哀窮○釋曰禮云素縞者鄭玄云黑經白緯謂之縞縞冠素紕以紕喪冠故謂之素縞縞是祥祭之冠也今注云素衣縞冠與鄭異也

伯尊至君問之曰梁山崩壅遏河三日不流爲之奈何伯尊曰君親素縞帥羣臣而哭之既

成五年

而祠焉斯流矣孔子聞之曰伯尊其無績乎攘善也績功也攘盜也取輦者之言而行之非己之功也績或作續謂無繼嗣○攘如羊反【疏】注謂無繼嗣　釋曰舊說云伯尊晉之賢大夫輦人晉之隱士今一遇此誠理難再得伯尊不能讓之於晉侯以救朝廷之急反竊其語而晦其人蔽賢罪深故被戮絕嗣子臯雖匿聖人之論能播敎於西河令黑水之人歛其風蒲坂之間愛其道其罪先輕故直喪明而已然此之立說恐非其理何者天道冥昧非人所知大聖立言意在勸世則伯尊之戮未必由蔽賢人之言卜商喪明豈關匿聖人之論徒爭罪之輕重妄說受罪淺深據理言之恐非聖賢之旨何休以爲梁山崩壅河三日不流象諸侯失勢王道絕故自是之後六十年之中弒君十四亡國三十二案此傳說輦者之言竟不論天子諸侯喪亡之事則何休之言未必通於此也○秋大水○冬十一月己酉天王崩定王○十有二月己丑公會晉侯齊侯宋公衛侯鄭伯曹伯邾子杞伯同盟于蟲牢蟲牢

九

鄟地○蟲直忠反牢力刀反

六年春王正月公至自會○二月辛巳立武宮舊說曰武公之宮廟毀已久矣故傳曰不宜立也禮記明堂位曰魯公之廟文世室也武公之廟武世室也言世室則不毀也則義與此違[疏]春王至自會　釋曰何休云月者魯使大夫獲齊侯今親相見危之故書月也傳例致月則危此書月必是危但不知同何說以否或當時有危傳不言之故范亦不解或亦爲此年公遠會始至立武宮取鄟皆是危事故致會書月也○立武宮　釋曰禮記稱世室此傳云不宜立者禮記周末之書以其廟不毀故謂之世室此以武公之廟毀來已久今復立之故云不宜立范義與此違也何休解公羊以爲臧孫許伐齊有功故立武宮左氏以爲季文子以鞌之功立武宮據人雖別同是伐齊穀梁之意亦以勝齊立武宮也立者不宜立也

○取鄟鄟國也○鄟音專又市轉反國名[疏]取鄟　釋曰隱十年鄭伯伐取之直注云凡書取國皆滅也變滅言取明其易今不言滅鄟是明魯取之易也又惡鄟不備也凡書取之例以內外皆有外書取者

即徐人取舒是也內書取者即取鄟是也其內被取邑亦爲取齊侯取鄟是也公羊以爲鄟是邾之邑與穀梁異○衛

孫良夫帥師侵宋○夏六月邾子來朝○朝直遥反

○公孫嬰齊如晉○壬申鄭伯費卒○費音秘疏

鄭伯費卒　釋曰案此本及左氏鄭伯費是鄭悼公不書葬者何休云楚伐鄭喪諸侯不能救晉欒書又侵之故去葬[illegible]若非伐喪者爲中國諱也在隱三年注魯不往會則經亦不書則悼公不書葬者魯不會也○秋仲孫

蔑叔孫僑如帥師侵宋○楚公子嬰齊帥師

伐鄭○冬季孫行父如晉○晉欒書帥師救

鄭

七年春王正月鼷鼠食郊牛角不言免牛者以方改卜郊吉否未可知○鼷音兮吉否方九反疏注不言至可知　釋曰下傳稱免牲不曰不郊免牛亦然此言免牛則嫌似不郊故

云不言免牛者以方方改卜郊未可知也不言日急辭也辭中促急不容日疏不言
至辭也　釋曰宣三年郊牛之口傷彼言之是緩辭亦不云
日此傳云不言日急辭也若案宣三年傳言之是牛自傷之
緩此言其是鼠食牛之緩二者尤文雖異俱是緩辭則辭間
容日亦是緩辭傳云不言日急辭也此已發例則定十五年
哀元年之類不言日者並是急辭也緩辭不言日
者言之既是緩辭可知故不須更書日以見緩也過有司
也郊牛日展斛角而知傷展道盡矣其所以
備災之道不盡也有司展察牛而即知傷是展察之道盡不能防災禦患致使牛傷故
不書日以顯有司之過斛球球然角貌○斛角其
摎反一音求角貌或本作觩非禦魚呂反觩音求疏郊牛至盡
也　釋曰展省察也言日日皆省察牛之觩角而則知傷是
省察之道盡矣展道雖盡不能防災禦患致使牛傷是其所
以備災之道不盡是故不言日以責有司也牛
角云觩者詩稱兕觩其觩又曰有觩其角是也改卜牛鼷
鼠又食其角又有繼之辭也前已食故曰繼其緩辭也

成七年　二

曰亡乎人矣非人之所能也所以免有司之

過也至此復食乃知國無賢君天災之爾非有司之過也故言其以出滅之。能如字亦作耐復食扶又反下同

疏其緩至過也釋曰解經上文云鼷鼠食郊牛角不言其此文云又食其角乃變言其故釋之云其緩辭也曰

亡乎人矣亡無也至此郊牛復食乃知國無賢君非人所不能也謂國無賢君之故爲上天之所災非人力所能禁所以

免有司之過也謂經言其者所以放有司也乃免牛乃者亡乎人之辭

也免牲者爲之緇衣纁裳有司玄端奉送至

于南郊免牛亦然免牲不曰不郊免牛亦然

郊者用牲今言免牲則不郊顯矣若言免牛亦不郊而經復書不郊者蓋爲三望起爾言時既不郊而猶三望明失禮。

緇側其反纁許云反爲于僞反疏乃者至亦然釋曰重發傳者此再食乃免牛嫌與他例別故重發之。注蓋

爲三望起爾釋曰僖三十一年夏四月四卜郊不從乃免牲猶三望彼不云不郊此既云免牛又云不郊者彼免牲與三

望同時故略去一不郊之文此春免牛夏乃三望故備言之○吴伐郯○郯音談○夏五月曹伯來朝○不郊猶三望○秋楚公子嬰齊帥師伐鄭○公會晉侯齊侯宋公衛侯曹伯莒子邾子杞伯救鄭八月戊辰同盟于馬陵馬陵衛地公至自會○吴入州來州來楚地○冬大雩雩不月而時非之也冬無為雩也【疏】雩不至雩也釋曰傳例云月雩正也時雩非正也此正者其時未窮人力未盡毛澤已竭不雩則不及事故月以明之則經書秋八月雩九月雩是也既過此節秋不書旱則冬無為雩也故鄭釋廢疾去冬及春夏案春秋說者異鄭三時唯有禱禮無雩祭之事唯四月龍星見始有常雩耳故因載其禱請山川辭云方今天旱野無生稼寡人當死百姓何依不敢煩民請命願撫萬民以身塞無狀是鄭意亦以不須雩唯有禱請而已○衛孫林父出奔晉

八年春晉侯使韓穿來言汶陽之田歸之于齊晉爲盟主齊還事晉故使魯還二年齊所反之田。穿音川【疏】注晉爲至之田　釋曰公羊以爲齊侯敗鞌之後七年不飲酒不食肉晉侯高其德遂反其所取侵地此雖無傳齊頃是中平之主安能以一敗之後七年不飲酒食肉乎故以爲晉爲盟主齊還事晉故使魯二年齊所反之田杜預解左氏其意亦然

于齊緩辭也不使盡我也若曰爲之請歸不使晉制命于我。爲于僞反【疏】于齊緩辭也　釋曰僖二十八年晉人執衛侯歸之于京師傳以言之爲緩辭也今言歸之于齊爲緩辭者之緩辭自是常例於齊之理未同故特釋之辭雖不同亦是緩也此以緩辭言之者諱不使制命於我也。晉欒書帥師侵蔡。公孫嬰齊如莒。宋公使華元來聘。夏宋公使公孫壽來納幣婚禮不稱主人宋公無主婚者自命之故稱使納幣不書書者賢伯姬故盡其事【疏】注婚禮至其事　釋曰公羊以爲婚禮不稱主人宋公無主婚者辭窮自命之故公

孫壽來納幣稱使紀侯有母履緰受紀侯之母命歸人之命
不通故不稱使案隱二年傳云其不言使何也逆之道微無
足道焉爾據彼傳文以逆者微無足道焉爾故不言使則與
公羊異觀此注意云宋公無主婚者自命之故稱使明為母
命之則不稱使似與公羊同而與傳違者范以紀侯之與宋
公皆是無母官並稱主人但納幣是卿之事故稱宋公使也
逆女是君之事使大夫非正故履緰不稱使今此注云婚禮
不稱主人亦據諸侯母在者言之又且履緰不稱使大率言
之亦是不稱主人之事故注言之耳納幣不書其經之所書
者三莊公以非禮書一也公子遂以喪錄二也此為賢伯姬
三也范知為賢伯姬者公羊傳云納幣不○晉殺其大
書此何以書錄伯姬也是為賢而錄也
夫趙同趙括○秋七月天子使召伯來錫公命
禮有受命無來錫命錫命非正也曰天子何也
曰見一稱也天王天子王者之通稱自此以上未有言
天子者今言天子是更見一稱○召上照
反曰見賢偏反注更見同
一稱尺證反以上時掌反
疏 曰見一稱也釋曰王既是
四大之重宜表異號莫若

天以衆人𠂔故稱母子貴者取貴稱故謂之天子〻以春秋〻以
來唯取仁義之稱未表繫天子之尊故曰更見一稱也〻公羊
傳云其稱天子何元年春王正月正也其餘皆通矣何休云
德合於元者稱皇德合於天者稱帝仁義合者稱王又云王
者取天下歸往也天子者爵稱也聖人受命皆天所生故謂
之天子或言天王或言天子皆相通也唯賈逵云畿內稱王
諸夏稱天王夷狄
稱天子其理非也○冬十月癸卯杞叔姬卒 杜預曰前五年
來歸者女既適人雖見出棄猶以成人
之禮書之終為杞伯所葬故稱杞叔姬○晉侯使士燮
來聘 燮息協反○叔孫僑如會晉士燮齊人邾人
伐郯○衛人來媵 杜預曰古者諸侯娶嫡夫人及左
右媵各有姪娣皆同姓之國國三
人九九女所以廣繼嗣魯將嫁伯姬于宋故衛來媵【疏】衛
人○媵以證反又繩證反嫡丁歷反姪大結反娣音弟
來媵 釋曰公羊以為媵不合書其書者賢伯姬也左氏雖
無其說蓋以來至於魯然後與嫡行故書之此傳之意以伯
姬為災而死閔之故書其
事是言三傳意小異也 媵淺事也不志此其志〻

也以伯姬之不得其所故盡其事也不得其所謂災死也江熙曰共公之葬由伯姬則共公是失德者也傷伯姬賢而嫁不得其所○共音恭下同

疏 注江熙至其所 釋曰江熙以不得其所為共公失德文無所據蓋引之者傳異聞也

監本附音春秋穀梁註疏卷第十三

中華古籍保護計劃

ZHONG HUA GU JI BAO HU JI HUA CHENG GUO

·成果·

宋本春秋穀梁傳注疏

（晉）范甯 注　（唐）楊士勛 疏

第一册

國家圖書館出版社

圖書在版編目(CIP)數據

宋本春秋穀梁傳注疏:全三册/(晉)范甯注,(唐)楊士勛疏.—北京:國家圖書館出版社,2019.7
(國學基本典籍叢刊)
ISBN 978-7-5013-6485-5

Ⅰ.①宋… Ⅱ.①范… ②楊… Ⅲ.①中國歷史—春秋時代—編年體 ②《穀梁傳》—注釋 Ⅳ.①K225.04

中國版本圖書館 CIP 數據核字(2018)第 160677 號

書　　名	宋本春秋穀梁傳注疏(全三册)
著　　者	(晉)范甯　注　(唐)楊士勛　疏
責任編輯	徐晨光　潘雲俠
封面設計	徐新狀
出版發行	國家圖書館出版社(北京市西城區文津街7號　100034) (原書目文獻出版社　北京圖書館出版社) 010-66114536　63802249(郵購)
網　　址	www.nlcpress.com
印　　裝	北京市通州興龍印刷廠
版次印次	2019年7月第1版　2019年7月第1次印刷
開　　本	880×1230(毫米)　1/32
印　　張	21
書　　號	ISBN 978-7-5013-6485-5
定　　價	60.00圓

《國學基本典籍叢刊》編委會

《國學基本典籍叢刊》前言

國家圖書館出版社（原書目文獻出版社 北京圖書館出版社）成立三十多年來，出版了大量的中國傳統文化典籍。由於這些典籍的出版往往采用叢書的方式或綫裝形式，供公共圖書館和大學圖書館典藏使用，普通讀者因價格較高、部頭較大，不易購買使用。爲弘揚優秀傳統文化，滿足廣大普通讀者的需求，現將經、史、子、集各部的常用典籍，選擇善本，分輯陸續出版單行本。每書之前均加簡要説明，必要者加編目録和索引，總名《國學基本典籍叢刊》。歡迎讀者提出寶貴意見和建議，以使這項工作逐步完善。

編委會

二〇一六年四月

序　言

從書籍史的角度觀察，經典文本大多存在一條擴展、衍生的發展脉絡。六藝經籍由最初的經傳别行到二者連綴，再到吸納漢魏古注，又至附入唐宋疏文、音義，實在此等演變之列。其中注疏合刻的發生，始於南宋紹興間兩浙東路茶鹽司刊經，即以單疏本爲主體綴入經注本文字。時至南宋中期約光寧之際，建陽書坊又用經注附釋文本配以疏文，進行了另一種注疏合刻嘗試。此類書版半葉十行，元泰定間據其翻刻，故有宋刻、元翻之别。而宋元書版，又經多次修補，我們在後印本中可以見到較爲複雜的修補形態。清嘉慶間阮元校刻《十三經注疏》，主要以元刊十行本爲底本，遂成經書通行之本。今日阮刻又有多種印本，十行本對千載之下經書讀本的影響由此可見一斑。十行本現存元刊尚多，而宋刊目前僅知《毛詩》《左傳》《穀梁》三種，此次影印的國家圖書館所藏《監本附音春秋穀梁注疏》二十卷（索書號：A00021），是唯一一部較爲完整的宋刊十行本《穀梁》（以下簡稱完本）。就《穀梁》而言，建陽書坊可能利用了紹熙間余仁仲萬卷堂刊本或同一系統之本，余本則屬於當時出現的新型彙校本，與宋監本系統已逐漸發生偏離。此爲宋刊十行本

《穀梁》在經籍版刻譜系及《穀梁》版本源流中的位置。

而十行本的這種影響與地位，也并非成於偶然。該書題作『監本附音春秋穀梁注疏』，冠以『監本』二字，爲坊刻引重之伎。題中亦透露出此書由春秋經、穀梁傳、東晉范甯集解、唐楊士勛疏及陸德明釋文構成，從閲讀實際而言，經傳及其衍生文本相對完整，組合形式也較爲合理，可基本滿足不同讀者的需求。其中核心文本『穀梁傳』爲七十子後學傳《春秋》之作，具有周秦古書的特徵，即不成於一時一地一人，故無法也不必指實著者。作爲《春秋》三傳之一，《穀梁》的性質近於《公羊》而與《左氏》判然有别，這種關係體現的正是三傳對《春秋》認識上的差异。《史記·十二諸侯年表》載『是以孔子明王道，干七十餘君，莫能用，故西觀周室，論史記舊聞，興於魯而次《春秋》，上記隱，下至哀之獲麟，約其辭文，去其煩重，以制義法，王道備，人事浹。七十子之徒口受其傳指，爲有所刺譏襃諱挹損之文辭不可以書見也。魯君子左丘明懼弟子人人异端，各安其意，失其真，故因孔子史記具論其語，成《左氏春秋》』，正可見對《春秋》的解釋存在不同方式。《左傳》顯然有别於『口受其傳指』，據今本可知『因孔子史記具論其語』，應該就是《左傳》以大量的史實叙述來解釋補充《春秋》的記録，自然與所謂口耳授受類似《公》《穀》之學者不同，這是欲讀三傳不能不曉之事。具體到《穀梁》的閲讀，此傳又與《公羊》同源而异流，可能需要在對讀中理解二者的同與异。前賢『比義』，多從异處著眼，實則同的部分也應矚目。

此部完本原書裝爲四册，每册卷前均有一九二四年三月二十八日吴德亮另紙填寫的檢查記録[一]。書中鈐有『學部圖書之印』朱文正方印、『京師圖書館收藏之印』朱文長方印，知爲國圖前身京師圖書館舊藏，或即趙萬里先生《國立北平圖書館善本書目》（以下簡稱趙目）卷一著録爲『宋刻明印本』者。書版多爲細黑口，版心上大都不刻字數，版心下無刊工名，疏文『釋曰』前多空一格而無『○』符號。這些版式上的特徵是元翻本所不具備的，而與南宋建陽書坊劉叔剛一經堂刻本版式相符。但《穀梁》并無劉叔剛刊書木記，應爲建陽地區其他書坊所刻。該本宋刻葉之外，間有部分補刻葉。張麗娟先生曾指出，這類補刻葉仍爲細黑口、無字數、無刊工，與元刊十行本版心白口、上刻大小字數、下有刊工的情況不同，其修補後印的時間當在元翻之前。經進一步查檢，此本中還有一些補鈔葉，分别位於范甯序第十一葉、隱公卷一第七葉、宣公卷十二第二至四葉、卷十二第十三至十五葉、成公卷十四第十二至十四葉、襄公卷十五第一至十二葉、定公卷十九第七至十二葉，凡二十九葉。補鈔字體又大致可分爲兩類，可能并非同時鈔寫：一類與刻版字體較爲接近，如卷十二第十五葉、卷十四第十三至十四葉、卷十五第一至十二葉。其中卷十二第十五

[一] 吴德亮，字寅齋，一九一七年一月至一九二六年二月於京師圖書館工作，參《北京圖書館館史資料彙編（1909—1949）》。

葉字體悉仿元刊葉，且個别字形寫法特殊亦自元刊而來。一類近於明代版刻中的方體字，如范序第十一葉、卷一第七葉、卷十二第二至四葉、卷十二第十三至十四葉、卷十四第十二葉、卷十九第七至十二葉，蓋明人因當時習慣補鈔而成。這兩類補鈔葉『釋曰』前均有『○』符號，且其中闕字之處多爲元刊葉殘損之處，故知多以元刊本爲鈔補底本。

國家圖書館另藏有一部宋刊十行本《穀梁》殘本（索書號：A05419），存卷十一至卷二十共十卷，趙目卷一亦有著録，作『宋刻元印本』。將兩部國圖藏本對勘，可以確定二者的宋刊書葉源出同版。雖然殘本中也有後補書葉，但部分書版完本已是鈔補，殘本尚爲刻版。即卷十二第二至四葉、卷十四第十二至十四葉、卷十五第一至十二葉、卷十九第七至十二葉，合二十四葉，可補完本之闕。這些刻版亦有先後之别，如卷十九第十二葉『釋曰』前有『○』符號，大概已非宋刻原版但仍屬早期補版。而殘本刻版葉與完本補鈔葉間，除字形上的异體、繁簡之别外尚有若干异文，現舉要如下，其中多有殘本可正完本之失者。

序號	卷葉之數	宋刊殘本刻版葉	宋刊完本補鈔葉
一	卷十二第二A葉	第一行小字：放大夫凡有三	故大夫凡有三
		第一至二行小字：昭八年楚放公子招二哀三年蔡人於公孫獵三也	昭公年楚放公子昭二哀年蔡人於公孫獵三也
		第二行小字：是放有罪也	無『也』字
		第二行大字：宋公	宋人
	卷十二第二B葉	第三行小字：棐林鄭地○棐芳尾反又音匪	無『地』『又』二字
		第六行小字：故言師師者衆大之辭	故言帥師者衆大之辭
二	卷十二第三A葉	第六行小字：無『也』字	以救陳之文也
	卷十二第三B葉	第五行小字：不當復書師敗績	不當復書帥敗績
三	卷十二第四A葉	第一行小字：暴殘暴	暴履暴
	卷十二第四B葉	第三行小字：無『于』字	志同于穿也
		第九行小字：趙盾與許止	趙盾與止許

續表

序號	卷葉之數	宋刊殘本刻版葉	宋刊完本補鈔葉
四	卷十四第十二A葉	第七行小字：三度興丘	三度興兵
		第八行小字：後遣大夫從師	後遣大夫從帥
	卷十四第十二B葉	第四行大字：不備其職	無「職」字
五	卷十四第十三A葉	第六行小字：意音境	竟音境
		第七行小字：杜務解左氏	杜預解左氏
	卷十四第十三B葉	第一行小字：又音試	「試」字闕損，鈔作「試」形
六	卷十四第十四A葉	第七行大字：不絶	不純
	卷十四第十四B葉	第一行小字：事或然也	「事或然」三字處空闕
		第七行大字：無「第」字	卷第十四
七	卷十五第一A葉	第十行小字：左氏云	方氏云
	卷十五第一B葉	第三行大字：崔杼	崔杼
		第十行小字：焉得受之	「焉」字處空闕

續表

序號	卷葉之數	宋刊殘本刻版葉	宋刊完本補鈔葉
八	卷十五第二A葉	第三行小字：后夫人之喪雨霑服失容則廢	無「失」字
	卷十五第二B葉	第六行小字：衛之邑	「之」字處空闕
九	卷十五第三A葉	第十行小字：三處發傳者	三處後傳者
十	卷十五第四A葉	第六行小字：齊公母也	「齊」字處空闕
	卷十五第四B葉	第四行小字：「晉」字處空闕	如晉者
		第十行小字：吳謂之伊緩左氏作善道	「伊」字後無「緩」字并空兩格，無「氏」「善道」三字
十一	卷十五第六B葉	第一行小字：不如死也	不知死也
十二	卷十五第七A葉	第一行小字：鄍鄭地	鄍鄭也
十三	卷十五第九B葉	第四、第六行小字：惣	惣
十四	卷十五第十一A葉	第四行小字：總云	「總」字處空闕

續表

序號	卷葉之數	宋刊殘本刻版葉	宋刊完本補鈔葉
十五	卷十五第十二A葉	第五行小字：于徵師	干徵師
		第八行小字：北宮結	『結』字處空闕
十六	卷十九第七B葉	第一行小字：昭二十二年	無『二』字
		第一行小字：無『而』字	而能爲諸侯主
十七	卷十九第八A葉	第六行小字：故曰其心甚勇	故其心曰甚勇
	卷十九第八B葉	第八行大字：無『於』字	蔡昭於公
		第九行小字：正是日	王是日
		第九行小字：不爲及下爲是皆同	不是及下爲是皆同
十八	卷十九第九B葉	第二行小字：楚無能亢御之者	無『能』字
		第八行小字：敗必邁反	敗必道反
十九	卷十九第十B葉	第六行小字：大夫稱家三家仲孫叔孫季孫也	無『家』字

續表

序號	卷葉之數	宋刊殘本刻版葉	宋刊完本補鈔葉
二十	卷十九第十一A葉	第一行小字：無首『音』字	音鹹音咸
		第六行大字：無『秋』字	秋九月
	卷十九第十一B葉	第八行大字：貴復正也	貴圭也也
二十一	卷十九第十二A葉	第八行小字：獲物有地	獲物言地
		第九行小字：宜蒙上地	宜蒙卜地
	卷十九第十二B葉	第七行大字：王三月	王正月
		第九行小字：所是之是未必是	所是之是宋必是

由此可見，這部殘本也具有較高的版本價值，理應兼顧。且該本還爲我們瞭解宋刊十行本刻印遞修細節提供了更多實據：其一，除上述早期補版之外，殘本中還有一類版片如卷十三第十一至十二葉者，版心上刻字數、『釋曰』前有『○』符號，已屬入元後的另一次補版。其二，殘本中有六葉鈔補，位於卷十二第十三至十八葉，版式方面『釋曰』前均無『○』符號，异文方面頗有特异之處。如第十四葉疏文，殘本『若擇善而從』，完本補鈔葉、元刊葉『擇』皆作『釋』，由此推測殘本補

鈔葉所據底本大概來源較早。需要注意的是，宋刊殘本雖可補完本之闕，但從版片磨損程度判斷，相較於完本實爲後印本。趙目將完本定爲明印、殘本定爲元印，或許是受前者中明補鈔葉、後者中元補刻葉的影響，結論稍嫌不確。今從刻、印、修三個層次對兩部宋本加以離析，更爲準確的表述應是：完本爲宋刻、宋末至元初修版并於此階段刷印、又有鈔補之本；殘本爲宋刻、宋末至元初多次修版、元再修版并於此階段刷印、又有鈔補之本。據此也足以説明宋刊十行本刻印遞修的多層複雜性。

另通過校勘可知，宋刊十行本較元翻及元翻明修本爲佳。首先，元翻宋本時，出現了不少形近致誤的情況。如卷九第十三葉宋刊『衛元喧自晉復歸于衛』，元刊『元』作『九』；又如卷十六第七葉宋刊『塗堊飾』，元刊『堊』作『聖』。其次，元代翻刻的版片屢經刷印也有磨損，明修過程中又産生了一些問題。如卷五第十葉宋元刊本『防魯地』，明正德十二年補版『地』訛作『也』；又如卷十八第八葉宋元刊本『明唯尹氏欲立之』，明修版改『明』爲『朝』，實爲妄改。此類實例尚多，今不備舉。關於宋元十行本《穀梁》更爲深入的刻印研究，讀者若有興趣，可進一步參考張麗娟先生《關於宋元刻十行注疏本》《元十行本〈監本附音春秋穀梁注疏〉印本考》兩文。

以上從版刻地位、閱讀實際、刻印關係、校勘價值諸端，略陳影印宋刊十行本《穀梁》之由，尚祈讀者匡謬。此次影印以原書掃描，灰度呈現，底本各類信息得到較好的保存。如卷六第九B葉第一行大字『高下有水災曰大水』，『大』刻版作『火』，後人以墨筆改爲『大』字，這一校改痕迹尚依稀可辨。由此可知原版已誤，而元翻作『火』僅是照刻并非新增訛誤。又如原書中偶有朱筆痕迹，於灰度圖中仍可辨識：卷二第十二A葉第十行大字『而易恥之』，『恥』字上有朱點；卷三第五A葉第十行小字『納者内不爲也』，『爲』字上有朱點；卷三第七A葉第一行小字『盟詛之及三王』，『之』字上有朱點；卷三第七B葉第三行大字『于謹』，『謹』字上有朱點；卷七第五B葉第九行小字『則愚者不悮』，『悮』字上有朱點；卷七第十四A葉第二行小字『○注逃義曰逃釋曰莊十七年傳文』，『○』符號前、『文』字後各有朱筆劃綫；卷十二第十三B葉第五行小字『則林公之惡不嫌不明』，『林』字上有朱點；卷十七第七B葉第四行大字『流房握』，『房』字上有朱點。此類痕迹雖無片語隻言，但其間無聲的校讀意見，今日展卷猶能會心，也請讀者留意。

附記：小文修改過程中得到張麗娟、劉波、石祥、馬楠諸位先生的具體指教與多方啓發，謹此致以衷心感謝。而文中謬誤，責在本人。

王天然

二〇一八年七月

總目錄

第一册

第二册

第三册

第一册目録

據國家圖書館藏宋刻元修本影印
原書版框高十九點三厘米寬十三
點二厘米

檢查者 吳德亮
覆查者

書名	春秋穀梁注疏（第壹 冊）共肆 冊
刊寫時代	宋刊本
裝式	線裝
卷數	卷壹之伍
葉數	捌拾柒葉
行格	半葉拾行行拾柒字小字雙行行貳拾叁字
高廣	高陸寸貳分廣捌寸貳分
邊口	左右雙線黑口第一魚尾下標谷疏卷幾第二魚尾下標葉數
印章	卷首有學部圖書之印朱文方印首尾有本館印
其他標識及狀況	簽耳題某若干年 桓字缺筆
覆查加注	

中華民國十三年三月二十八日

監本附音春秋穀梁傳註疏序

國子四門助教楊士勛撰
國子博士兼太子中允贈齊州刺史吳縣開國男陸德明釋文

春秋穀梁傳序(疏)釋曰此題諸本文多不同晉宋古文多云春秋穀梁傳序俗本亦有直云穀梁傳序者然春秋是此書之大名傳之解經隨事則釋亦既經傳共文題名不可單舉又此序末云名曰春秋穀梁傳集解故今依上題焉此序大畧凡有三段第一段自周道衰陵盡莫善於春秋釋仲尼脩春秋所由及始隱終麟之意夫聖人在上勸必合宜而直臣良史克施有政故能使善人勸焉淫人懼焉泊乎周德既衰彝倫失序居上者無所懲艾臨下者信意愛憎致令九有之存唯祭與號八表之俗或狄或戎故仲尼就大師而正雅頌因魯史而脩春秋其始隱終麟范自具焉第二自春秋之傳有三盡君子之於春秋沒身而已釋三傳所起及是非得失仲尼卒而微言絕秦正起而書記亡其春秋之書異端競起遂有鄒氏夾氏左氏公羊穀梁五家之傳鄒氏夾氏口說無文師既不傳道亦尋廢左

氏者左丘明與聖同恥恐諸弟子各安其意爲經作傳故曰
左氏傳其傳之者有張蒼賈誼張禹翟方進賈逵服虔之徒
漢武帝置五經博士左氏不得立於學官至平帝時王莽輔
政方始得立公羊子名高齊人受經于子夏故孝經說云春
秋屬商是也爲經作傳故曰公羊傳其傳之者有胡毋子都
董仲舒嚴彭祖之類其道盛於漢武帝穀梁子名俶字元始
魯人一名赤受經于子夏爲經作傳故曰穀梁傳傳孫卿卿
傳魯人申公申公傳博士江翁其後魯人榮廣大善穀梁又
傳蔡千秋漢宣帝好穀梁擢千秋爲郎由是穀梁之傳大行
於世然則三家之傳是非無取自漢以來廢興由於好惡而
巳故鄭玄六藝論云左氏善於禮公羊善於讖穀梁善於經
是先儒同遵之義也言左氏善於禮者謂朝聘會盟祭祀田
獵之屬不違周典是也公羊善於讖者謂黜周王魯及龍門
之戰等是也穀梁善於經者謂大夫曰卒諱莫如深之類是
也其三傳是非序文自具第三自升平之末盡穀梁傳集解
釋巳注述之意并序集解之人案晉書范甯字武子順陽縣
人爲豫章太守父名汪長子名泰字伯倫中子名雍字仲倫
小子名凱字季倫其從弟則注云邵曰是也言先君則父汪
是也以傳穀梁者雖多妄引二傳辭理典據不足可觀故與
門徒商畧名例傳示同異也所云名例者即范氏所據別爲

畧例一百餘條是也其春秋及經傳之名在後別釋謂之序者序述經傳之旨并明已注作之意也

昔周道衰陵乾綱絶紐○乾其連反天也紐女久反禮壞樂崩彝倫攸斁○彝倫以之反彝常倫理也攸斁丁故反字書作殬殬敗也弑逆簒盜者國有○弑申志反又作殺音同簒盜初患反爾雅云取也淫縱破義者比肩○淫縱子用反

（疏）昔周至比肩　釋曰仲尼之脩春秋因衰亂而作故序先述周道衰也云昔者范氏晉世之人仰追周代故曰昔云周道衰陵者揔述幽厲以來也指衰極言之則平桓之世也知者幽厲雖則失道名器未失詩猶入雅平王東遷之後下同於國風政教所被纔及郊畿仲尼脩春秋以平王爲始知衰極是平桓也衰陵謂衰弱陵遲云乾綱者乾爲陽喻天子坤爲陰喻諸侯天子揔統萬物若綱之紀衆紐故曰乾綱云絶紐者紐是連繫之辭故昭十三年左傳云再拜皆厭紐玉藻云紐約用組諸侯皆叛四海分崩若紐之絶故曰絶紐云禮壞樂崩者通言之耳知非樂是陽故以崩言之禮是陰故以壞言之者正以詩序云微子至於戴公其間禮樂廢壞明知通也云彝倫攸斁者尚書洪範文也

禮以安上治民樂以移風易俗禮樂崩壞故常道所以敗也弑謂臣弑君逆謂子弑父篡謂以庶奪正盜即哀四年傳云
春秋有三盜是也 是以妖災因釁而作 ○釁許覲反 民俗染化
而遷陰陽爲之愆度 ○爲之于僞反下同 七耀爲之盈縮
○縮所六反 川岳爲之崩竭鬼神爲之疵厲 ○疵才斯反厲音例
又作癘 疏 是以至疵厲 釋曰宣十五年左傳云天反時爲災地反物爲妖人反德爲亂亂則妖災生是妖災
因釁而起也云陰陽愆度者謂冬溫夏寒失其節度云七耀盈縮者謂日月薄食若晦食則是月行疾食朔與二日是月
行遲又五行傳云晦而月見西方謂之朓朔而月見東方謂之側匿朓則侯王其荼側匿則侯王其肅是由君行使之然
也五星亦有遲疾故襄二十八年左傳云歲在星紀而淫於玄枵是也謂之七曜者日月五星皆照天下故謂之七曜五
星者即東方歲星南方熒惑西方大白北方辰星中央鎮星是也云川岳崩竭者謂周語云幽王之時三川震伯陽父曰
昔伊洛竭而夏亡河竭而商亡岳是山之類即梁山沙鹿崩是也云鬼神疵厲者舊解以爲鬼神即宗廟是也疵厲謂災

變也言人棄常制致宗廟之災即桓宫新宫災是也今以爲鬼神爲之祇厲即國語云杜伯射宣王於鎬左傳云伯有之鬼爲厲是也　故父子之恩缺則小弁之刺作　○缺丘悦反弁步寒反刺七賜反此所引皆詩篇名谷風在邶風餘皆小雅　君臣之禮廢則桑扈之諷興　○扈音户諷方鳳反又作風　夫婦之道絶則谷風之篇奏骨肉之親離則角弓之怨彰君子之路塞則白駒之詩賦　疏　故父至詩賦　釋曰今范引此者即周道之衰微廢此五事爲此仲尼作春秋也故孔叢云孔子讀詩至小雅廢卷而歎感詩脩春秋是也云小弁之刺作者小弁詩小雅周幽王廢大子宜臼故大子之傅作詩以刺之云桑扈之諷興者桑扈亦詩小雅刺幽王君臣上下動無禮文焉故作是詩以諷之云谷風之篇奏者谷風衛人刺其君無德故令國内之人得其新婚者並棄其舊室風俗衰壞故作是詩以刺之言奏者謂奏進此詩與上文作興不異但述作之體欲辟文耳云角弓之怨彰者角弓詩小雅以幽王不親九族故作詩以刺之言族人

怨之彰顯故云角弓之怨彰云白駒之詩賦者白駒詩小雅宣王之末不能任賢致使賢人乘白駒而去也此引詩之次先云小弁後言白駒者以父子是人倫之端首六親之莫大故先言之其次則有君臣君君臣臣禮廢則上下無序故次桑扈夫婦者生民之本室家之原欲見從近及遠故夫婦先九族是以谷風在角弓之上白駒是賢人棄君又非親戚故最後言之或當隨便而言更無次第之例知者白駒是宣王之詩而言在幽王之詩下是無先後之次也

天垂象見吉凶○見賢徧反**聖作訓紀成敗欲人君戒慎厥行**○行下孟反**增修德政**

疏 天垂至德政　釋曰易繫在天成象在地成形成象則日月之曜成形則山川之形見吉凶者即上七曜爲之盈縮川岳爲之崩竭是也獨言天象者舊解云尊作法之本明聖人與天地合其德與日月齊其明以爲川岳崩竭亦是天使爲之故揔言垂象以包之云聖作訓紀成敗者謂若春秋書日食星隕山崩地震記災録異善惡褒貶等皆所以示禍福成敗之原有亡得失之本欲使人君戒慎其所行改脩德政以消災咎也

蓋誨爾諄諄聽我藐藐○藐亡角反**履霜堅**

冰所由者漸（疏）蓋誨至者漸　釋曰言此者明聖人雖作法愚主不能用也言我教誨汝王諄諄然向故聽我言藐藐然而不入此詩大雅抑篇刺厲王之詩也云履霜堅冰者易坤卦初六爻辭象曰履霜堅冰陰始凝也馴致其道至堅冰也引之者取積漸之義也四夷交侵華戎同貫幽王以暴虐見禍平王以微弱東遷征伐不由天子之命號令出自權臣之門故兩觀表而臣禮亡○觀古亂反朱干設而君權喪○喪息浪反下道喪同下陵上替僭逼理極○替他計反僭子念反天下蕩蕩王道盡矣（疏）四夷至盡矣　釋曰云四夷者東夷西戎南蠻北狄之惣號也云交侵者謂交相侵伐也云華戎同貫者謂諸夏與夷狄無異也舊解四夷交侵華戎同貫指謂當春秋之時今以爲文勢在幽王之上則當亦兼據幽厲以來故節詩刺幽王云斬伐四國又曰國既卒斬及宣王幽王並爲夷狄所敗則此段序意論衰之積漸不直據春秋

之時明矣云幽王見禍平王東遷者周本紀幽王既得褒姒廢申后而黜大子宜臼申侯與鄫人及犬戎殺幽王於驪山之下盡取周賂而還乃與諸侯就申立大子宜臼是爲平王東遷洛邑是也云兩觀已下者昭二十五年公羊傳云子家駒謂昭公曰諸侯之僭天子大夫之僭諸侯久矣公曰吾何僭哉子家駒曰設兩觀乗大路朱干玉戚以舞大夏八佾以舞大武然則諸侯不立兩觀周衰諸侯僭而置之是臣無有事君之禮也天子之舞始設朱干諸侯今亦用之是君之權喪失也云僭逼理極者謂僭上逼下之理至極也據君失權言之是逼下以臣陵君是僭上或以爲直據臣言之理亦通也云王道盡矣者言法度廢壞盡也

孔子覩滄海之横流廼喟然而嘆曰 ○喟起愧反又苦怪反 文王既沒文不在茲乎言文王之道喪興之者在己於是就大師而正雅頌 ○大師音泰 因魯史而脩春秋列黍離於國風齊王德於邦君所以明其不能復雅 ○復扶又反 政

化不足以被羣后也○被皮義反疏孔子至后也釋曰舊解引揚雄劇秦篇曰當秦之世海水羣飛海水喻萬民羣飛言散亂又引孟子云當堯之世洪水橫流言不復故道喻百姓散亂似水之橫流今以爲滄海是水之大者滄海橫流喻害萬物之大猶言在上殘虐之深也○云就太師而正雅頌者大師樂官也詩者樂章也以大師掌詩樂故仲尼自衛反魯就而正之直言雅頌者舉雅頌則風詩理在可知又雅頌之功大故仲尼先用意焉知非爲師摯理之故仲尼不正者師摯直閑關雎之音而已詩之顛倒仍是仲尼改正故此序云仲尼列黍離於國風杜預注左氏云後仲尼删定故不同是也然則作詩之體風雅先定黍離若是風體大師不得列之於雅頌之中若是雅頌之體仲尼亦不得退之於風詩之中而云列黍離於國風者詩人詠歌實先有風雅之體黍離既是國風誡不可列之於雅頌但天子不風諸侯不雅仲尼列正還同國風亦是仲尼列之於時則接乎隱公故因茲以託始該二儀之化育贊人道之幽變舉得失以彰黜陟明成敗以著勸誡拯

頹綱以繼三五。○拯拯救之拯頹徒回反 鼓芳風以扇遊塵

【疏】於時至遊塵 釋曰平王四十九年隱公之元年故曰接乎隱公亦與惠公相接不託始於惠公者以平王之初仍頹晉鄭至於末年陵替尤甚惠公非是微弱之初故不託始於惠公隱公與平王相接故因茲以託始也該者備也二儀謂天地言仲尼脩春秋濟羣物同於天地之化育云舉得失以彰黜陟者謂若儀父能結信於魯書字以明其陟杞雖二王之後而後代微弱書子以明其黜云明成敗以著勸誡者成敗黜陟事亦相類謂若葵丘書日以表齊桓之功戎伐凡伯言戎以明衛侯之惡又定哀之時爲無賢伯不甾夷狄不申中國皆是書其成敗以著勸善懲惡云拯頹綱以繼三五者於時王侯失位上下無序綱紀頹壞故曰頹綱今仲尼脩春秋祖述堯舜憲章文武拯者救溺之名言欲拯此頹綱以繼三王五帝先言三王者欲見三王可以繼五帝從小至大之意或亦隨便而言云鼓芳風以扇遊塵者舊解以正樂爲芳風淫樂爲遊塵樂可以降天神出地祇故云芳風淫樂鬼神不享君子不聽故曰遊塵或以爲善之顯著者爲芳風惡之煩碎者爲遊塵理亦足通耳但舊解云范氏別録如此故兩存之

一字之褒寵踰華

袞之贈○袞古本反袞冕上公之服片言之貶辱過市朝之撻○貶彼檢反市朝直遥反撻吐達反德之所助雖賤必申義之所抑雖貴必屈故附勢匿非者無所逃其罪○匿女力反潛德獨運者無所隱其名信不易之宏軌百王之通典也

（疏）一字至典也　釋曰言仲尼之脩春秋文致褒貶若蒙仲尼一字之褒得名傳竹帛則寵踰華袞之贈若定十四年石尚欲著名於春秋是也若被片言之貶則辱過市朝之撻若宣八年仲遂爲弑君不稱公子是也言華袞則上比王公稱市朝則下方士庶袞則王公之服而有文華或以對市朝言之華袞當爲二非也云德之所助雖賤必申者謂若吳是東夷可謂賤矣而襄二十九年因季札之賢而進稱爵是其申也云義之所抑雖貴必屈者謂若秦術是卿可謂貴矣而文十二年以其敵晉而略稱名是其屈也云故附勢匿非者無所逃其罪者舊解若公子翬假桓公之勢匿情於隱可謂非人臣也故隱四年十年皆貶之是不得逃其罪也云潛德獨

運者無所隱其名者謂若公弟叔肸不食逆主之祿督德昧
身不求寵榮之名獨運其道宣十七年著名春秋是無所隱
其名也或以爲匿非謂隱匿其非便於舊解**先王之道既弘麟感而來**
應○麟本又作驎呂辛反瑞獸也應應對之應**因事備而終篇故絕筆**
於斯年成天下之事業定天下之邪正○邪似嗟反
莫善於春秋(疏)先王至春秋　釋曰先王謂文武言仲尼脩春秋貴仁重德崇道抑邪弘
大先王之道麟感化而至杜預解左氏以爲獲麟而作春秋
今范氏以作春秋然後麟至者以麟是神靈之物非聖不臻
故論語云鳳鳥不至河不出圖吾已矣夫禮器云升中於天
而鳳皇降龜龍假公羊傳曰麟有王者則至援神契曰德至
鳥獸則騏麟臻是非有明王則五靈不至也當孔子之世周
室陵遲天下喪亂豈有神靈之物無故而自來明爲仲尼脩
春秋麟應而至也然則仲尼並脩六藝何故不致諸瑞者先
儒鄭衆賈逵之徒以爲仲尼脩春秋約之以周禮脩母致子
故獨得麟也或可仲尼脩六藝不可五靈俱來偶然麟應餘
不至也因事備者謂從隱至哀文武之道協嘉瑞來臻是事

備也終篇者謂絶筆於獲麟也春秋之傳有三而爲經之首一臧否不同○臧子郎反否音鄙又方九反臧否猶善惡也褒貶殊致（疏）春秋至殊致　釋曰聖人作法本無二意故傳雖有三而經首一也云臧否不同褒貶殊致者臧謂事有所善否謂理有所惡以臧否既異故褒貶亦殊謂若隱元年左氏貴儀父結盟公羊善其趣聖僖元年公羊善齊桓存邢故稱師穀梁以爲不足乎揚故貶之隱二年夫人子氏薨左氏以爲桓母公羊以爲隱母穀梁以爲隱妻是三傳異也蓋九流分而微言隱異端作而大義乖（疏）蓋九至義乖　釋曰漢書藝文志云孔子既沒諸弟子各編成一家之言凡爲九一曰儒家流凡五十二家八百三十六篇（入揚雄一家二十八篇）蓋出於司徒之官助人君順陰陽明教化游心於六藝之中留意於仁義之際祖述堯舜憲章文武宗師仲尼以重其言於道最爲高也二曰道家流凡三十七家九百九十三篇其本蓋出於史官歷記成敗存亡禍福古今之道然後知秉要執本清虛以自守卑弱以自持此人君南面之術也合於堯之克讓易之謙謙一謙而四益此其所長也三曰陰陽家流凡二

十一家三百六十九篇蓋出於羲和之官敬順昊天歷象日月星辰敬授民時此其所長也及拘者為之則牽於禁忌泥於小數舍人事而任鬼神也四曰法家流凡十家二百一十七篇蓋出於理官信賞必罰以輔禮制易曰先王以明罰飭法此其所長也及刻者為之則無教化去仁愛專任刑法也五曰名家流凡七家三十六篇蓋出於禮官古者名位不同禮亦異數孔子曰必也正名乎名不正則言不順言不順則事不成此其所長也六曰墨家流凡六家八十六篇蓋出於清廟之官茅屋采椽是以貴儉養三老五更是以兼愛選士大射是以上賢宗祀嚴父是以右鬼順四時而行是以非命以孝視天下是以上同及蔽者為之見儉之利因以非禮推兼愛之意而不知別親疏七曰縱橫家流凡十二家百十篇蓋出於行人之官孔子曰誦詩三百使於四方不能專對雖多亦奚以為又曰使乎使乎言其當權事制宜受命不受辭此其所長也及邪人為之則尚詐諼而棄其信八曰雜家流凡二十家四百三篇蓋出於議官兼儒墨合名法知國體之有此見王治之無不貫此其所長也九曰農家流凡九家百一十四篇蓋出於農稷之官播百穀勸農桑以足衣食故八政一曰食二曰貨孔子所重民食此其所長也及鄙者為之以為無所事聖王欲使君臣並耕悖上下之序也此九家

之術皆起於王道既微諸侯力政各引一端崇其所善以此馳說取合於諸侯云微言隱者仲尼沒而微言絕故云隱也云異端起而大義乖者謂同說儒家三傳各異俱述經旨而理味有殊也微言絕大義乖亦藝文志文李奇云隱微不顯之言也左氏以鬻拳兵諫爲愛君○鬻音育拳音權文公納幣爲用禮穀梁以衛輒拒父爲尊祖不納子糾爲內惡○糾居黝反公羊以祭仲廢君爲行權○祭側界反妾母稱夫人爲合正以兵諫爲愛君是人主可得而脅也以納幣爲用禮是居喪可得而婚也以拒父爲尊祖是爲子可得而叛也以不納子糾爲內惡是仇讎可得而容也以廢君爲行權是神器可得而闚也○闚本又作窺去規

序

反以妾母爲夫人是嫡庶可得而齊也○嫡丁歷反本又作適亦同若此之類傷教害義不可強通者也○強其文反疏左氏至者也　釋曰鬻拳兵諫在莊十九年文公納幣在文二年衛輒拒父在哀二年不納子糾在莊九年祭仲廢君在桓十一年妾母稱夫人在隱二年凡傳以通經爲主經以必當爲理○當丁浪反下同夫至當無二而三傳殊說庸得不棄其所滯擇善而從乎既不俱當則固容俱失若至言幽絕擇善靡從庸得不並舍以求宗據理以通經乎○舍音捨雖我之所是理未全當安可以得當之難而自絕於希通哉○難乃旦反疏凡傳至通哉　釋曰三傳殊異皆以通經爲主當者謂中於道也言聖人之經

以必中爲理其理既中計無差二而三傳殊說故范氏言不得不擇善而從之云三傳殊說者若隱二年子氏之說僖八年用致夫人之談是也擇善而從之季姬之遇鄫子注云左氏近合人情是也亟舍以求宗據理以通經乎者謂若子糾衞輒范氏注別起異端季子潜刃注云傳或失之天子六師方伯一軍示以疑滯南季之聘傳言非正范所不取是也

而漢興以來瓌望碩儒。瓌古回反 各信所習是非紛錯。錯七路反 準裁靡定。裁在代反又音才下同 故有父子異同之論石渠分爭之說。父子異同謂劉向好穀梁劉歆善左氏之論力困反石渠其居反閣名漢宣帝時使諸儒講論同異於石渠閣也分爭爭鬪之爭 廢興由於好惡。好呼報反惡烏路反 盛衰繼之辯訥。字書云訥或作吶乃滑反字詁云訥遲於言也包咸論語注云遲鈍也 斯蓋非通方之至理誠君子之所歎息也

疏 而漢至息也 釋曰舊解云瓌望者據容貌言之碩儒者大德之稱或當瓌望

猶美望也云各信所習是非紛錯者若賈誼劉歆之類服虔鄭衆之徒皆說左氏之美不論二傳之得也云父子異同之論者若劉向注意穀梁子歆專精左氏是其異也賈景伯父子及陳元父子皆習左氏不學二傳是其同也或解異同揔據劉向父子言之理亦通云石渠者漢之學名論事校文多在其內故張平子云天祿石渠校文之處分爭者若劉歆欲專立左氏而移書太常諸儒不從反爲排擯陳元上疏論一傳之短亦被詰難是也云廢興由於好惡者若景帝好公羊胡毋之學與仲舒之義立宣帝善穀梁而千秋之道起劉向之意存也云盛衰繼之辯訥者若武帝時公羊師董仲舒有才辯穀梁師江翁性訥公羊於是大興穀梁遂爾寢廢其後魯人榮廣善穀梁與公羊師眭孟辯論大義眭孟數至窮屈穀梁於是又興公羊還復寢息道有升降在乎其人不復論其得失故云可歎息也 左氏豔而富其失也巫。豔移驗反巫音無 穀梁清而婉其失也短。婉於阮反 公羊辯而裁其失也俗若能富而不巫清而不短裁而不俗則深於其道者也故君子之於春秋没身而已矣（疏）左氏至已矣　釋曰左丘明身爲國史躬覽載籍屬辭比事有可依據楊子以爲品藻范氏以爲富豔豔者文辭可美之稱也云其失也巫者謂多叙鬼神之事預言禍福之期申生之託狐突荀偃死不受含伯有之厲彭生之妖是也云清而婉者辭清義通若論隱公之小惠虞公之中知是也云其失也短者謂元年大義而無傳益師不日之惡畧而不言是也云辯而裁者辯謂說事分明裁謂善能裁斷若斷元年五始益師三辭美惡不嫌同辭貴賤不嫌同號是也舊解以爲裁謂才辯恐非也云其失也俗者若單伯之淫叔姬鄫子之請魯女論叔術之妻嫂是非說季子之兄弟飲食是也云没身而已矣者三傳雖說春秋各有長短明非積年所能精究故要以没身爲限也升平之末歲次大梁先君北蕃廻軫○蕃方元反又作藩頓駕于吳乃帥門生故吏我兄弟子姪○姪徒節反字林文一反杜預注左氏傳云兄子曰姪研講六籍次及三傳左氏則有服杜之注公羊則有何嚴之訓

釋穀梁傳者雖近十家近之近皆膚淺末學不經師匠辭理典據既無可觀又引左氏公羊以解此傳文義違反斯害也已（疏）升平至也已

釋曰此范氏言已注述之意也升平者晉之年號歲謂大歲也大梁是十二次名也先君謂甯之父注也門生同門後生故吏謂昔日君臣江徐之屬是也兄弟子姪即邵凱雍泰之等是也六籍者謂易詩書禮樂與春秋也服杜者即服虔杜預也何嚴者即何休嚴彭祖也近十家者魏晉已來注穀梁者有尹更始唐固麋信孔演江熙程闡徐仙民徐乾劉瑤胡訥之等故曰近十家也范不云注二傳得失直言注穀梁膚淺末學者舊解以為服杜何嚴皆深於義理不可復加故不論之以注穀梁者皆不經師匠故偏論之或當方便注穀梁故言其短也

於是乃商略名例敷陳疑滯博示諸儒同異之說昊天不弔大山其頹○昊天胡老反詩云欲報之德昊天亡極本又作旻亡巾反匍匐墓次死

亡無日。匍音蒲又音扶匐蒲北反又音服日月逾邁。逾音揄跂及視息。跂丘弭反又丘跂反乃與二三學士及諸子弟各記所識并言其意業未及終嚴霜夏墜。墜直類反從弟彫落。從才用反二子泯沒。泯忘忍反又作泯天實喪子。喪息浪反何痛如之今撰諸子之言各記其姓名名曰春秋穀梁傳集解

（疏）於是至集解。釋曰商畧名例者即范氏別爲畧例百餘條是也言旻天者以父卒故以殺方言之旻天不弔哀十六年左氏文也云大山其頹者礼記檀弓文也集解者撰集諸子之言以爲解故曰集解杜預云集解者謂集解經傳與此異也

監本附音春秋穀梁傳註疏序終

監本附音春秋穀梁註疏隱公卷第一 起元年盡三年

范甯集解　楊士勛疏

春秋穀梁傳隱公第一 疏 春秋至第一 釋曰春秋者此書之大名傳之
解經隨條即釋故冠大名於上也名曰春秋者以史官編年
記事年有四時之序春先於夏秋先於冬故舉春秋二字以
包之賈逵云取法陰陽之中知不然者以孝經云春秋祭祀
以時思之豈是取法陰陽之中故知非也玉藻云動則左史
書之言則右史書之左史所書春秋是也右史所書尚書是
也則春秋立名必是仲尼以往三代以來不審誰立之耳仲
尼所脩謂之經經者常也聖人大典可常遵用故謂之經穀
梁所脩謂之傳傳不敢與聖人同稱直取傳示於人而已故謂
之傳魯世家隱公名息姑惠公之子周公八世孫以平王四
十九年即位隱者謚也周書謚法曰隱拂不成曰隱魯雖侯
爵據臣子言之故謂之公說文第訓
次謂次第之中當其一故謂之第一

元年春王正月 隱公之始年周王之正月也杜預曰凡人君即位欲其體元以居正故不言一

年一月也。○正音征，又如字，後皆放此。疏注隱公至月也○釋曰：何休注公羊取春秋緯黄帝受圖立五始，以爲元者氣之始，春者四時之始，王者受命之始，正月者政教之始，公即位者一國之始，五者同日並見，相須而成。又云：惟王者然後改元立號，春秋託新王受命於魯，故因以録即位。公羊又云：王者孰謂？謂文王也。故范云隱公之始年，周王之正月，以異之。不然，公者不嫌非隱，何煩此注？明知爲排公羊説也。所書之公即魯隱，所用之歷即周正，安在黜周王魯也？又所改正朔，雖是文王頒於諸侯，非復文王之歷，受今王之歷，言文王之正，非也。又何休言諸侯不得改元，則元者王之元年，非公之元年，公之即位不在王之元年，安得同日並見，共成一體也？言既不經，故范所不信。元年實是一年，正月實爲一月，而別爲立名，故范引杜預之言以解之。元者，氣之本，善之長，人君當執大本，長庶物，欲其與元同體，故年稱元也。正者，直方之間語，直其行，方其義，人君當秉直心，杖大義，欲其常居正道，故月稱正也。以其君之始年，歲之始月，故特立此名以示義，其餘皆即從其數，不復改也。

雖無事，必舉正月，謹始也。謹君即位之始。

疏雖無至始也○釋曰：此言無事，直據正月無即位之事，非是通一時無事也。云謹始也者，謹人君即

位之始公何以不言即位據文公言即位疏注據文公言即位　釋曰不據桓公者
文公繼正即位正也桓繼故即位非正故不據之成公志也成隱讓桓之志焉成之
言君之不取爲公也言隱意不取爲魯君也公君也上言君下言公互辭○焉於虔
反君之不取爲公何也將以讓桓也讓桓正
乎曰不正隱長桓幼○長丁丈反又作丈音同疏注隱長桓幼　釋曰傳云讓桓不正注何
以知隱長桓幼不是隱嫡桓庶者君隱嫡桓庶先君焉得欲立之隱焉得探先君邪心而讓之傳言天倫則貴賤相似可
知又云受之天子隱非嫡明矣春秋成人之美不成人之惡隱不
正而成之何也將以惡桓也不明讓者之善則取者之惡不顯○之惡
烏各反下注之惡同惡桓烏路反下其惡桓同疏春秋至桓也　釋曰此云春秋成人之美下云春秋貴義而不
貴惠顯言春秋者讓者人之善事而傳稱小道危疑之理恐人不信故廣稱春秋之理以明之下既以隱爲善又惡其不

正亦恐人不信故言春秋貴義而不貴惠也○注不明至不顯　釋曰謂不言公之即位是明讓者之善讓者之善既明
則取者之惡自然顯也　其惡桓何也隱將讓而桓弒之則
桓惡矣桓弒而隱讓則隱善矣善則其不正
焉何也　據善無不正○弒申志反又作殺如字後皆同　春秋貴義而不貴
惠　惠謂私惠　信道而不信邪　信申字古今所共用○信音申邪似嗟反下及注皆同
孝子揚父之美不揚父之惡先君之欲與桓
非正也邪也雖然既勝其邪心以與隱矣　終歸
之於隱是以正道制邪心　已探先君之邪志而遂以與桓則
是成父之惡也兄弟天倫也　兄先弟後天之倫次○探吐南反
爲子受之父爲諸侯受之君　隱爲世子親受命於惠公爲魯君已

受之於天王矣已廢天倫而忘君父以行小惠曰小道也弟先於兄是廢天倫私以國讓是忘君父（疏）小道也　釋曰伯夷叔齊及大伯等讓國史傳所善今隱讓國而云小道者伯夷爲世子其父尚存兄弟交讓而歸周父沒之後國人立其中子可謂求仁而得仁故以爲善今隱公上奉天王之命下承其父之託百姓已歸四鄰所與苟探先君之邪心而陷父於不義開篡弒之原啓賊臣之路卒使公子翬乘釁而動自害其身故謂之小道至於大伯則越禮之高以興周室不可以常人難之若隱者可謂輕千乘之國蹈道則未也未履居正之道○乘繩證反公侯之國賦千乘蹈道上徒報反履行之名也下如字○三月公及邾儀父盟于眛邾附庸之國眛魯地○邾音誅國名儀父凡人名字皆音甫後放此更不重音眛音蔑地名左氏作蔑注下皆同及者何內爲志焉爾內謂魯也儀字也父猶傅也男子之美稱也傳師傅附庸之君未王命例稱名善其結信於魯故以字配之○美

稱尺證反其不言邾子何也據莊十六年邾子卒稱邾子邾之上

古微未爵命於周也邾自此以上是附庸國○上時掌反不日其

盟渝也日者所以謹信盟變故不日七年公伐邾是也不日人實反不日謂不書日也穀梁皆以日月為例他皆放此渝羊朱反變也

疏及者至渝也釋曰此云及傳云內為志焉爾二年公會戎于潛傳云會者外為主焉則下六年公會齊侯盟于艾亦是外為主公及戎盟于唐亦是內為志外內之意別故傳辨彼我之情也案齊侯祿父則以父為名此父為傳者以春秋之例諸侯卒例名經云齊侯祿父卒無取字義故知父是名也今儀父既有所善故知父是男子之美稱也經善其結信貴而字之傳又云不日其盟渝也經傳相違者以附庸之君能結信於魯以美稱稱之但結盟之後信義不固魯更伐邾故去日以惡之所謂善惡兩舉春秋之義也知非例不日者欒二年秋月庚辰公及戎盟于唐六年夏五月辛酉公會齊侯盟于艾彼皆書日故知非例不日今此不日故知為渝盟略[illegible]左氏推大夫卒及日食以日月為例自餘皆否此傳凡[illegible]經皆有日月之例者以日月相承其事可悉史官記事[illegible]其文豈

有大聖脩撰而或詳或略故知無日者仲尼略之見褒貶耳○注附庸至郿之　釋曰案莊五年秋郳犂來來朝稱名故知此善其結信於魯故以字郿之也不善彼朝而善此盟者朝事大國附庸常禮齊盟結信所以安社稷故貴之也　眛地名也○夏五月鄭伯克段于鄢段有徒衆攻之爲害必深故謹而月之鄢鄭地○鄢音偃地名　疏　注段有至鄭地　釋曰案下四年九月衛人殺祝吁于濮傳曰其月謹之也范云討賊例時也衛人不能即討祝吁致令出入自恣故謹其時月所在以著臣子之緩慢也此云爲害必深故謹而月之彼祝吁以二月弑君衛人以九月始討傳云其月謹之也明知謹臣子之緩慢此無歷時之事傳云段之有徒衆也故知爲害必深故謹而月爾莊九年齊人殺無知不書月者無知雖復歷年時月尚淺又無重害故直書時也宣十一年楚人殺陳夏徵舒書月者爲陳不能討而外藉楚力故禍害深也克者何能也何能也能殺也何以不言殺見段之有徒衆也言鄭伯能殺則邦人不能殺矣知段衆力彊盛唯國君能殺之○見賢徧反　疏　注言鄭至殺之　釋曰國君之討必

藉衆力若使鄭伯獨行理不能殺而云唯國君能殺之者段藉毋弟之權秉先君之寵得衆人之情遂行弑君之計百姓畏憚莫不斂手而鄭伯既爲人君有威怒之重自爲戎首設賞罰之柄故軍師用命戰士爭先注論克段之本故云唯國君乃能殺之也

段鄭伯弟也何以知其爲弟也殺世子母弟目君以其目君知其爲弟也母弟同母弟也目君謂稱鄭伯

（疏）段鄭至弟也　釋曰殺世子母弟皆目君傳何以知非世子者左氏公羊亦以段爲鄭伯之弟故此傳亦同之舊解以爲世子申生傳曰目晉侯斥殺惡晉侯也宋公殺世子傳無明解同例可知故范云痤之罪不子明矣然則書殺世子例目君稱世子其罪誅者即不書今段目君而不云世子是弟可知理亦通耳不及取二傳爲證後進易曉宣十七年公弟叔肸卒傳曰賢之也彼爲賢稱弟則不賢去弟乃是其常而下傳云弗謂弟貶之也者天王殺其弟佞夫彼佞夫無罪而稱弟今段不稱公子又不稱弟故云貶之又且相殺之例與尋常異故知去弟者貶之也

段弟也而弗謂弟公子也而弗謂公子貶之也段

失子弟之道矣賤段而甚鄭伯也賤段謂不稱公子公弟甚鄭伯謂目君也何甚乎鄭伯甚鄭伯之處心積慮成於殺也雍曰段恃寵驕恣彊足當國鄭伯不能防閑以禮教訓以道縱成其罪終致大辟處心積慮志欲殺弟。大辟婢亦反處昌慮反思息吏反于鄢遠也猶曰取之其母之懷中而殺之云爾甚之也段奔走乃至於鄢去已遠矣鄭伯猶追殺之何以異於探其母懷中赤子而殺之乎君殺大夫例不地甚鄭伯之殺弟故謹其地

疏注段奔至其地釋曰僖十年晉殺其大夫里克昭十四年莒殺其公子意恢例不地故知此書地是謹之也又昭十一年楚子虔誘蔡侯般殺之于申傳曰稱地謹之也明此稱地亦是謹耳然則為鄭伯者宜奈何緩追逸賊親親之道也君親無將將而必誅焉此蓋臣子之道所犯在己故可以申兄弟之恩

疏注君親至之恩釋曰莊三十二年公羊傳文○秋七月天王使宰

咺來歸惠公仲子之賵宰官咺名仲字子宋姓也婦人以姓配字明不忘本示不適同姓也妾子爲君賵當稱謚成風是也仲子乃孝公時卒故不稱謚賵例時書月以謹其晩○宰咺況阮反注同仲子惠公之母也與左氏作同賵芳鳳反及下同

疏七月至之賵　釋曰公羊傳云及仲子仲子微也左氏亦以仲子爲桓之母今穀梁以爲孝公之妾惠公之母者以文九年秦人來歸僖公成風之襚彼君兼歸二襚則先書成風既經不先書成風明母以子氏直歸成風襚服而已成風既是僖公之母此文正與彼同故知仲子是惠公之母也鄭釋癈疾亦云若仲子是桓之母桓未爲君則是惠公之妾天王何以賵之則惠公之母亦爲仲子也鄭云亦爲仲子者以左氏公羊皆言仲子桓公母故也然則魯女得並稱伯姬叔姬宋女何爲不得並稱仲子也又仲子不稱夫人者文九年秦人來歸僖公成風之襚傳稱秦人弗夫人也即外之弗夫人而見正焉則此不稱夫人理亦當然也文五年春王正月王使榮叔歸含且賵傳曰其不言來不周事之用也仲子乃孝公時卒而云來者秦人能遠慕中華君子恕而不責其晩故言來又書時今平王能崇禮諸侯惠公之喪而來歸賵故亦恕而不責言來也秦近西戎能

慕中國故時而不月京師路近故謹而月之范以不責秦而不書月故知書月者是謹譏之文〻五年傳云不周事之用也而經書月則周事之用合書時故注〻云賵例時書月以謹其晚也

母以子氏 妾不得體君故以子爲氏平王新有幽王之亂遷于成周欲崇禮諸侯

仲子者何惠公之母孝公之妾也禮賵人之母則可賵人之妾則不可君子以其可辭受之其志不及事也 仲子早卒無由追賵故因惠公之喪而來賵之常事不書

賵者何也乘馬曰賵衣衾曰襚貝玉曰含錢財曰賻 四馬曰乘含口實。乘繩證反襚音遂含戶暗反又作唅賻音附

疏 賵者至曰賻 釋曰士喪禮賵用兩馬此用乘馬者禮大夫以上皆乘四馬故賵用乘馬馬數雖同其馬大小則異故何休〻云天子馬曰龍高七尺以上諸侯曰馬高六尺以上卿大夫士曰駒高五尺以上是也士喪禮賵并有玄纁束公羊傳亦〻云賵者以馬以乘馬束帛何休〻云束帛謂玄三纁二玄三法天纁二法地是也謂之賵者何休〻云

賵猶覆也當覆被亡者之身休又云賻猶助也皆助生送死之禮襚猶遺也遺是助死之禮知生者賵賻知死者賵襚耳或當襚者衣服之名故送死之衣亦名襚也衣多少之數喪大記小歛之衣皆十九稱大歛之衣君百稱大夫五十稱士三十稱天子蓋百二十稱歛衣稱數不同則所歸襚服亦當有異但所歸者未必具其稱先儒無說不敢斷其多少也含者實口之名周禮玉府大喪共含玉則天子用玉禮雜記論諸侯弔含之事云將命者執璧委於殯東是諸侯用璧士喪禮含用米貝是士用米貝莊子云徐徐別其頰無傷口中珠或大夫用珠也其多少之數士喪禮用貝三則天子以下同用三明矣何者實口當無多少之異故也舊說云大夫當五諸侯當七天子當九非也檀弓含用米貝以喪大記約之則天子米當用黍諸侯用粱大夫士用稷也案雜記之文諸侯含必當用璧文五年注云諸侯含用玉又此傳直云貝玉曰含者璧亦是玉之別故同禮子男執璧亦同謂之玉故傳舉貝玉揔之也或以爲禮緯天子用珠諸侯用玉大夫用璧士用貝又此傳貝玉曰含故范氏不取禮記之文而云諸侯含用玉也若從前解禮緯之文特爲先代法則於理通耳○

九月及宋人盟于宿及者何内卑者也宋人

外卑者也卑者之盟不日卑者謂非卿大夫也凡非卿大夫盟信之與不例不日【疏】及者至不日○釋曰盟會言及别内外尊卑言及上下序此言及者是魯之微人傳公卑者之盟不日則公卿之盟書日可知故文一年三月乙巳及晉處父盟莊二十二年秋七月丙申及齊高傒盟彼雖不言公以公實在故亦書日又二年秋八月庚辰公及戎盟于唐襄三年六月公會云云己未同盟於雞澤是稱公而書日襄二十七年秋七月辛巳豹及諸侯之大夫盟於宋是卿盟亦日此不書日是卑者例不書日八年傳云外盟不日詳内而畧外也其間有内之公卿不日外盟亦日皆當條别有義耳定十一年注云平不日亦有惡矣則平亦有日月之例也宿邑名也○冬十有二月祭伯來來者來朝也其弗謂朝何也寰内諸侯非有天子之命不得出會諸侯不正其外交故弗與朝也天子畿内大夫有采地謂之寰内諸侯○祭側界反朝直遥反寰音縣古縣字一音環又音患内圻内也畿本或作圻音祈聘

弓鏃矢不出竟場束脩之肉不行竟中有至尊者不貳之也聘遺所以結二國之將彼我之意臣當稟命於君無私朝聘之道。鏃音候又音侯竟音境本或作境竟場音亦遺唯季反好呼報反稟彼錦反

疏 來者至之也一釋曰天子畿內大夫奉王命當言聘此不奉王命據之君言之故傳云不與朝也寰內者王都在中諸侯四面遶之故曰寰內也祭伯者范雖不注傳云諸侯則伯爲爵也聘弓鏃矢者麋信云聘問也古者以弓矢相聘問故左傳云楚子問郤至以弓爾雅釋器云金鏃翦羽謂之鏃郭璞云今之鉀箭是也束修之肉者脩脯也謂束脯之肉也臣無竟外之交故弓矢不出竟場在禮家施不及國故束修之肉不行竟中謂之竟場者竟是疆界之名至此易主故謂之疆場不貳之者言臣當一一稟君命無自專之道也范注莒慶之下引禮束脩之問不出竟董仲舒曰大夫無束脩之饋言雖有異其意皆同也。

公子益師卒大夫日卒正也君之卿佐是謂股肱股肱或虧何痛如之故録其卒日以紀恩

不日卒惡也罪故略之

疏 大夫至惡也。釋曰五年冬、十有二月辛巳公子彄卒僖

十六年三月壬申公子季友卒皆書日今不書日故云惡之益師之惡經傳無文蓋春秋之前有其事也糜信云益師不能防微杜漸使桓弑隱若益師能以正道輔隱則君無推國之意桓無篡弑之情所言亦無案據也何休云公子以惡日與不日爲遠近異辭者穀梁云益師惡而不日則公子牙及季孫意如何以書日乎鄭君釋之云公子牙莊公弟不書弟則惡明也故不假去日季孫意如則定公所不惡故亦書日是鄭意亦以爲惡故不日也

二年春公會戎于潜凡年首月承於時時承於年文體相接春秋因書王以配之所以見王者上奉時承天而下統正萬國之義然春秋記事有例時者若事在時例則時不月月繼事末則月而不書王書王必皆上承春而下屬于月文表年始事莫之先所以致恭而不黷者他皆放此〇有月無王以見不奉王法爾南蠻北狄東夷西戎皆氐羌別種潜魯地會例時〇見王賢徧反下同屬章玉反黷徒木反放甫往反後此例不音氐丁兮反本又作氐種章勇反

【疏】注凡年至例時〇釋曰春秋二百四十二年無王百有八相無王者以見不奉王法餘公無王者爲無正月不得言王凡書首時者六十有二君以正月首時者亦得書王何者以時雖無事年首時月皆隱

故亦書王則莊二十有二年春王正月二十有九年春王正月皆月下無事而書王是也若月承於時時承於年下有事書王配之者則莊三年春王正月溺會齊師伐衛八年春王正月師次于郎是也雖非正月但承於時得承於年又以事繫月下即亦稱王則三年王二月己巳日有食之莊六年春王正月王人子突救衛是也凡文一春未記事有例時者謂若朝會侵伐之類若十一年春滕侯薛侯來朝傳曰諸侯來朝時正也莊十年二月公侵宋傳曰侵時此其月惡之故謹而月之二十三年春公至自齊傳曰往時正也故此年春公會戎于潛五年春公觀魚于棠皆不書月是也其有書月之類皆有故始書耳注云六月繼事末則月而書王者謂年下自已有事下雖有月亦不得書王若八年春宋公衛侯遇于垂下云三月鄭伯使宛來歸邴是也致恭而不黷者也謂恭敬於王不敢黷慢者也會例時者四年夏公及宋公遇于清九年冬公會齊侯于防是也若然十年春王二月公會齊侯鄭伯于中丘十一年夏五月公會鄭伯于時來而書月者范云天告雷雨之異而不知戒懼反更數會故危之是有故始書月明無故例時也

會者外為主焉爾

知者慮（察安危。○知音智）義者行（臨者能斷。斷丁亂反）。○仁者守（衆之所歸）

守必堅固　○守如字　有此三者然後可以出會。會戎，危公也。無此三者不可以會，而況會戎乎。

疏　注無此至戎乎　釋曰：傳云知者慮，謂卿爲司徒，主教民，察民之安危也；義者行，謂卿爲司馬，司馬主斷割也；仁者守，謂卿爲司空，司空主守也。人君之行，二卿從，一卿守，然後可會。中國之君，桓無三臣之策而出會，齊侯身死於外，故重起例。時其不可，是以此注云無此三臣不可以會，而況會戎乎。兼爲桓公生此意也。此既危公而不月者，徐邈云：會戎雖危，有三臣之助，不至于難，故不月也。理或然焉。

○夏五月，莒人入向。入例時，惡甚則日，次惡則月，他皆放此。○莒音舉。向，舒亮反。惡，烏各反，並同。

疏　注入例至放此　釋曰：入例時者，以侵伐既時，則入亦時也，故五年秋衛師入郕、十年秋宋人衛人入鄭皆不月是也。惡甚則日者，八年庚寅我入邴，傳曰：日入，惡入者也。十年冬十月壬午，齊人鄭人入郕，傳曰：日入，惡入者也。經書日，傳特發云惡入也，則書日是大惡之例。書日既爲大惡，則書月者次惡，書時有小惡。知書時亦惡者，傳云入者内弗受也，則稱入者亦是惡也。内不受，此已發例，下入極復言之者，向者佹入，我極者我入，佹恐内外不同，故兩發以同之。或以爲書時者無惡但事自惡耳入者内弗受也入無小大苟不以罪則義皆不可受向我邑也自魯而言故曰我也○無侅帥師入極二千五百人爲師○侅音該又戶楷反左氏作駭入者内弗受也極國也諱滅同姓故變滅言入傳例曰滅国有三術中國日卑國月夷狄時極蓋卑國也内謂所入之國非獨魯也疏注滅国有三術至非獨魯也 釋曰宣十五年襄六年傳文也苟焉以入人爲志者人亦入之矣不稱氏者滅同姓貶也疏滅同生貶也 釋曰左氏無駭八年乃賜族則爲无族可稱此傳云不稱氏者滅同姓貶也則以無侅舊有氏公羊無駭者何展無駭也何以不氏貶曷爲貶疾始滅也然則此傳貶意雖與公羊異或當先號展氏也○秋八月庚辰公及戎盟于唐傳例曰及者内爲志焉尔唐魯地○九月紀履緰來逆女不親逆則例月重録之親迎則例時○履緰音須左氏作裂繻下注同疏注不親至例時 釋曰莊二十四年夏公如齊逆女書時

此則書月故云不親逆例月親逆例時也**逆女親者也**親者謂自逆之也**使大夫非正也以國氏者爲其來交接於我故君子進之也**傳例曰當国以国氏卑者以國氏進大夫以國氏國氏雖同而義各有當公子公孫篡君代位故去其氏族國氏以表其无禮齐無知之徒是也若庶姓微臣雖爲大夫不得爵命無代位之嫌既不書其氏族當知某國之臣故国氏以別之宋萬之倫是也履緰以名繫國著其奉國重命來爲君逆得接公行禮故以國氏重之成九年宋不書逆女以其逆者微今書履緰亦足知其非卑者公羊傳曰春秋貴賤不嫌同號美惡不嫌同辭左氏舍族之例或厭以尊君或貶以著罪此傳隱公去即位以明讓莊公去即位以表繼弒文同而義異者甚衆故不可以一方求之○爲其于僞反注來爲同有當丁浪反故去起呂反下同以別彼列反美惡烏路反又如字舍族音捨或厭於葉反【疏】傳注例至求之　釋曰齐無知衛祝吁弒君取国以国氏齐公子商人楚公子比亦弒君取國不以國氏者商人不徵以嫌代嫌楚公子比不是弒君之主故皆稱公子不以國氏也此云履緰知非卑者傳云逆之道微指言不親逆略之不稱使非

謂獲褕甲也注廣引公羊左氏者以謚國氏不同之意并明襃貶殊致也貴賤不嫌同號美惡不嫌同辭隱七年公羊傳文也滕是小國爵稱侯齊是大國亦止稱侯是貴賤不嫌同號文公繼嗣君而稱即位桓公繼弒君亦言即位是美惡不嫌同辭或襃以尊君成十四年僑如以夫人婦姜氏至自齊宣元年遂以夫人婦姜至自齊是也或貶以著罪若四年翬帥師會宋公云云伐鄭襄二十七年豹及諸侯之大夫盟於宋是也不可以一方求之者言國氏雖同本意各異故不可以一方求之是以廣引文同義異以爲證也○冬十月伯姬歸于紀伯姬魯女禮婦人謂嫁曰歸反曰來歸嫁而曰歸明外屬也反曰來歸明從外至反謂爲夫家所遣（疏）禮婦至來歸　釋曰婦人謂嫁曰歸此伯姬歸于紀是也反曰來歸宣十六年郯伯姬來歸是也

從人者也婦人在家制於父既嫁制於夫夫死從長子婦人不專行必有從也伯姬歸于紀此其如專行之辭何也曰非專行也吾伯

姬歸于紀故[illegible]也其不言使何也怪不言使履緰來逆

女。長丁丈反疏專行之辭釋曰糜信云不稱使者似若專行也謂決曾夫人至并稱逆者此直云伯姬歸故

問之下云吾伯姬歸故志之也明佗逆者不足錄故與內夫人至異也逆之道微無足

道焉爾言君不親迎而大夫來逆故曰微也踈其六大下復稍明其細故不言使履緰也。迎魚敬反復扶

又反疏逆之道微釋曰成八年宋公使公孫壽來納幣注云婚禮不稱主人宋公無主婚者自命之故稱使此

紀侯有母母使履緰文不稱使正是此事而云逆之道微去使者納幣禮合使卿宋公自命之故云使此逆非親不

得故云逆之道微而去使文也以逆女與納幣異故彼此不同耳。紀子伯莒子盟于

密密莒地。子伯如字長也左氏作子帛或曰紀子伯莒子而與之

盟紀子以莒子為伯而與之盟伯長也或曰年同爵同故紀子以

伯先也年爵雖同紀子自以為伯而先疏或曰至先也釋曰上文伯莒子者謂紀子推先莒子為

伯而與之盟下文以伯先者謂紀子自以爲伯而居先毋言或曰者失其眞故也○十有二月

乙卯夫人子氏薨夫人薨例曰夫人曰薨從夫稱○稱尺證反疏夫人子氏薨釋曰左氏以子氏爲桓公之母公羊以爲隱公之母穀梁以爲隱公之妻今以隱推讓據其爲君而亦稱公故其妻亦稱夫人也夫既不葬故其妻亦不葬以經文上下符合故爲隱妻而左氏桓未爲君其母稱夫人是亂嫡庶也公羊以爲隱母則隱見爲君何以不書葬若以讓不書葬何爲書夫人子氏薨故穀梁子以爲隱妻也夫人薨不

地夫人無出竟之事薨有常處○處昌慮反夫人者隱之妻也卒而

不書葬夫人之義從君者也隱弒賊不討故不書葬○鄭

人伐衛傳例曰斬樹木壞宮室曰伐伐例時○壞音怪又戶怪反疏傳例至例時釋曰傳例曰者五年傳文也伐既例時此伐衛在十二月下者日月自爲魯夫人薨故上注云夫人薨例日是也

三年春王二月己巳日有食之杜預曰日行遲一歲一周天月行疾

一月一周天一歲凡十二交會然日月動物雖行度有大量
不能不小有盈縮故有雖交會而不食者或有頻交而食者
唯正陽之月君子忌之故有伐鼓用幣之事京房易傳曰日
者陽之精人君之象驕溢專明爲陰所侵則有日有食之災
不救必有篡臣之萌其救也君懷謙虛下賢受諫任德日食
之災爲消也。日有食之本亦作蝕音同後皆倣此量音亮
下遐嫁反爲
消于僞反
【疏】二月至食之　釋曰此經不書朔傳云食
晦日也則此食必當晦日但不知是何月
晦也徐邈云己巳爲二月晦則二月不得有庚戌也明宣十
年四月丙辰十七年六月癸卯皆是前月之晦也則此己巳
正月晦冠以二月者蓋交會之正必主於朔今雖不朔而食
著之此月所以正其本亦猶成十七年十月壬申而繫之十
一月也取前月之日而冠以後月故不得稱晦以其不得稱
晦知非二月晦也未審范意如何穀梁之例書日食凡有四
種之別故此二月己巳日有食之傳云言日不言朔食晦日
也桓十七年冬十月朔日有食之傳云言朔不言日食既朔
也彼是二日食矣又莊十八年三月日有食之傳云不言日
不言朔夜食也又桓三年七月壬辰朔日有食之既傳云言
日言朔食正朔也是有四種之別公羊以爲此二月己巳不
言朔者是二日食也左氏以爲不言朔者史失之並非穀梁

隱三年

意耳。注杜預至消也　釋曰依歷家之説日一日一夜行天一度月一日一夜行天十三度十九分度之七天有三百六十五度四分度之一故日行一歲一周天計月逐及日之時不嘗周天但舉其大率耳日月相及而爲交會謂之一月計一年之中有十二交會則應每月常食而有不食之時故解之但日月動物其行也或盈或縮故雖交會而有不食之時或亦有頻交而食也雖交會而不食者謂春秋二百四十二年唯三十七日食是也頻交而食者則襄二十一年九月十月食二十四年七月八月食是也京房漢人字君明頓丘人也本姓李推律自定爲京氏爲易作傳故曰京房易傳也

言日不言朔食晦日也其言日有食之何也吐者外壤食者內壤凡所吐出者其壤在外其所吞咽者壤入於內。壤而丈反吞吐恩反又音天咽於見反闕然不見其壤[illegible]有食之者也今日闕損亦不知壤之所在此必有物食之。見如字又賢徧反有內辭也或外辭也傳曰食者內壤故曰內辭吐者外壤故曰[illegible]無外壤也而曰或外辭者因[illegible]不

升謂之饉四穀不升謂之康亦無其事○饉渠吝反有食之者內於日也內於日以
壞不見於外○見賢徧反又如字其不言食之者何也知其不可
知知也○不可知知也上知如字下知音智【疏】其日至知也釋曰傳問經意其辭日有食之何也
傳又申說之吐者外壞謂凡所吐出其壞在外也食者內壞
謂凡吞食者壞入於內也闕然不見其壞有食之者也者謂
日既闕損不知壞之所在必有物食之有內辭也或外辭也
者謂日食有兩種之辭據書內壞故言有內辭不書外壞故
曰或外辭也有食之者內於日也者謂日食既有二辭今直
云有食之者爲日之所壞在於內也其不言食之者何也者
謂經不書月食日也知其不可知知也者謂聖人慎疑作不
知之辭者知也壞字爲穀梁音者皆爲傷徐邈亦作傷糜信
云齊魯之間謂鑿地出土鼠作穴出土皆曰壞或當字從壞
蓋如糜信之言也○注三穀至其事　釋曰襄二十四年傳
文也彼云一穀不升謂之嗛二穀不升謂之饑三穀
不升謂之饉四穀不升謂之康五穀不升謂之大侵○三
月庚戌天王崩平王也高曰崩梁山崩厚曰崩沙鹿崩

尊曰崩天子之崩以尊也其崩之何也以其在民上故崩之其不名何也大上故不名也夫名者所以相別爾居人之大在民之上故無所名○大並如字大音符發句之端皆同彼列反○夏四月辛卯尹氏卒文三年王子虎卒不日此日者錄其恩深也○尹如字周大夫也左氏作君氏

疏注文三至深也 釋曰范云恩深者王子虎即叔服也會葬在文元年三年王子虎始卒其恩已殺故直錄其卒而不書其日尹氏三月詔魯人弔四月卒故痛而日之是恩深於叔服也

尹氏者何也天子之大夫也外大夫不卒此何以卒之也於天子之崩爲魯主故隱而卒之隱猶痛也周禮大行人職曰若有大喪則詔相諸侯之禮然則尹氏時在職而詔魯人之弔者不書官名疑其譏世卿○相息亮反

疏注隱猶至世卿 釋曰詔魯人之弔者叔孫得臣如京師經書名氏今不見其名蓋微者也疑其譏世卿者穀梁無傳唯據公羊故

云疑也○秋武氏子來求賻〔天王使不正者月今無君不稱使故亦略而書時〕

疏 注天王至書時　○釋曰桓十五年二月天王使家父來求車是不正也文九年春毛伯來求金與此武氏子並不月者皆爲無君不稱使略而稱時也止而時者則凡伯南季是也祭伯來私出竟故書月以表不正祭叔來聘亦不請於王不正可知故不復月等不請王命祭伯寰內諸侯故不言朝祭叔大夫故不言使而言聘也

武氏子者何也天子之大夫也其稱武氏子何也未畢喪孤未爵〔平王之喪在殯〕未爵使之非正也其不言使何也〔據桓十五年天王使家父來求車稱使〕無君也〔桓王在喪未即位故曰無君〕歸死者曰賵歸生者曰賻曰歸之者正也求之者非正也〔喪事無求而有賵賻〕周雖不求魯不可以不歸魯雖不歸周不可以

求之求之爲言得不得未可知之辭也交譏之【疏】未可至譏之○釋曰求者自求得在不疑而云未可知者以王者求之非道容有辭說故云未可知也交譏之者交猶俱也指事而書則周魯之非俱見也○八月庚辰宋公和卒天子曰崩諸侯曰薨大夫曰卒周之制也春秋所稱曲存魯史之義內稱公而書薨所以自尊其君則不得不略外諸侯書卒以自異也至於既葬雖鄭許子男之君皆稱謚而言公各順臣子之辭兩通其義鄭君曰禮雜記上曰君薨赴於他國之君曰寡君不祿敢告於執事曲禮下曰壽考曰卒短折曰不祿君薨赴而云不祿者臣子之於君父雖有壽考猶若短折痛傷之至也若赴稱卒是以壽終無哀惜之心非臣子之辭鄭國來赴書以卒者無老無幼皆以成人之稱亦所以相尊敬。○謚市至反後皆同短丁緩反折時設反下同有壽市又反又如字【疏】注天子至尊敬釋曰曲禮與公羊傳文也何休稱死而異名者別尊卑也葬不別者從恩殺略也諸侯日卒正也正謂承嫡【疏】諸侯日卒正也釋曰隱正始故發傳也○注正謂承嫡釋曰僖十六年冬十有二月乙亥齊侯小白卒彼非正而書日者以卅九年齊小白入于齊國氏及入則不正之事已見故於卒不復見之而依常書日耳汙外盟不日者八年傳文、也。冬十有二月齊侯鄭伯盟于石門傳例曰外盟不日石門齊地〇癸未葬宋繆公日葬故也危不得葬也天子七月而葬諸侯五月而葬大夫三月而葬傳例曰諸侯時葬正也月葬故也日葬者憂危最甚不得備禮葬也他皆故此徐邈曰文二年傳曰葬曰會言有天子諸侯之使其赴會葬事故凡書葬皆據我而言葬彼所以不稱宋葬繆公而言葬宋繆公者弔會之事脩襚之命此常事無所書故但記卒記葬錄魯恩義之所及則哀其喪而恤其終亦可知矣若存没隔絕情禮不交則卒葬無文或有書卒不書葬蓋外雖赴卒而內不會葬無其事則闕其文史策之常也穀梁傳稱變之不葬有三弒君不葬滅國不葬失德不葬言天子脩春秋所改舊史以示義者也弒君之賊天下所當同誅而諸侯不能治臣子不能討雖葬事是供義何足算亡國之君喪事不成則不應書葬失德之□無以守祀故没葬文傳於宋襄公昔失民之咎宋共公發□不葬之間言伯姬賢而不咎其公不能弘家人之禮然則爲□者外之不足以全國內之不足以正家皆所謂失德而終無宜貶者也于時諸國多失道不可悉去其葬故然二君不義而比鮮明矣○繆音穆本亦作穆之使所吏反下同策本又作筴初革反尊素緩反數也宋共公音恭本又作恭去起呂反

疏 注天子至明矣 釋曰天子七月而葬云云隱元年左傳文諸侯時葬正也釋七年傳文月葬故也隱五年傳文日者憂危最甚此傳云日葬故也危不得葬也是也變之不葬有三云云昭十三年傳文弒君不葬者若十一年公薨不書葬是也國滅不葬者若莊紀侯大去其國雖賢終不書葬是也其陳哀蔡靈書葬者閔二國不與楚滅之也失德不葬者僖二十三年宋公茲父卒成十五年宋公固卒是也外之不足以全國者謂宋襄也內之不足以正家者謂宋共也

監本春秋穀梁註疏隱公卷第一

監本附音春秋穀梁註疏隱公卷第二 起四年盡十一年

范甯集解　楊士勛疏

四年春王二月莒人伐杞取牟婁 傳例曰取易辭也伐國不言圍邑言圍邑皆有所見伐國及取邑例時此月者蓋為下戊申衛君完卒日起也凡例宜時而書月者皆緣下事當日故也日必繼於月故不得不書月事實在先故不得後錄也他皆放此。杞音起牟亡侯反易以豉反見賢遍反蓋為于偽反 疏 注傳例至放此 釋曰取易辭也十年傳文伐國不言圍邑五年傳文伐國及取邑例時者案六年冬宋人取長葛僖二十六年冬公以楚師伐齊取穀宣九年秋取根牟皆不月是例時也其取須句以其再取故日取鄟取鄟皆內之叛邑為害重大故月取鄟取防惡乘人之敗故日明常例則時

傳曰言伐言取所惡也 稱傳曰者穀梁子不親受于師而聞之於傳者既伐其國又取其七明伐不以罪而貪其利兩書取伐以彰其惡。所惡烏路反又如字於傳直專反

諸侯相伐取地於是始

故謹而志之也春秋之始〔疏〕諸侯至志之也　釋曰外取邑不志今志之者爲入春秋以來最是取地之始故志之也○戊申衛祝吁弒其君完弒君日與不日從其君正與不正之例也祝吁衛公子○祝吁香于反左氏公羊及詩作州吁完音丸大夫弒其君以國氏者嫌也弒而代之也九非正嫡則謂之嫌○夏公及宋公遇于清遇例時清衛地〔疏〕注遇例時　釋曰八年春宋公衛侯遇于垂與此皆不月故例時也及者內爲志焉爾元年與宋人盟于宿故今復尋之○復音扶又反〔疏〕及者至焉爾　釋曰重發傳者嫌盟遇禮異故重發以同之遇者志相得也八年傳曰不期而會遇今曰內爲志非不期也然則遇有二義〔疏〕注遇有二義　釋曰即八年與此雖同志相得而期不期異故云有二義傳祝吁之挈者徐邈以挈爲輿即是提挈之稱范云不書氏族提挈其名而道之則挈爲單挈不具足之辭○宋公陳侯蔡人衛人伐鄭○秋翬帥師

隱四年

會宋公陳侯蔡人衛人伐鄭翬者何也公子
翬也其不稱公子何也據莊二年公子慶父帥師伐於餘丘稱公子○翬音暉下
同貶之也杜預曰外大夫貶皆稱人內大夫貶皆去族稱名記事之體他國可言某人而已之卿佐不得
言魯人○去起呂反何為貶之也與于弒公故貶也○與音預○
九月衛人殺祝吁于濮濮陳地水名○濮音卜稱人以殺
殺有罪也有弒君之罪者則與國之人皆欲殺之祝吁之挈失嫌也
不書氏族提挈其名而道之也眾所同疾威力不足以自固失當國之嫌○挈本又作挈苦結反注同其月
謹之也討賊例時也衛人不能即討祝吁致令出入自恣故謹其時月所在以著臣子之緩慢也○令力呈
反下同【疏】注討賊至慢也釋曰莊九年春齊人殺無知直時不月又此傳云其月謹之知其例合書時但祝
吁以二月弒君衛人九月始討譏其緩慢故謹而月之于濮者譏失賊也譏其不

討乃令至濮○冬十有二月衛人立晉立納入皆篡也大國篡例月小國時

疏注立納至國時　釋曰案莊九年齊小白入于齊傳曰以惡曰入文十四年晉人納捷菑傳曰不正也此云立者不宜立者也是三者皆爲篡也大國篡例月者即此冬十有二月衛人立晉是也小國時者昭元年秋莒去疾自齊入于莒是也齊小白入于齊齊是大國而不月者與公伐齊同時既例不月故小白亦不月王子猛不月者王猛雖則非正事異諸侯故不書月也

衛人者眾辭也立者不宜立者也嗣子有常位故不言立晉之名惡也惡謂不正○惡也烏各反其稱人以立之何也得眾也得眾則是賢也賢則其曰不宜立何也春秋之義諸侯與正而不與賢也雍曰正謂嫡長也夫多賢不可以多君無賢不可以無君立君非以尚賢所以明有統也建儲非以私親所以定名分名分定則賢無亂長之階而自賢之禍塞矣君無嬖幸之由而私愛之道滅矣○嫡丁歷反長丁丈反下同儲直魚反分扶

問反嬖必計反（疏）春秋之義。釋曰：言春秋者得衆而言立恐理不相合故廣稱春秋以包之

五年春，公觀魚于棠。傳例曰：公往時正也。正謂無危事耳。棠，魯地。○觀魚如字，左氏作矢魚。（疏）注傳例至魯地。釋曰：莊二十三年傳文也。正謂無危事，此公雖以非禮觀魚，不至於危，故亦時而不月。

傳曰：常事曰視，視朔之類是。非常曰觀。觀魚之類是。禮，尊不親小事，卑不尸大功。尸，主。魚，卑者之事也。周禮𩡧人中士二下士。○𩡧音魚。公觀之，非正也。○夏四月，葬衛桓公。月葬，故也。有祝吁之難，故十五月乃葬。○難乃旦反。（疏）月葬故也。釋曰：重發傳者，前起日例，今起月例，故重發之。○秋，衛師入郕。入者，內弗受也。郕，國也。將卑師衆曰師。書其重者也。將卑謂非卿。○郕音成。將卑，子匠反，注同。○

九月，考仲子之宮。失禮宗廟，功重者月，功輕者時。莊二十三年秋丹桓宮楹是也。（疏）

傳入者至受也　釋曰重發傳者前起者邑今是國故重發之○九月至之宮　釋曰考者謂立其廟祭之成爲夫人也此所以書之者仲子孝公之妾惠公之母惠公雖爲君其母唯當惠公之世得祭至隱不合祭之故書以見譏也不言立者不宜立爲庶母築宮得礼之变但不合於隱之世祭之故止譏其考不譏立也公羊左氏妾子爲君其母得同夫人之禮今穀梁知不然者喪服記云公子爲其母練冠麻麻衣縓縁既葬除之傳曰何以不在五服之中也君之所不服子亦不敢服也鄭玄云公子君之庶子是貴賤之序嫡庶全别安得庶子爲君母同嫡夫人乎故穀梁子以爲於子祭於孫止

考者何也考者成之也成之爲夫人也立其廟世祭之成夫人之禮禮庶子爲君爲其母築宮使公子主其祭也公當奉宗廟故不得自主也公子者長子之弟及妾之子○爲于僞反長丁丈反於子祭於孫止貴賤之序仲子者惠公之母隱孫而脩之非隱也非責也三年父喪畢不於二年考者又有天王崩至此服竟乃脩之初獻六羽羽翟羽舞者所執獻者下奉上之辭作之於廟故言獻

疏

初獻六羽　釋曰凡言初者有二種之意若尸子所言者則
是復正之初也若初稅畝是譏事之初范知羽是翟羽者以
衛詩簡兮云左手執籥右手秉翟故知羽即翟也范又云作
之於廟故言獻齊侯來獻戎捷非於廟亦言獻者此是獻萬
宗廟之事故范據廟言之其實外來者尊魯並稱獻也若然
齊人來歸衛寶不言獻者彼實非齊獻諱其逆天子之命假
齊爲辭故與常文異也或以爲戎捷齊侯尊魯
故特言獻衛寶以平等相遺故言歸理亦通也　初始也　遂以
爲常　穀梁子曰舞夏天子八佾諸公六佾諸侯四
佾　言穀梁子者非受於師自其意也夏大也大謂大雉大
雉翟雉雉佾之言列八人爲列又有八列八八六十四人
也並執翟雉之羽而舞也天子用八象八風諸公用六降殺
以兩也不言六佾者言佾則干在其中明婦人無武事獨奏
文樂○舞夏戶雅反注及下　疏　注獨奏文樂　釋曰禮有
同佾音逸列也殺色界反　文舞有武舞文舞者羽籥
是也武舞者干戚是也凡舞所以象人之德故襄二十九年
左傳稱吳季札觀樂見舞韶箾者曰德至矣哉大矣如天之
無不幬也如地之無不載也雖甚盛德其蔑以加於此矣是
共證也今仲子特爲築宮而祭之婦人既無武事不應得用

于戚故云獨奏文樂何休徐邈之等並同范說則是相傳爲然初獻六羽始僭樂矣下犯上謂之僭○僭子念反尸子曰舞夏自天子至諸侯皆用八佾初獻六羽始厲樂矣言時諸侯僭侈皆用八佾魯於是能自減厲而始用六穀梁子言其始僭尸子言其始降○侈昌是反又尺是反○郳人鄭人伐宋郳主兵故亭鄭上○螟蟲災也甚則月不甚則時甚則即盡不及歷月禮月令曰仲春行夏令則蟲螟爲害○螟亡丁反○冬十有二月辛巳公子彄卒杜預曰大夫書卒不書葬葬者自其臣子事非公家所及○彄苦侯反隱不爵命大夫其曰公子彄何也據八年無侅卒不稱公子先君之大夫也隱不成爲君故不爵命大夫公子不爲大夫則不言公子也疏先君至夫也釋曰公子益師亦是先君之大夫而獨言公子彄者益師有罪而不日故傳略之彄無罪而文詳故因見爵命之例其實益師亦先君之

大夫也。○宋人伐鄭圍長葛。長葛，鄭邑。圍例時。疏注圍例時。釋曰：僖二十三年春齊侯伐宋圍閔，宣十二年春楚子圍鄭是也。但此爲久圍，故謹而月之耳。或解上文日月者爲公子彄卒，此雖例時，不可去上文日月，其實日月不爲圍長葛也。

伐國不言圍邑，據莊二年公子慶父帥師伐於餘丘不言圍也。伐國不言圍邑，書其重也。此其言圍何也？久之也。宋以此冬圍之，至六年冬乃取之。古者師出不踰時，重民之命，愛民之財。乃暴師經年，僅而後克，無仁隱之心而有貪利之行，故圍伐兼舉以明之。○暴，步卜反，本或作曝。暴露也。僅，渠吝反。行，下孟反。疏伐國至之也。釋曰：伐國不言圍邑者，舉重也。其言圍者，各有所爲。此則五年圍，六年乃取，爲久之故書圍也。僖六年齊侯以下伐鄭圍新城，傳云著鄭伯之罪也。二十三年春齊侯伐宋圍閔，傳曰不正其以惡報惡也，是書圍者各有所爲。襄十二年莒人伐我東鄙圍邰，書圍者爲季孫宿救邰張本也。襄十六年齊侯伐我北鄙圍成，十七年齊侯伐我北鄙圍桃，齊高厚帥師伐我北鄙圍防，並書圍者，爲十八年諸侯同圍之起也。

伐不踰時，戰不逐奔，誅不填服。來服者不

復瑱猒之。瑱音田復扶又反下同猒於甲反

苞人民毆牛馬曰侵斬樹木壞宮室曰伐制其人民毆其牛馬賊去之後則可還反樹木斷不復生宮室壞不自成故其爲害重也。毆丘于反注同壞音怪一戸怪反六年同

疏苞人至曰伐 釋曰案左傳有鍾鼓曰伐無曰侵公羊傳觕者曰侵精者曰伐又何休發疾云廏焚孔子曰傷人乎不問馬今穀梁以苞人民爲輕斬樹木壞宮室爲重是理道之不通也所以穀梁不從二傳者鄭玄云苞人民毆牛馬兵去則可以歸還其爲壞宮室斬樹木則樹木斷不復生宮室壞不自成爲毒害更重也是鄭意亦以斬樹木壞宮室爲重是亦一家之義故與二傳不同

六年春鄭人來輸平杜預曰和而不盟曰平。輸式朱反墮也左氏作渝平輸者墮也平之爲言以道成也來輸平者不果成也春秋前魯與鄭平四年翬與宋伐鄭故來絶魯壞前平也。墮許規反壞毀之也○夏五月辛酉公會齊侯盟于艾艾魯地隱行皆不致者明其當讓也。艾五蓋

反疏注艾會至讓也　釋曰知非惰者以隱讓國賢君不應終始俱惰明爲讓不致也○秋七月無事書首月不遺時也他皆放此疏注無事至放此　釋曰九年傳云無事焉何以書不遺時也然則春秋四時具始得成年若闕一時不書首月則是遺時也○冬宋人取長葛前年冬圍至今乃得之上有伐鄭圍長葛言長葛則鄭邑可知故不繫之鄭外取邑不志此其志何也久之也

七年春王三月叔姬歸于紀叔姬伯姬之娣至此歸者待年於父母之國六年乃歸媵之爲言送也從也不與嫡俱行非禮也親逆例時不親逆例月許慎曰姪娣年十五以上能共事君子可以往二十而御易曰歸妹愆期遲歸有時詩云韓侯取妻諸娣從之祁祁如雲娣必少於嫡知未二十而往也○娣徒細反女弟曰娣媵以證反又繩證反從才用反下同一音如字上時掌反共事音恭本亦作供愆起虔反取七喻反少詩照反下文及注同疏注叔姬至往也　釋曰六年乃歸者伯姬二年嫁于紀叔姬此年始去故云六年也所引易文

歸妹九四爻辭也王弼云夫以不正無應而適人也必須彼道窮盡無所與交然後乃可以往故愆期遲歸以待時也其封䷵兌下震上所引詩者大雅韓奕之篇引此二文者言夫人有姪娣必當少於嫡知未二十而往也一解引易者證待年于父母國與嫡俱行也**其不言逆何也**據莊二十七年莒慶來逆叔姬言逆**逆之道微無足道焉爾**逆者非卿○**滕侯卒滕侯無名**自無名非貶之○滕徒登反

疏 滕侯無名 釋曰左氏以滕侯無名爲未同盟故薨不得以名赴公羊傳云滕侯何以不名微國也微國則其稱侯何春秋貴賤不嫌同號美惡不嫌同辭今穀梁以爲用狄道也故無名者若左氏以爲未同盟故不名何爲春秋之內亦有不盟而書名者若公羊以爲微國不名則鄫子克許男新臣何以名故穀梁子以爲用狄道也本來無名字

少曰世子長曰君狄道也其不正者名也戎狄之道年少之時稱曰世子長立之號曰君其非正長嫡然後有名爾責滕侯用狄道也○長曰丁丈反注同嫡本又作適丁歷反

○**夏城中丘**城例時中丘魯地**城爲保民**

爲之也建國立城邑有定所高下大小存乎王制刺公不脩勤德政更造城以安民○爲于僞反下爲其同刺七賜反

疏注建國至安民○釋曰禮記王制無此文言存乎王制者謂王者之法制也高下者考工記云王宮門阿之制五雉宮隅之制七雉城隅之制九雉門阿之制以爲都城之制宮隅之制以爲諸侯之城制是也大小者即左傳云大都不過參國之一中五之一小九之一是也此城中丘與九年夏城郎例時者功役之事惣指天象故也

民衆城小則益城益城無極凡城之志皆譏也去傑民以德不以城也如民衆而城小輒益城是無限極也此發凡例施之於城內邑○齊侯使其弟年來聘聘例時凡聘皆使卿執玉帛以相存問

疏注聘例至存問○釋曰此齊侯使弟年下冬天王使凡伯皆不書月故例時也禮小聘曰問使大夫大聘使卿此既名見於經明是卿也案禮聘則執玉以致命執帛以致享故云執玉帛以相存問

諸侯之尊弟兄不得以屬通禮非始封之君則臣諸父昆弟四敵之稱稱臣不可以敵君故不得以屬通所以遠別貴賤尊君卑臣之義○稱尺證反

別彼列反下同其弟云者以其來接於我舉其貴者也

弟是臣之親貴者殊別於凡庶【疏】舉其貴者也　釋曰叔肸稱弟傳云賢也此年稱弟傳云舉其貴者則稱弟有二義也

○秋公伐邾○冬天王使凡伯來聘凡氏伯字上大夫也

戎伐凡伯于楚丘以歸凡伯者何也天子之大夫也國而曰伐此一人而曰伐何也大天子之命也伐一人而同國尊天子之命戎者衛也戎衛者爲其伐天子之使貶而戎之也楚丘衛之邑也以歸猶愈乎執也大天子之使過諸侯諸侯當候在疆埸膳宰致餼司里授館猶懼不敬今乃執天子之使無禮莫大焉昭十二年晉伐鮮虞傳曰晉狄之也今不言衛伐凡伯乃變衛爲戎者伐中國亦罪輕故稱國以狄晉執天子之使罪重故變衛以戎之以一人當一國諱執言以歸皆尊尊之正義春秋之微旨○之使

所吏反注同愈羊主反過古卧反上古禾反疆本又作壃亦作強音姜埸音亦餼許氣反牲腥曰餼伐鮮音仙 疏 戎者衛也 釋曰糜信云不言衛伐獨言戎者因衛有戎邑故也范意或然○注夫天子至不敬 釋曰國語云定王使單襄公聘于宋遂假道于陳以聘于楚陳人候不在疆膳宰不致餼司里不授館單子歸以告王曰陳侯不有大咎國必亡王曰何故對曰云云是棄先王之法制也周之秩官有之敵國賓至司里授館甸人積薪膳宰致飧廩人獻餼賓入如歸今臣承王命以過陳司事莫至是蔑先王之官也是文出於彼

八年春宋公衛侯遇于垂垂衛地不期而會曰遇遇者志相得也○三月鄭伯使宛來歸邴凡有所歸例時邴鄭邑○宛於阮反邴彼病反一音丙左氏作祊 疏 注凡有所至例時 釋曰宣十年春齊人歸我濟西田定十年夏齊人來歸鄆讙龜陰之田並不書月故知例時也此月者為下入邴月也一解以擅易天子之田故謹而月之也名宛所以貶鄭伯惡與地也去其族惡擅易天子邑○

惡與烏路反注及下同去起呂反擅市戰反○庚寅我入邴徐邈曰入承鄭歸邴下嫌內外文不別故著我以明之○別彼列反入者內弗受也日入惡入者也邴者鄭伯所受命於天子而祭泰山之邑也王室微弱無復方岳之會諸侯驕慢亦廢朝覲之事故鄭以湯沐之邑易魯朝宿之田比諸侯有大功盛德於王室者京師有朝宿之邑泰山有沐浴之邑所以供祭祀也魯周公之後鄭宣王母弟若此有賜邑其餘則否許慎曰若今諸侯京師之地皆有朝宿之邑周有千八諸侯盡京師之地不足以容不合事理○復扶又反發朝直遙反下同覲巨靳反諸侯春見天子曰朝秋見曰覲令力呈反疏入者內弗受也釋曰重發傳者嫌易田與入異故重發以明之○注周有至事理釋曰孝經說文○夏六月己亥蔡侯考父卒諸侯日卒正也疏日卒正也釋曰重發之者宋公起例之始蔡侯嫌爵異故重發以明之舉此二者足以包宿男故宿男不復發傳也○辛亥宿男卒宿微國也

未能同盟故男卒也（疏）未能同盟　釋曰杜預以元年盟於宿宿亦與盟則以宿爲宿男之国此傳云未能同盟則以彼宿爲地名与杜異也○秋七月庚午宋公齊侯衛侯盟于瓦屋宋序齊上王爵也瓦屋周地外盟不日此其日何也據僖十九年夏六月宋公曹人邾人盟於曹南不日（疏）注據僖至不日　釋曰不據石門而引曹南者以曹南三国与此相合故引之也諸侯之參盟於是始故謹而日之也世道交喪盟詛滋彰非可以經世軌訓故存日以記惡蓋春秋之始也○參七南反喪息浪反詛莊慮反下文同誥誓不及五帝五帝謂黄帝顓頊帝嚳帝堯帝受也誥誓尚書六誓七誥是其遺文五帝之世道化淳備不須誥誓而信自著○誥古報反誓市制反五帝孔安國云少昊顓頊高辛唐虞鄭玄有黄帝無少昊餘同范依鄭顓頊上音專下音許玉反帝嚳苦篤反高辛名（疏）注五帝至自著　釋曰五帝雖有軍旅會同不須誥誓而信自著也六誓者即尚書甘誓湯誓牧誓泰誓費誓秦誓也七誥者即湯誥大誥康

誥酒誥召誥洛誥康王之誥是也盟詛不及三王三王謂夏殷周也夏后有鈞臺之享商湯有景亳之命周武有盟津之會衆所歸信不盟詛也○夏戶雅反鈞音均亳步各反盟津音孟本亦作孟疏注三王至詛也　釋曰經史通以王爲夏殷周也盟津之會昭四年左傳文三王衆所歸信故不設盟詛也尚書舜命禹征有苗而戒於衆則亦誓之類周禮秋官司盟掌盟載之約則是盟事而云誥誓不及五帝盟詛不及三王者舜是五常之末命禹徂征是禹之事故云不及五帝周公制盟載之法者謂方岳及有疑會同始爲之耳不如春秋之世屢盟故云不及三王也交質子不及二伯二伯謂齊桓晉文齊桓有召陵之師晉文有踐土之盟諸侯率服不質任也○交質音置注同二伯如字又音霸召上照反疏注二伯至任也　釋曰經典言五伯者皆謂夏伯者吾商伯大彭豕韋周伯齊桓晉文今此傳以周末言之故知謂齊桓晉文也其召陵之師踐土之盟亦昭四年左傳文也○八月葬蔡宣公月葬故也○九月辛卯公及莒人盟于包來包來宋邑○包音苞一音浮左氏作浮來可言公

及人不可言公及大夫稱人衆辭可言公及人若舉國之人皆盟也不可言公及大夫如以大夫敵公故也○螟○螟亡丁反○冬十有二月無侅卒

無侅之名未有聞焉未聞者不知爲是隱之不爵大夫爲是有罪貶去氏族穀梁子不受之於師故曰未有聞焉○者起呂反或曰隱不爵大夫也若使卒是○若使音協九年經同

或說曰故貶之也若無侅帥師入極是【疏】或曰至貶之也釋曰若是不爵命大夫二年傳不得云貶彼入極爲貶去氏則此亦爲貶去氏就二說之中後或曰是也公子益師卒傳曰不日惡也則此不日亦惡可知矣

九年春天王使南季來聘南氏姓也季字也南季天子之上大夫氏以爲姓也所以別姓者經有王季子來聘祭伯來王祭皆非姓也嫌與同故別之也季云字者明命爲大夫不以名通也○別彼列反祭伯側界反下同凡國名邑名及人名氏皆於始音後不復出若假借之字時復重

音後放此 聘問也聘諸侯非正也 周禮天子時聘以結諸侯之好殷規以除邦國
之慝間問以諭諸侯之志歸脤以交諸侯之福賀慶以贊諸侯之喜致禬以補諸侯之災許慎曰禮臣病君親問之天子
有下聘之義傳曰聘諸侯非正竊所未詳。好呼報反規他弔反慝他得反惡也間間廁之間脤市軫反祭肉也禬戶
外反或古外反 【疏】注周礼至未祥 釋曰范所引者周禮大行人文也鄭玄云時聘者亦無常期天子有事諸侯
使大夫來聘親以礼見之一礼而遣之所以結其恩好也殷規
謂一服朝之歲也慝惡也一服朝之歲五服諸侯皆使卿以
聘礼來規天子天子以礼見之命以礼政禁之事所以除其
慝行間問者間歲一問諸侯而有省之屬諭諸侯之志者諭
言語諭書名其類也歸脤以交諸侯之福者交或往或來者
也賀慶以贊諸侯之喜者贊助也致禬凶礼之弔礼禬礼也
補諸侯之災者若春秋澶淵之會謀歸宋財然時聘殷規二
者是諸侯臣使於王也其間問歸脤賀慶致禬四者王使臣
使於諸侯也范此注引周礼者證有下聘之義也而傳云非
正也故云竊所未詳然則荅鄭玄之駁則云叔服重天子之
禮者以此傳既非故別爲之說 ○ 三月癸酉大雨震電震雷也電

霆也○電徒練反霆徒丁反又徒頂反〔疏〕震雷也電霆也　釋曰説文云震霹靂也陰擊陽爲電電者即雷之光與此傳異者易説卦震爲雷故何休亦以震爲霆者霹靂之别名有霆必有電故傳云電霆也或當電霆爲一也

○庚辰大雨雪志疏數也八日之間再有大變陰陽錯行故謹而日之也劉向云雷未可以出電未可以見雷電既以出見則雪不當復降皆失節也雷電陽也雨雪陰也雷出非其時者是陽不能閉陰陰氣縱逸而將爲害也○雨于付反數色角反向舒亮反見賢徧反復扶又反〔疏〕志疏數也　釋曰謂災有遠近遠者爲疏近者爲數也○注劉向至害也　釋曰何休云夏之正月未可大雨震電此陽氣大失其節猶隱公久居其位不反於桓失其宜也異發於九年者陽數可以極而不還國於桓之所致大雨雪者盛陰之氣大怒此桓將怒而弑隱公之象劉向之言與何休意不甚異但取變異之象少差耳

雨月志正也雨得其時則月〔疏〕注雨得其時則月　釋曰雨得其時則月者若僖三年夏六月雨是也

○俠卒俠者所俠也俠名也所其氏

疏俠者所俠也釋曰徐邈引尹更始云所者俠之氏今范亦云所其氏則所者是俠之氏族但未備爵命故略名耳麋信以爲所非氏所謂斥也弗大夫者隱不爵大夫也俠不命爲大夫故不氏隱之不爵大夫何也曰不成爲君也明將立桓○夏城郎郎魯邑○秋七月無事焉何以書不遺時也四時不具不成年也○冬公會齊侯于防防魯地也會者外爲主焉爾疏會者至焉爾釋曰重發傳者嫌華戎異故也

十年春王二月公會齊侯鄭伯于中丘隱行自此皆月者天告雷雨之異以見篡弒之禍而不知戒懼反更數會故危之○見賢徧反數色角反○夏翬帥師會齊人鄭人伐宋翬隱之罪人也故終隱之世貶之○六月壬戌公敗宋師于菅敗例日與不日皆與戰同管宋地○公敗必邁反又皮邁反後亦同于管古顏

反疏注敗例至宋地　釋曰莊十年傳例曰不日疑戰也者言不克日而戰以詐相襲則不疑當書日故桓十年冬十有二月丙午齊侯衛侯鄭伯來戰于郎范云結日列陳則日是也今注云與戰同則以敗宋師是克日而戰也

內不言戰舉其大者也戰然後敗故敗大於戰辛未取郜○郜古報反字林工竺反辛巳取防取邑不日此其日何也據僖三十三年伐邾取訾婁不日○訾子斯反不正其乘敗人而深爲利取二邑故謹而日之也禮不重傷戰不逐北入公敗宋師于菅復取其二邑貪利不仁故謹其日○重直用反逐北如字又音佩本又作逐奔復扶又反

疏注禮不至逐奔　釋曰不重傷僖二十二年左傳文也不逐奔上五年傳文

○秋宋人衛人入鄭○宋人蔡人衛人伐載鄭伯伐取之凡書取國皆滅也變滅言取明其易○載如字本或作戴易以豉反下文同不正其因人之力而易取之故

主其事也三國伐戴自足以制之鄭伯不能矜人之危而反與共伐故獨書鄭伯伐取之以首其惡其實四國共取之。惡烏各反。冬十月壬午齊人鄭人入郕入者內弗受也日入惡入者也郕國也。惡烏路反

十有一年春滕侯薛侯來朝天子無事諸侯相朝正也事謂巡守崩葬兵革之事。薛息列反守音狩本亦作狩

疏十有一年　釋曰言有者十是盈數更以奇從盈故言有欲見一者非十中之物也。注事謂至之事　釋曰書云肆覲東后是天子巡守當方諸侯有事許慎鄭玄皆以爲天子喪葬諸侯親奔故范亦以爲天子崩葬爲諸侯之事也桓五年諸侯從王伐鄭是天子舉兵革諸侯亦有事也言無此等事諸侯得相朝若有即不得也

考禮脩德所以尊天子也諸侯來朝時正也朝宜以時故書時則正也

疏考禮脩德　釋曰諸侯相朝所以正班爵奉王命故云考禮脩德也

犆言同時也犆言謂別言也若穀伯綏

來朝鄧侯吾離來朝同時來不俱至○犆音特獨也本或作特累數皆至也累數總言之也若滕侯薛侯來朝同時俱至○數所主反○夏五月公會鄭伯于時來時來鄭地○秋七月壬午公及齊侯鄭伯入許○冬十有一月壬辰公薨公薨不地故也不地不書路寢之比○比必利反隱之不忍地也隱猶痛也其不言葬何也君弑賊不討不書葬以罪下也責臣子也隱十年無正隱不自正也無正謂不書正月元年有正所以正隱也明隱宜立

監本附音春秋穀梁註疏隱公卷第二

監本附音春秋穀梁註疏卷第三　起元年盡七年

范甯集解　楊士勛疏

桓公（疏）魯世家桓公名允惠公之子隱公之弟以桓王九年即位世本作軌謚法辟土服遠曰桓

元年春王桓無王其曰王何也謹始也諸侯無專立之道必受國於王若桓初立便以見治故詳其即位之始以明王者之義（疏）桓無至始也　釋曰徐邈云桓公篡立不顧王命王不能討故無王又月桓公終始十八年唯元年二年十年十八年有王自外皆無王故傳據以發問而曰桓無王又范氏例云春秋上下無王者凡一百有八桓無王者見不奉王法餘公無王者爲不書正月不得書王桓初即位君已見治故書王以示義二年書王正與夷之卒正宋督之弒宜加誅也十年有王正曹伯之卒使世子來朝王法所宜治也十八年有王取終始治桓也是解元年有王爲謹始也餘年無王爲不奉王法也若然桓爲弑君而立故十四年沒其王文宣公亦篡位而立不去王者桓弒賢兄讓國之主害成立之君宣篡未踰年之子又無爲臣之義以輕重既異

故去王亦殊也杜預注左氏桓十四年無王者失不班歷也何休注公羊意與穀梁同唯解有王者别云二年有王者見始也十年有王數之終也十八年有王桓之終也明終始有王桓公無之耳

其曰無王何也桓弟弒兄臣弒君天子不能定諸侯不能救百姓不能去以爲無王之道遂可以至焉爾元年有王所以治桓也正月公即位

杜預曰嗣子位定於初喪而改元必須踰年者繼父之業成父之志不忍有變於中年也諸侯每首歲必有禮於廟諸遭喪繼位者因此而改元即位百官以序故國史亦書即位之事於策○去上聲

（疏）注杜預至於策 釋曰尚書顧命云乙丑成王崩俾爰齊侯呂伋以二干戈虎賁百人逆子釗于南門之外延入翼室恤宅宗孔安國云明室路寢外之使居憂爲天下宗主天子初崩嗣子定位則諸侯亦當然也其改元必須踰年者孝子之情不忍有變於中年也然嗣子不忍變於中年故嗣年即位桓公既無惻痛之情朝死夕忘亦於踰年即位者聖人立法即位必待踰年桓雖不仁未可獨當年即位即位既

是踰年故史官從其實而書之繼故不言即位正也故謂弒也繼故不言即位之爲正何也曰先君不以其道終則子弟不忍即位也哀痛之至故不忍行即位之禮繼故而言即位則是與聞乎弒也繼故而言即位是爲與聞乎弒何也曰先君不以其道終已正即位之道而即位是無恩於先君也推其無恩則知與弒也此明統例耳與弒尚然況親弒者○與聞音豫下文及注與弒皆同【疏】注推其至弒者釋曰桓是親弒之主而傳論與弒之事故知傳意本明統例爾故云與弒尚然況親弒者○三月公會鄭伯于垂垂衞地也傳例曰往月危往也桓大惡之人故會皆月以危之【疏】注垂衞至危之釋曰傳例者定八年傳文也此三月公會鄭伯于垂二年三月公會齊侯陳侯鄭伯于稷是會皆月以危之會者外爲

主焉爾鄭伯所以欲爲此會者爲易田故○爲易于僞反疏會者至焉爾釋曰重發傳者嫌易田與直會異故也○鄭伯以璧假許田假不言以言以非假也實假則不應言以璧非假而曰假諱易地也禮天子在上諸侯不得以地相與也諸侯受地於天子不得自專無田則無許可知矣不言許不與許也但言以璧假許而不繼田則許屬鄭也今言許田明以許之田與鄭不與許邑也諸侯有功則賜田以祿之若可以借人此蓋不欲以實言○借子夜反許田者魯朝宿之邑也邴者鄭伯之所受命而祭泰山之邑也用見魯之不朝於周而鄭之不祭泰山也朝天子所宿之邑謂之朝宿泰山非鄭竟內從天王巡守受命而祭也擅相換易則知朝祭並廢○魯朝直遙反下皆同邴彼病反又音丙見賢徧反竟音境從在用反守音狩擅市戰

反換一本亦
作追胡喚反【疏】許田至山也　釋曰經文無邴而傳言之
者經諱易天子之地故以璧假爲文若以
地易地不得云假故經無邴文傳本魯鄭易田之由五得不
言邴也先儒解左氏者皆以爲鄭受天子祊田爲湯沐之邑
後世因立桓公武公之廟故謂之泰山之祀案此傳及注意
則以爲祭泰山之邑謂從王巡守受命而祭泰山也羊以爲
邴多邑少稱田邑多田少稱邑左氏無傳或當史異辭○夏
穀梁以爲言田者則不德其邑是三傳之說各異也
四月丁未公及鄭伯盟于越越衛地也及者内爲
志焉爾越盟地之名也○秋大水禮月令曰季秋行夏令則
其國大水
大水例時【疏】注大水例時　釋曰莊七年與此
皆云秋大水不書月是例時也高下有
水災曰大水○冬十月無事焉何以書不遺
時也春秋編年四時具而後爲年編錄○編必連反字林聲
類韻集並布千反
史記音義甫連反

二年春王正月戊申宋督弒其君與夷宋督宋之卑者卑者以國氏○督丁毒反與如字又音餘（疏）注宋督至國氏　釋曰知是卑者以祝吁弒其君取國傳以失嫌言之履緰來逆傳無進之也此督與宋萬既不取國又無可進明卑者可知也桓無王其曰王何也正與夷之卒也諸侯之卒天子所隱痛篡逆之人王法所宜誅故書王以正之

及其大夫孔父孔父先死其曰及何也書尊及卑春秋之義也邵曰會盟言及別內外也尊卑言及上下序也○別彼列反（疏）注邵曰至序也　釋曰及有二義故范引邵云會盟言及別內外也尊卑言及上下序也別內外者謂魯與他人會盟皆先魯以及他若隱元年公及邾儀父盟于眛及宋人盟于宿是也上下序者此孔父荀息仇牧皆先言君後言臣是也

孔父之先死何也督欲弒君而恐不立於是乎先殺孔父孔父閑也閑謂扞禦○殺並如字扞下旦反何以知

其先殺孔父也曰子既死父不忍稱其名臣既死君不忍稱其名以是知君之累之也累謂從也疏知君之累之也釋曰糜言云累者從也謂孔父先死殤公從後被弒范注雖不明理亦當然也

孔氏父字謚也孔父有死難之勳故其君以字爲謚○難乃旦反疏孔氏父字謚也釋曰孔父新死未葬而得有謚者舊解謂三月既葬之後嗣君謚之但赴者以正月者亂故書弒在前使者以葬後始來故得稱謚或當孔父以字爲謚得據後言之故云字謚也○注孔父至爲謚釋曰謚者大夫之常事而云死難之勳者字者褒德非可虛加若使孔父無死難之勳唯有凡平之謚焉得以字爲之又傳特言字謚也明知有義故注者原之

或曰其不稱名蓋爲祖諱也孔子故宋也孔子舊是宋人孔父之玄孫○爲于僞反疏注孔子至玄孫釋曰案世本孔父嘉生木金父木金父生祁父其子奔魯爲防叔生伯夏伯夏生叔梁紇叔梁紇生仲尼是孔父嘉爲孔子六世祖范云玄孫者以玄者親之極至來孫昆孫之等亦得通

稱之亦如左傳蒯聵禱文王稱曾孫之類是也。**滕子來朝**隱十一年稱侯今稱子蓋時王所黜

【疏】注隱十至所黜　釋曰周公之制爵有五等所以擬其黜陟今傳無貶爵之文明降爵非春秋之義又且此時其周德雖衰尚爲天下宗主滕今之降爵明是時王所黜也

○**三月公會齊侯陳侯鄭伯于稷以成宋亂**稷宋地也**以者内爲志焉爾公爲志乎成是亂也**欲會者外也欲受賂者公也

【疏】以者至焉爾　釋曰十四年傳云以者不以者也僖二十　年傳云以重辭也此傳云以者内爲志焉爾則以有三種之義范於僖二十一年注云以有二義矣者以内爲志焉與不以者正是一事耳以成宋亂者公也非諸侯故也是以云内爲志焉爾其實以者仍是不以之例故注彼爲二事焉。注欲會至公也　釋曰以經言會故知欲會者外也以者内爲志故知欲受賂者公也

此成矣取不成事之辭而加之焉於内之惡而君子無遺焉爾取不成事之辭謂以成宋亂也桓簒逆之人故極言其惡無所

遺漏也江熙曰春秋親尊皆諱蓋患惡之不可掩豈當取不成事之辭以加君父之惡乎案宣四年公及齊侯平莒及郯傳曰平者成也然則成亦平也公與齊陳鄭欲平宋亂而取其賂鼎不能平亂故書成宋亂取郜大鼎納于大廟微旨見矣柔理推經傳似失之徐邈曰宋雖已亂治之則治亂成不繫此一會若諸侯討之則有撥亂之功不討則受成亂之責辭豈虛加也哉春秋雖受親尊者諱然亦不没其實故納鼎于廟躋僖逆祀及王室之亂昭公之孫皆指事而書哀七年傳所謂有一国之道者有天下之道者也君失社稷猶書而不隱况今四國羣會非一人之過以義致譏輕於自巳兆亂以此方彼無所多怪○郯音談大廟音泰下文及注同見賢徧反躋子兮反

疏 注取不至多怪 釋曰江熙云微旨見矣者傳意成宋辭者謂成就宋亂江熙以為加君父之惡大初故以成為平直書取郜大鼎納於大廟足以示譏是微旨見矣言此傳成亂之辭為微旨徐邈引傳所謂有一國之道云云者言諸侯專一國猶似天子專天下其有失社稷猶得書之故此亦得云成宋辭也

○**夏四月取郜大鼎于宋戊申納于太廟** 傳例曰納者內不為也日之明惡甚也太廟周公廟○郜古報反

疏 注傳例至

公廟　釋曰宣十一年傳文也然此傳亦有弗受之文而引傳例者凡傳言内弗受者指說諸侯相入之例今此言不受者謂周公也恐其不合故引例以明之

桓内弑其君外成人之亂受賂而退以事其祖非禮也其道以周公爲弗受也郜鼎者郜之所爲也曰宋取之宋也此鼎本郜國所作宋後得之以是爲討之鼎也討宋亂而更受其賂鼎○爲討之鼎如字欒氏云討或作紂孔子曰名從主人物從中國故曰郜大鼎也主人謂作鼎之主人也故繫之郜物從中國謂是大鼎

疏名從至大鼎也　釋曰名從主人者謂本是郜作繫之於郜物從中國者謂鼎在宋從宋號也言物從中國者廣例耳通夷狄亦然其意謂鼎名從作者之主人不問華戎皆得繫之若左傳稱甲父之鼎是也物從中国者謂中國號之大鼎縱夷狄亦從中國之號不得改之若傳稱吳謂義稽爲伊緩夷狄謂太原爲大鹵以地形物類須從中國之號故不得謂之伊緩大鹵也何休云周家以讪孝

天瑞之鼎諸侯有世孝者天子亦作鼎以賜之禮祭天子九鼎諸侯七卿大夫五元士三也故郜国有之○秋七月紀侯來朝隱二年稱子今稱侯蓋時王所進○紀侯左氏作杞侯朝時此其月何也據隱十一年春滕侯薛侯來朝稱時桓內弑其君外成人之亂於是爲齊侯陳侯鄭伯計數日以賂桓既罪深責大乃復爲三國計數至日以責宋賂○爲齊于僞反下同數色主反注同後扶又反已即是事而朝之惡之故謹而月之也已紀也桓與諸侯校數功勞以取宋賂不知非之爲非貪愚之甚紀不擇其不肖而就朝之○惡烏路反（疏）謹而月之也　釋曰桓雖不君臣不得不臣所以極言君父之惡以示來世者桓既罪深責大若爲隱諱使是長無道之君使繼以爲暴故春秋極其辭以勸善懲惡也○注已紀也　釋曰桓十三年注云紀當爲已與此異者觀經而說故兩注不同○蔡侯鄭伯會于鄧鄧某地○某地不知其國故云某後放此○九月入杞我入之也

不稱王名內之甲者疏我入之也　釋曰何嫌非我而發傳者以隱八年云我入邴此直云入杞恐非我故發之

○公及戎盟于唐○冬公至自唐告廟曰至傳例曰致君者殆其往而喜其反此致君之意義也離不言會故以地致疏注告廟至地致　釋曰傳例者襄二十九年傳文也離不言會者即左傳所云特相會往來稱地亦此類也

桓無會而其致何也遠之也桓會其衆而曰無會善無致會也弑逆之罪非可以致宗廟而今致者危其遠會戎狄喜其得反疏注桓會其衆　釋曰謂元年會于垂二年會于稷是也

三年春正月公會齊侯于嬴嬴齊地嬴音盈○夏齊侯衛侯胥命于蒲蒲衛地胥之爲言猶相也相命而信諭謹言而退以是爲近古也申約言以相達不歃血而誓盟古謂五帝時○近附近之近約如字又於妙反歃本又作唼所洽反疏注古謂五帝時○釋曰知古非

三王者以傳云詛盟不及五帝盟詛之及三王今謹言而退非詛盟之辭相命而信諭無盟詛之事二國能行三王五帝之法而傳云近古明知謂五帝也 是必一人先其以相言之何也不以齊侯命衛侯也江熙曰夫相與親比非一人之德是以同声相應同氣相求齊衛胥盟雖有先倡倡和理均若以齊命衛則功歸于齊以衛命齊則齊僅隨從言其相命則泯然無際矣○比毗志反應應對之應僅巨靳反泯亡忍反

疏注同声至相求 釋曰易文言文也今二国相命則大者宜倡小者宜和大則齊也小則衛也故傳云不以齊侯命衛侯也明齊大也但倡和理均故直以相命言之倡則同声相應和則同氣相求声氣相通而相命之情見矣

○六月公會杞侯于郕郕鄭地。郕音成

○秋七月壬辰朔日有食之既言日言朔食正朔也朔日食也既者盡也有繼之辭也盡而復生謂之既○復音扶又反

疏既者盡也 釋曰其日食或盡或不盡者歷家之説以爲交正在朔則日食既前後望月不食交正在望則月

食既前後朔日不食○公子翬如齊逆女翬稱公子者桓不以爲罪人也逆女親者也使大夫非正也九月齊侯送姜氏于讙已去齊国故不言女未至于魯故不稱夫人讙魯地月者重録之○于讙音歡疏使大夫非正也釋曰重發傳者穫緰外之始翬是內之初故重發以明外內不異也禮送女父不下堂母不出祭門諸母兄弟不出闕門祭門廟門也闕兩觀也在祭門之外○觀古亂反父戒之曰謹慎從爾舅之言母戒之曰謹慎從爾姑之言諸母般申之曰謹慎從爾父母之言般囊也所以盛朝夕所須以備舅姑之用○般步干反一本作鞶音同盛音成

疏注般囊至之用　釋曰士婚禮云父送女命之曰戒之敬之夙夜無違命母施衿結帨曰勉之敬之夙夜無違宮事庶母及門內施般申之以父母之命曰敬恭聽宗尒父母之言夙夜無愆示諸衿般鄭玄云般囊也男子般革婦人

般絲所以盛帨巾之屬爲謹敬也後戒辭與此不同此注又與鄭異者彼是士禮此卽是諸侯之禮故異辭也般盛帨巾亦得備舅姑之用則范鄭二注不有違也或以爲傳并釋礼意故與本文不同也引此戒辭及上父母不出祭門諸母兄弟不出闕門者並證送女踰竟非禮之事也凡親迎之礼必在廟也故云不出祭門言不出闕門者則已出廟門之外矣

送女踰竟非禮也○踰竟音境 公會齊侯于讙無譏乎齊侯送女踰竟遠至于讙嫌會非禮之人當有譏曰爲禮也齊侯來也公之逆而會之可也爲親逆之禮 夫人姜氏至自齊其不言翬之以來何也據宣元年遂以夫人婦姜至自齊 公親受之于齊侯也重在公 子貢曰冕而親迎不已重乎冕祭服○迎魚敬反一本作逆 孔子曰合二姓之好以繼萬世之後何謂已重乎○好呼報反

疏 子貢至重乎已 釋曰引之者以

齊侯送女公親受之於礼爲可故發見而親迎之問

○冬〻齊侯使其弟年來聘

○有年 有年例時 疏 注有年例時　釋曰凡書有年者冬〻下穀畢入計用豐足然後書之不可繫以日月故例時也宣十六年冬大有年亦時是其證也 五穀皆熟爲有年也

四年春正月公狩于郎 春而言狩蓋用冬〻狩之礼蒐狩例時而此月者重公失礼也莊四年冬〻公及齊人狩于郜傳曰齊人者齊侯也其曰人何也卑公之敵所以卑公也然則言齊人者所以人公則譏已明矣狩得其時故不月 疏 注春而至不月　釋曰周禮有四時之田春蒐夏苗秋獮冬〻狩皆用夏之四仲之月然周正月則是夏之十一月故左氏以此狩爲得時今范云春而言狩蓋用冬〻狩之禮以爲失時者蓋周公未制礼之時權用此法故得時節不同其名亦異仲尼脩春秋改周之又從殷之質因以爲春秋制也故何休注公羊亦云夏〻時不田春秋制也范以春狩爲失時又云公蒐狩例時者昭八年秋蒐于紅又莊四年冬〻狩得其時雖譏公而不月是例時也左傳周礼爾雅並云春曰蒐夏曰苗秋曰獮冬〻曰狩公羊之文則春曰苗秋曰蒐冬〻曰狩此傳之文則春曰田夏田苗秋曰苗

冬曰狩所以文不同者左氏之文是周公制禮之名二傳之文或春秋取異代之法或當天子諸侯別法經典散亡無以取正也

四時之田皆爲宗廟之事也春曰田取獸於田○爲于僞反夏曰苗因爲苗除害故曰苗秋曰蒐蒐擇之舍小取大○蒐所由反㯋氏本又作搜音同舍音捨冬曰狩狩圍守也冬物畢成獲則取之無所擇

疏注冬物至所擇　釋曰四時田獵若用時王之正則周之冬是夏之秋而云畢成者冬是一摠名周之十二月夏之十月萬物已收故得以畢成言之

四時之田用三焉唯其所先得一爲乾豆上殺中心死速乾之以爲豆實可以祭祀○中丁仲反下同

疏注上殺至祭祀　釋曰何休云自左膘射之達于右腢中心死疾故乾而豆之以薦宗廟豆祭器名狀如鐙天子二十有六諸公十有六諸侯十有二卿上大夫八下大夫六士三也大夫以上禮器之文士三者相傳爲說

一爲賓客次殺射髀骼死差遲○射食亦反髀步啓反又必爾反骼苦嫁反差初賣反

疏注次殺至差遲　釋曰何休云自左膘射之達於右脾遠心死難故

爲次殺毛傳云次殺者射右耳本次之今注云射髀骼則與彼異也髀骼者案儀禮髀骨膝以上者是也三爲充君之庖下殺中腸汚泡死最遲先宗廟次賓客後庖廚尊神敬客之義○庖步交反汚汙穢之泡普交反又百交反疏注下殺至之義　釋曰何休云自左膘射之達於右髃毛傳云左髀達於右髃爲下殺此云中腸同彼二說並無妨也○夏天王使宰渠伯糾來聘宰官也渠氏也天子下大夫老故稱字下無秋冬二時甯所未詳疏注宰官至未詳　釋曰公羊傳曰伯糾者何下大夫也何休云稱伯者上敬老也今范亦同之矣何休之意又以爲伯仲叔季之字配采地及氏者皆爲上大夫則祭伯南季之類是也兼名又字配官氏者則爲下大夫即此宰渠伯糾叔服之類是也范雖直以叔服爲字觀上下之注義亦似然故此注云伯糾下大夫文元年注毛伯天子上大夫也隱九年注南季天子上大夫是其說耳何休又云桓無王而行天子不能誅反下聘之故去二時以見貶范以五年亦使臣聘何以曰時皆具七年不遣臣聘何因亦無二時故直云甯所未詳也

五年春正月甲戌己丑陳侯鮑卒鮑卒何爲

以二日卒之春秋之義信以傳信疑以傳疑明實録也。傳直專反陳侯以甲戌之日出己丑之日得不知死之日故舉二日以包也國君獨出必辟病潛行。必辟音避本又作避

疏甲戌至鮑卒 釋曰公羊以爲鮑之狂故甲戌日出己丑日死而子疑之故以二日卒之此傳之意言陳侯辟病以甲戌日出己丑之日得之不知死之日故舉二日以包之左傳以爲再赴故兩日並書是三傳異說。信以至包也 釋曰既云信以信傳疑以傳疑則是告以虛事而注云實録者告以實則以日卒之告以虛則二日卒之二者皆是據告而即是實録之事。

夏齊侯鄭伯如紀外相如不書過我則書例時。過我古禾反下文及注同

疏注外相至例時 釋曰過我者紀州公之傳得知也然紀國在齊之東鄭在魯之西北鄭欲如紀則直過齊何以二君並得過魯者蓋齊侯出竟西行而逢鄭伯遂與至紀途過於魯故得記之知例時者此與州公皆不書月故知之。

天王使任叔之子來聘任叔天子之大夫

任叔音壬下同 左氏作仍叔

任叔之子者，録父以使子也，故微其君臣而著其父子，不正父在子代仕之辭也録父使子謂不氏名其人稱父言子也君闇於上臣苟進於下蓋參譏之疏注參譏之釋曰君闇劣於上臣苟進於下止是二譏而言參者舊解傳言微其君臣而著其父子是刺其父之不肖而令苟進更又刺其君臣故曰參譏之或以爲參者交互之義不讀爲三理亦得通城祝丘者左氏之例凡城邑則有時與不時之例此傳則不然但書之者即是譏書故注云譏公不脩德政恃城以安民。葬陳桓公。城祝丘譏公不脩德政恃城以安民。秋，蔡人、衛人、陳人從王伐鄭王親自伐鄭。從才用反又如字下同疏注王親自伐鄭釋曰云以與從者之辭嫌非自伐故云親自伐鄭舉從者之辭也使若王命諸侯伐鄭書從王命者三國也疏舉從者之辭也釋曰稟信曰舉從者之辭謂解經稱人也徐邈云舉從者之辭謂王不能以威致三國三國自以義從耳范以二者不通故爲別解言舉

從者之辭謂若王不親伐直舉三國從王命之辭也故下句云其舉從者之辭何也爲天王諱伐鄭也是也其

舉從者之辭何也爲天王諱伐鄭也諱自伐鄭○爲于僞反

鄭同姓之國也在乎冀州於是不服爲天子病矣鄭姻姓之國冀州則近京師親近猶不能服則疏遠者可知○冀州案鄭本京兆鄭縣是雍州之域後徙河南新鄭爲豫州之境冀在兩河之間非鄭都也冀州言去京師近也麋氏云韓侯滅鄭韓都冀州故以目鄭近附近之近

疏在乎冀州釋曰徐邈云新鄭屬冀州案爾雅兩河間曰冀州新鄭在河南不得屬冀州是徐之妄也麋信云鄭在冀州者韓哀侯滅鄭遂都之韓故晉也傳以當時言之遂云冀州然則王伐鄭之時尔未有韓國何得將以後代之事以爲周世之名若以韓侯從冀州都鄭則曰冀州大伯從雍州適吳豈得謂吳爲雍州也是麋信之謬矣蓋冀州者天下之中州自唐虞及夏殷皆都焉則冀州是天子之常居以鄭近王畿故舉冀州以爲説故鄒衍著書云九州之內名曰赤縣赤縣之畿從冀州而起故後王雖不都冀州亦得以冀州言之○

大雩雩者旱祭請雨之名

傳例曰雩得雨曰雩不得雨曰旱月雩正也時雩不正也禮月令曰仲冬行夏令則其國乃旱。雩音于祭名

疏 注雩者至乃旱　釋曰何休云祭言大雩大旱可知也君親之南郊以六事謝過自責曰政不一與民失職與宮室榮與婦謁盛與苞苴行與讒夫倡與使童男女各八人舞而呼雩故謂之雩賈逵云言大雩者別於山川之雩左氏說不爲旱者亦稱大雩則雩稱大者或如賈言也名之爲雩者鄭玄云雩之言吁也吁嗟以求雨服虔杜預以爲雩之言遠也遠爲百穀祈膏雨也未知二說誰當范言夫爲大旱以六事謝過或如何說舞而吁雩理恐不然云傳例曰者僖十一年傳文也云月雩正也時雩不正也定元年傳文此雩不月者何休云譏公驕溢也案穀梁傳意月雩則正時雩則非正不論驕溢之事則何休之言不可通於此也

○螽　蚣蝑之屬禮月令曰仲冬行春令則蟲蝗爲敗。螽音終蚣相容反蝑音胥蝗華孟反

螽蟲災也甚則月不甚則時

疏 甚則月　釋曰重發傳者經書時雩非正故不月螽災與之同不月嫌其甚而不月故發以明之

○冬州公如曹外相如不書此其書何也過我也　過我六年寔來是也

將有其末故先録其本【疏】注過我至其本　釋曰齊侯鄭伯如紀無寔來亦言過我者不必悉有下事此因有
下事故以相發明其齊侯鄭伯直途過於魯不入國都故不言寔來也

六年春正月寔來來朝例時月者謹其無禮○寔常式反朝直遥反下七年同【疏】注來朝至無禮　釋曰二年紀侯來朝傳曰朝時此其月何也惡之故謹而月之也彼書月是惡則此月亦惡也今州公不以禮朝又至魯不反是無禮之事故云謹其無禮也

寔來者是來也何謂是來謂州公也其謂之是來何也以其畫我故簡言之也諸侯不以過相朝也畫是相過去朝遠○畫音獲注同以過古禾反注同○

夏四月公會紀侯于郕○紀侯左氏作杞侯○

秋八月壬午大閱蒐閱例時○閱音悅【疏】注蒐閱例時　釋曰傳云謹而日之知不以月為正而云例時者以四年公狩于郎書月以刺不正故知蒐閱例時也

大閱者何閱兵車

也閱爲簡練脩教明諭國道也脩先王之教以明達於民治國之道平而脩戎事非正也邵曰禮因四時田獵以習用戎事存不忘亡安不忘危之道平謂不因田獵無事而脩之其日以爲崇武故謹而日之蓋以觀婦人也○觀古亂反視也○蔡人殺陳佗陳佗者陳君也其曰陳佗何也匹夫行故匹夫稱之也其匹夫行奈何陳侯憙獵淫獵于蔡與蔡人爭禽蔡人不知其是陳君也而殺之淫獵謂自放恣遺失徒衆○陳佗徒河反行下孟反憙虛記反何以知其是陳君也兩下相殺不道兩大夫相殺不書春秋其不地於蔡也疏其不地於蔡也釋曰宣十八年邾人戕繒子于繒書地今不地故决之云其不地於蔡也言在蔡故不地耳○九月丁卯子同生

子同桓公嫡子莊公○嫡丁歷反或作適疑故志之莊公母文姜淫于齊襄疑非公之子（疏）
疑故志之　釋曰文姜以桓三年入至今四年矣未有適齊
之文而云疑者蓋文姜未嫁之時已與襄公通後桓公終爲
妻淫見殺則其間雖則適魯襄公仍尚往來故疑之也子同
生公羊以爲久無嫡子喜國有正故書之左傳以爲備用太
子之禮故書此傳云疑故志之是三傳異也時曰同乎人也時人僉曰齊侯之子同於他人
○僉七廉反○冬紀侯來朝
七年春二月己亥焚咸丘日之謹其惡○惡烏各反（疏）注日之謹其惡
釋曰侵伐圍例時故知書日謹其惡也其不言邾咸丘何也據襄元年圍宋彭城
言宋疾其以火攻也不繫於國者欲使焚邑之罪與焚國同○夏穀伯綏
來朝○鄧侯吾離來朝其名何也據隱十一年滕薛來朝不
名失國也禮諸侯不生名失地則名（疏）注禮諸至則名　釋曰曲禮云諸侯不生名失地名滅同

姓名是也

失國則其以朝言之何也據文十一年鄭伯來奔不名

疏注據文至不名　釋曰哀十年邾子益來奔昭二十三年莒子庚輿來奔彼來奔書名彰其失地則與此穀鄧書名同而范不據之文十二年郕伯來奔無名而反據之者以郕言之國更無所見故依常書名言奔表其失地其郕伯與穀鄧別有所見與常例違故據之以相決何則郕伯不言名而云來奔穀鄧書名而稱朝二者相反故特據之郕伯與魯同姓故不名以表其親言奔以明失國穀鄧與魯有好故言名以嘗失國稱朝以見和親但入春秋以來雖無同好之事蓋春秋前有之

嘗以諸侯與之接矣雖失國弗損吾異日也待之以初也下無秋冬二時甯所未詳

監本附音春秋穀梁註疏桓公卷第三

監本附音春秋穀梁註疏桓公卷四 起八年盡十八年

范甯集解　楊士勛疏

八年春正月己卯烝春祭曰祠薦尚韭卵夏祭曰禴薦尚麥魚秋祭曰嘗薦尚黍肫冬祭曰烝薦尚稻鴈無牲而祭曰薦薦而加牲曰祭禮各異也失禮祭祀例日得禮者時定八年冬從祀先公是也僖八年秋七月禘于大廟用致夫人耳禘無違禮。烝之承反禴餘若反又作礿黍肫本又作豚徒門反大廟音泰下同

疏注春祭至違禮　釋曰所言四時祭名者周禮大宗伯及爾雅並有其事薦尚韭卵之等禮記王制之文何休云祠猶食也猶繼嗣也春物始生孝子思親繼嗣而食之也礿者麥始熟可礿也嘗者黍先熟可得薦故曰嘗烝衆也所薦衆多芬芳備具故曰烝郭璞等注爾雅與何解四時祭名少異但范之所引者並與何氏同故從何說又云天子四祭四薦諸侯三祭三薦大夫士再祭再薦天子諸侯卿大夫牲用太牢天子元士諸侯卿大夫少牢諸侯之士特豕天子之牲角握諸侯角尺卿大夫索牛此記異聞耳未知范意與之同否定八年冬衛侯鄭伯盟于曲濮下即云從祀先公

是時而不月也得禮例時引定八年爲證失禮例日不引其
文者凡烝合在夏之十月故何休云祭必於夏之孟月者取
其見新物之月是也今正月爲之違月隔年故傳曰春興之
志不時也下文夏五月丁丑烝傳曰志不敬也二烝並書日
以見非禮此文即是非禮例日之證故不復更引他文其文
二年丁卯大事于太廟亦是失禮書日也正月烝傳云不時
五月烝傳云不敬也者一失禮尚可故以不時言之再失禮
重故以不敬譏之又注云禘 無違禮案明堂位季夏六月
以禘禮祀周公於大廟僖公七月而禘則是不時而云無違
者周之七月夏之五月若值月前節却則與四月相校不多
比之隔年再烝失禮尚可故曰無違也文二年八月則是夏
之六月而祫嘗者亦是失禮故書日表逆祀及失時也宣八
年六月有事于太廟是得時而書日者譏宣公卿死不廢繹也烝冬事也春興之志
不時也。天王使家父來聘家夫天子大夫家氏父字【疏】注家父至父字 釋曰何休云中大夫故不稱伯仲范意或然。夏五月丁丑烝烝冬事
也春夏興之黷祀也志不敬也。黷徒木反。秋伐

桓八年

邾。冬十月雨雪禮月令曰孟冬行秋令則霜雪不時。雨于付反。祭公

來遂逆王后于紀祭公寰內諸侯爲天子三公者逆例時不親逆例月故春秋左氏

說曰王者至尊無敵無親逆之禮祭公逆王后未致京師而

稱后知天子不行而禮成也鄭君釋之曰大姒之家在郃之

陽在渭之涘文王親迎于渭卽天子親迎之明文矣天子雖

尊其于后猶夫婦夫婦判合禮同一體所謂無敵豈施此哉

禮記哀公問曰冕而親迎不已重乎孔子愀然作色而對曰

合二姓之好以繼先聖之後以爲天地宗廟社稷之主君何

謂已重焉此言親迎繼先聖之後爲天地宗廟社稷之主非

天子則誰乎。祭公側界反寰音縣又音環親迎魚敬反注

皆同大姒音似大姒文王妃也郃音洽本又作

作洽涘音仕愀在九反又親小反之好呼報反

疏注祭公至誰乎

釋曰此注之意言左氏天子不合親迎故引鄭君之釋以明

天子合親迎也然文王之迎大姒時爲世子耳得證天子之

禮者文王之爲世子而聖賢相配宜爲後王之法故有造舟

爲梁又入大雅明天子之法又且魯不祭地而云天地之主

是王者親逆之明文也案士昏禮士衣爵弁是助祭之服

則大夫以上及五等諸侯冕而親迎亦當用助祭之服也其

不言使焉何也據四年天王使宰渠伯糾稱使疏注據四至稱使釋曰此年天王家父來聘五年天王使任叔之子來聘注不據之而遠據四年宰渠伯糾者彼宰是官此公亦是官故也或亦隨使而言無例矣不正其以宗廟之大事即謀於我故弗與使也時天子命祭公就魯共卜擇紀女可中治者便逆之不復反命。復扶又反遂繼事之辭也其曰遂逆王后故略之也以其遂逆無禮故不書逆女而曰王后略謂不以禮稱之疏遂繼事之辭也釋曰依范氏略例凡有十九遂事傳亦有釋之者亦有不釋者此是例之首又天子大夫嫌與諸侯臣異故發繼事之辭莊十九年公子結遂傳云以輕事遂乎國重辟要盟也理在可知故省文也僖二十八年諸侯遂圍諸會溫已訖亡間有事必恐不相繼故發傳以明之曹伯襄遂會諸侯圍許恐破釋而遂與常例異故重發之僖四年遂伐楚恐華戎異故重發以同之宣元年楚子鄭人侵陳遂侵宋嫌尊卑異故亦發之宣十八年歸父遂奔齊嫌出奔不得同於繼事故發之襄十二年季孫宿遂入鄆嫌不受命與常例不同故發之自

餘不發者並同無故也 或曰天子無外王命之則成矣四海之濱莫非王臣王命納女爲后則已成王后不如諸侯入國乃稱夫人或說是

九年春紀季姜歸于京師季姜桓王后書字者申父母之尊姜紀姓爲之中者歸之也中謂關與婚事○之中丁仲反又如字注同與音豫

疏 爲之至之也 釋曰劉夏逆王后經不言歸則是魯不關與婚事而范氏略例云逆王后有二者以書逆王后皆由過魯若魯主婚而過我則言歸若不主婚而過我則直言逆雖詳略有異俱是過魯故范以二例揔之

○夏四月○秋七月○冬曹伯使其世子射姑來朝朝不言使言使非正也使世子伉諸侯之禮而來朝曹伯失正矣諸侯相見曰朝以待人父之道待人之子以內爲失正矣內失正曹伯失正

世子可以已矣則是放命也父有爭子則身不陷於不義射姑發曹伯之命釋

曰〇射音亦秦氏本亦作亦朝直遥反伉苦浪反本又作亢〇子諫爭之爭 疏 言使非正也 曰季姬使鄫子來朝復云非正者嫌歸之所使與之命子異故兩見之使世子朝言非正者禮諸侯世子誓於天子攝其君則下其君一等未誓則以皮帛繼子男此謂會同急趨王命者也今曹伯或有疾朝雖闕朝魯本是急事而使世子攝匹夾朝故云非正也〇公羊以為世子不合朝惟左氏以為得行朝匹

尸子曰夫已多乎道 鄭曰[illegible]

也〇曹伯使世子朝之命則曹伯不陷非禮之惡世子無苟從之咎魯無失正之譏三者正則合乎道多矣〇遠去聲

十年春王正月庚申曹伯終生卒桓無王其曰王何也正終生之卒也 徐邈曰實異其數惡正卒不明故復明之以復其當

反〇 疏 注徐邈至卒也 釋曰案范答薄氏之駁云曹伯亢諸侯之禮亦世子行朝故於卒示譏則傳云正卒謂正終生其非則與徐邈不同而引其說者以徐邈之說得通一家故引之范苦仍與徐異或以范意誤答薄氏故云譏曹伯

右正誑乃與徐同○夏五月葬曹桓公○秋公會衛侯于桃丘弗遇桃丘衛地據弑逆之人出則有危故會皆月今衛侯不來無危故時弗遇者志不相得也弗遇以辭也倡會者衛魯至桃丘而衛不來故書弗遇以殺恥

疏弗遇至辭也○釋曰遇者志相得之名故此弗遇志不相得也弗內辭也若其只是魯公弗被遇託言衛侯不遇故云弗以辭也○注倡會至殺恥○釋曰以經書會故知倡會者衛託言衛侯不遇則若衛侯不當魯公之接故云殺恥也○

冬十有二月丙午齊侯衛侯鄭伯來戰于郎結日列陳則日傳例曰不日疑戰也○陳直覲反來戰者前定之戰也○先巳結期戰○先蘇薦反內不言戰言戰則敗也兩敵故言戰春秋不以外敵內書戰則敗不言其人以吾敗也不言及者為內諱也○為于僞反

疏來戰至諱也○釋曰內不言戰又發傳者公敗宋師起例之始此戰沒公故重

發例以明之也不言卅八人者謂不稱公也不言戶父者謂不云及齊侯衛侯鄭伯也逆使隨下十七年傳文同但觀經立説敵二國有異耳

十有一年春正月齊人衛人鄭人盟于惡曹惡曹地闕○夏五月癸未鄭伯寤生卒○寤吾故反○秋七月葬鄭莊公莊公殺段失德不葬而書葬者段不弟於王法當討故不以殺親親貶之○弟下並音悌又如字

疏注不以至貶之 釋曰此據晉侯殺世子申生不言葬而發

○九月宋人執鄭祭仲祭氏仲名執大夫有罪者例時無罪者月此月者爲下盟○祭側界反

疏注祭氏至下盟 釋曰知仲名者以仲立惡黜正無善可褒故知仲名也云有罪者例時者莊十七年春齊人執鄭詹經不書月傳曰以人執與之辭也是執有罪書時之文也言無罪者月者成十六年九月晉人執季孫行父舍之於苕丘彼雖爲危書月亦是無罪之例也今祭仲有罪而經書月故注解之書月者爲下盟耳案襄二十七年秋七月辛巳豹及諸侯之大夫盟於宋書日下云柔會宋公陳侯蔡叔盟于折不日者柔是大夫之未命者也不得同正大夫又下貴於士故雖得

書名仍從卑者之盟不日之例也宋人者宋公也其曰人何也貶之也惡其執人權臣廢嫡立庶○惡烏路反嫡丁歷反○突歸于鄭突鄭厲公昭公之弟非公之子曰突賤之也曰歸易辭也傳例曰歸為善自某歸次之此傳曰歸易辭也然則歸有二義不皆善矣突篡兄之位害命權臣則歸無善○易以豉反下文及注同篡初患反

疏注傳例至無善　釋曰成十六年曹伯歸自京師傳云歸為善注云謂直言歸而不言其國即曹伯歸自京師不言于曹是自來歸次之注云若蔡季自陳歸于蔡衛侯鄭自楚復歸于衛是據彼傳文則歸為善今傳曰歸易辭故辭之亦歸有二意善者謂之歸易者亦謂之歸也是稱歸有二突惡而稱歸是惡辭非善也

祭仲易其事權在祭仲也死君難臣道也今立惡而黜正惡祭仲也易辭言廢立在己○難乃旦反惡祭烏路反○鄭忽出奔衛忽鄭昭公鄭忽者世子忽也其名失國也其名謂去世子而但稱忽○去起呂

反【疏】注其名至稱忽　釋曰鄭忽先君已葬而怪不稱世
子者穀梁之意先君雖葬而嗣子未踰年亦宜稱子
即僖二十五年秋葬衛文公冬十有二月癸亥公會衛子莒
慶盟于洮是也雖則踰年先君未葬亦不得成君故下十二
年丙戌衛侯晉卒十三年衛惠公稱侯而注云衛宣未葬而
嗣子稱侯以出其失禮明矣是也計鄭忽父雖葬既仍未踰
年於例宜合稱子但范以忽十五年歸國稱世子復歸故於
此決其去世子而但稱忽也然謂與常例違者此年書名表
其失國十五年稱世子明其反正故與常例不同○柔會宋公陳侯蔡叔盟
于折蔡叔蔡大夫名未命故不氏折某地○折之設反又時設反柔者何吾大夫
之未命者也【疏】柔者至者也　釋曰重發傳者隱不成爲君不爵大夫故挾卒不氏今桓
成爲君而有不命大夫嫌有罪則故明之○公會宋公于夫鍾夫鍾郕地○夫音扶麋氏
本鍾作童音鍾○冬十有二月公會宋公于闞闞魯地○闞口暫反

十有二年春正月○夏六月壬寅公會紀侯

桓十二年

莒子盟于曲池曲池魯地○秋七月丁亥公會宋公燕人盟于穀丘穀丘宋地○燕音煙國名○八月壬辰陳侯躍卒陳厲公也○躍餘若反○公會宋公于虛虛宋地○虛如字又去魚反○冬十有一月公會宋公于龜龜宋地○丙戌公會鄭伯盟于武父武父鄭地○父音甫○丙戌衛侯晉卒再稱日決日義也明二事皆當日也晉不正非日卒者也下正前見公羊隱四年衞人立晉是也與齊小白義同○見賢徧反

疏再稱至義也　釋曰決日者謂二事決宜書日故經兩舉日文也月則不然縱有兩事合月但舉一月以包之其有蒙日明者則亦一不兩舉故范答薄氏云覆且之卒與於日食之下可知日是也○注明二至義同　釋曰納入立皆篡隱四年書衞人立晉是不正前也見故今書日莊九年書齊小白入於齊是其惡已見故書十七年小白卒書日與此同也○十有二月及鄭師伐宋丁未戰

于宋非與所與伐戰也非責不言與鄭戰恥不和也於伐與戰敗也內諱敗舉其可道者也於伐宋而與鄭戰內敗也戰輕於敗戰可道而敗不可道疏非與至者也○釋曰麋信云此傳解經書下日之意也非責魯言責魯反與其所與伐者戰也謂還與鄭戰然則責其還與鄭戰于理是也言解經下日之意則非也何者十三年公會紀侯鄭伯己巳云云戰彼亦下日豈又是責魯乎變信之說非也蓋責與人同伐反與之交戰是危之道故經舉戰伐以責之既責魯不顯言與鄭戰者諱不和也

十有三年春二月公會紀侯鄭伯己巳及齊侯宋公衛侯燕人戰齊師宋師衛師燕師敗績徐邈曰僖九年傳曰禮柩在堂上孤無外事今衛宣未葬而嗣子稱侯以出其失禮明矣宋陳稱子而衛稱侯隨其所以自稱者而書之得失自見矣○柩其救反見賢徧反疏注徐邈至見矣○釋曰宋稱子在僖九年陳稱

桓十三年

子在二十八年得失自見者彼二君稱子是其得今衛惠稱
侯是其失也僖三十三年晉人及姜戎敗秦師于殽傳云晉
人者晉子也不正其釋殯故貶之此衛侯亦釋殯所以不貶
者晉爲大国不務自戰無故釋殯自戰故貶稱人今衛侯初
立須求好諸侯今從齊宋之命未是大過故
譏而不貶議者據經稱侯即是足見其惡 其言及者
由内及之也其曰戰者由外言之也 内不言戰言戰則敗
今魯與紀鄭同討以其言至之也 釋曰言由内及之
有紀鄭故可得言戰 疏 也者以文承紀鄭之下恐非獨内
及故特言之又且下云其曰戰者由外言之也是戰從外稱
及是内辭欲分别二事故内外兩舉傳其不地於紀也者春
秋考異郵云時戰在魯之龍門故何休難云在紀無爲不地
鄭玄云紀當爲巳在龍門城下故不地何休注公羊亦云戰
魯龍門兵攻城地恥之故不
地是皆以紀爲巳非紀国也 戰稱人敗稱師重衆也
其不地於紀也 春秋戰無不地即於紀戰無爲不地也
鄭君曰紀當爲巳謂在魯地字之誤耳
得在龍門城下之
戰迫近故不地 ○三月葬衛宣公○夏大水○秋

七月○冬十月

十有四年春正月公會鄭伯于曹○無冰皆君不明去就政治紀綏之所置五行傳曰視之不明是謂不哲厥咎舒厥罰常燠○哲陟列反一本作晢之列反燠於六反煖也下文同

〔疏〕無冰○釋曰舊解傳云無冰時燠也謂無冰書時燠煖也時字上讀爲句因即解成元年正月公即位二月葬宣公三月作丘甲無冰在其中不是爲無冰書月可知也此正月公會鄭伯於曹下云無冰則正月若直爲公會鄭伯不爲無冰何者無冰一時之事因當不得以月書也徐邈亦然今以爲成元年傳云加之寒之辭也則無冰亦當蒙月也傳云無冰時燠也者謂今所以無冰者正由時燠也於字下讀理亦足通○注皆君不明去就政治紀綏之所置五行至罰常燠○釋曰徐邈云無冰者常陽之異此夫人淫泆陰爲陽行之所致也何休注公羊亦然今范云皆君不明去就政治舒緩之所致則非獨爲夫人也蓋爲桓公闇於去就不達是非外不能結好鄰國内不能防制夫人又成亂助篡貪賂廢祀以火攻人反與伐戰此等皆是不明去就政教舒緩故又引洪範五行傳曰視之不明是謂不哲邑言人君禹

闇察視不明是謂不昭哲也其咎過在於舒緩其天降謂罰常在時燠也無冰時燠也○夏

五○夏五本或有月者非鄭伯使其弟禦來盟諸侯之尊

弟兄不得以屬通其弟云者以其來我舉其

貴者也來盟前定也不日前定之盟不日言信

在前非結於今○禦魚呂反本亦作御左氏作語（疏）諸侯至不日　釋曰重發不以屬通例者前弟年來聘今

禦來盟嫌不同故重發之此云前定之盟不日則成十一年己丑及郤犨盟是後定可知也孔子曰聽

遠者聞其疾而不聞其舒疾謂激揚之聲舒謂徐緩望遠

者察其貌而不察其形貌姿躰形容色立乎定哀以指

隱桓隱桓之日遠矣夏五傳疑也孔子在於定哀之世

而録隱桓之事故承闕文之疑不書月明皆實録○傳直專反（疏）注明皆實録　釋曰言孔子承闕文之疑不止

夏五一事故云皆也○秋八月壬申御廩災御廩藏公所親耕以奉粢盛之倉也

内災例日○廩力甚反疏注御廩至例日　釋曰御廩者藏公所親耕之物御用於宗廟故謂之御廩祭義云昔者天子爲藉千畝冕而朱紘躬秉耒諸侯爲藉百畝冕而青紘躬秉耒以事天地山川社稷先古是公所親耕也内災例日者成三年甲子新宮災此云壬申御廩災是例日也乙亥嘗御廩之災不志以其微疏注以其微　釋曰舊解云災是大事嘗亦不小而云微者周之八月夏之六月其六月之末容得立秋之節祭未足可書比之災則爲微當合季重而今並書之者是未易災之餘可志而已見其不敬故兼志之如此解則傳云御廩之災不志者謂不當兼志之也今以爲微者直謂御廩災也故徐邈云不足志是也徐又云而嘗可也言可以嘗可上屬與范注違不得取之此其志何也以爲唯未易災之餘而嘗可也志不敬也鄭嗣曰唯以未易災之餘而嘗然後可志也用火焚之餘以祭宗廟非人子所以盡其心力不敬之大也○盡注忍反天子親耕以共粢盛

天子親耕其礼三推黍稷曰粢在器曰盛○共音恭一本作恭粢音咨推昌誰反一音他回反（疏）注天子至曰盛

釋曰月令天子於孟春之月乃擇元辰天子親載耒耜措之參保介之御間師三公九卿諸侯大夫躬耕帝藉天子三推公五推卿諸侯九推是其文也

王后親蠶以共祭服

王后親蚕齊戒躬桑夫人三練遂班三宮朱綠玄黃以爲黼黻文章服既成君服以祀之○齊戒側皆反本亦作齋練先刀反黼音甫亦作黼黻音弗俗作黻（疏）注王后至祀之夫人三練遂班三宮云云祭義文故彼云古者天子

釋曰王后親蚕齊戒躬桑月令文

諸侯必有公桑蚕室近川而爲之築宮仞有三尺棘牆而外閉之及大昕之朝君皮弁素積卜三宮之夫人世婦之吉者使入蠶于蠶室奉種浴于川桑于公桑風戾以食之鄭玄云大昕季春朔日之朝也諸侯夫人三宮半王后也又云及良日夫人練三盆手遂布于三宮夫人世婦之吉者使練遂朱綠之玄黃之以爲黼黻文章服既成君服以祀先王先公敬之至也鄭玄云三盆手者三淹也凡繅每淹大揔而手振之以出緒也是也

國非無良農工女也以爲人之所盡事其祖禰不若以已所

自親者也凱曰夫治人之道莫急於礼礼有五經莫重於祭祭者非物自外至者也由中出者身致其誠信然後可以交於神明祭之道也○禰乃礼反【疏】注礼有至道也　釋曰祭統文鄭玄云五經者吉凶賔軍嘉也莫重於祭謂以吉礼爲首也大宗伯職曰以吉礼事邦国之鬼神祇何用見其未易災之餘而嘗也曰甸粟而内之三宮三宮米而藏之御廩甸甸師掌田之官也三宮三夫人也宗廟之礼君親割夫人親舂○親舂傷容反【疏】注甸甸至親舂　釋曰傳言甸粟知是掌田之官也礼王后六宮諸侯夫人三宮也故知三宮是三夫人宮也礼宗廟之礼君親割夫人親舂者文十三年傳文傳兼甸之事焉者納粟者甸師而夫人親舂是兼之也夫嘗必有兼甸之事焉夫人親舂是兼甸之事○兼甸如字一本作甸十日爲甸注亦然壬申御廩災乙亥嘗以爲未易災之餘而嘗也鄭嗣曰壬申乙亥相去四日言用日至少而功多明未足及易而嘗○冬十有二月

丁巳齊侯祿父卒○宋人以齊人蔡人衛人陳人伐鄭以者不以者也民者君之本也使人以其死非正也不以者謂本非所得制今得以之也刺四国使宋專用其師輕民命也○刺七賜反

十有五年春二月天王使家父來求車古者諸侯時獻于天子以其國之所有故有辭讓而無徵求求車非禮也求金甚矣文九年毛伯來求金（疏）求車至甚矣　釋曰求賻求金並發傳者以所求不同故各發之不云求賻甚而云求金甚者喪事有賻但求之非禮金非喪所供故以爲甚傳反正也者釋其稱世子也○三月乙未天王崩桓王○夏四月己巳葬齊僖公○五月鄭伯突出奔蔡譏

奪正也〔禮諸侯不生名今名突以譏之〕○鄭世子忽復歸于鄭反正也。○許叔入于許〔傳例曰大夫出奔反以好曰歸以惡曰入〕疏〔注傳例至曰入〕〔釋曰莊九年傳文〕許叔許之貴者也莫宜乎許叔其曰入何也其歸之道非所以歸也〔泰曰許國之貴莫過許叔叔之宜立又無與二而進無王命退非父擾故不書曰歸同之惡入〕○公會齊侯于蒿〔蒿左氏作艾公羊作鄗〕○邾人牟人葛人來朝〔何休曰桓公行惡而三人俱朝事之三人爲衆衆足責故夷狄之行下孟反又如字〕○秋九月鄭伯突入于櫟〔櫟鄭邑也突不正書入明不當受○櫟力狄反〕疏〔注櫟鄭至當受〕〔釋曰案齊小白入于齊傳曰以惡曰入衞侯朔入衞傳曰入者內弗受也蓋舊爲國君而入者則是內不受若衞侯朔入于衞鄭伯突入于櫟是也公子不正取國者則是以惡入曰入若許叔入于許齊小白入于齊是也觀范之注其事必然但舊無此解不敢輒定或當以惡入者即內不當受傳〕

文互舉之其實不異理亦通耳○冬十有一月公會宋公衛侯陳侯于袲伐鄭袲宋地○袲昌氏反地而後伐疑辭也非其疑也鄭突欲篡國伐而正之義也不應疑故責之

十有六年春正月公會宋公蔡侯衛侯于曹

○夏四月公會宋公衛侯陳侯蔡侯伐鄭蔡常在衛上今序陳下蓋後至疏注蔡常至後至　釋曰桓五年蔡人衛人陳人從王伐鄭此春公會宋公蔡侯衛侯于曹是蔡常在衛上今在下故知後至

○秋七月公至自伐鄭桓無會其致何也危之也桓公再助篡伐正危殆之甚喜得全歸故致之疏注桓公至致之　釋曰公與諸侯此年爲突伐鄭前年雖爲忽討突疑而不用心亦是其助故云再助也范荅薄氏駁云明桓伐突非本心故言再助是也范必知前年爲忽伐鄭而此年爲突伐鄭者以前年責其疑若是伐嫡而疑則不足可責明是爲忽討突

也此年傳云桓無會其致何也危之也若是助嫡則不須云危故知是助突討忽也○冬城向○向舒亮反○十有一月衛侯朔出奔齊朔惠公名朔之名惡也天子召而不往也【疏】朔之至往也　釋曰不云失地而言惡者以朔不奉王命重於失地故直云惡也

十有七年春正月丙辰公會齊侯紀侯盟于黃黃齊地○二月丙午公及邾儀父盟于趡趡魯地○趡翠軌反○夏五月丙午及齊師戰于郎內諱敗舉其可道者也敗恥大戰恥小○戰于郎左氏作于奚不言其人以吾敗也言人則微者敗於微者其恥又甚故言師不言及之者為內諱也及當有人公親帥之恥大不可言○為于偽反【疏】注公親帥之　釋曰知非卿帥而言公者春秋之義唯為親尊

桓十六年　十七年

諱不爲卿諱又傳云爲內諱則是公可知○六月丁丑蔡侯封人卒○秋八月蔡季自陳歸于蔡蔡季蔡之貴者也自陳陳有奉焉爾陳以力助○癸巳葬蔡桓侯徐邈曰葬者臣子之事故書葬皆以公配謚此稱侯蓋蔡臣子失禮故即其所稱以示過疏葬蔡桓侯 釋曰何休云蔡季賢而桓侯不能用故抑之杜預云疑謬誤范以爲臣子失禮稱侯既就其所稱以示過三傳無文各以意說○及宋人衛人伐鄭○冬十月朔日有食之言朔不言日食既朔也既盡也盡朔一日至明日乃食是月二日食也疏注既盡至食也 釋曰知二日者以傳云食既朔也言食盡朔是二日明矣

十有八年春王正月公會齊侯于濼此年書王以王法終治桓之事○濼力沃反又音洛舊音匹沃反·公與夫人姜氏遂如齊公本與夫

人俱行至濼公與齊侯行會禮故先書會濼既會而相隨至齊故曰遂遂繼事之辭他皆放此濼之會不

不言及夫人何也據夫人實在當言公及夫人姜氏會齊侯于濼（疏）注據夫至

于濼　釋曰決僖公十一年公及夫人姜氏會齊侯于陽穀是也公羊以為此不言及夫人外公也左氏無正文或當以

公男女無別故不言及並與穀梁異以夫人之伉弗稱數也濼之會夫人驕伉不

可言及故舍而弗數今書遂如齊欲錄其致變之由故不可以不書實驕伉而不制故不言及○伉本又作亢苦浪反數

色戸反舍音捨○夏四月丙子公薨于齊夫人與齊謀殺之不書諱也魯公薨

正與不正皆曰所以別內外也○別內外彼列反其地於外也薨稱公舉

上也公五等之上（疏）其也至上也　釋曰據隱閔不地故決之也其外諸侯之卒皆不言公尊內故

舉五等之上也丁酉公之喪至自齊○秋七月○冬十

有二月己丑葬我君桓公葬我君接上下也

言我君舉國上下之辭【疏】葬我至下也　釋曰公者臣子之稱也我君者接及舉國上下之辭

君弑賊不討不書葬此其言葬何也據隱公不書葬不責踰國而討于是也禮君父之讎不與共戴天而曰不責踰國而討于是者時齊強大非己所討君子即而恕之以申臣子之恩【疏】不責至是也　釋曰不責其討而譏其狩于郜者齊魯大小不敵故恕而免之公雖不能報理當絕交而與之同狩故譏之也

桓公葬而後舉謚謚所以成德也於卒事乎加之矣謚者行之迹所以表德人之終卒事畢於葬故於葬定稱號也昔武王崩周公制謚法大行受大名小行受小名所以勸善而懲惡禮天子崩稱天命以謚之諸侯薨天子謚之卿大夫卒受謚於其君○行之下孟反下同稱尺證反【疏】注謚者至其君　釋曰以左傳無駭卒羽父請謚於隱公是大夫謚諸侯賜之諸侯既上有王者故知天子賜之禮記云天子稱天以誄之又公羊說天子謚於南郊在天子上者唯天耳故知稱天命以謚

知者慮義者行仁者守有此

三者備然後可以會矣桓無此三者而出會大國所以見殺○知音智守如字又音狩疏知者至會矣　釋曰復發傳者隱公表會戎之危此明桓公見殺之事故重發之也

監本附音春秋穀梁註疏桓公卷第四

監本春秋穀梁註疏莊公卷第五 起元年盡十八年

范甯集解　楊士勛疏

莊公（疏）魯世家莊公名同桓公之子以莊王四年即位謚法勝敵克壯曰莊

元年春王正月繼弒君不言即位正也（疏）繼弒至正也　釋曰桓繼弒即位非正故此言正以明之傳於人之也既以人道錄之又不言氏姓貶之者公以練祭感母不與故以人道錄之但以妻殺夫罪同至逆不可不貶故又以人道絕之所以進退見法也計桓公以十八年四月薨至此年三月末是練時而云練祭感母不與者至四月則當練今方至練故感之而思母故何休云月者起練祭左右是其意亦以四月為練也

繼弒君不言即位之為正何也據君不絕

曰先君不以其道終則子不忍即位也○三月夫人孫于齊桓公夫人文姜也哀姜有殺子之罪輕故僖元年曰夫人氏之喪至自齊

去姜以貶之文姜有殺夫之罪重故去姜氏以貶之此輕重之差○孫音遜本亦作遜去起吕反下去姜同孫之
爲言猶孫也孫孫遁而去○遁徒困反諱奔也接練時録母
之變始人之也夫人初與桓俱如齊今又書者於練時感夫人不與祭故始以人道録之○與
祭音豫不言氏姓貶之也人之於天也以道受
命於人也以言受命臣子則受君父之命婦受夫之命疏傳人之至受命
釋曰天之道臣事君子事父妻事夫也夫者妻之天故曰人
之於天也以道受命謂事夫之道也臣子之法當受君父教
令故曰於人也以言受命不若於道者天絶之也謂文姜殺
夫是不順於道故天當絶之不若於言者人絶之也謂臣子
不順君父之命則君父當絶之臣子大受命謂君父既絶夫
人臣子受君父之命故不得不貶也其注云臣子則受君父
之命者解經中以言受命也云婦受夫之命者解以道受命
也恐此説非也但舊爲此解不得不述或當人之於天也以
道受命謂順天道以事夫也於人也以言受命謂臣受君命
也不順於道者天絶之天道妻當事夫今夫人反弑公是不

順天也故天絕之不順於言者人絕之謂婦當受夫之命夫人不受夫命是不順人也故人絕之臣子大受命者臣謂羣下子謂莊公上受命於天下受命於君是大受命也以其受君天之命故臣子得貶退夫人也不若於道者天絕之也若順不若於言者人絕之也臣子大受命言義得貶夫人○夏單伯逆王姬單姓也伯字○單音善單姓伯字左氏以爲王卿士逆王姬左氏作送王姬單伯者何吾大夫之命乎天子者也命大夫故不名也諸侯歲貢士于天子天子親命之使還其國爲大夫者不名天子就其國命之者以名氏通也（疏）注諸侯至通也釋曰知諸侯貢士于天子者傳稱國高在又何休云大國舉三人次國舉二人小國舉一人是有貢士之法今單伯天子命大夫故不名知書名者就國命之其不言如何也據僖二十九年公子遂如京師言如其義不可受於京師也其義不可受於京師何也曰躬君弒於

齊使之主婚姻與齊爲禮其義固不可受也禮尊卑不敵天子嫁女于諸侯必使同姓諸侯主之魯桓親見殺于齊若天子命使爲主則非禮大矣春秋爲尊者諱故不可受之于京師○弑又作殺爲尊于偽反下爲之築同【疏】注禮尊至京師　釋曰天子嫁女于諸侯必使同姓諸侯主婚之意者天子與諸侯尊卑不敵若行君臣之礼則廢婚姻之好若行婚姻之好則廢君臣之礼故使諸侯主之

○秋築王姬之館于外築禮也于外非禮也外城外也【疏】于外非礼也　釋曰左氏以爲築于外礼也此云非礼者以主王姬者必自公門出今築之于外則是營衞不固是輕王女故云非礼謂非正礼耳於変礼則通也築之爲禮何也主王姬者必自公門出公門朝之外門主王姬者當設几筵于宗廟以俟迎者故在公門之内築王姬之館○朝之直遥反下於朝同迎魚敬反下同於廟則已尊於寢則已卑爲之築節矣築之外變之正也築之外變

莊元年

之爲正何也仇讎之人非所以接婚姻也衰麻非所以接弁冕也親迎服祭服尊重婚姻也公時有桓〻喪○衰七回反弁皮彥反

疏親迎至之喪　釋曰禮解冕而親迎是服祭服也弁冕者連言之周禮弁師掌王之五冕故傳亦通言之

其不言齊侯之來逆何也不使齊侯得與吾爲禮也

疏不使至禮也　釋曰二十四年夏公如齊逆女傳云親迎恒事也不志此其志何也不正其親迎於齊也然則不言齊侯之來逆乃是常事不錄而云不使齊侯得與吾爲禮也若春秋之例得常不書莊公親逆是禮而書故知非其逆於齊也今王姻嫁於齊而使魯爲主齊侯如魯親逆當合書經但齊是魯讎不使齊侯得與吾爲禮故不書之耳舊解齊侯親逆不至京師文王親逆不至于洽則天子諸侯親迎皆不至婦家矣今忽不然何者此時王姻魯主婚故不至京師詩解親迎于渭者爲造舟爲梁張本焉知文王不至大姒之家略舉所疑遺諸來哲○冬

十月乙亥陳侯林卒諸侯日卒正也

疏日卒正也

繹曰重發之者此共錫命相連恐日月之爲錫命而録故傳明之○王使榮叔來錫桓公命榮氏叔字天子之上大夫也禮有九錫一曰輿馬二曰衣服三曰樂則四曰朱戶五曰納陛六曰虎賁七曰弓矢八曰鈇鉞九曰秬鬯皆所以褒德賞功也德有厚薄功有輕重故命有多少何休曰桓弑逆之人王法所宜誅絕而反錫命悖亂天道故不言天王也文五年王使榮叔歸含且賵則曰含者臣子之職也以至尊行卑事故不言天王也三月王使毛伯來會葬又曰刺比失禮故亦不言天王也甯案僖二十四年天王出居于鄭不可最大矣禮天子既有賵含之制傳但譏二事共一使耳言且所以示譏一事無再貶之道也以天王之尊會人妾祖母之葬譏失禮矣孰若使任叔之子來聘使家父來求車之不可乎此三者皆言天王明非義之所存舊史有詳畧夫子因而弗革故知曲說雖巧致遠則滯矣○錫星歷反賁音奔鈇方胡反鉞音越秬音巨黑黍鬯勑亮反香酒也悖補對反含胡暗反賵芳鳳反刺七賜反一使所吏反任音壬滯乃計反一本作泥 疏 注禮有至多少○釋曰九錫者出禮緯文也此九錫與周禮九命異何休注公羊既引九錫之文即云百里不過九命七十里不過七命五十里不過五命其意以九錫即是九命也今

何說非者案大宗伯以九儀之命正邦國之位一命受職再命受服三命受位四命受器五命受則六命賜官七命賜國八命作牧九命作伯貞言與九錫不同則知異也今范引九錫之下直云皆所以褒德賞功也德有厚薄功有輕重故命有多少則亦以九錫異也但此九錫亦是賜命之類故引之或以范亦與何同恐非也白虎通云能安民者賜車馬能富民者賜衣服能和民者賜樂則民衆多者賜朱户能進善者賜納陛能退惡者賜虎賁能誅有罪者賜鈇鉞能征不順者賜弓矢孝道備者賜秬鬯亦是有功特賜不關九命之事也舊說解九錫之名一曰輿馬大輅戎輅各一玄馬二也二曰衣服謂玄衮也三曰樂則謂軒縣之樂也四曰朱户謂所居之室朱其户也五曰納陛謂從中階而升也六曰虎賁謂三百人也七曰弓矢彤旅之弓矢也八曰鈇鉞謂大柯斧賜之專殺也九曰秬鬯謂賜秬鬯之酒盛以圭瓚之中以祭祀也

禮有受命無來錫命錫命非正也賞人於朝與士共之當召而錫也周禮大宗伯職曰王命諸侯則儐之是來受命。朝直遥反儐必刃反生服之死行之禮也生不服死追錫之不正甚矣〔疏〕不正甚矣釋

曰文八踰年而賜成公八年乃賜桓公死後追賜三者異時嫌不待相蒙故並皆發傳此追命失禮最大故以甚言之

○王姬歸于齊爲之中者歸之也疏爲之中者歸之也釋曰十一年王姬歸于齊傳曰過我也此云爲之中者歸之發傳不同者此王姬由魯而嫁故曰爲之中者彼王姬非魯主婚故直云過我也

○齊師遷紀郱鄑郚紀國也郱鄑郚國也此國以三言爲名○郱步丁反鄑子移反郚音吾或曰遷紀于郱鄑郚十年宋人遷宿傳曰遷亡辭也其不地宿不復見矣齊師遷紀四年復書紀侯大去其國者紀侯賢不與齊師之亡紀故變文以見義郱鄑郚之君無紀侯之賢故不復見從常例也若齊師遷紀于郱鄑郚當言于以明之又不應復書地嘗如宋人遷宿齊人遷陽或曰之說齊所未詳○復扶又反見賢徧反疏注不應復書地釋曰此范難或曰之說言宿陽既亡不地則此亦不應復書地何書於郱鄑郚乎

二年春王二月葬陳莊公○夏公子慶父帥

師伐於餘丘慶父名字仲父國而曰伐於餘丘邾之邑也其曰伐何也公子貴矣師重矣而敵人之邑公子病矣病公子所以譏乎公也其一曰君在而重之也邾君在此邑故不繼于邾使若国疏註邾君至若國釋曰觀傳上文其曰伐何也公子貴矣云云所以譏乎公也則是解其稱伐之意而范注辭一曰之義則似辭不繼于邾者一曰君在而重之也亦是辭其稱伐之意言邑而稱伐者為君在重之使若國然故邑亦稱伐是上下不相違也○秋七月齊王姬卒為之主者卒之也主其嫁則有兄弟之恩死則服之服之故書卒禮記曰齊告王姬之喪魯莊公為之大功○為之大功于偽反疏秋七月云云釋曰何休云內女卒日此不日者恩实輕於內女案成八年冬十月癸卯杞叔姬卒書日此不書日是輕於內女也○冬十有二月夫人姜氏會齊侯于禚禚齊地禚章畧反○婦

人既嫁不踰竟踰竟非正也婦人不言會言會非正也饗甚矣饗在四年○踰竟音境後踰之例皆同○乙酉宋公馮卒○馮皮冰反疏乙酉宋公馮卒　釋曰案世本馮是宋莊公穆公之長子宋督既弒與夷則馮是當立故亦書曰卒也

三年春王正月溺會齊侯伐衛徐邈曰傳例曰往月危往也齊受天子罪人爲之興師而魯與同其理危也○溺乃狄反疏注傳例至往也　釋曰定八年傳文會例時齊魯黨大是罪人故書月以見危也溺者何也公子溺也其不稱公子何也據二年公子慶父帥師伐於餘丘稱公子惡其會仇讎而伐同姓故貶而名之也○惡烏路反○夏四月葬宋莊公月葬故也○五月葬桓王傳曰改葬也若實改葬當言改以

明之郊生之口傷改卜牛是也傳當以七年乃葬故謂之改葬〔疏〕傳曰改葬也　釋曰傳云改葬而范違之者以經不言改故知非改葬也傳言改者以見喪踰七年已行吉禮今始反服喪服故謂之改葬又感精符云恒星不見夜中星隕如雨而王不懼使榮叔改葬桓王冢奢麗大甚加識之言則改葬桓王在恒星不見之後故范謂此時非改葬也

改葬之禮緦舉下緬也緦者五服最下言舉下緬上從緦皆反其故服因葬桓王記改葬之禮不謂改葬桓王當服緦也猶晦震夷伯之廟因明天子諸侯之制不謂夷伯非魯之大夫也甯之先君與蔡司徒論之詳矣江熙曰葬稱公舉五等之上改葬禮緦舉五服之下以喪緬貌遠也天子諸侯易服而葬以爲交於神明者不可以純凶況其緬者乎是故改葬之禮其服唯輕言緬釋所以緦也○緦息恩反緬亡善反遠也〔疏〕注緦者至緦也　釋曰五服者案喪服有斬衰齊衰大功小功緦麻是也改葬之禮各從本服但緦服者是五服之下故傳云改葬之禮緦者舉下以緬上一也不謂改葬桓王之特唯服緦耳蔡司徒者謂蔡謨也江熙以爲改葬之禮其服唯輕故云天子諸侯易服而葬以證唯緦耳知天子諸侯易服而葬者檀弓云弁絰葛而葬與神交之道也鄭云云接神之道不可以

純凶天子諸侯變服而葬冠素弁以葛爲環絰既虞卒哭乃服受服也變服者謂未葬以前服麻葬則易之以葛也

或曰郤尸以求諸侯也停尸七年以求諸侯會葬非人情也○郤尸去畧反又去逆反杜預云尸未葬之通稱

天子志崩不志葬必其時也何必焉舉天下而葬一人其義不疑也志葬故也危不得葬也曰近不失崩不志崩失天下也京師去魯不遠赴告之命可不踰旬而至史不志崩則亂可知

疏注京師至可知釋曰王城去魯纔餘千里赴喪者旬日而至史不記崩亂可知也

獨陰不生獨陽不生獨天不生三合然後生徐邈曰古人稱萬物負陰而抱陽冲氣以爲和然則傳所謂天蓋名其冲和之功而神理所由也會二氣之和極發揮之美者不可以柔剛滯其用不得以陰陽分其名故歸於冥極而謂之天凡生類稟靈知於天資形於二氣故又曰獨天不生必三合而形神生理具矣○暉許歸反冥亡丁反稟彼錦反知於音智

故

曰母之子也可天之子也可尊者取尊稱焉卑者取卑稱焉王者尊故稱天子衆人卑故稱母子○母之子也可絶句下倣此尊稱尺證反下卑稱同

（疏）傳獨陰不生至稱焉　釋曰凡物之生皆資二氣之和稟上天之靈知不可以柔剛滯其用不得以陰陽分其名故云三合然後生也雖資二合然終措功其極故云天之子也許之人事故又曰父之子母之子也天則感生者衆言天足以兼父不得云父子[illegible][illegible]天子衆人或知母而不知父故云母子亦不云父子也衆人亦稟天氣而生不云天子者天子取尊稱故稱天子衆人取卑稱故稱母子也傳因論天子崩葬故明其別稱也然則陰能成物陽能生物天能養物而總云生者凡萬物初生必須二氣合四時和然後得生不是獨陽能生也但既生之後始入以繫二氣耳注云不可以剛柔滯其用不得以陰陽分其名者易繫辭云一陰一陽謂之道王弼云一陰一陽者或謂之陰或謂之陽不可定名也夫爲陰則不能爲陽爲柔則不能爲剛唯不陰不陽然後爲陰陽之宗不柔不剛然後爲剛柔之主故無方無體非陽非陰始得謂之道始得謂之神是也柔剛者即陰陽之別名也故繫辭又云動靜有常剛柔斷矣注云陽動陰靜剛

柔之斷也是剛則陽柔則陰也其曰王者民之所歸往也。秋紀季以酅入于齊季紀侯弟○酅下圭反酅紀之邑也入于齊者以酅事齊也入者内弗受也雍曰紀國微弱齊將并之紀季深覩存亡之幾大懼社稷之傾故超然遐舉以酅事齊庶猶嗣不泯宗廟永存春秋賢之故褒之以字齊受人之邑而滅人之國故於義不可受也○并必政反泯彌忍反（疏）入者内弗受也　釋曰重發之者此齊不可受嫌違例故重發之○冬公次于郎次止也有畏也欲救紀而不能也畏齊

四年春王二月夫人姜氏饗齊侯于祝丘饗食也兩君相見之禮凡會書月者時事有危雖於公發例亦無所不關祝丘魯地○饗本又作享香丈反著張略反又張慮反（疏）饗食至魯地　釋曰饗食也者下六年以飲賓為文云兩君相見之禮夫人與齊侯非禮饗食故云著時事

有危此與二年禚之會書月以著危而五年夏夫人姜氏如齊師不書月者何休云再出書月重之三出不月者省文從可知也事或然矣饗甚矣以非禮尤甚故謹而月之饗齊侯所以病齊侯也○三月紀伯姬卒隱二年履緰所逆者內女卒例日伯姬失國略之故月也○緰音須〔疏〕注隱二至月也。釋曰僖九年秋七月乙酉伯姬卒是例日也此不日明爲失國略之也外夫人不卒此其言卒何也吾女也適諸侯則尊同以吾爲之變卒之也禮諸侯絶旁朞姑姊妹女子子嫁於國君者尊與己同則爲之服大功九月變不服之例然則適大夫者不書卒○爲于僞反朞居其反〔疏〕注禮諸至書卒。釋曰莒慶高固並逆叔姬經無卒文是適大夫不書卒也○夏齊侯陳侯鄭伯遇于垂傳例曰不期而會曰遇遇者志相得也○紀侯大去其國大去者不遺一人之辭也言民之從者四年而後畢也紀侯賢而齊侯滅之不言滅而曰大去其國者不使小人加乎君子不曰滅而曰大去其國蓋抑無道之強以優有道之弱若進止在已非齊所得滅也何休曰春秋楚世子商臣弑其君其後滅江六不言大去又大去者於齊滅之不明但知不使小人加乎君子而不言滅縱失襄公之惡反爲大去也鄭君釋之曰商臣弑其父大惡也不得但爲小人江六之君又無紀侯得民之賢不得變滅言大去也元年冬齊師遷紀三年紀季以酅入于齊今紀侯大去其國是足起齊滅之矣即以變滅言大去爲縱失襄公之惡是乃經也非傳也且春秋因事見義舍此以滅人爲罪者自多矣○縱子用反見賢編反舍音捨

【疏】注舍此至多矣　釋曰此是鄭難何休云縱失襄公之惡也言春秋有因事見義若不得不舍此以滅人爲罪也若僖五年晉人執虞公十九年梁亡之類是也

○六月乙丑齊侯葬紀伯姬外夫人不書葬此其書葬何也吾女也失國故隱而葬之隱痛也不曰卒而曰葬閔紀之亡也

疏 注曰葬至亡也　釋曰知非爲危者紀國已滅而齊葬之非復紀之臣子能葬故知閔之非爲危也又三十年八月癸亥葬紀叔姬傳曰日葬閔紀之亡也知此亦是閔之也不於卒閔之者葬者送終大事故也○秋七月○冬公及齊人狩于郜郜齊地○狩音獸郜古報反左氏作禚齊人者齊侯也其曰人何也卑公也何爲卑公之敵所以卑公也內無貶公之道何爲卑公也不復讎而怨不釋刺釋怨也○怨紆元反又紆願反後同刺七賜反

五年春王正月○夏夫人姜氏如齊師師而曰如衆也言師衆大如國故可以言如若言如齊侯則不可疏 傳師而曰如衆也　釋曰解經二年夫人姜氏會齊侯于禚四年夫人姜氏饗齊侯于祝丘不言如此言如齊師者言齊師衆大如國故可言如若指齊侯則於文不可言如齊侯也婦人既嫁不踰竟踰竟非禮也

（疏）傳不踰竟 釋曰復發傳者嫌師與國異也○秋郳黎來來朝黎來名也○郳五兮反國名黎郎兮反黎來郳君名朝直遥反郳國也黎來微國之君未爵命者也○冬公會齊人宋人陳人蔡人伐衛納惠公朔是齊侯宋公也其曰人何也人諸侯所以人公也其人公何也逆天王之命也王不欲立朔也（疏）傳是齊侯宋公 釋曰四國皆從此而獨言齊宋者齊爲兵主宋是大國則陳蔡亦從也

六年春王三月王人子突救衛徐邈曰諸侯不奉王命朔遂得篡正威屈辱有危故月也救衛於義善故重子突功不立故著其危（疏）注有危故月 釋曰日月之例見危者唯施於內今施之於外者范答薄氏云王者安危天下所繫故亦與內同也王人卑者也稱名貴之也何休以爲稱子則非名也鄭君釋之曰王人賤者錄則名可今以其銜命救衛故貴之貴之則子突

爲字可知明矣此名當爲字誤爾徐乾曰王人者卑者之稱也當直稱王人而已今以其能奉天子之命救衛而拒諸侯故加名以貴之僖八年公會王人齊侯是卑者之常稱○卑者之稱尺證反下常稱同

【疏】注鄭君至稱也　釋曰鄭荅何休云傳文稱名貴之者名當爲字則鄭玄以子突非名徐乾云故加名以貴之則子突非字二者不同者鄭意若以子突爲名則書名者乃士之常稱傳何以云貴之故知子突是字徐乾意稱人則王之卑者不合書名僖八年公會王人于洮是也今稱名即是貴之故二說不同或以爲突是名子是貴理亦通但注意以不然

善救衛也

【疏】傳善救衛也　釋曰計王者有伐無救而云善者嫌叛逆王命天子發之立其嗣子而遣師往救有存諸侯之功故曰善不可以大平之法格之

救者善則伐者不正矣○夏六月衛侯朔入于衛其不言伐衛納朔何也據九年伐齊納糾言納不逆天王之命也不與諸侯得絕王者之所絕入者內弗受也何用弗受也爲以王命絕之也朔之

名惡也朔入逆則出順矣朔出入名以王命絕之也【疏】傳朔入逆云云○釋曰朔出奔之時傳曰朔之名惡也此云順者謂此之入國爲順彼辟天子之召仍是惡也故稱名耳解此當文自相比朔入爲逆則出當爲順矣○秋公至自伐衛惡事不致此其致何也據襄九年時有穆姜之喪會諸侯伐鄭不致不致則無用見公之惡事之成也○見賢徧反○螟○螟亡丁反○冬齊人來歸衛寶以齊首之分惡於齊也使之如下齊而來我然惡戰則殺矣若衛言歸寶於齊過齊然後與我齊首其事則我與王人戰罪不差藏○分惡烏各反下同殺色界反舊色例反過古禾反差初賣反

七年春夫人姜氏會齊侯于防防魯地婦人不

會會非正也○夏四月辛卯昔恒星不見恒星者經星也經常也謂常列宿○昔如字或作昔同不見賢徧反下不音者同列宿夙又反下皆同〔疏〕注謂常列宿　釋曰周之四月夏之之二月常列宿者謂南方七宿也日入至於星出謂之昔不見者可以見也夜中星隕如雨如而也星既隕而復雨○隕云敏反復扶又反其隕也如雨是夜中與星既隕而雨必晦暝安知夜中乎○與音餘暝亡定反〔疏〕傳其隕云云　釋曰其隕如雨是夜中與謂星隕而天必晦暝何知是夜中乎春秋之意著以傳著疑以傳疑皆以實録故知夜中春秋著以傳著疑以傳疑明實録也傳傳直專反○中之幾也而曰夜中著焉爾幾微也星既隕而雨中微難知而曰夜中自以實著爾非億度而知○度徒各反〔疏〕中之幾也云著焉爾　釋曰謂雨晦暝幾微也中微難知而曰夜中者是事之著見焉爾非億度而知也何用

見其中也〔疏〕何用見其中也釋曰謂經以何事知其夜中者以失星變之始而録其已隕
之時揆度漏刻則已當夜中矣失變而録其時則夜中矣失星變之始而
録其已隕之時檢録漏刻以知夜中其不日恒星之隕何也〔疏〕其不至何也釋
曰解經上文云恒星不見下文其不曰恒星之隕者又自解
之我知恒星之不見而不知其隕者是何星故不得言之也
又解不言雨星而言隕星意言我見從上而隕又下接於地
則可以雨說之也今唯見其下不見其上故曰隕星又惣說
隕之與雨二者之別著於上見於上謂之雨著其直見於下
不見於上謂之隕豈雨說哉言不見在上故不可以雨說之
徐邈云著於上謂雲者上我知恒星之不見而不知其隕也
我見其隕而接於地者則是雨說也言我見從上來接於
下然後可言雨星今唯見在下故曰隕星○我見見音絢字注同雨于付反注同著於上見於
下謂之雨著於下不見於上謂之隕豈雨說

莊七年

哉解經不得言雨星而言隕星也鄭君曰衆星列宿諸侯之象不見者是諸侯棄天子禮義法度也劉向曰隕者象諸侯隕墜失其所也又中夜而隕者象不終其性命中道而落○見于下如字誠賢徧反不見賢徧反隊直類反○

秋大水高下有水災曰大水（疏）傳高下云云　釋曰復發傳者嫌大水無麥苗異於常故重發之○無麥苗麥苗同時也麥與黍稷之苗同時死○

冬夫人姜氏會齊侯于穀穀齊地婦人不會會非正也（疏）傳會非正也　釋曰再發傳者防是魯地穀是齊邑故重發之

八年春王正月師次于郎以俟陳人蔡人時陳蔡欲伐魯故出師以待之次止也俟待也甲午治兵出曰治兵習戰也入曰振旅習戰也振整也旅衆也（疏）傳習戰也　釋曰此治兵振旅皆云習戰者周禮仲秋教治兵仲春教振旅出入幼賤雖殊同是教戰之法故此傳二者皆以習戰言之

莊七年

公羊以治兵爲祠兵亦云其禮一也周禮仲秋教治兵此非秋亦云治兵者周禮四時講武故各立別名此據出師之事故雖春亦得以治兵爲名治兵而陳蔡不至矣兵事以嚴終以嚴整終事故敵人不至故曰善陳者不戰此之謂也善爲國者不師導之以德齊之以禮江熈曰鄰國望我歡若親戚何師之爲○陳直覲反下文皆同導徒報反下同善師者不陳師衆素嚴不須耀軍列陳江熈曰上兵伐謀何乃至陳善陳者不戰軍陳嚴整敵望而畏之莫敢戰善戰者不死投兵勝地故無死者江熈曰辟實攻虛則不死善死者不亡民盡其命無奔背散亡者也江熈曰見危授命義存君親雖沒猶存○盡津忍反背音佩

（疏）傳善爲至不亡釋曰善爲國者不師謂有明王者導之以德齊之以禮不起軍師而四海賓服則黃帝堯舜時是也善師者不陳若齊桓公伐楚不設行陳而服罪也善陳者不戰即此魯能嚴整終事而陳蔡不至也善戰者不死若文王伐崇因壘而崇自服也善死者不亡若柏舉之戰吳雖入楚父老致死還復楚國也此引文爲

證頗允傳文一准此解則與注少僻但舊有此說故今亦存之其注盡觀文則曉故不復煩釋○夏師及齊師圍郕郕降于齊師其曰降于齊師何不使齊師加威於郕也郕同姓之國而與齊伐之是用師之過也故使若齊無武功而郕自降○降户江反皆同○秋師還還者事未畢也遯也郕已降而以未畢爲文者蓋辟滅同姓之國示不卒其事○還音旋遯徒困反○冬十有一月癸未齊無知弑其君諸兒大夫弑其君以國氏者嫌也弑而代之也○兒如字一音五兮反

九年春齊人殺無知無知之挈失嫌也（疏）傳無知之挈失嫌也 釋曰重發之者月與不月地與不地之異故重發之稱人以殺大夫殺有罪也○挈苦結反○公及齊大夫盟于暨暨魯地○

暨其器反左氏作旣公不及大夫春秋之義內大夫可以會諸侯公不可以盟外大夫所以明尊卑定內外也今齊國無君要當任其盟者故不得不以權通大夫不名無君也禮君前臣名齊無君故大夫不名盟納子糾也不日其盟渝也變盟立小白○渝羊朱反當齊無君制在公矣當可納而不納故惡內也○惡烏路反下及注惡內皆同○夏公伐齊納糾不言子糾而直云糾者明盟繫在於魯故挈之也春秋於內公子爲大夫者乃記其奔子糾不爲大夫故不書其奔鄭忽既受命嗣位是以書其出然則重非嫡嗣官非大夫皆事例所畧故許叔蔡季小白季且通亦不書出○糾居黝反左氏作子糾嫡丁歷反重直龍反疏注不言至書出釋曰下文取子糾殺之稱子糾直云糾故解其意欲明繫在魯故挈之又解子糾不書出奔之意言內公子爲大夫者乃記其奔若閔二年公子慶父出奔莒是也子糾不書出是不爲大夫也當可納而不納齊變而後伐故乾時之戰不諱敗

莊八年九年

惡內也何休曰三年溺會齊師伐衛故貶而名之四年公及齊人狩于郜故卑之曰人今親納讎子反惡其晚恩義相違莫此之甚鄭君釋之曰於讎不復則怨不釋而魯釋怨屢會仇讎一貶其臣一卑其君亦足以責魯臣子其餘則同不復讎也至於伐齊納糾譏當可納而不納爾此自正義不當反也寧謂讎者無時而可與通縱納之遲晚又不能全保讎子何足以惡內乎然則乾時之戰不諱敗齊人取子糾殺之皆不迂其文正書其事內之大惡不待貶絕居然顯矣二十四年公如齊親迎亦其類也惡內之言傳或失之

○敗惡烏各反注同復扶又反迂音于一音紆又於武反迎魚敬反

疏注內之至亦其類也　釋曰范既不從傳文以為人惡又莊公親迎未是大罪而云亦其類者以公志父之仇而援舉兵動衆既不能殺為齊所敗是大惡也魯與齊為讎而公娶其女雖得親迎之常甚失結婚之義故云亦其類也

齊小白入于齊大夫出奔反以好曰歸成十四年衛孫林父自晉歸于衛是也以惡曰入齊公孫無知弒襄公公子糾公子小白不能存出亡子糾奔魯小白奔莒齊

人殺無知而迎公子糾於魯公子小白不讓公子糾先入又殺之于魯故曰齊小白入于齊惡之也○惡烏路反秋七月丁酉葬齊襄公諸公子爭立國亂故危之○八月庚申及齊師戰于乾時我師敗績不言及者主名內之卑者乾時齊地【疏】注內之卑者　釋曰桓十七年及齊師戰于郎注云公親帥之諱敗故不言公此亦云及知非公者彼傳云不言敗爲內諱也以其諱故知公也今經書敗傳又不釋之故知是內之卑者○九月齊人取子糾殺之言子糾若明其貴宜爲君【疏】注明其貴　釋曰公羊云其稱子糾何貴也其貴奈何宜爲君也是其貴故以子某稱之如子般子野之類也外不言取【疏】外不言取　釋曰取是內取故外不得言取今云取者惡內也一解外不言取者謂楚人殺徵舒鄝封丘不言取此雖是何休之義亦得通一家故并錄之言取病內也取易辭

也猶曰取其子糾而殺之云爾猶言自齊人之子糾今取而殺之言魯不能救護也○易以豉反十室之邑可以逃難百室之邑可以隱死以千乘之魯而不能存子糾以公爲病矣○難乃旦反下注同乘繩證反○冬浚洙浚洙者深洙也著力不足也畏齊難○浚音峻深也洙音殊杜預云水名

十年春王正月公敗齊師于長勺長勺魯地○勺時酌反不日疑戰也疑戰者言不剋日而戰以詐相襲疑戰而曰敗勝內也勝內謂勝在內○二月公侵宋（疏）二月公侵宋釋曰舊說以爲公與宿盟宋方病宿故公侵之若此則是公之無惡傳何惡公也公與宿盟經無其事爲宿侵宋尋無其文是舊說妄也隱元年盟於宿范以爲地是公不與宿盟也但不知何爲侵耳侵時此其月何也乃深其

怨於齊又退侵宋以衆其敵惡之故謹而月
之○惡烏路反○三月宋人遷宿遷亡辭也為人所遷則無復國
家故曰亡辭閔二年齊人遷陽亦是也○復扶富反下文及注同疏傳遷亡辭也○釋曰春秋言遷有二種之
例一表亡辭者此文是也二見存亡國者邢遷于夷儀是也
不於元年遷紀發傳者彼以紀侯賢下經變文以示義非正故
不發之遷陽不發從此省文也遷文三施例者此是亡辭之
始邢是復國之初許獨自不月故三發之也范略例云凡遷
有十亡遷有三者齊人遷陽宋人遷宿齊師遷紀是也好遷
有七者邢遷夷儀衞遷帝丘蔡遷州來許遷于葉許遷于夷
許遷白羽許遷容城是也餘遷皆月許四遷不月者以
其小略之如邑也遷紀不月者文承月下蒙之可知也其
不地宿不復見也國亡不復見經不言滅者言滅則弒其君滅其宗廟社稷就而有之
不遷其民見賢徧反○遷者猶未失其國家以往者也謂自
遷者僖元年邢迁于夷儀成十五年許迁于葉之類是也彼二傳曰遷者猶得其國家以往者也此傳云遷者猶未失其

國家以往互文也○葉舒涉反○夏六月齊師宋師次于郎次止也畏我也○公敗宋師于乘丘乘丘魯地○乘繩證反不日疑戰也疑戰而曰敗勝內也○秋九月荊敗蔡師于莘莘蔡地○莘所巾反以蔡侯獻武歸荊者楚也何爲謂之荊狄之也何爲狄之聖人立必後至天子弱必先叛故曰荊狄之也蔡侯何以名也據僖十五年秦獲晉侯不名○獻武本亦依左氏作舞絕之也何爲絕之獲也中國不言敗據宣十二年晉荀林父帥師及楚子戰于邲晉師敗績不言敗晉師○邲皮必反又扶必反一音弼敗績如字此其言敗何也中國不言敗蔡侯其見獲乎其言敗何也釋蔡侯之獲也

以歸猶愈乎執也爲中國諱見執故言以歸○爲于僞反○冬十月齊師滅譚譚子奔莒桓十一年鄭忽出奔衛傳曰其名失國也十六年衛侯朔出奔齊傳曰朔之名惡也然則出奔書名有二義譚子國滅不名盖無罪也凡書奔者責不死社稷不言出者國滅無所出也他皆放此疏注有二義○釋曰礼言失地名故鄭忽失國而名出傳曰朔之名惡也是衛侯爲惡而名故云有二義滅國無文故注又云譚子無名者無罪也雖無罪不名以其不能死社稷書奔是譏也

十有一年春王正月○夏五月戊寅公敗宋師于鄑鄑音咨○敗必邁反下及注同鄑子移反內事不言戰舉其大者其日成敗之也結日列陳不以詐相襲得敗師之道故曰成也○列陳直覲反宋萬之獲也疏傳宋萬之獲也○釋曰傳言獲宋萬而經不書者此時尚卑故不書及閔爲卿始弑君是故書之雖書以新升爲卿未賜族故經不言氏傳以爲宋之卑者是也○秋宋大水

外災不書，此何以書？王者之後也。高下有水災曰大水。疏傳高下云云。釋曰：重發傳者，嫌外災與內異也。○冬，王姬歸于齊。其志，過我也。○過，古禾反。

十有二年春王三月，紀叔姬歸于酅。酅，紀邑也。紀季所用入于齊者。紀國既滅，故歸酅。國而曰歸，此邑也。其曰歸，何也？吾女也，失國，喜得其所，故言歸焉爾。江熙曰：四年齊滅紀，不言滅而言大去者，義有所見爾，則國滅也。叔姬來歸不書，非歸寧，且非大歸也。叔姬守節積有年矣，紀季雖以酅入于齊，不敢懷貳，然襄公豺狼，未可闇信，桓公既立，德行方宣於天下，是以叔姬歸于酅，魯喜其女得申其志。○見，賢徧反。豺，仕皆反。行，下孟反。○夏四月。○秋八月甲午，宋萬弒其君捷。捷，宋閔公。宋萬，宋之卑者也。疏傳宋之卑者。釋曰：傳言宋之卑者解不稱氏之意與宋督同別於無知祝吁也卑者以國氏及其大夫仇牧以尊及卑也仇牧閑也仇牧扞衛其君故見殺也桓二年傳曰皆既死君不忍稱其名今仇牧書名則知宋君先弒○仇牧音目悍曷旦反

疏 傳仇牧閑也 釋曰後發傳者孔父先君死發傳以明閑此則後君死故又發傳荀息雖同後死之例但仇牧是卑者所殺荀息爲尊卿殺之故又發傳也○

冬十月宋萬出奔陳宋以不討賊致令得奔故譏而月之○令力呈反

疏 注宋以至月之 釋曰無知八年冬弒君九年春始被殺經不書月此宋萬八月弒君十月出奔而云以不討賊故譏而月之者以祝吁書月傳云譏之則此書月亦是譏之可知也然則無知既經三月齊人殺得之故直書時此宋人不能即討令得奔故譏而月之

十有三年春齊人宋人陳人蔡人邾人會于北杏北杏齊地

疏 會于北杏 釋曰鄭釋廢疾數九會則以柯之明年爲始此今數衣裳則通言北杏

之會二說不同者鄭以孔子云九合諸侯北杏之會經無諸
侯之文故不數之范以傳文直云衣裳之會不論諸侯多少
北杏傳云齊宋公也故并以北杏數之范亦以
傳云[illegible]會[illegible]一貞[illegible]會四故与鄭不同
是齊侯
宋公也其曰人何也始疑之何疑焉桓非受
命之伯也將以事授之者也言諸侯將此時推齊侯使行此事曰
可矣乎未乎邵曰疑齊桓[illegible]諸侯推之使同雖非受命之伯以為伯乎未也舉人衆之
辭也稱人言非王天命衆授之以事〔疏〕舉人衆之辭也釋曰經不書某侯云某人某人者是衆授之
辭也經以衆授為文明非王命是未[illegible]未乎之意也
○夏六月齊人滅
遂遂國也其不日微國也○秋七月○冬
會齊侯盟于柯柯齊地○柯古河反曹劌之盟也信齊侯
也曹劌之盟經傳無文蓋有信者也公羊傳曰要盟可犯而桓公不欺曹子可讎而桓公不怨桓公之信著於天

下自柯之盟始○劌居衛反要盟於遥反（疏）注曹劌云云 釋曰傳云曹劌之盟也而注云經傳無文者謂曹劌與齊侯盟爲信之事穀梁經傳不說也注又云葢有信者也故即引公羊桓公爲信之事以結之一解云經傳無文者不如公羊具說劌盟之狀也與前解少異耳大旨亦同要盟可犯而桓公不欺曹子手劍劫齊侯共盟使歸汶陽之田而齊侯終亦還之是也曹子可讎而桓公不怨謂以臣劫君是可讎也桓公終不罪曹子是不怨也**桓盟雖内與不日信也**公盟例日外諸侯盟例不日桓大信遠者故雖公與盟猶不日○與音預注同

十有四年春齊人陳人曹人伐宋（疏）傳齊人至伐宋 釋曰蓋同左氏背北杏會故也○**夏單伯會伐宋會事之成也**伐事已成單伯乃至○單音善（疏）傳會事之成也 釋曰此解經言會伐宋之意以諸侯伐事已成而單伯始至故云會伐宋○**秋七月荊入蔡荊者楚也其曰荊何州舉之也**（疏）傳州舉之也 釋曰糜信云楚子貪淫爲息嬀滅蔡故州舉之是取左傳

之説非也十年傳云聖人立必後至天子弱必先叛故曰荆狄之也則此亦與彼同耳州不如國言荆
不如言楚國不如名言楚不如言介葛盧○介音界名不如字言介葛盧不如
言邾儀父○冬單伯會齊侯宋公衞侯鄭伯于鄄鄄衞
地○鄄音絹復同會也諸侯欲推桓以爲伯故復同會于此以謀之○復扶又反
十有五年春齊侯宋公陳侯衞侯鄭伯會于
鄄復同會也爲欲推桓爲伯故復會於此○復扶又反爲欲于僞反疏傳復同會也
釋曰重發傳者諸侯至此方信齊桓故更發之也○夏夫人姜氏如齊婦人
既嫁不踰竟踰竟非禮也疏傳踰竟非禮也釋曰重發之者此
非淫恐異故發傳同之○秋宋人齊人邾人伐郳宋主兵故序齊上也
班序上下以國大小爲次夷狄在下征伐則以主兵爲先春秋之常也他皆放此○鄭人侵宋

○冬十月

十有六年春王正月。○夏宋人齊人衛人伐鄭。○秋荊伐鄭。○冬十有二月會齊侯宋公陳侯衛侯鄭伯許男曹伯滑伯滕子同盟于幽幽宋地。○滑于八反同者有同也同尊周也疏傳同者至周也釋曰公羊傳云同盟者加同欲也左傳云同盟于幽鄭成也此云同盟者同尊周也見三傳意各異也所謂同尊周也者諸侯推桓爲伯使翼戴天子即是尊周之事不言公外內寮一疑之也十三年春會于北杏諸侯俱疑齊桓非受命之伯欲共以事推之可乎今于此年諸侯同共推桓而魯與齊雖外內同一疑公可事齊不會不書公以著疑焉同官爲寮謂諸侯也至二十七年同盟于幽遂伯齊侯。○寮一力彫反疏傳不言至之也釋曰舊解謂會于北杏不言諸侯是外疑也今此會不言公是內疑之也自此以後外內不復疑之故曰一疑也直據傳文事欲似然推尋范注必不得爾何者注云外內同一疑公可事齊不會不書公以著疑焉何指北杏與此爲一疑也故今更别說言此會公實與之而經不言公者外內寮一疑之寮謂諸侯也言外內諸侯同一疑公不知可事齊乎不可事齊乎故去公以著疑也云外內者諸侯之國或遠或近故以外內揔之也若然十三年公會齊侯盟于柯所以云公者彼柯盟曹劌要齊歸魯汶陽之田非事齊之事縱與之盟不足爲恥也此幽盟欲推齊爲伯與共尊事之魯既與齊爲讎又內外一疑故經不言公以示意也○**郳子克卒其曰子進之也**附齊而尊周室王命進其爵

十有七年春齊人執鄭詹人者衆辭也以人執與之辭也與令得執○詹者廉反令力呈反**鄭詹鄭之卑者**

疏傳齊人至卑者　釋曰稱人者衆所欲之辭故云與之謂與齊得執也知鄭詹是鄭之卑者大夫卑者以國氏今經直云鄭詹故知卑者也然則卑者可知而重發傳者嫌有罪去氏也知非有罪去氏者外大夫身有罪例不去氏即

祭仲之類是也宛所以去氏者爲貶鄭伯也 畀者不志此其志何也以其逃來志之也逃來則何志焉將有其末不得不錄其本也末謂逃來 鄭詹鄭之佞人也◎佞乃定反 ○夏齊人殲于遂殲者盡也然則何爲不言遂人盡齊人也無遂之辭也無遂則何爲言遂其猶存遂也以其能殺齊戍故若遂之存殲子廉反盡也遂人盡齊人絶句 ○存遂奈何曰齊人滅遂使人戍之遂之因氏飲戍者酒而殺之齊人殲焉此謂狎敵也狎猶輕也○飲於鴆反狎户甲反 ○秋鄭詹自齊逃來逃義曰逃齊稱人以執是執有罪也執得其罪故曰義也今而逃之是逃義也 ○冬多麋京房易傳曰廢正作淫爲

火不明則國多虁○虁亡悲反疏注京房云云　釋曰火不明者謂五行與五事五常相配則視與禮同配南方言火不明猶言視與禮不明也

十有八年春王三月日有食之不言日不言朔夜食也何以知其夜食也曰王者朝日王制曰天子玄冕而朝日於東門之外故曰始出而有虧傷之處是以知其夜食也何休曰春秋不言月食日者以其無形故闕疑其夜食何緣書乎鄭君釋之曰一日一夜合爲一日今朔日日始出其食虧傷之處未復故知此的以夜食夜食則亦屬前月之晦故穀梁子不以爲疑○朝直遥反處昌慮反疏注王制至夜食　釋曰此是禮記玉藻文而云王制者謂王者之法制非謂王制之篇也此皆事而輒言天子朝日者言王者朝日所以顯諸侯朝朔也天子朝日於東門之外服玄冕其諸侯則玉藻云皮弁以聽朔於太廟與天子禮異其禮雖異皆早旦行事而昨夜有虧傷之處尚存故知夜食也徐邈云夜食則星無光張靖策廢疾云立八尺之木不見其影並與范意異也故雖爲天

子必有尊也貴爲諸侯必有長也故天子朝日諸侯朝朔○長丁丈反○夏公追戎于濟西其不言戎之伐我何也以公之追之不使戎邇於我也邇猶近也不使戎得過近於我故昔入竟望風退走○儕子禮反濟水名邇如字邇近也一本作介音界亦近也竟音境于濟西者大之也何大焉爲公之追之也言戎狄遠來至濟西必人有徒衆以公自追之知其審然○爲于僞反○秋有蜮蜮短狐也蓋含沙射人京房易傳曰忠臣進善君不識厥咎國生蜮○蜮本亦作蟈音或短狐本草謂之射工射人食亦反下文同【疏】傳秋有蜮　釋曰洪範五行傳云蜮如鱉三足生於南越南越婦人多淫故其地多蜮也陸機毛詩義疏云蜮短狐一名射影在江淮水中人在岸上影見水中投人影則殺之故曰射影或謂含沙射人入人皮肌其瘡如疥范引京房易傳則與五行傳說異又云蓋含沙射人則與陸機說或同也一有一亡曰有蜮射人

者也○亡音無又如字疏傳一有一亡曰有南越所生是也一亡魯國無是也今釋曰舊解一有以為一有一亡曰有者謂或有有時或有無時言不常也故書曰有若螟螽之類是常有之物不言有也上十七年云多麋者獸之常獸是歲偏多故書多也螟螽不言多者螟螽是微細之物不可以數言之故不言多也又毎年常有不得言有也所以異於蜚蜮螽與麋也○冬十月

監本附音春秋穀梁註疏莊公卷第五

書名	春秋穀梁注疏（第貳冊）共肆冊
刊寫時代	宋刊本
裝式	線裝
卷數	卷陸之拾
葉數	捌拾伍葉
行格	半葉拾行行拾柒字小字雙行行貳拾叁字
高廣	高陸寸壹分廣捌寸貳分
邊口	左右雙線黑口第一魚尾下標谷亮幾第二魚尾下標葉數
印章	首尾有本館印
其他標識及狀況	簽耳題某若干年 桓字缺筆
覆查加注	

檢查者 吳德亮

覆查者

中華民國十三年三月二十八日

監本春秋穀梁註疏莊公卷第六 十九年至三十二年盡閔二年

范甯集解

十有九年○傳本或分此以下為莊公與閔公同卷 春王正月○夏四月○秋公子結媵陳人之婦于鄄遂及齊侯宋公盟媵淺事也不志此其志何也辟要盟也魯實使公子結要二國之盟欲自託於大國未審得盟與不故以媵婦為名得盟則盟不則止此行有辭也○媵以證反又繩證反爾雅云送也要於遙反注同

疏 傳辟要盟也 釋曰文十六年季孫行父會齊侯于陽穀齊侯弗及盟此若齊宋不許亦當云弗及盟而云辟要盟也者彼以行父失辭又無媵事故云弗及盟此有媵事若齊宋不許則直書媵事而已故云辟要盟也

何以見其辟要盟也媵禮之輕者也盟國之重也以輕事遂乎國重無說

以輕遂重無他異說故知辟要盟耳○見賢徧反其曰陳人之婦略之也但爲遂事假録媵事耳故略言陳人之婦不斥其主名○爲于僞反疏注但爲至主名　釋曰假録媵事者媵是小事不合書經今既書之故云假非謂無媵事也不斥其主名者謂不言陳侯夫人而云陳人之婦是不斥其主名也其不日數渝惡之也○數音朔惡烏路反疏傳數渝惡之也　釋曰數疾也謂秋共盟冬而見伐變盟之疾故不書日以惡之也或以爲數渝爲今冬伐我西鄙明年齊又伐我故云數理亦通也○夫人姜氏如莒婦人既嫁不踰竟踰竟非正也疏傳不踰竟　釋曰重發傳者嫌此適異國恐別故發傳以同之○冬齊人宋人陳人伐我西鄙其曰鄙遠之也其遠之何也不以難邇我國也○難乃旦反邇如字本又作介音界

二十年春王二月夫人姜氏如莒夫人比年如莒過而不改

無禮尤甚故謹而月之○莒音舉婦人既嫁不踰竟踰竟非正也○竟音境（疏）傳不踰竟釋曰重發傳者此再如莒失禮之甚故詳之○夏齊大災其志以甚也外災不志甚謂災及人也外災例時（疏）傳其志以甚也釋曰范例云災有十二內則書日外則書時國曰災邑曰火內則書日新宮御廩之類是也其外則時者則宋大水齊大災之等是也昭十八年不書時以四國同日故也其外災志者皆發傳故十一年宋大水傳曰王者之後也襄九年宋災嫌火與水異傳曰故宋也宣十六年成周宣榭災傳曰以樂器所藏目之也此書齊大災傳曰其志以甚也昭十八年宋衛陳鄭災傳曰其志以同日也其九年陳火傳曰閔陳而存之也是也○秋七月○冬齊人伐我

二十有一年春王正月○夏五月辛酉鄭伯突卒○秋七月戊戌夫人姜氏薨婦人弗目也鄭嗣曰弗目謂不目言其地也婦人無外事居有常所故薨不書地僖元年傳曰夫人薨不地此言弗目蓋互

辭尒定九年得寶玉大弓傳曰弗目羞也蓋此類也江熙曰文姜有弑公之逆而弗目其罪○弗目謂不顯自文姜薨所也一曰弗目其罪【疏】傳婦人弗目也 釋曰隱二年夫人子氏薨著不地之例此復發傳者嫌有罪去地故發之也不曰夫人而言婦人者以文姜失夫人之道以經書薨傳以婦人言之或是經無變文蓋傳通言之無異意也注弗目其罪 釋曰江熙云不目其罪者謂稱夫人薨與常例不異是也

○冬十有二月葬鄭厲公

二十有二年春王正月肆大眚肆失也眚災也易稱赦過宥罪書稱眚災肆赦經稱肆大眚皆放赦罪人蕩滌衆故有時而用之非經國之常制○肆音四眚所景反宥音又滌音狄【疏】注易稱云云 釋曰肆失也眚災也言肆失眚者謂放失大罪惡災猶罪惡也言放失大罪惡明小惡亦赦之也易稱赦過宥罪者解卦辭也象曰雷雨作解君子以赦過宥罪解卦坎下震上震爲雷坎爲雨雷動雨下而萬物解散故君子以此卦象而放赦罪人書稱眚災肆赦舜典文孔安國云眚過災害肆緩也過而有害

當緩赦之此傳云肆失也則亦緩之類以經稱肆大眚故以
眚爲災也尚書眚災肆赦故孔氏以眚爲過其大意亦不異
也○注蕩滌衆故　釋曰傳爲嫌天子之葬也者二事相須
注以肆大眚不可特爲夫人故云蕩滌衆故傳意原魯所以
肆大眚者爲嫌天子之
葬也故注與傳兩言之
災紀也失故也
災謂罪惡紀治
理也有罪當治
理之今失之者
以文姜之故
爲嫌天子之葬也
文姜罪應誅絕誅
絕之罪不葬若不
赦除衆惡而書葬者嫌天子許之○
明須赦而後得葬○爲于僞反
癸丑葬我小君文姜小君非君也
不治
自民
其曰君何也以其爲公配可以言小君也○陳殺其公子禦寇
禦寇
宣公
之子○禦魚
呂反又作御
言公子而不言大夫公子未命爲大夫也其曰公子何也公子之重視大夫
視
此
命以執公子
大夫既命得執公子之禮
一本大夫命以視公子
○夏五月
以
五

月首時甯所未詳【疏】傳夏五月釋曰何休云譏莊公娶讎女不可以事先祖猶五月不宜以首時杜預云莊公獨稱夏五月者以錄謬誤也范以二者皆無憑據故云甯所未詳也○秋七月丙申及齊高傒盟于防不言公高傒伉也書日則公盟也高傒驕伉與公敵躰恥之故不書公○傒音奚伉苦浪反【疏】注書日至書公釋曰微者盟例不日及宋人盟于宿是也此既書日明公在可知知非微者若微者則與高傒敵何以直言及故知非卿也公及莒人盟于包來言公者彼稱人是舉國之辭故可以言公此若云公及高傒則高傒得敵公故不言公也公會楚公子嬰齊不沒公者彼以前驕伉後服罪故不去公以見別意也○冬公如齊納幣納幣大夫之事也禮有納采采擇女之德性也其禮用鴈為贄者取順陰陽往來○贄音至有問名問女名而卜之知吉凶也其禮如納采有納徵徵成也納幣以成婚【疏】傳有納徵釋曰此傳釋諸侯不云納幣而云納徵者以士婚禮有納徵之文欲明用幣雖異而禮同也有告期告迎期○迎魚敬四者備

廿二年

【疏】傳四者備　釋曰上婚禮下達之後有納采問名納吉納徵請期親迎六禮此傳不云納吉者直舉四者足以譏公故畧納吉不言之或以為諸侯與士禮異者非也

而後娶禮也公之親納幣非禮也

【疏】傳納幣非禮也　釋曰納幣非禮是譏喪娶而注公傳無譏文者傳上云公之親納幣非禮不云喪娶之事故云無譏文也然宣元年服夫人去氏此則全無譏者彼以夫人不能以禮自固故與有服仍未是服公之事故彼注云不譏喪娶者不待服絕而罪惡自見是也

故譏之

公母喪未再朞而圖婚傳無譏文但譏親納幣者喪婚不待服絕而罪惡見○見賢徧反

二十有三年春公至自齊

【疏】傳公至自齊　釋曰二十七年傳云桓會不致此與下文觀社皆書公至自齊者公羊傳云桓會不致此何以致危之也徐邈亦云不以禮行故致以見危范此雖無注下云公怠棄國政比行犯禮憂危甚矣則亦以二者為憂危致之也若然定八年傳稱致月危致也下傳云致月有懼焉爾此若致以見危所以不月者以二者皆非禮而行不假書月危懼可知傳以危而不月嫌與例乖故發傳詳

之或以爲二者皆非禮之行與好會異故致之非是見危理亦通也○祭叔來聘祭叔天子寰內諸侯叔名○祭側界反寰音縣又音環

疏傳祭叔來聘釋曰范云祭叔天子寰內諸侯叔名則范意將此祭叔與隱元年祭伯同是畿內諸侯而此云來聘彼傳責其不稱朝者祭伯者祭國伯爵也寰內諸侯時不爲王之卿大夫欲外交鄰好而來通魯以其無王命故不得言聘不仕王朝故得責其不稱朝也今祭叔見是天子大夫而恣意任情欲外接諸侯雖請王命非王本心故不稱使見其擅命言聘表其請王猶左氏公子翬強請故得書經而去其族也案隱元年注云祭伯畿內大夫有采地者旣有采地則似祭伯亦仕王朝者以祭伯本爲入仕王朝故畿內授地今雖不仕亦得以大夫言之或以爲祭叔亦無王命以是天子大夫假王命而不魯受其聘故得書聘以本非王命故不稱使也祭伯雖是天子御大夫欲同諸侯之例而來朝魯以不奉王命故不得稱聘寰內諸侯不合外交故亦不得云朝是亦得通一家也徐邈云祭叔爲祭公使則徐意以祭叔爲祭之大夫也范以叔爲名似同徐說但舊解不然故今亦同之

其不言使何也天子之內臣也不正其外交故不

與使也何休曰南季宰渠伯糾家父宰周公來聘皆稱使獨于此奪之何也鄭君釋之曰諸稱使者是奉王命其人無自來之意今祭叔不一心於王而欲外交不得王命來故去使以見之○去起呂反見賢徧反夏公

如齊觀社常事曰視視朔是也非常曰觀疏傳非常曰觀 釋曰復發傳者嫌觀魚觀社異故發之也春秋之例常事不書視朔既書而范云常事謂視朔者視朔之禮實是常事但公廢之即為非常故書之觀無事之辭也言無朝會之事○朝直遙反下同以是

為尸女也尸主也主為女往爾以觀社為辭○主為于偽反無事不出竟

公至自齊公如陳公行例往時正也正謂無危懼也皆放此致

月故也如往月致月有懼焉爾○荊人來聘

善累而後進之其曰人何也舉道不待再聘明

聞之禮朝宗之道非夷狄之所能故一舉而進之疏傳善累云云 釋曰不言楚人而云荊人者傳稱州不若

國楚既新進若稱國繫人嫌其大褒故直舉州稱人言聘以進之○公及齊侯遇于穀
及者內爲志焉爾【疏】傳內爲志焉爾　釋曰重發傳者公爲淫如齊嫌異於常故重發之
遇者志相得也○蕭叔朝公【疏】傳蕭叔朝公　釋曰書名者附庸常例儀父稱字傳言貴之此傳直云微國不言貴之則叔名也重發傳者嫌名字異故也微國
之君未爵命者其不言來於外也言於穀朝公也朝
於廟正也於外非正也○秋丹桓宮楹楹柱禮
天子諸侯黝堊黝堊黑色○黝於糾反又於柳反注同堊烏路反又烏各反范云黝堊黑色等黝黑也堊白土【疏】注黝堊黑色　釋曰徐邈云黝黑柱也堊白壁也謂白壁而黑柱今范同以黝堊爲黑色者以此傳爲丹楹而發何得有壁事而在其間故同爲黑色也大夫倉士黈黈黃色○黈他苟反黃色也麋氏云張斗反
丹楹非禮也○冬十有一月曹伯射

莊二十三年

姑卒○射音亦本或作亦○十有二月甲寅公會齊侯盟于扈桓盟不日此盟日者前公如齊觀社傳曰觀無事之辭以是爲尸女也公怠棄國政比行犯禮憂危甚矣霸主降心親與之盟實有弘濟之功而魯得免於罪臣子所憂莫重於此時事所重文亦宜詳故特謹日以著之○扈音戶

疏注桓盟至著之　釋曰公羊傳云桓盟不日此何以日危之也今范知喜得霸主之盟故詳而日之者傳雖有桓盟不日信之文亦有不日数偷惡之事又葵丘以美齊桓而書日故知此間書日喜霸者與盟也此時齊桓威德既盛與公結盟實有弘濟之功向得爲有危事故范以臣子所憂文亦宜詳也

二十有四年春王三月刻桓宮桷禮天子之桷斲之礱之加密石焉以細石磨之○刻音古桷音角榱也方曰桷圓曰椽斲丁角反削也礱之力公反磨之諸侯之桷斲之礱之大夫斲之士斲本刻桷非正也夫人所以崇宗廟也取

非禮與非正而加之於宗廟以飾夫人非正也非禮謂娶讎女非正謂刻桷丹楹也本非宗廟之宜故曰加言將親迎欲爲夫人飾又非正也○迎魚敬反下皆同疏注又非正也釋曰娶讎女刻桷兩事俱非故曰又也或以爲又者并謂崇飾夫人理亦通也所以不直言非禮云又非正者明莊有一種之惡故非禮非正兩舉之也刻桓宮桷丹桓宮楹斥言桓宮以惡莊也不言新宮而謂之桓宮以桓見殺於齊而飾其宗廟以榮讎國之女惡莊不子○惡烏路反下同疏注不言新宮釋曰新宮宣公之宮以是禰宮不忍斥之故謂之新宮今惡莊公不子故斥言桓宮以見非正也○葬曹莊公○夏公如齊逆女親迎恒事也不志疏傳親迎至不志釋曰文四年傳云其不言公何也非成禮於齊也似不成禮於齊即合志而出云常事不志者彼亦是非禮而書就書之中更自別見言逆婦既書於經所以不云公者爲成禮於齊故變文與莊公異也此其志何也不正其親迎於

齊也。秋公至自齊迎者行見諸舍見諸諸之

此言瞻望于夫人乘車。○乘繩證反先至非正也。八月丁丑夫人

姜氏入哀姜入者內弗受也（疏）傳入者內弗受也釋曰重發傳者嫌

夫人與公異例異故也日入惡入者也何用不受也以宗廟

弗受也其以宗廟弗受何也娶仇人子弟以

薦舍於前其義不可受也薦進舍置。○惡入烏路反一音如字戊

寅大夫宗婦覿用幣宗婦同宗大夫之婦。○覿徒歷反見也（疏）傳覿用幣

釋曰舊解不言日者略之也覿覿者私事大夫公然行之故言覿

以明其私也見者公行之禮故會于洮臨云不見公傳曰可以見

公而不見譏在諸侯也是覿與見別也今以為不然者三傳

之文並不云覿見事別何得言私為覿正為見乎恐別有案

據遂存之以示疑耳覿見也禮大夫不見夫人（疏）傳大夫不見夫

人　釋曰既云不見夫人又說男子之贄者更釋用幣非禮之意也言男子之贄羔鴈之等婦人之贄棗栗之類欲見俱不得用幣

不言及不正其行婦道故列數之也男子之贄羔鴈雉腒贄所以至者也上大夫用羔取其從羣帥而不黨也下大夫用鴈取其知時飛翔有行列也士冬用雉夏用腒取其耿介交有時別有倫也腒腊也雉必用死為其不可生服也夏用腒備腐臭也○數色主反腒其居反腊也乾雉也士夏執之備腐臭也說文云北方謂鳥腊曰腒傳曰堯腊舜始腒別彼列反為其于僞反腐符甫反

婦人之贄棗栗鍛脩棗取其早自矜莊栗取其敬栗鍛脩取斷自脩整○鍛丁亂反脯也鍛而加薑桂曰脩脩飭本或作勑同恥力反一本作飾申職反或作整音征領反

用幣非禮也用者不宜用者也大夫國體也國體謂爲君股肱○股音古肱古弘反

而行婦道惡之故謹而日之也○惡烏路反

大水○冬戎侵曹曹羈出奔陳〈䟽〉

莊二十四年

覊曹覊出奔陳　釋曰公羊以爲曹覊是曹大夫三諫不從而去之也杜預注左傳以爲覊是曹之世子也雖無傳案下二十六年傳意則與公羊同也

赤歸于曹郭公（疏）傳赤歸于曹郭公　釋曰薄氏駁云赤若是諸侯不能治國舍而歸曹應謂之奔何以詭例言歸乎徐乾又云不言郭公疑是曹之微者若是微者則例不書何得以微者爲譬二事俱滯不如從之者凡諸侯出奔其國者或爲人所滅或畏偪強臣迫逐苟免然後書出今郭公在國不被迫逐往曹事等如歸故以易辭言之不得云出奔也凡內大夫未得命者例但書名若使赤有名而無所繫則文同俠等故又云郭公也徐乾之說理通故范引而從之

赤蓋郭公也何爲名也禮諸侯無外歸之義外歸非正也　徐乾曰郭公郭國之君也名赤蓋不能治其國舍而歸于曹君爲社稷之主承宗廟之重不能安之而外歸他國故但書名以非而懲之○下直言赤復云郭公者恐不知赤者是誰將告魯之微者故也以郭公著上者則是諸侯失國之例是無以見微之義○覊是宜反郭公左氏如字公羊音號古音捨懲直升反復扶又反○者張慮反下張畧反見賢遍反

二十有五年春陳侯使女叔來聘女氏叔字○女音汝其不名何也據成三年晉侯使荀庚來聘稱名天子之命大夫也

疏傳天子之命大夫也 釋曰言命大夫即是單伯之等故知叔是字以祭仲傳無文釋故知仲是字也

夏五月癸丑衛侯朔卒惠公也犯逆失德故不書葬○六月辛未朔日有食之言日言朔食正朔也鼓用牲于社鼓禮也用牲非禮也天子救日置五麾陳五兵五鼓麾旌幡也五兵矛戟鉞楯弓矢○麾毀皮反幡芳元反矛亡侯反鉞音越楯時準反又音允諸侯置三麾陳三鼓三兵大夫擊門士擊柝言充其陽也柝有聲皆陽事以厭陰氣柝兩木相擊充實也○柝他洛反厭於甲反又於涉反

疏傳鼓用至陽也 釋曰案范三十年注云救日用牲既失之[illegible]正陽之月而又伐鼓亦非禮今伐

莊二十四年二十五年

鼓於建巳之月故曰禮也用牲非常故云非禮也五麾者麋信云各以方色之旗置之五處也五兵者徐邈云矛在東戟在南鉞在西楯在北弓矢在中央麋信與范數五兵與之同是相傳說也五鼓者麋信徐邈並云東方青鼓南方赤鼓西方白鼓北方黑鼓中央黃鼓案五兵兵有五種未審五鼓是一鼓有五色爲當五種之鼓也何者周禮有六鼓雷鼓靈鼓路鼓鼖鼓鼛鼓晉鼓之等若以爲五種之鼓則不知六鼓之内竟去何鼓若以爲一種之鼓則不知六鼓之内竟取何鼓又周禮云雷鼓鼓神祀則以救日之鼓用雷鼓但此用之於社周禮又云靈鼓鼓社稷祭則又似救日食之鼓用靈鼓進退有疑不敢是正故直述之而已檢麋徐兩家之說則以五鼓者非六鼓之類別用方色鼓而已諸侯三者則云降殺以兩去黑黄二色是非六鼓之類也下云大夫擊門士擊柝則此陳五鼓亦擊之也但擊之時陳列於社之塋域因五兵五麾是陳故亦以陳言之非謂直陳而不擊也○伯姬歸于杞其不言逆何也逆之道微（疏）傳逆之道微　釋曰重發傳者紀[illegible]姬釋不稱使之微此解不言逆之[illegible]故別發傳無足道焉爾○秋大水鼓用牲于社于

門（門國門也）高下有水災曰大水既戒鼓而駭衆

用牲可以已矣救日以鼓兵救水以鼓衆（疏）傳高下云云　經曰重發之者此有用牲之失嫌異常求故更發之既戒鼓與駭衆者謂既警戒擊鼓而駭動衆人則用牲可以已矣知不合用牲者用者不宜用故知不合也又云救日以鼓兵者謂伐鼓以責陰陳兵示禦侮救水以鼓衆者謂擊鼓聚衆也皆所以發陽也

（）冬公子友如陳

二十有六年春公伐戎○夏公至自伐戎○

曹殺其大夫言大夫而不稱名姓無命大夫

也無命大夫而曰大夫賢也爲曹羈崇也（徐邈曰于時微國衰陵不能及禮其大夫降班失位下同於士故畧備人而傳謂之無命大夫也莒慶莒挐邾庶其邾快皆特以事書非賢能貴故略名而已楚雖荊蠻漸自通于諸夏故莊二十三年書荊人來聘文九年又褒而書名國轉彊大書

之義詳然當僖公文公之世楚猶未能自同于列國故名從臣及振亟畧名惟屈完來會諸侯以殊禮成之楚莊王之興盛江漢盟主與諸夏之君權行抗禮其勢彊于當年而事交於內外故春秋書之遂從小國之例夫政俗隆替存乎其人三后之姓以先具序而諸國東間與之代興因詳畧之文則可以見時事之實矣秦爵伯也上據西周班列中夏故得稱師有大夫其大夫當名氏而文十二年秦術略名蓋于時晉主魯盟而秦方敵晉則魯之于秦情好疏矣禮以飾情情疏則禮略春秋所以略文乎又吳札不書氏以成尊于上也宋之盟叔孫豹不書氏以著其能恭此皆因事而為義○為曹子為反挈女居反又女加反抉苦决反諸夏戶雅反下同屈君勿反情好呼報反

（疏）傳為曹羈崇也釋曰薄氏駁曰曹羈出奔經無歸勲曹自殺大夫何以知是羈也又云術之名為晉敗秦然楚亦敵晉何以不略而貶之又此注雖多未足通崇之義徒引證據何益於此哉范答之曰羈曹之賢大夫也曹伯不用其言乃使出奔他國終於受戮故君子賢之書殺其大夫即是崇賢抑不肖之義也案大夫出奔或書出不書入秦后子是也或書入不書出蔡季是也史有闕漏非是一般何得以無歸之文則怪其非羈也秦以亦疏之故而略其臣楚與諸夏會同所以不畧也是范氏論崇曹羈之

事也曹羈三諫不從者是公羊之説也○注徐邈云言爲義

釋曰莒慶莒挐邾庶其邾快皆特以事書者謂莒慶來逆女莒挐爲魯所獲庶其邾快來奔於魯故書以著罪是皆以事書之非能貴也秦稱師者僖二十八年城濮之戰是也亦既稱師明當有大夫而秦術無氏故知春秋所畧也又云吴札不書氏以成尊於上者襄二十九年傳文謂進吴稱子許夷狄者不壹而足不可復進其臣不書季札之氏所以成尊於上也叔孫豹不書氏以著其恭者襄二十七年傳文彼傳以湨梁之會諸侯在而不曰諸侯大夫大夫之臣也意趙武恥之豹云者恭也是其恭故不書氏以見意也○秋

公會宋人齊人伐徐○冬十有二月癸亥朔日有食之

二十有七年春公會杞伯姬于洮伯姬莊公女洮魯地○洮他刀反本或作桃○夏六月公會齊侯宋公陳侯鄭伯同盟于幽同者有同也同尊周也疏傳同者云云

釋曰同尊周也復發傳者前同盟于幽諸侯尚有疑者今以內同心推桓為伯得專征伐之任成九合之功故傳詳其事也

於是而後授之諸侯也其授之諸侯何也齊侯得眾也桓會不致安之也桓盟不日信之也信其信仁其仁

疏傳信其信仁其仁　釋曰謂諸侯信齊桓之信仁齊桓之仁下文未嘗有歃血之盟是其信也未嘗有大戰是其仁也衣裳之會十有一者謂從此杏至葵丘也論語稱九合諸侯者貫與陽穀二會管仲不欲故去之自外唯九合也兵車之會四者洮鹹牡丘淮也不數侵蔡伐楚者以二者征伐非會故也鄭玄釋廢疾云自柯之明年葵丘以前去貫與陽穀固已九合矣則鄭意不數北杏自外與范注同也不數北杏所以得九合諸侯者先師所說不同或云去貫與陽穀與猶數也言數陽穀故得為九也或云葵丘會盟異時故分為二或取公子結與齊桓宋公盟為九故先師劉炫難之云貫與陽穀並非管仲之功何得去貫而數陽穀也若以葵丘之盟盟會異時而數為二則首戴之會亦可為兩也離會不數鄄盟去公子結則唯有齊宋二國之會安得數之二三之說

並無憑據故劉氏數洮會為九以數洮會為九兵車之會又少其一故劉以傳誤解之當云兵車之會三案洮會下亦無二云兵車之會則傳文不應兩類皆誤是亦可疑也衣裳之會十有一未嘗有歃血之盟也信厚也十二年會北杏十四年會鄄十五年又會鄄十六年會幽二十七年又會幽僖元年會檉二年會貫三年會陽穀五年會首戴七年會寧毋九年會葵丘○歃所洽反手打他貞反又敕丁反本亦作檉寧如字又音甯毋音無又茂后反兵車之會四未嘗有大戰也愛民也僖八年會洮十三年會鹹十五年會牡丘十六年會淮於末年乃言之不道侵蔡伐楚者方書其盛不道兵車也此則以兵車會而不用征伐○鹹音咸牡茂后反○秋公子友如陳葬原仲原仲陳大夫原氏仲字言葬不言卒不葬者也外大夫例不書卒【疏】注外大夫云云 釋曰葬亦不書止云例不書卒者以內大夫書卒尚不書葬況外大夫卒亦不書明不合書葬故云外大夫例不書卒欲見必不得書葬之意也不葬而曰葬諱出

奔也言季友辟内難而出以葬原仲爲辭○難乃旦反疏傳諱出奔也釋曰范知辟内難而出者公羊傳以夫人哀姜淫於二叔比卜傳亦云子般卒而公子慶父出奔則慶父之豐季子素知季子出則殊其文入則貴之稱季子明其無罪故知辟難也○冬杞伯姬來歸寧○莒慶來逆

叔姬慶名也莒大夫也叔姬莊公女禮檀弓記曰陳莊子死赴於魯魯人欲勿哭繆公召縣子而問焉縣子曰古之大夫束脩之問不出竟雖欲哭之安得而哭之今之大夫交政於中國雖欲勿哭安得而勿哭則大夫越竟逆女非禮也董仲舒曰大夫無束脩之餽無諸侯之交越竟逆女紀罪之○繆音穆縣音玄竟音境焉於虔反餽巨愧反越竟本或作疆居良反諸侯之嫁子於大夫主大夫以與之君不敵臣

來者接内也不正其接内故不與夫婦之

稱也接内謂與君爲禮也夫婦之稱當言逆女○稱尺證反○杞伯來朝杞稱伯蓋時王所絀○朝直遥反絀本又作黜勑律反○公會齊侯于城濮城濮衛地○濮音卜

二十有八年春王三月甲寅齊人伐衛衛人及齊人戰衛人敗績於伐與戰安戰也問在何處戰○處昌慮反疏傳於伐云云釋曰於伐與戰安戰也謂於伐衛之時兩國相與交戰問在何處戰也戰衛謂在衛國之都也知國都者若在他所則應云地今不書地故知衛都耳猶桓十二年戰于龍門爲近不地相似也戰衛戰則是師也其曰人何也微之也何爲微之也今授之諸侯而後有侵伐之事故微之也其人衛何也以其人齊不可不人衛也齊桓始受方伯之任未能信著鄰國致有侵伐之事貶其師稱人以微之也人不可以敵于師師不可以與人戰故亦以衛師爲人衛非有罪衛小齊大其以衛及之何也以其微之可以言及也其稱人以敗何也疏傳其稱人以敗何也釋

曰咻桓十三年戰稱人敗稱師故發違例之問也不以師敗於人也人輕而師重○
夏四月丁未邾子瑣卒○瑣素未反○秋荆伐鄭
荆者楚也其曰荆州舉之也疏荆州舉之也釋曰前書荆人來
聘聘是善事故進之今伐中國不足可褒故州舉之也○公會齊人宋人救鄭
善救鄭也○冬築微微魯邑○微左氏作麋山林藪澤之
利所以與民共也虞之非正也虞典禽獸之官言規固而築之
又置官司以守之是不與民共何利也築不志凡志皆譏也築例時○藪素后反疏傳虞之非正也釋曰成
十八年築鹿囿此築邑並云虞之非正也者彼直築囿以虞之此築邑置官司以虞之囿邑既殊俱是虞之非正故再起
傳例○注虞典至例時釋曰周禮澤虞掌田獵之事左傳皮冠以招虞人是虞人典禽獸之官也知築不志凡志皆譏
也者三十一年築臺于秦傳曰君子危之故謹而志之也知志則譏也此年與二十一年春築臺于郎秋築臺于秦皆不

書月是例時

○大無麥禾大者有顧之辭也疏傳大者有顧之辭也　釋曰經言大無麥禾者謂一災不書待冬無禾然後并錄無麥故經稱大而傳云有顧之辭也顧猶待也徐邈云至冬無禾於是顧錄無麥其意亦謂待無禾然後顧錄無麥故云大是也莊七年秋大水無麥苗此經不言大水者彼傳云麥苗同時也是麥與黍稷之苗同時爲水而死故繫大水言之此至冬始書大無麥禾則禾之死未必由大水故不繫之徐邈云不言水旱者麥禾自死不由水旱是也或以爲言無禾則大水可知故省文若然七年何以不省文而言大水不言饑者舊解以爲下傳云不書知爲內諱則此不言饑是諱也或當雖無麥禾得臧孫之告糴不至饑也於無禾及無麥也一災不書於冬無禾而後顧錄無麥故言大明不收甚

○臧孫辰告糴于齊臧孫辰魯大夫臧文仲○糴音狄國無三年之畜曰國非其國也一年不升告糴諸侯告請也糴糴也不正故舉臧孫辰以爲私行也爲內諱故

莊二十八年

不稱使使若私行○畜勑六反下同爲內于僞反下文爲內同國無九年之畜曰不足無六年之畜曰急無三年之畜曰國非其國也諸侯無粟諸侯相歸粟正也臧孫辰告糴于齊告然後與之言內之無外交也古者稅什一宣十五年注詳矣○稅始銳反什一十而稅一䟽注宣十五年注詳矣釋曰彼傳云古者什一注云一夫一婦佃田百畝又受田十畝以爲公田公田在內私田在外此一夫一婦爲耕一百一十畝也八家共一井之田餘二十畝者以爲廬舍是也豐年補敗敗謂凶年不外求而上下皆足也䟽傳上下皆足也釋曰上謂君也下謂民也雖累凶年民弗病也一年不艾而百姓饑䟽傳一年不艾釋曰麋信云艾穫也君子非之不言如爲內諱也○艾牛蓋反

二十九年春新延廄〔疏〕傳新延廄　釋曰不言作者僖二十年新作南門傳曰作爲也有加其度也彼謂加其度更增大之故云作此直改新故不言作延廄者法廄也周禮天子十二閑馬六種邦國六閑馬四種每廄一閑言法廄者六閑之舊制也○廄九又反六種之勇反下皆同〔疏〕注周禮至舊制　釋曰自每廄一閑以上周禮校人有其事馬六種者彼校人云辨六馬之屬種馬一物戎馬一物齊馬一物道馬一物田馬一物駑馬一物是也鄭云玉路駕種馬戎路駕戎馬金路駕齊馬象路駕道馬田路駕田馬駑馬給宮中之役是天子六種之馬分爲左右廄故十二閑也彼又云邦國六閑馬四種家四閑馬二種鄭玄云諸侯齊馬道馬田馬各一閑駑馬則分爲三大夫則田馬一閑駑馬分爲三是天子十二閑馬六種邦國六閑馬四種也其言新有故也言改故而新之有故則何爲書也古之君人者必時視民之所勤民勤於力則功築罕罕希○罕呼旦反民勤於財則貢賦少民勤於食則百

事廢矣凶荒殺禮殺所界反○冬築微春新延廄以其用

民力爲已悉矣悉盡○夏鄭人侵許○秋有蜚穀梁

說曰蜚者南方臭惡之氣所生也象君臣淫泆有臭惡之行○蜚扶味反行下孟反一有一亡曰

有又音無○亡如字○冬十有二月紀叔姬卒紀國雖滅叔姬執節

守義故繫之紀賢而錄之（疏）注賢而錄之　釋曰內女嫁於大夫則不書卒爲滕小如之今既書卒故知賢也

○城諸及防諸防皆魯邑可城也（疏）傳可城也　釋曰左氏之例城有時

與不時隱七年傳云凡城之志皆譏也此云可城也者傳以得土功之節者則譏之淺失土功之時者責之深故傳云可

城也不謂此城無譏也耳不謂作城無譏以大及小也傳例曰凡城之志皆譏今云可者謂冬可用城不妨農役

三十年春王正月○夏師次于成次止也有

畏也欲救鄣而不能也不言公恥不能救鄣也（畏齊○鄣音章）○秋七月齊人降鄣降猶下也鄣紀之遺邑也（○降戶江反下遐嫁反）○八月癸亥葬紀叔姬不日卒而日葬閔紀之亡也○九月庚午朔日有食之鼓用牲于社（救日用牲既失之矣非正陽之月而又伐鼓亦非禮）○冬公及齊侯遇于魯濟（濟水名○濟子禮反）及者內為志焉爾遇者志相得也

疏（傳及者至得也　釋曰重發傳者齊為伯者嫌與諸侯異也）

○齊人伐山戎齊人者齊侯也其曰人何也愛齊侯乎山戎也（不以齊侯敵乎山戎故稱人）其愛之何也桓內無因國外無從諸侯而越千里之險

北伐山戎危之也內無因緣山戎左右之國爲內間者外無諸侯者不須役寮國○從才用反內間間廁之間則非之乎善之也遠伐山戎雖危勤王職貢則善何善乎爾燕周之分子也燕周大保召康公之後成王所封分子謂周之別子孫也○燕音烟注及後同分扶問反又如字本或作介音界大音泰召上照反（疏）注燕周至孫也釋曰燕是召康公之後成王所封者世家文也分者別也燕與周同姓故知別子孫也貢職不至山戎爲之伐矣言由山戎爲害伐擊燕使之隔絕於周室○爲之如字

三十有一年春築臺于郎○夏四月薛伯卒○築臺于薛薛魯地○六月齊侯來獻戎捷獻奉上之辭也春秋尊魯故曰獻○捷在接反戎菽也捷獲也齊侯來獻捷者內齊侯也不言使內與同不言使也泰曰齊桓內救中國外攘夷狄親倚

之情不以齊爲異國故不稱使若同一國也○攘如羊反倚於綺反下文及注同 獻戎捷軍得曰捷戎菽也菽巨

(疏)傳齊侯至菽也 釋曰徐邈云齊還經魯界故使人獻捷不入國都而言來獻敬重霸主親而內之也糜信小公言內齊侯者解經稱來之意也范雖不注理亦合當然矣僖二十一年楚人使宜申來獻捷彼亦稱來者宜申比來鄉魯接公行禮故得稱來與齊侯異也又云不言使內與同者謂內齊侯與同一國故不稱使也戎菽也者舊解謂順經意而惜齊侯故傳依違其文釋之爲菽其實宋是中國故捷不繫國戎是夷狄故繫之戎也案管子云出戎菽及冬葱布之天下則以戎爲豆也故徐邈云今之胡豆也舊解以爲依違其文恐失傳旨僖二十一年傳云其不曰宋捷何也不與楚捷于宋也范云據莊三十一年齊侯來獻戎捷據彼傳及注意則似不以戎爲豆今疑不敢正故兩載之此書月彼不書月者徐邈云霸王服遠之功重故詳而月之也一解齊侯此時克山戎并得胡豆來故傳云戎菽謂克戎之菽齊侯此時并得戎菽於文亦俱也 ○ 秋築臺于秦秦魯地

不正罷民三時虞山林藪澤之利且財盡

則怨力盡則懟（懟恚恨也○罷音皮下同懟直類反怨也）君子危之故謹而志之也或曰倚諸桓也桓外無諸侯之變内無國事越千里之險北伐山戎爲燕辟地（辟開○爲于僞反辟婢亦反）魯外無諸侯之變内無國事一年罷民三時虞山林藪澤之利惡内也（譏公依倚齊桓而與桓行異○惡烏路反行下孟反）○冬不雨（疏）傳冬不雨 釋曰徐邈云僖十一年傳曰雩不得雨曰旱然則此云不雨者或當不雩也乙泥意亦未必然或當不言旱不爲災也

三十有二年春城小穀（小穀魯邑）○夏宋公齊侯遇于梁丘遇者志相得也（疏）傳遇者志相得也 釋曰重立傳者外與伯者遇嫌異故發之 梁丘在曹邾之間去齊八百里非不能

從諸侯而往也辭所遇遇所不遇大齊桓也辭所遇遇謂八百里間諸侯必有願從者而不之遇所不遇謂遠遇宋公也○能從才用反或如字注同○秋七月癸巳公子牙卒牙慶父同母弟何休曰傳例大夫不日卒惡也牙與慶父共淫哀姜謀殺子般而日卒何也鄭君釋之曰牙莊公母弟不言弟其惡已見不待去日矣○寗案傳例諸侯之尊弟兄不得以屬通孟以禮諸侯絕朞而臣諸父昆弟稱昆弟則是申其私親也宣十七年公弟叔肹卒傳曰其曰公弟叔肹賢之也然則不稱弟自其常例耳鄭君之說其所未詳○見賢徧反去起呂反朞音期肹許乙反

疏注寗所未詳釋曰范既引鄭君之說又云未詳者范以僖十六年傳稱公弟叔仲賢也大夫不言公子公孫疏之也若牙實有罪則應去公子以見疏今書公子故云未詳也或申鄭君義云牙不去公子爲親者諱然則鄭意若以爲諱何得云其惡已見是鄭權荅何休之難不顧上下之理故范云未詳也公子季友卒不稱弟者季子雖賢兄已卒故也

○八月癸亥公薨于路寢公薨皆書其所謹凶變路寢正寢也寢疾

居正寢正也男子不絕于婦人之手以齊終也 齊絜〇齊側皆反本亦作齋 〔疏〕傳以齊終也 釋曰齊者齋絜之名故訓稱齋之為言齊也是齊齋意同故范訓為絜或古者齊齋同字此傳齊即讀為齋理亦通也

〇冬十月乙未子般卒 在喪故稱子般其名也莊公大子不書弒諱也〇般音班大音泰 〔疏〕傳子般卒 釋曰公羊傳云其稱子般卒何也君存稱世子君薨稱子某既葬稱子踰年稱公范意亦與之同但踰年稱公范意亦與之同但踰年雖在國稱公若未葬亦不得稱侯以接鄰國故桓十三年注云今衛宣未葬而嗣子稱侯以出其失禮明矣是其事也子般不書葬者未踰年之君例不書葬故子野不書葬也

子卒日正也 襄三十一年秋九月癸巳子野卒是也

不日故也 文十八年冬十月子赤卒是也

有所見則日 明公不書即位是見繼弒者也故慶父弒子般子般可以日卒不待不日而顯〇見則賢偏反

〇公子慶父如齊 〔疏〕傳公子慶父如齊 釋曰牙與慶父同謀殺般所以牙被殺慶父得出奔者左氏公羊皆以為

牙欲廢般立慶父故季子鴆殺之穀梁不見季子歸魯之文亦無鴆牙之事則叔牙被殺以不不同知也此奔也其曰如何也據閔二年慶父奔莒不言如諱莫如深深則隱深謂君弒賊奔隱痛之至也故子般曰卒慶父如齊〔疏〕傳諱莫如深　釋諱莫如深謂爲國隱諱莫如事之最深深者則隱深謂君弒賊奔之深重以其深重則爲之隱諱若經書子般曰卒慶父如齊是也苟有所見莫如深者謂經意誠有所見莫如事之深者不書閔公即位是傳之深也有所見謂子般之弒慶父之奔也苟有所見莫如深也閔公不書即位見子般之弒慶父出奔○狄伐邢

閔公〔疏〕魯世家閔公名開莊公之子惠王十六年即位謚法在國逢難曰閔世本作啓方辟漢景帝諱故爲開也

元年春王正月繼弒君不言即位正也〔疏〕傳繼弒至正也　釋曰復發傳者以非父非君嫌異故發之僖公又發之者兄之後弟義異故重發之文公繼正之始故發傳

以明之成公不發傳者蒙之可知故不發也襄昭發傳者昭
公即位承子野之卒嫌其非正故發傳以明之昭繼子野傳
言繼正嫌襄公與之異故亦發傳父子同有繼正之文所以
相發明也或以襄非嫡夫人之子嫌非正故發傳案襄四年
夫人姒氏薨彼注云成公夫人襄
公母也明非爲毋服而發傳也親之非父也尸也尊
之非君也未踰年也繼之如君父也者受國焉爾
○齊人救邢善救邢也善齊桓得伯之道○夏六月辛酉
葬我君莊公莊公葬而後舉諡諡所以成德也
（疏）傳諡所以成德　釋曰復發傳者桓公被殺莊
公好終僖公葬緩嫌異禮故各發傳以明之於卒
事乎加之矣○秋八月公及齊侯盟于洛姑
洛姑齊地○洛
姑一本作路姑盟納季子也季子來歸（疏）傳季
子來
歸　釋曰傳云貴之也者不稱公子者公子是凡常之
揔號季子忠賢爲國人所思故稱子所以表其賢也其

曰季子貴之也大夫稱名氏今曰子是貴之也子男子之美稱○美稱尺證反其曰來歸喜之也大夫出使歸不書執然後致不言歸國內之人不曰來今言來者明本欲遂去同他國之人也言歸者明實魯人也喜之者季子賢大夫以亂故出奔國人思之懽其遂去不反今得其還故皆喜曰季子來歸○使所吏反

【疏】注大夫至來歸　釋曰此云大夫出使歸不書而宣十八年歸父還自晉書者彼傳云還者事未畢也是還與歸意異也執然後致不言歸者意如與婼是也國內之人不言來下文齊仲孫言來者以其外之曰齊故得言來也○冬齊仲孫來其曰齊仲孫外之也魯絕之故繫之于齊○齊仲孫慶父也左氏以爲齊大夫其不目而曰仲孫疏之也不目謂不言公子慶父其言齊以累桓也繫仲孫於齊言相容赦有罪○累劣僞反

【疏】傳其言齊以累桓也　釋曰傳解經言齊仲孫有二種意故上文以外慶父釋之此又以累桓言之慶父魯人而繫之於齊是外之也齊桓容赦有罪故繫慶父於齊是惡之也

二年，春，王正月，齊人遷陽。○夏，五月，乙酉，吉

禘于莊公。三年喪畢，致新死者之主於廟，廟之遠主當遷入大祖之廟，因是大祭以審昭穆，謂之禘。莊公喪制未闋，時別立廟，廟成而吉祭，又不於大廟，故詳書以示譏。○禘，徒帝反。大祖，音泰，下大廟同。昭，上饒反。闋，苦穴反。

【疏】注「三年」至「示譏」。○釋曰：云禘於莊公，則是莊公立宫之不稱宫者，非公廟，雖別立而公服未除，至此始二十月，未滿二年，故不得稱宫也。以喪服未終舉吉，以非之。文二年亦喪服未終而大事于大廟，不言吉者，其譏已明，故不復云吉。言大事者，祫，祫而物成，其祀大，故傳云「大是事也，著祫嘗」是也。凡祭祀之禮書者皆譏，故范略例云：祭祀例有九，皆書月以示譏。九者，謂桓有二烝一嘗，總三也；閔吉禘，四也；僖禘大廟，五也；文著祫嘗，六也；宣有事，七也；昭公禘武宫，八也；定公從祀，九也。知禘是三年喪畢之祭者，此莊公薨來二十二月，仍書吉以譏之，明三年喪畢乃得爲也。知必於大廟者，明堂位曰「季夏六月，以禘禮祀周公於大廟」是也。其禘祀之月，王肅、杜預之徒皆以二十五月除喪即得行禘祭，鄭玄則以二十八月始服吉，當即祫於大廟，明年春始禘於羣廟。今范云三年喪畢禘於大廟，必不得與鄭明年春禘於羣廟

同其祭喪之月或與鄭合故何休注公羊亦以除喪在一廿七月之後也方者未至之辭此實二十二月而云方者從公以三十二年八月薨至此年五月滿二十二月未盡其月爲禘祭故以言方或可譏其太速以其言之故云方也吉禘者不吉者也喪事未畢而舉吉祭故非之也莊公薨至此方二十二月喪未畢○秋八月辛丑公薨不地故也其不書葬不以討母葬子也君弑賊不討則書葬哀姜實被討而不書葬者不以討母葬子○九月夫人姜氏孫于邾哀姜與弑閔公故出奔○孫音遜本或作遜與音豫孫之爲言猶孫也疏傳孫之爲言猶孫釋曰重發傳者文姜殺夫哀姜殺子嫌異故重發之諱奔也○公子慶父出奔莒其曰出絕之也慶父不復見矣慶父弑子般閔公不書弑諱之○復扶又反見賢徧反疏傳其曰至見矣釋曰宣十八年歸父奔齊范注云竟外故不言出是意內言出理

之常也此云絕之也者慶父前奔不言出書曰如齊爲之隱諱是不絕其位之辭今不諱言奔則是絕其位也又一云慶父不復見者明弑二君罪重不宜復見故特顯之矣○冬齊高子來盟其曰來喜之也其曰高子貴之也盟立僖公也不言使何也據桓十四年鄭伯使其弟禦來盟言使○禦魚呂反下同不以齊侯使高子也齊侯不討慶父使魯重罹其禍今若高子自來非齊侯所得使也猶屈完不稱使也江熙曰魯頻弑君僖公非正也桓公遣高傒立僖公以存魯魯人德之不名其使以貴之貴其使則其主重矣○重直用反屈君勿反傒音奚其使所吏反下同

【疏】傳其曰至子也○釋曰來者自外之常辭而云喜之者時魯二君見弑諸侯無一助之者而高子盟以存之比之餘使使清實過倍故傳序經之情明貴凡常之來有異也云不以齊侯使高子也者二說不同舊解說以齊侯不討慶父使魯重遭其禍不以齊侯使高子故依自來之文所以歸美於高子若楚人使屈完如師能量敵強弱遂與齊盟故不言使所以歸功於屈完也江熙之意以君臣一體好惡同之使貴則主尊故去使文以表高子之貴高

子既賁則桓公之重盛彰故不從前諱也

十有二月狄入衛僖公二年城楚丘以封衛則衛爲狄所滅明矣不言滅而言入者春秋爲賢者諱齊桓公不能攘夷狄救中國故爲之諱○爲于僞反下同攘如羊反

○鄭棄其師惡其長也兼不反其衆則是棄其師也長謂高克也高克好利不顧其君文公惡而遠之不能使高克將兵禦狄于竟陳其師旅翱翔河上久而不召衆將離散高克進之不以禮文公退之不以道危國亡師之本○惡烏路反注同長丁丈反兼戶謙反又如字好呼報反遠于萬反將子匠反竟音境翱五羔反

【疏】傳惡其至師也○釋曰解經稱棄師之意亦惡爲惡高克不顧其君又責鄭人不反其衆故經書鄭棄其師也

監本附音春秋穀梁註疏莊閔公卷第六